Zu diesem Buch

«Die soldatische Disziplin soll verinnerlicht werden, in Fleisch und Blut übergehen der fraglose Gehorsam. Zu den eindrucksvollsten Passagen in Fuchsens Buch gehören die, in denen seine Figuren (gewiß ‹nach dem Leben modelliert›) die erwähnten Grenzverwischungen schmerzlich begreifen und die Selbstherrlichkeit der großen und kleinen Schleifer erfahren; umgekehrt auch jene Passagen, in denen die Götter, Göttchen mit den prächtigen Schulterstücken für eine Weile entthront und bestraft werden, in denen sich die Instanz zeigt, die der Staat ist: die Staatssicherheit. Sie sammelt gezielt Informationen, wacht über Soldaten und Offiziere, schüchtert ein, besticht mit Lob. Und Fuchsens Held ist gegen diese Methode nicht unanfällig. Erschrocken entdeckt er, er sei gegen kleine Denunziationen nicht gefeit. Beschönigung stand gewiß nicht auf dem Programm des Autors, so wenig wie deren Gegenteil. Was für die DDR gewiß wieder eine Verunglimpfung der NVA ist, dieses Buch nämlich, erfüllt wahrscheinlich die Kriterien eines recht verstandenen sozialistischen Realismus viel genauer als alles, was im Militärverlag der DDR erscheint... Ein Buch für Väter und Söhne, für alle, die Soldat waren oder es werden wollen. Es ist ein nicht geringer Vorzug unserer Gesellschaft, daß man derlei in unseren Kasernen lesen kann, so sehr man auch dort von manchem in Fuchsens Protokoll betroffen sein mag.» («Stuttgarter Zeitung»)
«Endlich gibt es in der deutschen Gegenwartsliteratur ein authentisches Zeugnis über das Leben in einem durchs große ‹Staatsgeheimnis› abgeschirmten Bereich.» («Deutsches Allgemeines Sonntagsblatt»)

Jürgen Fuchs, geboren 1950 in Reichenbach/Vogtland, diente von 1969 bis 1971 in der Nationalen Volksarmee und studierte von 1971 bis 1975 Sozialpsychologie in Jena. Ab 1974 erste literarische Veröffentlichungen in Anthologien und Zeitschriften. 1975 wurde er wenige Wochen vor Abschluß des Studiums exmatrikuliert und erhielt ein Ausbildungsverbot wegen «Schädigung des Ansehens der Universität in der Öffentlichkeit», zudem FDJ- und Parteiausschluß. Von November 1976 bis August 1977 war er in Haft. Im August 1977 Abschiebung nach West-Berlin.

Jürgen Fuchs

FASSONSCHNITT

rororo

Rowohlt

meinem Vater

Die Arbeit des Autors am vorliegenden Text
wurde durch den
Deutschen Literaturfonds e. V.
gefördert.

Veröffentlicht im Rowohlt Taschenbuch Verlag GmbH,
Reinbek bei Hamburg, April 1989

Umschlaggestaltung Klaus Detjen
Gesamtherstellung Clausen & Bosse, Leck
Printed in Germany
1080-ISBN 3 499 12480 7

I

Ich gehe die Schulgasse hinauf mit dem Koffer, in dem ist, was vorgeschrieben wurde auf einem Blatt Papier: Socken, Rasierzeug, weiße Kragenbinden, Schuhcreme, Bürsten, Nähzeug, Handtücher, Unterwäsche und die schwarze Reisetasche, der «Reiselord».

«Wohin gehst du?»

«Ich gehe zur Armee.»

«Ach», sagt sie und lächelt.

Ich weiß nicht, wohin ich gehe. Ich habe Geschichten gehört, die endeten immer: Auch das geht vorbei. Aber jetzt sollte es beginnen. Die Schulgasse hinauf mit dem Koffer. Da ist die Altstadtschule, über der Tür, halbrund, in großen Buchstaben: «1. polytechnische, allgemeinbildende zehnklassige Oberschule». Schnell vorbei, den kleinen steilen Berg hinauf, Richtung Marktplatz, Richtung Bahnhof, Richtung Wehrkreiskommando, Richtung Friseur.

«COIFFEUR» steht über der Tür, daneben die Eisdiele, geschlossen, es ist zu früh, 9 Uhr und ein paar Minuten. Zwei Kugeln Vanille, eine Zitrone. Zu früh, kurz nach neun, dort ist die Uhr, kreisrund, Rat des Kreises, Rat der Stadt.

Dort hinein, den Koffer abstellen, keiner ist vor dir. Du kommst gleich an die Reihe. Eine junge Frau, ein Mädchen:

«Wie möchten Sie es haben?»

Dann sieht sie in den Spiegel, lächelt, lächelt nicht mehr.

«Zur Armee gehst du ...»

«Ja.»

«Ach», sagt sie.

«Kurz, hinten kurz.»

«Ja», sagt sie, «ich weiß.»

«Aber nicht zu sehr. Und an den Seiten, nicht zu sehr.»

«Nein», sagt sie und beginnt zu schneiden.

Der Koffer steht bei den Stühlen, keiner wartet. Die Spiegel, die Gerüche, Haarwasser, Dauerwelle. Im hinteren Raum sprechen Frauen. Sie sitzen unter Hauben und lesen Illustrierte, «FÜR DICH» und «FF-DABEI». Für dich, wer bin ich? Wer werde ich sein in wenigen Stunden? Wer ist das da, am Tag der Einberufung, in diesem Friseursessel?

Die Schulgasse hinauf. Einberufung. Wer hat denn gerufen? Das Vaterland? Der Sozialismus? Noch einmal umdrehen, zur «Schönen Aussicht» hinübersehen, dort unten ist Mylau, das Eltwerk, die stillgelegten Kühltürme, das Werk, in dem der Vater arbeitet. Das

Göltzschtal, das Transformatorenwerk, das salpeterzerfressene, rötlich-weiße Gesicht der kleinen Häuser am Hang. Webergasse, Färbergasse. Verstecke, Spiele, Schnee, Weihnachten, Ferien, Freistunden, Zahnarztgeruch. Eine Klammer für die Schneidezähne. Sanitätsrat Dr. Johannes Ott. Die Schlägereien im Wartezimmer, bevor die Sprechstunde begann. Fünfzehn Kieferregulierungen warten auf einen Arzt.

Selbst diesen Koffer tragen.

9 Uhr 50 am Wehrkreiskommando einfinden, dann Abmarsch zum Bahnhof. Selbst gehen. Gerufen werden. Einen Einberufungsbefehl erhalten per Einschreiben. Aber selbst gehen, packen, Abschied nehmen. «Auf Wiedersehen.» Die Arbeit der Eltern beginnt um sieben. Auf Wiedersehen. Nicht winken, nur aus dem Küchenfenster sehen, der Mutter nachsehen, wie sie in der Blumengasse verschwindet mit kleinen schnellen Schritten. Der Sohn wird ein Mann. Was denn für ein Mann? Einer in Uniform? Einer, der an der Wand im Wohnzimmer der Großmutter hängt? Einer, der Rudi heißt oder Hans? Der gefallen ist in Afrika oder Ungarn? Mit 20, mit 26? Einer, der mit Indianern spielte und mit Soldaten und Cowboys?

Der schwarze Stoffstreifen an den Fotografien hinter Glas.

«Der Dank des Vaterlandes ist dir gewiß», sagt die Großmutter.

«Der Dank des Vaterlandes», sagt sie.

Und hustet wie jeden Morgen. Und spuckt in den Aschenkasten des Küchenherdes. Und winkt ab. Und hustet und sagt:

«Wo ist der Dank? Wo sind die Jungs? Wo sind sie?»

Die Schulgasse hinauf, an den Bahnschranken vorbei, am Gemüseladen, an der unteren Kirche, die groß ist und grau. Daneben das Schulgebäude. Grau und groß und sieht zu mit vielen Fenstern. Und ohne Hilfe. Pfarrer Meinel liegt im Krankenhaus, fiel plötzlich um. Die Bibel oder «Weltall, Erde, Mensch». Fiel plötzlich um. Er fragte, er wollte es wissen. Er zweifelte. Er stand an der Tür und sagte:

«Denkt nach. Am Kreuz ist er gestorben. Und hat geweint und gezweifelt. Und hätte auch nicht gewußt, was richtig ist: Konfirmation oder Jugendweihe. Schule oder Kirche. Staatsbürgerkunde oder das, was ich euch sage. Er hätte auch gezögert», sagte er an der Tür des Gemeindehauses. «Es ist schwer. Denkt nach. Kommt wieder.»

Mit wem soll einer sprechen, der weggeholt wird kurz nach dem Abitur und studieren will und jetzt dienen soll?

Die Schulgasse hinauf. Den Reisekoffer mit dem Reißverschluß in der rechten oder linken Hand. Achtzehn Monate sind nicht viel. Und sind eineinhalb Jahre. Das Weinen kommt. Und darf nicht kommen, weil es losgeht, weil das Leben beginnt und seine Befehle erteilt. Im Koffer obenauf eine schwarze Tasche wie vorgeschrieben für «Urlaub und Ausgang». Und ein Buch, nein, nicht Semprun, «Die große Reise», nein, nicht. Sein Buch steht im Bücherschrank. Sein Abtransport, sein Güterwagenweg ins Lager. Der Junge aus Semur ist tot. Ein Zögern ist da, eine Angst, ein Wegschieben: ein anderes Buch.

So schlimm wird es nicht werden. Das läßt sich nicht vergleichen. Ein anderes Buch. Bobrowski, Gedichte, «Wetterzeichen».

«COIFFEUR» steht über der Tür.

Sie schneidet vorsichtig, behutsam, fast zärtlich. Sie ist jung, eine Freundin, eine Friseuse. Einer wird jeden Abend warten auf einem Motorrad. Sie läßt sich Zeit, schneidet, gleicht aus, hält skeptisch den zweiten Spiegel:

«Na, da muß noch was weg. Sonst regen sie sich auf.»

Woher weiß sie?

Saßen noch andere in diesen Sesseln?

Bestimmt. Ganze Jahrgänge saßen hier. Zehn, zwanzig, vielleicht zweihundert aus einer kleinen Stadt wie dieser. Jahr für Jahr.

«So müßte es gehen.»

Cape abbinden, abbürsten, 1 Mark 60. Danke. Alles Gute. Den Koffer nehmen, über den Marktplatz gehen, halb Kopfsteinpflaster, halb Asphalt. «Alles Gute.» Einige Autos, Skoda, Trabant, Moskwitsch. Einige Fahnen. Schwarz-Rot-Gold. Hammer und Zirkel. Hammer und Sichel nicht. Rot, glatt rot. Da innen ist alles wund, will schreien, wird fühllos, geht weiter. An der Tombola vorbei. Ein Los? Eine Niete? «Ein Baustein für den Frieden»? Gar nichts, gar kein Baustein. Ein Druck, eine Last: Was wird aus mir? Ein Nichts? Ein Stillgestanden? Ein Zu-Befehl?

Die Zenkergasse. Heute der Hauptgewinn. Die Volksbuchhandlung. Der Karl-Marx-Platz. Heute ist es soweit. Busse fahren ab. Nach Treuen, Plauen, nach Lengenfeld. Weitergehen. Einen Koffer in der Hand. Die Richtung nicht verfehlen. Alles ist zu vertraut und will sich nicht trennen. Nicht zu spät kommen. Richtung Amtsgericht, Richtung Bahnhofstraße, Richtung «Tonhalle». Tanzabend am nächsten Sonnabend. Da bin ich weg. Heute ist der 4. November. Am nächsten Sonnabend bin ich weg. Die Goethe-Schule. Auf Wiedersehen, Herr Direktor Übel. Sie haben die Listen eigenhändig ins Wehrkreiskommando getragen: Näser, Stoll, Sperber, Lietz, Taubert und ich. Danke, recht schönen Dank dafür. Anständige Staatsbürger sollen aus uns werden, das ist der Sinn, ich weiß. Das haben Sie uns gesagt. Danke, recht schönen Dank dafür, Genosse Major der Reserve Wolfgang Übel. Wer auffiel mit gewissen Reden und zu langen Haaren, wozu braucht der Abitur? Der kann in den umliegenden Betrieben seinen Facharbeiter machen, nicht wahr? Ab in die herrschende Klasse. Und die anderen zur Armee. Sein Vorgänger Buchta verließ die Schule, und Übel übernahm die Führung: graue Haare, klein, nicht mehr jung. Die ersten Maßnahmen: Ordnungsgruppen bilden. Armbinden verteilen. Zur Hofpause im Kreis gehen. «Schulfunk und Schlagermusik ist was für westliche Gymnasien. Bei uns nicht. Eine Schülerzeitung? Genügt das Zentralorgan unserer Partei nicht? Es wird ja immer schöner.» Zu Beginn der Stunde erfolgt eine Meldung an den jeweiligen Fachlehrer. Ein Musikzug wird gegründet, bestehend aus Bläsern und Trommlern. Jeden Montag Fahnenappell. Marschübungen in Vorbereitung auf den 1. Mai: «Es muß klappen.» Intensivierung der vormilitärischen Ausbildung. «Und wer wird Berufsoffizier? Na, Jungs, ich will ein erstklassiges Abschneiden unserer Schule. Denkt an den Klassenfeind. Und blamiert mich nicht», sagte er. «So, Sie verpflichten sich also nicht. Na ja.» Und dann muß er sich gedacht haben, unser Direktor und Biologielehrer: Ab zur Truppe, das ist die letzte Rettung. Seinen Durchschauer-Blick, den werde ich nicht vergessen. Und was einer aus meiner Klasse wußte von seinem Vater: ein HJ-Führer aus Adorf hieß auch Übel. Aber was heißt das, was beweist das? Ein FDJ-Funktionär hieß auch Fuchs. Alles hängt zusammen, nicht wahr? Und ist etwas ganz anderes, etwas völlig anderes. Seine Macht, sein Ernst, die graue Offiziersbluse, die er gern trug, den weißen Kittel, den er vor dem Unterricht überzog … das leichte Zittern der Hände, der Stimme, die Festigkeit bekam, wenn sie laut wurde … und unsere blauen Blusen. Unsere guten Zensuren. Unsere braven Gesichter, wenn ein Lehrer in Sicht kam: Goethe-Schule. Warum Goethe? Ich weiß es nicht.

Ich muß jetzt um diese Ecke biegen. Rechts das Denkmal für die Opfer des Faschismus. «Nie wieder Krieg.» Nie wieder. Kränze, Blumen. Nie wieder. Nie wieder Krieg.

Ein Zaun aus Eisen.

Spitze, schmiedeeiserne Zacken. Eine Fabrikantenvilla im Besitz des Volkes, des Staates, der Armee. Da stehen welche. Siehst du? Solche wie du.

«Tag.»

Schweigen, verlegenes, unwilliges Nicken. Die anderen aus der Schule mußten schon am Vortag weg. Da steht Kannengießer, den ich aus der Milchbar kenne. Er hat noch lange Haare:

«Ich gehe nicht freiwillig.»

Kannengießer hat noch lange fettige Haare. Kannengießer steht da, klein, mit Koffer und langen Haaren.

«Ich nicht», sagt er, «mit mir nicht», sagt Kannengießer und sieht sich unsicher um.

Und ich war beim Friseur. Bin ich feige? Oder wird Kannengießer noch sehen, was sie mit ihm machen? Ich war beim Friseur. Ich komme mir gut vor und feige, gehorsam und beschissen. Kühl ist es an den Ohren, am Hals. Windig. Was ist mit den Coiffeur-Haaren für 1 Mark 60 am Marktplatz neben der Eisdiele … Was denkst du?

Ich denke nicht viel. Ich stehe so herum und warte. Einer aus Oberreichenbach kommt an, kräftig, groß, ein Schlosser aus der Renak, mit kurzen Haaren. Er fuhr immer Motorrad, eine 250er. Ich habe ihn beneidet. Der hatte auch eine Mähne, viel länger als ich. Jetzt kommt er an, zu Fuß, fluchend, war auch beim Friseur. Grüßt keinen, kennt keinen. Ist auch vorher gegangen.

«Reinkommen, der Reihe nach.»

Unwillig, aber gehorsam, in einer zögernden Schlange, auf zwei Beinen, mit Koffern und Taschen. Wer hat gesagt «reinkommen»? Wer war das? Unwillig, aber gehorsam, mit fettigen Haaren, pünktlich, frisch frisiert mit wenigen Ausnahmen, fluchend, aber zur Stelle, an den kunstvollen Gittern der Bourgeoisie vorbei, die es hier nicht mehr gibt. An den Zäunen der herrschenden Klasse vorbei, an ihren spitzen, altmodischen Zacken. Die Ausbeutung des Menschen durch den Menschen wurde beseitigt. Die Verhältnisse, unter denen der Mensch ein erniedrigtes und beleidigtes Wesen war, sind vorbei.

Gut zuhören.

«Hier rein. Warten», sagt einer in Zivil, ein Mittelgroßer, Blasser, sagt es so hin: «Warten.» Es ist noch davor. Abmarsch zum Bahnhof, steht auf dem Zettel.

«So, mal herhören: Rauchen einstellen, Personalausweise abgeben», sagt ein anderer in Uniform, älter, dikker, einen Ton schärfer, aber auch noch zivil, fast väterlich: «Personalausweise abgeben.» Ernst, das schon, fordernd, ja, aber nicht scharf. Die Ausweise werden ihm hingereicht, er geht weg durch eine hellgetäfelte Bürotür, die zuklappt. Warten, nicht rauchen. Stille. Keiner flucht.

Es hat begonnen.

Einer hat gesagt: Personalausweise abgeben. Sie werden ihm hingereicht. Er muß sie nicht einsammeln. Da hinein, in diese Hände, in diesen Stapel, zwischen diese Finger, in diesen väterlichen, behaarten Griff. Da hinein. Du hast in die Brieftasche gegriffen und fertig. Ihre

Fahrkarten bitte. Ihren Führerschein bitte. Keine Frage, kein Wer-sind-Sie, Was-soll-das, wozu und warum?

«Personalausweise abgeben.»

Da werden sie hingereicht. Ein Brief ist angekommen mit Einschreiben, dein Jahrgang ist dran, die Musterung hat ergeben, an dem und dem Tag, vorher zum Friseur. Und jetzt bin ich mit Koffer zur Stelle. Die anderen auch.

«Kommen Sie mal hier hinein.»

«Ich?»

«Ja, Sie.»

Eine Tür steht auf, ein Mann winkt, ich tue, was er sagt:

«Türe zu. So, nehmen Sie mal hier Platz. Wo waren Sie gestern abend? Ich bin von der Kriminalpolizei.»

«Gestern abend? Bei meiner Freundin. In der Rosenstraße ... warum fragen Sie?»

«Ich muß das wissen. Es ist etwas vorgefallen. Wir ermitteln noch. Wo waren Sie gestern abend?»

«Das sagte ich doch schon, in der Rosenstraße.»

«Also in der Rosenstraße. Wie lange?»

«Bis halb, um zwölf.»

«Und dann?»

«Dann bin ich nach Hause.»

«Wie sind Sie gegangen?»

«Na, die Zwickauer Straße runter, durch die Unterführung. An der Post vorbei, Graben, Reichsstraße.»

«Ohne Umwege?»

«Ohne. Was ist denn passiert?»

«Wo wohnen Sie?»

«Am Mühlgraben 13, in der Altstadt.» Er öffnet eine Mappe, sucht, nickt:

«Was hatten Sie an?»

«Da muß ich überlegen ... meinen grünen Pullover. Und schwarze Hosen.»

«Welche Schuhe?»

«Braune.»

«Diese hier?» Er beugt sich über den Tisch.

«Nein.»

«Wo befinden sich diese Schuhe jetzt?»

«Zu Hause, bei meinen Eltern.»

«Und Ihnen ist unterwegs nichts Verdächtiges aufgefallen? Betrunkene, Randalierer?»

«Nein.»

«Überlegen Sie.»

«Nein.»

«Haben Sie getrunken?»

«Wenig, ein Glas Rotwein.»

«Ein Glas?»

«Ja, ich ... wir sind herumgelaufen. Es war der letzte Abend.»

«Wo?»

«Wo? Ach so, am Stadtrand, an den Bahnschienen.»

«In Oberreichenbach?»

«Ja.»

«Und was haben Sie sonst gemacht?»

«Sonst?»

Da lächelt er. Da sehe ich ihn an. Er hat gesagt: «Kommen Sie mal hier hinein.» Vogtländisch, das «ei» gedehnt, flach und doch tief hinunter im Singsang, man muß es hören. Das ging ganz schnell, mein Koffer blieb im Vorraum stehen. «Hier hinein» und gleich los mit den Fragen. Ich bin verwirrt, antworte ohne Vorsicht. Das gehört wohl dazu ... Zuerst die Personalausweise abgeben, dann diese Fragen über den letzten Abend. Er lächelt:

«Was Sie gemacht haben, kann ich mir schon denken. Wie heißt Ihre Freundin?»

«Eva Blau.»

«Straße?»

«Rosenstraße 27.»

«27», wiederholt er und schreibt es auf. «Sie sind also herumgelaufen, an den Bahnschienen, durch die Gärten ... sind Sie schwermütig?»

«Wie?»

«Schwermütig ... neigen Sie zu solchen Sachen?»

«Wozu, ich verstehe nicht ...»

«Schon gut, also weiter. An den Neubauten in der Zwickauer Straße sind Sie nicht vorbeigekommen?»

«Nein.»

Er macht sich Notizen in einer kleinen, flinken Schrift. So ist er: klein und flink. Das Gesicht einer Maus. Sogar die Zähne stehen vor. Der Kugelschreiber in seiner Hand scheint zu leben, huscht, äugt, lauert.

Jetzt bin ich wieder auf dem Flur. Mein Koffer steht noch da, meine Utensilien. Ich wurde nicht verhaftet. Was sollten die Fragen? Ich habe brav geantwortet. Kriminalpolizei. Was hätte ich tun sollen? Es ging so schnell. Man ist gleich einen Kopf kleiner ... Außerdem befinde ich mich im Wehrkreiskommando am Tag der Einberufung. Wenn man in solch ein Gebäude gegangen ist und vorher beim Friseur war, gibt es keinen Ausweg mehr.

Was er wissen wollte ... Andere werden auch in das Zimmer geholt, Kannengießer auch. Habe ich zu freundlich geantwortet? Was er nur wollte. Ich habe nichts gemacht. Ich war überrascht. Über den gestrigen Abend habe ich nicht viel gesagt. Nichts über die Bahnschienen, über die vorbeifahrenden Züge. Wir haben kaum gesprochen. Eine Gefahr, ein Befehl lag über uns. Etwas Stärkeres, ein Datum, eine vorgedruckte Karte in einem Umschlag per Einschreiben.

«Das sind meine Hände, das ist mein Haar», sagte sie.

«Ich habe Angst um mich», wollte ich sagen. Aber ich sagte es nicht.

Ein Güterzug mit Diesellok, drei Personenzüge und eine Dampflokomotive, allein, ohne Wagen, fuhren vorbei.

«Morgen früh gehe ich zum Friseur», sagte ich.

«Geh nur», sagte sie und lachte.

Einer kommt aus der Bürotür in voller Montur:

«Hier ist Rauchen verboten, hat Ihnen das keiner gesagt?»

Kannengießer drückt seine Zigarette zwischen den gelben Fingerkuppen aus und steckt sie weg.

«Major Linke mein Name. Ich bringe Sie zum Bahnhof. In Zweierreihen, ohne Tritt, aber ordentlich, kein Sauhaufen, wenn ich bitten darf.»

Major Linke trägt einen dünnen Uniformmantel mit Gürtel und geflochtenen silbernen Schulterstücken, auf dem Kopf eine Schirmmütze. Neu und geleckt sieht er aus. Etwa fünfzig, gut genährt, nicht fett. Selbstsicher, mit brauner Hornbrille. Ein Buchhalter, einer vom Wehrkreiskommando. Ein Politoffizier vielleicht. Es gibt Leute, die sehen aus wie ein Befehl. So sieht er aus. Er weiß alles besser. Widersprechen ist sinnlos. So sieht er aus.

«Koffer aufnehmen, in Zweierreihen antreten. Ohne Tritt! Marsch.»

Neben mir geht Kannengießer.

«Auf dem Bahnsteig zusammenbleiben», sagt Linke.

Keiner antwortet.

«Und die Ausweise?» fragt einer.

Linke sieht geradeaus, hat wohl nichts gehört.

«Und die Ausweise, Herr Leutnant?»

Keine Antwort. Linkes Backenknochen beginnen zu mahlen.

«Und die Ausweise, Genosse Major?» sagt Kannengießer. Linke dreht seinen Kopf und sieht auf Kannengießers fettige Haare.

«Bekommen Sie in achtzehn Monaten wieder», sagt er, einen Ton in der Stimme, der noch etwas ahnen läßt. «Sie bekommen Dienstausweise», sagt er. Aber dann muß es heraus, vorwurfsvoll, etwas Ekel schwingt mit: «Auf dem Einberufungsbefehl steht was von kurzem militärischem Haarschnitt. Und Sie?»

«Ich wußte nicht, was das ist», sagt Kannengießer halblaut, außer Atem, klein, schleppend, den Kopf zur Seite geneigt. Er schwitzt, sein Koffer ist groß und schwer.

«So, so, das wußten Sie nicht. Nun, das werden Sie bald für den Rest Ihres Lebens wissen», sagt der Genosse Major. «Wie heißen Sie?»

«Kannengießer.»

Linke dreht den Kopf weg, was wohl heißen soll: «Keine weiteren Diskussionen. Bald sind wir am Ziel, dann sehen wir weiter.» Diesen Namen wird er sich merken.

Die Blätter der Kastanienbäume liegen braun und trocken auf der Bahnhofstraße. Die Sonne scheint durch die Schornsteine der Textilfabriken. Es ist Herbst, ein Novembertag, der Vierte des Monats, kein Regen, kein Wind. Hoch über den Dächern sind helle, dünne Wolken zu sehen, die keine Ahnung haben. Auf der kleinen Mauer neben der Tankstelle, gegenüber der Kreisleitung der Partei, zählt ein Junge Kastanien. Ein dicker, kurzer Stock liegt neben ihm. Ein Wurfgeschoß, das er in die Bäume schleudert, wenn keine Fußgänger kommen. Jetzt kommen Fußgänger. Mit Koffern und komischen Augen. Wie Schüler, wie Touristen, wie Schafe, wie Gefangene sehen sie aus. Einer in Uniform hat die Aufsicht, das ist unverkennbar. Er läuft sehr gerade, hält Abstand, weiß den Weg. Ein Güterzug bremst oben am Bahndamm, schneidend und schrill. Wechselt einer die Straßenseite? Kehrt einer um und geht seiner Wege? Ein «Trabant-Kombi» hupt ohne erkennbaren Grund. Jetzt fliegt der dicke, kurze Stock durch die Bäume, berührt einen Ast, schlägt hart auf. Wo ist der Junge? Fortgegangen? Wer weiß.

Am Bahnhofsvorplatz warten Uniformierte und einige Eltern. Verlegene Blicke, Floskeln und dieses Verziehen der Mundwinkel, das keine Freude ausdrückt. Es geht nicht ins Ferienlager, nicht ans Schwarze Meer oder an die Pöhler Talsperre. Reisende kommen an und gehen weg. Wer weiß schon, wohin der andere fährt.

Weint eine Mutter? Ich sehe keine weinen. Meine ist auf Arbeit. «Laß mich bloß allein wegfahren», habe ich gesagt. Sie wird im Betrieb an ihrer großen Schreibmaschine sitzen und Listen tippen. Einige Väter bewegen sich zackig, die Situation steckt an. Sie zwinkern und nicken den Offizieren zu. Es soll wohl heißen: «Wir wissen auch Bescheid. Nehmt sie ruhig ran. Sie vertragen etwas, das schadet ihnen nicht.» Etwas Anbiedern ist dabei auf diesem Bahnsteig, wir Männer, nicht wahr, und diese jungen Spunde …

«Mal herhören», sagt Linke, «wenn der Zug kommt, mir nach.»

«Wohin fahren wir», fragt einer.

«Das werden Sie schon sehen.»

«Erst nach Zwickau, dann nach Johanngeorgenstadt», weiß eine Stimme.

«Ruhe jetzt», faucht Linke, «sonst kommen Sie vors Militärgericht. Ist das klar? Ab heute sind Sie Soldaten.»

Soldaten, sagt er auf dem Bahnsteig, ab heute sind Sie Soldaten. Der Zug kommt, die Türen öffnen sich, «gewöhnliche» Reisende steigen ein und aus, eine Gruppe junger Männer verschwindet im letzten Wagen des Personenzugs Plauen-Zwickau. «Einsteigen, Türen schließen, Vorsicht bei Abfahrt des Zuges.» Nach einem kurzen Aufenthalt verläßt dieser Zug fahrplanmäßig den Bahnhof. Zu sehen ist das Übliche: Menschen winken, bleiben zurück, hinter Signalen und Brücken verschwinden Gesichter und Hände, mitunter auch weiße Taschentücher. Ein leerer Bahnsteig. Stille. Entfernte Rangiergeräusche. Ein Gepäckkarren holpert vorbei, auf zwei Anhängern liegen wüst gestapelte Fahrräder.

Ich sitze neben Kannengießer, der sofort einschläft, und starre wie blind in eine Landschaft, die ich gut kenne. Linke verteilt kleine Fahrkarten aus Pappe. Sie tragen in der Mitte einen dicken, hellroten Streifen: Militärfahrkarten. Habe ich «danke» gesagt, als er sie mir gab? Vielleicht. Vielleicht habe ich «danke» gesagt. Ich nehme an. Und weigern, ich hätte mich doch weigern können ... Weigern? Ich bin gemustert. Habe den Einberufungsbefehl erhalten und ihn angenommen. Auf andere Ideen bin ich nicht gekommen. Oder habe sie weggeschoben.

Musterung.

In der ganzen Stadt hingen Plakate. «Jahrgang 1950», alle männlichen Bürger haben sich dann und dann dort und dort einzufinden. An einem Vormittag fuhr ich mit dem Rad nach Mylau, vom Unterricht freigestellt. Ich war siebzehn. Ein großer Raum in einem frisch verputzten Flachbau. Viele warten. Broschüren liegen aus.

«Werde auch Du Soldat auf Zeit.» Buntfotos, lachende Soldaten, freundliche Offiziere, glänzende Panzer, silberne Düsenjäger, blauer Himmel. «Zum Schutze unseres sozialistischen Vaterlandes – zur Verteidigung des Friedens», Losungen, Sprüche. Ich warte. Einer in Armeeuniform kommt.

«Die nächsten zehn zum Hörtest.»

Wir werden in ein Zimmer mit schrägen Wänden geführt.

«Hier sind Zettel und Bleistift. Schreiben Sie Ihre Namen auf. Notieren Sie, was Sie hören. Lang oder kurz, Punkt oder Strich. Alles klar?»

Piep, piep. Laut, leise, länger, kürzer.

«Zettel abgeben. In Dreierreihen zur Untersuchung. Ausweise bereithalten. Den Gang hoch, dann warten.»

Weiße Mäntel, Uniformen, Männer, einige Frauen, Krankenschwestern, Sekretärinnen. «Kommen Sie hier rein. Ausziehen bis auf die Turnhose. Urin in dieses Glas. Dort ist die Toilette. Hier wieder abgeben.» Es kommt nur wenig. Den Wasserhahn aufdrehen. Von einem Bein auf das andere treten. Nur ja den Auftrag erfüllen. Viel ist es nicht. Der nächste steht in der Tür. Man feixt und tut lässig. Aber es gelingt nicht ganz. Klopfen an eine Tür, auf der «Labor» steht. «Hier bitte.» «Jetzt zum Arzt, da hinein.» Blutdruck messen. Ach, den kenne ich doch, Dr. Oel aus dem Krankenhaus, seine Tochter geht in unsere Schule. Ein «Ziviler», kein Militärarzt. Er sieht kaum auf von seinen Papieren, notiert sich etwas, horcht, klopft, schreibt, ist abwesend. «Da hinten zum Wiegen.» Und eine Krankenschwester fügt hinzu: «Schuhe aus, dort an die Meßlatte, gerade, 180. Und jetzt da hineinblasen, was in der Lunge ist. Ja, Sie können vorher Luft holen. Sonstige Beschwerden?

Diesen Bogen sorgfältig ausfüllen, die Kinderkrankheiten nicht vergessen. Der nächste bitte.» Ärzte, Schwestern und Offiziere Hand in Hand. Medizin und Armee. Die jungen Frauen lächeln, taxieren, machen Bemerkungen. Was soll man sagen in solch einem Aufzug? Wie rund sind die Beine? Wie blaß die Haut, wie schmal die Schultern?

«Jetzt in dieses Zimmer.»

Ein Arzt und zwei Schwestern. Sie kennen sich aus, scherzen, sind ein Team. «Legen Sie sich mal auf die Pritsche.» Abtasten des Bauches, der Leistengegend.

«Aufstehen, Hosen runter, die Vorhaut zurück. Weiter, noch weiter. Haben Sie wohl noch nie gemacht? Na so was. Fertig. Kerngesund.»

Ich zog mich an und setzte mich auf eine Bank im Flur. Nackt, besichtigt. Mit einer sturen Leere im Kopf, einem Durchschalten. An- und Ausziehen, wie in Gefängnisfilmen. Mit dem Unterschied, daß ich mitspielte. In der Hauptrolle? Nein, eher in einer Nebenrolle, einer von vielen. Statisten sind wir, und doch ist alles sehr persönlich, nackt, hautnah, wie es heißt. Als Kind im Freibad benutzte ich Umkleidekabinen, war wenig frei, war hastig, nervös. Konnte die eigene Blöße nicht ertragen vor anderen, hatte Angst vor «Überraschungen», Bemerkungen und fremden Augen. Und jetzt sahen fremde Augen zu, waren im Dienst, machten, was sie wollten. Ich tat, was ich sollte. Ein eigentümlicher Zustand von Abwesenheit stellte sich ein. Mein Wille war außer Kraft gesetzt. Ein langer Flur, Steinplatten, viele Türen. Losungen an der Wand. Welche? Vaterland, Frieden, Sozialismus, Verteidigung ... Eine Jugendherberge als «Musterungsstützpunkt». Gleichaltrige kamen und gingen. Mit Uringläsern, Wehrpässen, nackten Oberkörpern, in Unterwäsche, verschämt, gleichgültig, ängstlich, wütend, mit und ohne Bartwuchs, gebräunt, gut gebaut, selbstsicher, krumm. Kinder? Schüler? Männer? Soldaten? Sehr verschiedene Menschen eines Jahrgangs kurz vor dem Gleichschritt, kurz vor der Uniform. Dazwischen einige Frauen, Blicke, Kichern.

Eine Tür öffnete sich.

Mein Name wurde genannt.

Ein älterer Mann in einer hellgrauen Offiziersbluse winkte mich ins Zimmer. Hinter zusammengerückten Tischen saß eine Kommission, ernst, amtlich, offiziell.

«Wir sind die Musterungskommission», sagte der ältere Mann. «Nehmen Sie Platz. Sie sind truppendiensttauglich für den Ehrendienst in den Reihen unserer Nationalen Volksarmee. Wir beglückwünschen Sie. Hier ist Ihr Wehrpaß. Wir haben beschlossen, Sie der Waffengattung Nachrichten zuzuteilen. Haben Sie noch Fragen?»

Ich verneinte.

«Dann unter das Paßbild mit diesem Stift eine Unterschrift, Vor- und Zuname. Lesen Sie die Bestimmungen auf Seite 39 gut durch.»

Ich unterschrieb. Er gab mir den Paß. Seine Haare waren glatt nach hinten gekämmt. An die anderen erinnere ich mich nicht. Er sah mich freundlich an. Von den anderen weiß ich nur: Es saß eine Kommission im Raum. Sie saß hinter Tischen und musterte mich.

«So, das wär's für heute, auf Wiedersehen», sagte der mit den nach hinten gekämmten Haaren.

Ich trat auf den Flur, die Tür schloß sich. Ich war erleichtert, verwirrt, fast glücklich: Sie waren freundlich, «wir beglückwünschen Sie». Die Angst war weg. Sie behandelten mich freundlich! Das hohe Gericht erhob keine Anklage, im Gegenteil, es beschloß, daß ich bald dazugehören werde. Daß ich gesund bin, gesund und tauglich. Der Hörtest fiel gut aus. Gemustert für die

Waffengattung Nachrichten. Durfte ich jetzt stolz sein? Der Vater war Funker im Zweiten Weltkrieg, die Armee hieß Deutsche Wehrmacht. Die Waffengattung: Nachrichten. Hitler, ganz schlimm, Faschismus. Der Vater war Funker bei der Luftwaffe und wurde auch befördert. Funker ist vielleicht nichts Ganz-Schlimmes, mehr etwas Technisches. Das Morsealphabet ist international. Es gibt Amateurfunker in aller Welt. «Wir beglückwünschen Sie.» Sie haben nicht geschimpft.

Vor der Tür traf ich einen aus Schönbrunn, den ich vom Fußball kannte. Glücklich, erlöst startete er sein Moped: «Habe ich ein Schwein», rief er, «Asthma muß der Mensch haben. Untauglich! Habe ich ein Schwein! Asthma! Und du?» Er wartete nicht ab, was ich sagte. Er winkte, lachte, gab Gas, fuchtelte mit den Beinen, fuhr davon. Ich sah ihm nach, steckte meinen Wehrpaß weg, öffnete das Fahrradschloß.

«Wir beglückwünschen Sie.»

«Hose nach unten, Vorhaut zurück.»

«Werde auch Du Soldat auf Zeit.»

«Truppendiensttauglich.»

«Asthma muß der Mensch haben.»

Ich war gesund, kerngesund. Ein junger, gesunder, zukünftiger Soldat, der auf dem Fahrrad nach Hause fuhr. In der Reichsstraße traf ich Juliane. «Gar keine Schule?» «Gar keine Schule?» «Ich war zur Musterung», sagte ich ganz nebenbei, ganz erwachsen. «Aha», sagte sie und blieb stehen. Sie wollte wohl weitersprechen, war nicht abgeneigt, noch ein kleines Gespräch zu führen. «Also dann», sagte ich und fuhr weiter, trat wie wild in die Pedale, winkte, lachte, fuchtelte mit den Beinen wie der aus Schönbrunn. Ich war gemustert. Und gesund. Kerngesund.

Neumark. Lichtentanne, Zwickau, eine kurze Fahrt, zwanzig, dreißig Minuten. «Kannengießer, aufwachen, Zwickau. Wir müssen umsteigen.»

«So, mal herhören», sagt Linke. «Aussteigen, in Zweierreihen, und ohne Ausflüge in die Mitropa, auf Bahnsteig 6. Der Bahnhof ist voller Menschen, wir werden gesehen.»

«Zu Befehl», sagt eine Stimme. Nicht ironisch, es klingt eher nach neu erworbenem Vokabular. Bahnsteig 6. Koffer absetzen. Was ist denn da los? Einer mit Rucksack und schulterlangen Haaren diskutiert mit einem Uniformierten.

«Gut», sagt der Langhaarige, «gut, ich gehe. Zu Befehl, jawoll, ganz wie Sie meinen.»

Er verbeugt sich, andere lachen. Nach zehn Minuten kommt er wieder, kahl, fast Glatze, die weiße Kopfhaut leuchtet. Alle sehen ihn an, ja, Gelächter, aber anders, dumpf, hohl, mitleidig, auch etwas ängstlich: Darf man das? Ist das nicht schon Protest, Verweigerung eines Befehls, ihn so übertrieben auszuführen? Das wußte ich von vormilitärischen GST-Übungen und Fahnenappellen: Gerade die bewußt-genaue Erfüllung eines Auftrags, der formvollendete Gruß, der Arm, der in Zeitlupe einknickt, die Hand, die an den Käppirand federt, die Augen, die starr auf dem Vorgesetzten ruhen – können die Unterwerfung aufheben, weil sie etwas tun ohne das Wichtigste: ohne Angst. Dieser da auf dem Bahnsteig, mit seinem Rucksack, seiner neuen Frisur, er gehört auch zum «Sammeltransport». Ich stehe da, sehe es, denke verschiedenes und weiß doch gar nichts, bin still, drehe mich um nach Kannengießer, halte mich dicht an die anderen, warte. Was wird werden? Dieses bange, geduckte Fragezeichen ist in mir.

Ich höre und sehe. Aber wer begreift schon, was er hört und sieht, wenn es gerade geschieht.

Ich hätte «Bausoldat» werden sollen. Ich hätte sagen sollen, sagen müssen: Dienst ohne Waffe! Aber «Dienst» wäre es dennoch, mit Uniform und Kaserne, einen Spaten auf den Schulterstücken ... Wo liegt der Unterschied? Wie hätte ich es anstellen müssen? Ich wußte nicht, wen ich danach hätte fragen sollen. Ich kannte keinen, der diesen Weg gegangen war. Und außerdem: «Werden Sie Offizier, werden Sie Soldat auf Zeit!» Diese Werbung war um mich, dieser Druck. Wenn ich sagte: «Nur anderthalb Jahre, ich will studieren», war das schon viel, fast frech. Dazu gehörte Mut, da verzogen sich schon einige Gesichter. Major Übel wollte ein »erstklassiges Abschneiden unserer Schule». Und ich will studieren ... Als «Bausoldat» kann ich die Psychologie in Jena vergessen. Und daß ein junger Mann zur Armee, zur «Fahne» kommt, das «ist eben so». Das betrifft alle, das kommt von oben, das war schon immer so. Was sollte ich auf die Frage: «Willst du dein Vaterland, deine Heimat verteidigen? Willst du das gemeinsam Geschaffene schützen?» anders antworten als: «Ja, das will ich»? Ich hätte sagen können, daß Schutz und Verteidigung des Lebens nicht mehr mit Waffen zu erreichen ist im Zeitalter der Atombomben. Da wäre ich gefragt worden: «Sollen wir die Hände in den Schoß legen? Sollen wir den Revanchisten und Kriegstreibern das Feld überlassen? Hätte sich die Rote Armee nicht wehren sollen, als die Faschisten das Land überfielen?» Darauf hatte ich keine Antwort. Ich dachte auch an den Einmarsch in die Tschechoslowakei im vergangenen Jahr, an die Panzer, die durch unser Viertel fuhren. An die Protestdemonstrationen, die es in Prag gab, ich sah Bilder im Westfernsehen ...

muß man sich nicht wehren gegen solche «brüderliche Hilfe»? Aber wie? Mit Waffen, mit Gedichten? Wenn ich sagte: «Ohne Gewalt», geschah das aus Feigheit? Aus Mut? Weil einem nichts anderes übrigblieb?

Und was ist jetzt? Auf welchem Bahnsteig stehe ich? Ich werde Soldat in der «Nationalen Volksarmee», die sich beteiligt hatte am Einmarsch. Deutsche Uniformen kamen wieder über die Grenze. Und jetzt mache ich noch mit ... Und hätte ich bei der Einberufung gesagt: «Ihr wollt uns nur das Laufen beibringen, das Kuschen», dann hätten sie von der «Notwendigkeit einer bewußten Disziplin» gesprochen, «kein Schiff kommt aus ohne Kapitän und Offiziere, ohne Befehle. So ist es auch im übrigen Leben.» Und dann hätten sie sich an das Wort «kuschen» erinnert: «Haben Sie kuschen gesagt? Wissen Sie, was Sie da gesagt haben?» Und dann mußte man schon Glück haben, um der Staatssicherheit und dem Staatsanwalt zu entgehen. Da wären die Jalousien runtergegangen: «Das sind Unterstellungen und Zweifel an den Grundfesten unseres Staates, Sie sprechen wie ein Feind, das ist ideologische Diversion» ...

Ich will auch die Eltern nicht enttäuschen. Sie rackern sich ab in ihrem Betrieb und wollen «Erfolge» sehen, gute Zensuren, keine Klagen, einen Studienplatz. Aus dem Jungen soll «etwas werden».

«Nicht wie wir», sagten sie und gaben Geld für Bücher, waren stolz, daß ich las: Dostojewski, Tolstoi, Gorki, Sartre, Brecht, Thomas Mann. «Nicht wie wir», sagten sie, «jedenfrüh in die Mühle und abends müde. Andere fahren mit dem Auto. Du sollst es besser haben» ...

Das sind Rechtfertigungen ...

Ich stehe in Zwickau auf dem Bahnsteig und warte auf einen Zug. Ich weiß nicht, woher er kommt und wohin er fährt. Ob es ein Sonderzug ist? Wen soll ich fragen?

Es ist auch ein Kitzel dabei: Uniform, Waffen, Schießen ... Wie in Kriminalfilmen, wie im Krieg wird es vielleicht, nur ohne Verwundungen, ohne Tod und Sterben. Der Lange Karl vom Spielplatz hat sich freiwillig zur Marine gemeldet, drei Jahre, jetzt fährt er auf einem Schiff, einem Kanonenboot. Das ist etwas. Als Matrose kam er nach Hause mit ganz weiten Hosen. Alle haben ihn beneidet, die Mädchen sahen ihm nach ... Als ich mit vierzehn die Lehre bei der «Deutschen Reichsbahn» begann, eine Woche Berufsausbildung, drei Wochen Oberschule, und mit dem Zug nach Plauen fahren mußte, in die «Kleiderkasse», wie ungern habe ich diese dunkelblauen Klamotten in Empfang genommen! Da mußten wir auch schon Schirmmützen tragen und Schulterstücke mit gelben Lehrlings-«Balken». Im ersten Lehrjahr einen Balken, im zweiten und dritten zwei. Wer ohne Mütze gesehen wurde, bekam Minuspunkte. Wuchsen die Haare etwas länger: «Wie sehen Sie denn aus, wollen Sie die Deutsche Reichsbahn blamieren?» Als ob die Predigten zu Hause nicht schon genügt hätten zu diesem Thema. Das kotzte mich alles an. Die Lehrmeister, die Fahrdienstleiter mit ihren ausrasierten Hälsen, auch die jüngeren, alles kleine und große Feldwebel, die «schon ganz andere Zeiten» erlebt hatten. Sie sagten «jawoll» und trommelten mit den Fingern, waren pünktlich und ordentlich, ließen nichts durchgehen. Wenn ich an Lehrausbilder Seiler denke, dieses dünne, blonde Bürschchen, das einen «Berliner Roller» fuhr und Karriere machen wollte. So eine Schläue war in seinem Blick, eine Hinterhältigkeit ... Andere waren anders, ich habe «ruhige Beamte» kennengelernt, die von Unfällen und Kriegserlebnissen erzählten, kaum Arbeiten schrieben und uns auch mal eine Stunde früher gehen ließen. Aber sie waren Ausnahmen. Auf den Dienststellen an der Strecke mußte es pünktlich und korrekt zugehen, das sahen wir ein. Weichen und Signale mußten fehlerlos bedient werden, klarer Fall. Haltepunkt Limbach, Bahnhof Herlasgrün, Stellwerk und Fahrkartenausgabe ... Aber was war mit dem Lehrling, der in krummer Haltung durch die Tür trat und nicht gleich «Guten Tag» sagte? Der vielleicht sogar rauchte? Der konnte etwas erleben, da wurde geschwiegen und kommandiert, da ging der Blick durch und durch, der berühmte Blick der Kasernen, Katheder und kleinen Bahnstationen. Da hatte ich früh einen Haß und einen Ekel. Nein, um die Uniform reiße ich mich nicht, nach der dunkelblauen jetzt die feldgraue ...

Auf den Güterböden und Umladebühnen traf ich die «Proleten», die manchmal nur tageweise angestellten Arbeiter mit den Lederschürzen und den dicken Handschuhen. Sie konnten schwere Kisten mit einer Hand in die Güterwagen bugsieren, als wäre das ganz leicht. Sie sprachen nicht viel, aber erkannten sehr schnell, wer arbeitete und wer nicht. Ob jemand rumstand und die anderen machen ließ oder zupackte. Wenn einer arbeiten konnte, waren sie bald freundlich und zutraulich, fuhren selbst die schweren Sachen, erklärten Tricks, warnten vor Gefahren und schimpften auf «die von vorn, vom Bahnhof, die Sesselfurzer, die mit ihren Uniformen spazierengehen und kontrollieren, daß wir keine Güterwagen mit nach Hause nehmen».

Die Lehrzeit ist gerade vorbei, man ist kein Affe mehr, kein Bockwurstholer, dem Seiler auf der Nase herumtanzt ... Das Abitur ist überstanden, der Schüler hat es hinter sich ... Und was kommt dann? Der Einberufungsbefehl ... Wieder sind wir die letzten Pisser, die dastehen mit Koffern und kurzen Haaren. Gut, vielen anderen ergeht es auch so ...

Es stimmt, daß ich mit Pistolen gespielt habe. Auf dem Dachboden habe ich eine kleine silberne gefunden, in der Holztruhe. Vorn konnte man Pfeile hineinstecken, eine Feder wurde gespannt, dann abdrücken ... ein richtiger Abzugshahn ... Das war eine Entdeckung! Eine Pistole aus Blech, silbern, glänzend, fast wie eine richtige, «ein Damencolt» ... Wie kühl, wie aufregend, wie berauschend er sich anfassen ließ auf dem Dachboden ... Und später im Sandpark, als die Jungen um mich herumstanden und staunten. Alle wollten sich aus dem Westen Zündplättchenpistolen schicken lassen ... Und die selbstgebaute Holz-MPi nach Originalmaßen mit Trageriemen, eine Kalaschnikow, schwarz und rot angestrichen, der Kolben mit Blech beschlagen, das war doch etwas ganz Großes ... Die Mädchen sollten ruhig mit Puppen spielen und Mami rufen ... und wir, wir anderen, wir Stärkeren, wir Männer, wir Soldaten, wir spielten Krieg. Polizei, Räuber und Gendarm. Und waren im Recht. Und hatten die Macht. Und es machte Spaß. Und wenn einer vorbeikam von der Bergstraße oder aus der oberen Stadt und blöde glotzte, konnte er was erleben. Wie im Film, wie in den Büchern, egal, ob einer Old Shatterhand oder Tschapajew, der Held der Roten Reiterarmee, war an diesen Nachmittagen. Oder «ein deutscher Soldat» ...

Und jetzt soll ich es wirklich werden. Oder bin es schon, wie ich von Linke auf dem Bahnsteig in Reichenbach erfahren habe. «Ruhe jetzt, ab heute sind Sie Soldaten, sonst kommen Sie vors Militärgericht.» Ab heute bin ich ein deutscher Soldat.

Ich weiß genau, wie mich meine Großmutter ansah, wenn ich Krieg spielte in ihrer Küche. Sie hat nichts gesagt, hat nicht geschimpft. Hat gar nichts gesagt, das war es. Ist still geworden und hat hochgesehen zu den Fotografien mit den schwarzen Stoffstreifen, hat die Jungs angesehen, die nicht mehr nach Hause gekommen waren. Und später die Flüche der Älteren aus meinem Viertel, die zur Armee mußten. Der Lange Karl ging zuerst freiwillig und gern, aber dann hat er sich zu Hause eingeschlossen und getrunken, wenn er auf Urlaub kam … Nicht zu vergessen der Zirkus der «vormilitärischen Ausbildung» in den Schulferien. Luftgewehrschießen, Eskaladierwand, Orientierungsmärsche … lustloses Trotten nach Karte und Kompaß, ständiges Blödeln und Suchen nach Ausflüchten und Entschuldigungen, nach Möglichkeiten, sich unauffällig «abzuseilen». Das Gefühl von Sinnlosigkeit und Langeweile, das in keinem Verhältnis zur rotwangigen Aufgeregtheit des Erdkundelehrers stand, der als Verantwortlicher «die Zeit nahm» und sich offenbar wichtig vorkam … Dazu das zersetzende Gift der Bücher, Barbusse, «Das Feuer», Tolstoi, «Krieg und Frieden», Böll, «Wo warst du, Adam?», ausgeliehen in der Stadtbücherei am Museumsplatz, Wolfgang Borchert, Brecht, Biermann, seine verbotenen Lieder auf Tonband, kaum hörbar, die sechste heimliche Überspielung, «Soldat, Soldat».

Ich habe nachgedacht, habe mich herumgequält.

Und jetzt stehe ich doch auf diesem Bahnsteig.

Zwei Monate vor der Musterung sagte ich meinem Klassenlehrer im Chemieraum, er hieß Grund, ich hatte Vertrauen zu ihm: «Wahrscheinlich werde ich den Wehrdienst verweigern.» «Um Gottes willen», rief er, «sagen Sie nicht so was. Dann ist alles vorbei, Abitur, Studium. Sagen Sie das nie mehr. Dieses Gespräch bleibt unter uns.» Er schloß die Tür. «Aber ich bin gegen den Krieg», sagte ich. «Ja, natürlich, das sind wir alle», entgegnete er, «ich auch. Unsere Armee schützt den Frieden, jeder muß seinen Beitrag leisten.» «Aber die Befehle, das Marschieren, das gefällt mir nicht.» «Mir auch nicht», sagte er. «Ich habe schon gehört, wie Sie sich im Sportunterricht aufführen, wenn Ordnungsübungen dran sind. Sie können sich nicht einordnen. Übertreiben Sie da nicht etwas?» Und heftig fügte er hinzu: «Machen Sie bloß keinen Unsinn. Versprechen Sir mir das, ich bin Ihr Klassenlehrer. Sagen Sie nie mehr etwas von Verweigerung!» «Ich habe Wolfgang Borchert gelesen. Bei ihm steht der Satz: ‹Wir werden nie mehr antreten auf einen Pfiff hin.›» «Jürgen, ich flehe Sie an, überlegen Sie sich das. Das ist Literatur. Es geht um Ihr Leben, Ihre Zukunft. Von meiner Rolle als Klassenlehrer will ich gar nicht sprechen. Sie verpfuschen sich alles.» Er sah mich an.

Die Formeln und Gleichungen an der Tafel verschwammen, wurden wirr, gingen nicht mehr auf.

«Ich verstehe Sie», sagte er, «aber versprechen Sie es mir?»

Ich zögerte, nickte dann. Er drehte sich um und begann, die Tafel abzuwischen. Ich nahm meine Tasche und ging auf den Flur. Es klingelte.

Ein Zug hat Einfahrt. Am Zeitungsstand kauft eine Frau einem Mädchen eine «Atze» und legt noch zehn Pfennig für Kaugummi dazu. Ein alter Mann mit Spazierstock steht auf der Bahnhofswaage neben den Fahrplänen und wartet. «Warum geschieht nichts?» fragt er. «Sie müssen Geld einwerfen», sagt eine junge Frau und liest weiter in ihrem Buch. Zwei Bahnarbeiter in öligen schwarzen Hosen holen Bier an einem Kiosk. Sie stecken die Flaschen schnell weg in einen Faltbeutel und zünden sich Zigaretten an, «Juwel» mit Filter.

Der Zug fährt ein, ein gewöhnlicher Personenzug. «Vorsicht am Bahnsteig 6.» Die schwarze Dampflokomotive kommt an, die Scheinwerfer wie starre Augen, die nichts sehen. Das gepreßte, sinnlose Schluchzen der Bremsen, einige Türen werden geöffnet, Uniformierte mit Stahlhelmen und Maschinenpistolen springen aus den Wagen und schreien:

«Beim Einsteigen beeilen, nicht einschlafen!»

Sie tragen Armbinden und sind in guter Stimmung, lachen, scheuchen, grölen aus vollem Halse. Wenn eine junge Frau zu sehen ist:

«Frauen müssen draußen bleiben, schaaade!»

Ein Zug kam an, der ist unter ihrer Kontrolle. Das ist nicht zu überhören, nicht zu übersehen. Hinter den Fenstern sitzen junge Männer, solche wie wir, was weiß ich, wie sie heißen, wer sie sind. Solche wie wir ... Nein, keine Güterwagen, die Sitze sind gepolstert, gute 2. Klasse mit WC und Lüftung.

«Los, los!»

Selbst Kannengießer beeilt sich, schiebt seinen großen Koffer ins Wageninnere. Ich weiß nicht, wo Linke blieb, er ist plötzlich verschwunden, hat wohl seinen Auftrag erfüllt. Andere übernehmen seine Funktion. Wir setzen uns auf freie Platze und werden gefragt, woher wir kommen, sagen es, hören andere Orte: Leipzig, Werdau, Crimmitschau, Fürstenwalde.

«Und wohin?»

«Alle nach Johanngeorgenstadt ins Ausbildungslager der Grenztruppen.»

«Berüchtigtes Schleiferlager», sagt einer am Fenster, «weiß ich von meinem Bruder, der war schon dabei. Schöne Scheiße.»

Draußen Geschrei, laut, bellend, wie ein verunglücktes Lachen. Der Zug fährt an, die Uniformierten kommen durch die Wagen, stoßen die Zwischentüren auf, sehen sich um.

«Kein Alkohol. Ist das klar? Ob das klar ist?»

Sie warten, bis jemand «ja» sagt.

Etwas findet statt, etwas geht breitbeinig und waffenklirrend durch diesen vollbesetzten Personenzug, etwas hat Spaß daran und unterscheidet sich von den üblichen Ausweis- und Fahrkartenkontrolleuren. Etwas Angeberisches, Halbstarkes stolziert da durch den Mittelgang der Wagen. Diese jungen Männer mit ihren Stiefeln und Armbinden, die MPi locker über der Schulter, nur einige Gesichter sehen älter aus, beanspruchen die Macht. Es kommt nicht mehr auf irgendeinen gültigen Fahrausweis an, den man hat oder nicht hat, bei dessen Fehlen man sich in der Toilette versteckt, Strafe bezahlt, weiterfährt oder an der nächsten Haltestelle aussteigt. An der nächsten Haltestelle wird keiner von uns aussteigen. Vielleicht werden welche zusteigen und fragen, wohin diese Reise geht. Dann wird der am Fenster sagen, was er von seinem Bruder weiß. Die Zwischentüren werden sich öffnen, und einer mit Maschinenpistole wird fragen, «ob das klar ist». Und er wird warten, bis eine Antwort kommt. Und sie wird kommen, wird nicht lange auf sich warten lassen. Einer wird «ja» sagen und dann auf den Fußboden sehen. Er wird sich schnell eine Zigarette anzünden und etwas Spaßig-Belangloses vom Stapel lassen, weil ja fast nichts geschehen ist, fast gar nichts von Bedeutung.

Ich hocke auf meinem Platz, der Reisekoffer über mir, höre zu, was andere sagen, sehe aus dem Fenster. Es geht hinauf ins Erzgebirge. Kannengießer sitzt zwei Bänke weiter. Ich will rauchen, es ist ein Raucherabteil, da kann ich sicher sein, überall sind Aschenbecher angebracht. Ich will rauchen und zögere, weil ich nicht weiß, ob es erlaubt ist. Ob sie es erlauben, ob ich darf. Erst als ich schräg gegenüber einen mit Pfeife entdecke, zünde ich mir eine Zigarette an. Ich tue selbstverständlich, als habe es dieses kurze, bedeutsame Zögern, das alles sagte über mich und die Situation, in der wir uns befinden, nicht gegeben.

«Schneeberg» steht auf dem Schild am Stellwerk. Kannengießer kommt, beugt sich vor und sagt leise:

«Jetzt weiß ich, was ‹GR 10› heißt: Grenzregiment 10. Wir kommen an die Grenze.»

«An die tschechische, polnische?» frage ich.

«Westgrenze», flüstert er vergnügt, aus irgendeinem Grunde vergnügt, «stell dir vor, stell dir das vor.»

Ich verstehe ihn nicht und sage:

«Na und, war doch fast anzunehmen.»

«Ja, schon, aber jetzt weiß ich es genau», sagt er und geht zurück an seinen Platz, als habe er das ganz große Los gezogen, als sei jetzt alles klar. Ich bin eher bedrückt, sehe Fernsehbilder, Hundelaufgräben, Signalzäune und Postentürme ... Ich kann nichts tun, vielleicht stimmt es gar nicht, so schlimm wird es nicht werden, woher will der das so genau wissen ... ein ganzes Geschwader von Beschwichtigungen ist parat. Ich trenne ab von mir, kenne mich auf diesem Gebiet gut aus.

Oberschlema, Aue.

«Du darfst nicht töten», schrieb die andere Großmutter im letzten Brief in ihrer großen Kinderschrift auf liniertes Papier: «Auch wenn du zur Armee gehen mußt, lieber Jürgen, du darfst nicht töten.» Die Bauersfrau aus Oberschlema hörte nicht auf, erzgebirgisch zu sprechen, als sie ihrem Mann nach Thüringen folgte. Sie band ihr Kopftuch um und hackte den Garten, unermüdlich, als wäre sie auf dem Feld. Es konnte regnen oder heiß sein. «Geh baden, ich bin gleich fertig», sagte sie. Ich mußte ihr nicht helfen, nur, wenn ich wollte. In den Sommerferien wohnte ich bei ihr. Auch ihr Vorname gefiel mir: Olga. Sie arbeitete stundenweise in einer Gärtnerei und ging ab und zu auf die umliegenden Dörfer, half bei der

Ernte. «Hitler, dieser österreichische Sauhund», sagte sie, «ich habe aufgeatmet, als die Amerikaner nach Gotha kamen. Sonst hätten sie mich noch gemeldet, stur und verbohrt, wie sie waren, dein Großvater und die anderen, die bis Mai 45 an den Endsieg glaubten. Mich haben sie ausgeschimpft, haben mir gedroht. In der eigenen Familie passierte das», sagte sie. «Von wegen deutsche Abfangjäger, das waren die Engländer, große Geschwader. Ich habe bei den Bauern viel erfahren, die hörten Radio London und wußten genau Bescheid.» Jeden Abend las sie in ihrer Bibel, allein, ohne sich überlegen zu fühlen. Ich mußte nicht mit zur Kirche und durfte bis zum Dunkelwerden auf der Straße bleiben. Sie erzählte oft «von früher», am Ende ihrer Geschichten seufzte sie und sagte: «Jeder muß seinen Weg finden.» Sie agitierte nicht, ging mit mir Pilze suchen im Thüringer Wald. Pilze suchen und Eis essen, «aber nicht in die feinen Cafés. Wer fühlt sich da wohl? Ich nicht.» Sie ließ locker, hatte Verbindung mit einem guten Gott und backte zweimal in der Woche Kuchen, große Bleche, Johannisbeer, Kirsch und Quark.

In Aue steigt eine größere Gruppe zu. Zwei von ihnen finden Plätze in meiner Nähe. Einen aus Schwerin höre ich vorwurfsvoll sagen:

«So nahe an zu Hause, das gibt's doch nicht. Bevor ich ankomme, ist der halbe Urlaub weg.»

Einer von ihnen entgegnet:

«In der Heimat und kein freier Mann, das wünsche ich keinem.» Er fügt hinzu: «Wer weiß, wohin wir versetzt werden.» Dann zieht er den Kopf ein, sieht sich lächelnd und unsicher um: «Hoffentlich habe ich jetzt nicht zuviel gesagt.»

Ein Berliner tippt an die Stirn:

«Mach dich bloß nicht verrückt. Mir verbietet keiner den Mund. Wenn hier welche «auf Zeit» dabei sind, dann sollen sie ruhig zuhören. Bald kriechen wir alle im Gelände rum, ohne Unterschied. Nach der Grundausbildung können sie Befehle geben.»

Der Schweriner fragt nach:

«Was, hier sind auch Längerdienende mit drin? Wirklich?»

«Klar, weißt du nicht? Da gibt es auch eine Unteroffiziersschule. Da werden sie ausgebildet. Schleifen und so weiter.» Der Berliner hebt die Stimme: «Sind hier welche dabei, ich meine zukünftige?»

Der aus Aue, der vorhin von der «Heimat» sprach, wird rot und zeigt auf sich. Wir starren ihn an. Nach einer Weile fragt der Berliner:

«Du? Warum denn das?»

Der aus Aue zuckt mit den Schultern, fällt in sich zusammen, richtet sich wieder auf:

«Da darfst du mich nicht fragen. Ich hab halt unterschrieben. Als ich hörte, was man da nach einem halben Jahr verdient, da habe ich halt unterschrieben. Das ist bares Geld. Das kann ich sparen. Mehr verdiene ich im Betrieb auch nicht. Dafür eben die doppelte Zeit, na ja, die doppelte Zeit. Frag mich nicht ...»

Die Zwischentür klappt, die Streife schlendert durch den Wagen, stellt diesmal keine Fragen. Der andere aus Aue sagt plötzlich:

«Also, ich finde, wenn sich jemand verpflichtet hat, soll er auch dazu stehen. Das ist jedenfalls meine Meinung.»

Der so Angesprochene nickt mehrfach mit dem Kopf, zuckt mit den Schultern, fällt in sich zusammen, richtet sich wieder auf:

«Das meine ich auch. Ich wollte bloß sagen, daß ich

länger diene, weil gefragt wurde. Weil gefragt wurde, wollte ich es bloß sagen. Mehr nicht.»

Der Berliner sieht beide an und nimmt sich einen Apfel.

«So so», sagt er, «so so.» Mit lauten Kaugeräuschen ißt er den Apfel.

Je länger die Fahrt dauert, je steiler die Berge werden, die man draußen sieht, desto weniger wird gesprochen. Eine nervöse Gespanntheit erfaßt uns. Jeder sitzt für sich allein, wenn auch dicht bei den anderen. Auch der Berliner hat zu reden aufgehört. Das Kommende, das keiner kennt, nähert sich ... man sieht aus dem Fenster, raucht, blättert hastig in Zeitungen und Zeitschriften, legt sie weg, nimmt sie wieder zur Hand. Die Streife kann jeden Augenblick kommen, der Vorgesetzte, der Direktor ...

«Noch ein paar Minuten», sagt der aus Aue, der sich länger verpflichtet hat.

Es ist still geworden. Die Schienenschläge sind gut hörbar. Sie beruhigen nicht. Jeder von uns könnte immerzu nur über das eine sprechen: Über diese inszenierte Annäherung an einen bedrohlichen Ort und eine gefürchtete Zeit. Andere Züge sind in diesen Stunden unterwegs in andere «Ausbildungslager» und Kasernen. Tage vorher hatte ich auf dem Bahnhof Entlassene getroffen, «Heimgänger», «EKs», «Entlassungskandidaten», die, weit aus den Fenstern und Türen der Züge gelehnt, ihre Heimatorte ausriefen als Wichtigstes auf Erden. Ihre Heimatorte und die verbliebenen, genau abgezählten Armeetage: «Null.» Das war ein Schrei, glücklich, erwartungsvoll, trunken. Anders als das laute, blökende «Hurra, hurra, hurra» in Reih und Glied, das ich von Paraden und Aufmärschen kannte. «Null» oder «Heimgang», ein Schrei aus der Seele, gurgelnd und dumpf brach er ab, als die Streife auftauchte ... Ob er in Köln und Kiew auch zu hören ist? Vielleicht ist er überall zu hören, wo welche zur Armee gezogen und nach Monaten oder Jahren wieder entlassen werden. «Null» ...

Wenn ich doch erst so etwas schreien könnte ...

Sie lehnten sich aus den Zugfenstern und verabschiedeten Aussteigende mit Trillerpfeifen und lauten Bemerkungen. Jeder, der zufällig vorbeikam, mußte es doch wissen: Sie hatten es überstanden, es war vorbei. Also erklärten sie nichts, sprachen in den vertrauten Andeutungen, machten Witze, lachten. Das kannte ich von meinem Schwager, der im Frühjahr entlassen worden war. Die wenigsten, die es nicht selbst erlebt hatten, begriffen, worum es ging. Es mußte ja auch geschwiegen werden über «militärische Geheimnisse», man war belehrt worden ...

So sah ich die Entlassenen am Bahnhof einige Tage vor meiner Einberufung. Einige Frauen schüttelten die Köpfe, lachten, sagten «Verrückte» und gingen achselzuckend weiter. Ich zog den Kopf ein. Andere werden sich gefragt haben: «Wann bin ich dran, wann werde ich gezogen?» In meiner Klasse gab es welche, die uns beneideten: «Euch holen sie gleich nach dem Abi, und was ist mit uns? Wir können warten und bibbern ...»

So sehr ich mir wünschte, schon zu den Heimgängern zu gehören, als ich sie sah, taten sie mir leid: So laut sie auch riefen, so sehr ihre Augen auch leuchteten: Sie waren allein, umgeben von Neugier und etwas Mitleid, auch von Furcht und Scheu, von Gleichgültigkeit und stummer, weggeschobener Angst. Ihre Rufe wurden auch geduldet, weil sie dazugehörten, weil sie sich nicht offen empörten, weil sie abbrachen, wenn die Streife um die Ecke bog. Sie waren allein, wie wir im Sonderzug 2. Klasse auf den letzten Kilometern vor dem Luftkurort

Johanngeorgenstadt. Wie wir, die es noch vor sich haben.

Wie ruhig, wie routiniert und teilnahmslos dieser Schrankenwärter vor seinem Häuschen steht und die Fahne hebt. Wie freundlich und ahnungslos die kleinen Mädchen da an ihren Fahrrädern lehnen und warten, bis der Weg wieder frei ist. Wie qualvoll alltäglich das alles ist. Niemand steht Spalier, kein Signal versagt, kein Wagen entgleist, wenn ich in ein Lager gefahren werde.

Darf ich Lager sagen, wenn es Lager heißt, «Ausbildungslager»?

II

Der Zug ist angekommen. Die Reisenden steigen aus und nehmen Aufstellung in Sechserreihen. Offiziere und Unteroffiziere stehen auf dem Bahnsteig in der Nähe des Bahnhofsgebäudes. Sie sehen zu. Der lange Zug setzt sich in Bewegung, 800 bis 1000 junge Männer kommen in rechtem Winkel über die Gleise. Es ist merkwürdig still. Kaum Befehle, kein Lachen, keine Blödeleien. Die Spaßmacher haben ihre Skatkarten weggesteckt, die Angetrunkenen gehen betont gerade, Kannengießer schleppt seinen schweren Koffer, der Berliner hat seinen Apfel gegessen und den Griebs aus dem Fenster geworfen. Der Fahrdienstleiter mit der roten Mütze steht etwas abseits in fast militärischer Haltung. Die alte Eisenbahnerin hält ihre silberne Zange hinter dem Rücken und lächelt wie immer. Sie wird heute nicht gebraucht. Das sind keine Urlauber, die nach den FDGB-Heimen fragen und denen man die Abfahrtszeiten der Busse sagen muß. Heute kommen die Wehrpflichtigen, die gleich hinaufgefahren werden ins ehemalige Wismut-Gebiet, an den Rand der Halden. Auf dem Bahnhofsvorplatz stehen Lkw. Jetzt werden die Motoren angelassen.

«Der Reihe nach aufsitzen, die Koffer nach hinten, nicht einschlafen. So, halt, der Wagen ist voll, Klappe zu, ab geht die Post.»

Der Abtransport beginnt. Als ich an die Reihe komme, reiche ich meinen Koffer auf die Ladefläche, steige hinauf und setze mich auf eine der schmalen, angeschraubten Holzpritschen. Wir sitzen dicht gedrängt, ich versuche vergeblich, näher an meinen Koffer zu rükken. Der Fahrer kommt und schließt die Wagenklappe. Er mustert die Ladung.

«Den Koffer da nach hinten, sonst verlieren wir das wertvolle Stück», sagt er. Es klingt überlegen und höhnisch. Ich kann die Bedeutung der Schulterstücke noch nicht genau zuordnen, auf dem Bahnsteig habe ich auch Offiziere gesehen ... Aber bestimmt ist dieser Fahrer Soldat, er trägt glatte, grün umrandete Schulterstücke. Er ist gar kein Vorgesetzter und verhält sich herablassend. Vielleicht kam er vor einigen Wochen oder Monaten selbst auf diesem Bahnhof an. Jetzt mustert er uns ohne Mitgefühl und gibt schnarrende Anweisungen ...

Der Motor wird angelassen, mit einem Ruck fährt der Lkw an. Das Planengestänge vibriert, mit hoher Geschwindigkeit geht es durch die Kurven. Ab und zu bremst der Wagen, einige finden sich zwischen den Koffern und neben den Pritschen wieder. Ich kralle mich an die Holzplanken der Sitzbank. Der Fahrer spielt offenbar Autorennen. Warum hat er es so eilig? Ich schalte ab, lasse es geschehen. Wohin wir fahren, kann ich nicht sehen, es geht bergauf, schwankende Straßenbäume, Abhänge, jetzt Neubauten, Schlaglöcher, hinter uns noch ein Militärlaster. Was soll ich tun?

Diese hellwache Abwesenheit kenne ich schon aus der Schule, wenn nichts mehr zu machen war, wenn mich Lehrer Köppl stumm, seine Hand an meinem Oberarm, mit großen Schritten durch die halbdunklen Korridore zum Zimmer des Direktors führte. Dort sollte ich erzählen, was ich gemacht habe. «Herr Direktor», hörte ich mich sagen, «ich habe den Unterricht gestört durch dauerndes Schwatzen mit Krumbholz.» «Und?» fragte er, Köppl stand daneben. «Ich will es nie wieder tun.»

Der Lkw, ein dunkelgrüner «W 50» mit Plane, hält an. Die Klappe wird geöffnet, und wieder erscheint das Gesicht des Fahrers:

«Absteigen, los, los!»

Ein Befehl, ein Witz, eine Verhöhnung, eine verquere Bitte, von allem etwas. Wie der selbsternannte Führer einer Jungenbande, wie der Lange Karl, der den Gast aus der oberen Stadt herumkommandiert und durch Pfützen waten läßt mit seinem Scheitel und den weißen Kniestrümpfen. Jetzt sind wir die Dummen, die Neulinge.

«Antreten in Zweierreihe.»

Da steht schon eine lange Schlange vor einem flachen, zweistöckigen Gebäude, Koffer und Taschen auf dem Boden abgestellt, ein Zaun, das Tor mit Posten und Postenpilz, ein großer, schräger Appellplatz, Hecken, Fahnenmaste. Die Schlange rückt langsam vor, wird geschluckt von dem flachen Ziegelgebäude. Es beginnt zu nieseln. Unser Lkw wird abgestellt, der unfreundliche Fahrer ist ausgestiegen und lehnt am Führerhaus.

Noch zwei Lastwagen kommen angefahren, die Ladung sitzt ab und reiht sich in die wartende Schlange ein. Die Fahrer steigen aus, schlagen laut die Autotüren zu, stellen sich zusammen vor eine Motorhaube, lachen, sehen zu uns herüber.

«Na, ihr Rotärsche, jetzt geht das Rennen los. Hoffentlich haben die Kleinen genügend Pflaster eingepackt für die Blasen. Rennerenne, robbirobbi durch den Tannenwald ... ihr werdet schon sehen ... Endlich Nachwuchs, man kam sich schon ganz einsam vor, nix mehr los ... wird Zeit, daß hier neue Stimmung entsteht ... Jubel, Trubel, Heiterkeit ...»

Jeder wirft uns seine Brocken an den Kopf. Einer aus der Schlange sagt:

«Ihr macht hier wohl den Chef? Ihr seid doch auch bloß Soldaten!»

Da schnippen die drei Fahrer hoch, lehnen sich gar nicht mehr an ihre Fahrzeuge, gehen auf den Frechdachs zu:

«Wir sind ‹Vize›, merk dir das! Sieh dir unsere Schulterstücke genau an! Da ist zwar noch kein Balken, aber den Knick in der Mitte wirst du doch erkennen mit deinen ahnungslosen Augen ... ‹Vize›, vergiß das nicht! Denk an deine Tage! Wenn ich deine Tage hätte, würde ich mich aufhängen ...»

«Die hattest du doch auch mal ...»

«Na und, aber jetzt nicht mehr. Soll ich dir mein Bandmaß zeigen? Weißt du überhaupt, was das ist? Wir sind Fahrer, Kfz-Kompanie, das ist was anderes als Schütze Arsch im letzten Glied ... Hier ankommen als Mot.-Schütze, als buntes Laub, und dann gleich losmotzen, das haben wir gern ...»

Sie winken ab, drohen, funkeln mit den Augen und gehen zu ihren Fahrzeugen zurück. Sie kommen sich besser vor. Endlich können sie auf andere herabsehen. Wahrscheinlich empfangen sie uns so, wie sie empfangen wurden vor einem halben Jahr. Aber daß sie uns beleidigen ... kein gutes Wort haben. Wie wichtig wäre ein gutes Wort von einem, der schon länger hier ist, der auch Soldat ist. Es wird also noch einmal unterteilt, noch einmal findet eine Unterordnung statt: die Neuen, dann die «Vize», dann wahrscheinlich die «EKs». Das habe ich schon von meinem Schwager gehört. Und dann die Unteroffiziere, die Offiziere ... O Gott, das kann etwas werden ... Diese Fahrer feixen mit, fahren und bremsen wie die Wilden, beteiligen sich am «Empfang». Gerade jetzt, am Anfang, am ersten Tag, wo alles schwer ist, wo alles übermächtig hereinbricht ...

Ich nähere mich der Eingangstür. In ein Zimmer geht es, vor Tischen und Karteikästen sitzen welche in Uniform.

«Die Einberufungsbefehle!»

Namen werden verglichen, Wohnorte, Paßbilder.

«Was? Aus Reichenbach? Mitkommen!»

Zwei in Uniform führen mich in ein Dienstzimmer. Kannengießer und Strobel aus Oberreichenbach mit der 250iger, der mit kurzen Haaren zum Wehrkreiskommando kam und keinen grüßte, warten schon.

«Was ist los?» frage ich, als ich die beiden sehe.

«Keine Ahnung», will Kannengießer sagen und wird unterbrochen von einem, der zwei silberne Striche auf seinen Schulterstücken hat:

«Ruhe, keine Absprachen, aufstehen, mit dem Gesicht zur Wand!»

Also stehen wir mit den Gesichtern zur Wand. Drei graue Trainingsanzüge werden gebracht.

«Anziehen, die Zivilsachen auf die Koffer legen.»

Also ziehen wir die Trainingsanzüge an und legen die eigenen Sachen über die Koffer. Kannengießer fragt:

«Warum denn das?»

«Ruhe», brüllt der Bewacher. «Aufstellung nehmen, Gesicht zur Wand!»

Also nehmen wir Aufstellung mit den Gesichtern zur Wand. Nach einer Weile setzt sich Strobel auf einen Stuhl, wird angebrüllt, bleibt sitzen.

«Mit mir nicht», sagt er, «ich will wissen, was los ist.»

Der mit den zwei silbernen Streifen, ein Gefreiter, ein Unteroffizier ... der gerade Wachdienst hat und sich aufspielen will, verläßt das Zimmer und kehrt zurück mit einer Autorität. Die kommt herein, Strobel springt auf.

«Setzt euch mal hin, was habt ihr denn verbrochen?»

«Nichts», sagt Kannengießer, «überhaupt nichts.»

«Ich bin hier der Bataillonskommandeur, Major Wildgrube. Wir haben einen Anruf erhalten, daß etwas vorliegt, eine Straftat.»

Wir schütteln lange unsere Köpfe und rutschen auf den Stühlen hin und her. Draußen ist es dunkel geworden. Wildgrube ist sehr groß und hat silbergraue Haare. Er betrachtet Kannengießers Frisur.

«Wirklich nicht?» fragt er und gibt dem Obergefreiten ein Zeichen:

«Essen holen auf einem Tablett, die haben bestimmt Hunger. Dann den Kompanien zuführen.»

«Zu Befehl, Genosse Major.» Der Zweigestreifte steht stramm und verläßt das Zimmer. Auch Wildgrube geht, ohne Gruß und Blick. Strobel sagt:

«Der war ganz in Ordnung.»

Ich nicke, Kannengießer grinst, hält den Kopf schief:

«Wurde auch Zeit.»

Ein Soldat kommt mit einem Tablett, stellt es ab, geht wieder. Unser Bewacher bleibt in der Tür stehen, sagt nichts, seine kleinen grünen Augen giften uns an. Wir essen. Kannengießer fragt:

«Gibt es noch Brot?»

Der Obergefreite reagiert nicht. Nach einigen Augenblicken, Kannengießer wartet kauend auf Antwort, zischelt er:

«Sonst noch was? Die Küche hat geschlossen.»

«Schade», sagt Kannengießer und schmiert sich eine neue Stulle.

Strobel legt eine angebissene Brotscheibe auf den Teller zurück.

«Begrüßungsdusche», sagt er. «Mir fällt was ein, was ich auf dem Weg zum Wehrkreiskommando heute früh hörte. In den Neubauten an der Zwickauer Straße haben welche randaliert. Die Wohnungen waren bezugsfertig ... Fenster zerschlagen, Kacheln abgerissen, in die Badewannen geschissen. Vielleicht ist es das ... Vielleicht dachte die Kripo, das können nur wir gewesen sein, weil wir heute gezogen wurden. Betrunkene Wehrpflichtige lassen ihre Wut an Volkseigentum aus ...»

«Na dann», sagt Kannengießer kauend, «wissen wir ja Bescheid. Seid ihr's gewesen?» Er sieht uns grinsend an. «Ich auch nicht. Na also. Vergessen wir's. Einwandfreier Empfang ...»

«Die kriegen sie», prophezeit Strobel, dem der Appetit vergangen sein muß. Mit Mundwinkeln, die nach unten weisen, sitzt er da wie ein reuiger Sünder. Man kann sich gar nicht vorstellen, daß er einmal auf einem schnellen Motorrad saß und die Stadt unsicher machte.

Jetzt hat auch Kannengießer seine Portion verspeist. Der strenge Bewacher kommt mit einem Zettel und verkündet mit böser, gepreßter Stimme:

«Kannengießer, 4. Kompanie 1. Zug; Fuchs, 3. Kompanie 3. Zug; Strobel, 3. Kompanie 1. Zug.»

Drei in neuen, grauen Trainingsanzügen gehen los und suchen eine 3. und 4. Kompanie. Jeder trägt einen Koffer und die eigenen Klamotten, die «Zivilsachen». Kannengießer biegt plötzlich wortlos ab und verschwindet in einer Tür, die sich langsam wieder schließt.

«Spinnt der?» fragt Strobel. Auf einem Holzbrett entdecken wir die Zahl «4».

«Und wo ist die Drei?» frage ich Strobel.

Wir gehen die Lagerstraße hinunter, kleine Gruppen in grauen Trainingsanzügen rennen an uns vorbei. Wir können sie nicht fragen, sie sind in großer Eile, ihre Augen sehen uns nicht.

«Können Sie nicht grüßen?» schreit eine Stimme. «Halt, kommen Sie zurück!»

Wir beide sind gemeint, Strobel und ich. Neben den vorbeihastenden Trainingsanzügen ging eine Stimme und ruft uns jetzt zurück. Wir hatten sie nicht gesehen.

«Merken Sie sich das von Anfang an: Wenn Sie die Hände voll haben, wenden Sie den Kopf zum Vorgesetzten, klar? Kopfdrehung, dann wieder geradeaus.»

«Ja», sage ich.

«Was heißt hier ‹ja›? ‹Jawoll› heißt das und ‹zu Befehl, Genosse Leutnant!› Verstanden?». Die Stimme bleibt im Halbdunkel, sie trägt Uniform, ein goldener Stern blinkt auf jeder Schulter. Die Stimme ist jung.

«Jawoll, Genosse Leutnant», sagt Strobel.

«Los, los, noch mal zurück, ich will sehen, ob Sie das begriffen haben.»

Wir haben es begriffen. Wir marschieren mit unseren Koffern und Kleidern an ihm vorbei, die Gesichter, vor allem die Augen, starr auf ihn gerichtet. Über uns wölben sich Peitschenlampen und eine verregnete, kalte Nacht, die auch auf uns herabsieht.

«Dort», sagt Strobel, «dort ist die Drei.»

Die Tür quietscht.

Im Treppenaufgang treffen wir einen Trainingsanzug,

der zwei halbhohe, schwarze Schuhe in der Hand hält. Wir fragen nach dem 1. und 3. Zug.

«1. Zug, das ist hier», sagt er und fuchtelt mit den Schuhen, «3. Zug weiß ich nicht, vielleicht oben.»

Strobel verzieht das Gesicht und setzt seinen Koffer ab.

«Ich warte hier.»

«Mach's gut», sage ich und gehe die Treppe hinauf. Ein Uniformierter kommt mir entgegen, stutzt, fragt, woher ich komme.

«Ich war oben, in diesem großen Gebäude», sage ich.

«Im Stabsgebäude», sagt er und führt mich durch einen niedrigen Gang, von dem nach beiden Seiten Türen abgehen. Der Boden besteht aus glänzenden, polierten Steinplatten.

«Warten!»

Er öffnet eine Tür, tuschelt, ein anderer in Uniform kommt heraus, seine Schulterstücke haben einen breiten silbernen Rand. Es ist Unterfeldwebel Weidauer, mein zukünftiger Gruppenführer. Er winkt mich in ein Zimmer. Ich sehe zwei eiserne Doppelstockbetten, Matratzen, Decken, Schränke, Holzhocker und einen Tisch.

«Nachher den Spind einräumen», sagt er. «Was war oben los? Warum kommen Sie so spät?»

Ich sage ihm:

«Wir mußten warten. Noch zwei andere und ich.»

Weidauer sieht mich an, lächelt, hat wohl schon einen Anruf erhalten.

«Zuviel gefeiert, was?»

Er hält mich für den Täter, dieser große, stämmige Mensch mit dem breiten Frischluftgesicht des Jungen vom Lande, der den Hof übernehmen soll, aber keine Lust dazu hat.

«Trainingsanzug haben Sie schon, sehe ich gerade. Von oben, was? Die dachten wohl, Sie wollen türmen.

Na ja, Ihre Zivilklamotten haben Sie noch. Hat man Ihnen den Trainingsanzug gegeben? Den anderen auch?»

Ich nicke.

«Ausziehen», sagt er, «zieh Deine Zivilsachen an, Koffer hier abstellen, wir müssen nach oben: Einkleidung.»

Ich ziehe mich um, Weidauer steht in der Tür, geht los, ich renne ihm nach, er springt die Treppen hinunter, zwei, drei Stufen auf einmal, er hat es eilig. Wir laufen zum Stabsgebäude, er vorneweg, durch Gänge, an wartenden Trainingsanzügen vorbei, an Soldaten, an Rekruten, an den Neuen vorbei, wie soll ich sie nennen, ohne zynisch zu sein. Weidauer wartet nicht, er läßt sich Uniformen geben, legt Hosen, Jacken und einen Pullover auf meine Arme, «paßt», sagt er, «paßt. So, noch den Stahlhelm, der läßt sich verstellen, egal, wie groß die Rübe ist. Und einen Trainingsanzug, Vize», ruft er über den Tisch. Vor den Regalen steht ein Unterfeldwebel. Die Unteroffiziersdienstgrade zählen also auch die Tage, im vorletzten Diensthalbjahr nennen sie sich «Vize», im letzten «EK». Das wird nicht in den Dienstvorschriften stehen.

«Reich mal einen Trainingsanzug, schön groß für den jungen Genossen ...» höre ich ihn sagen und will an etwas erinnern:

«Aber ...» will ich sagen.

«Ruhe», Weidauer stößt mich an, «Bekleidung aufnehmen und ab.»

Er stürmt los, draußen regnet es stärker, ein Wind ist aufgekommen. Ich renne ihm nach, stürze vollbeladen und betäubt hinter Weidauer her, verschiedene Uniformen liegen über meinen ausgestreckten Armen. Den Stahlhelm nicht verlieren. Die Treppe hoch, in das beschriebene Zimmer.

«So», sagt Weidauer und nimmt einen Trainingsanzug an sich, «zwei sind zuviel für einen.» Er sieht mich an: «Alles klar?»

Ich kapiere nicht gleich, nicke aber dann. Weidauer lächelt. Ich bin sein Komplice, bin der, der zu spät kam und der draußen vielleicht ein Ding gedreht hat.

«Fällt nicht ins Gewicht», sagt er und geht zur Tür, den neuen Trainingsanzug in der Hand. «Zigarettenpause, dann Spind einräumen und Betten beziehen ... ach so», er dreht sich noch einmal um, grinst über das breite Gesicht:

«Und die Dienstuniform anziehen, nicht die mit den silbernen Streifen an den Ärmeln, die andere ... tja, Fuchs», sagt er, «der Ehrendienst hat begonnen.»

Ich lasse mich auf einen Hocker fallen. Verbergen, hinlegen, verstecken, das Gesicht zur Wand drehen. Ich bleibe sitzen, will rauchen, finde die Streichhölzer nicht. Der Kopf ist leer und dröhnt. Auf dem Tisch liegen Uniformen und ein grauer Stahlhelm. Wer ist noch hier? Ab und zu schlagen Türen. Wie spät? Halb acht. Ich stehe auf, öffne den Koffer, ziehe meine «Zivilsachen» aus. Welche Uniform? Wie schwer der Stahlhelm ist: Ach so, innen gepolstert und verstellbar ... diese Jacke ... die ist ja schon getragen ... in den Taschen sind Krümel, Tabak ... welche Hose? ... die?

Die Tür geht auf. Ein Berg von Kleidungsstücken kommt herein, er wird getragen von einem kleinen, kräftigen Mann. Älter als ich, um die Dreißig. Schwarze, nach vorn gekämmte kurze Haare, große Hände. Er sagt «Tag» und wirft seine Sachen auf den Fußboden. «Noch mal umziehen, verfluchter Mist ... Manfred», sagt er und gibt mir die Hand, ohne mich anzusehen. «Karausche.»

Ich sage auch meinen Namen, er nickt:

«Drüben in der 38, schräg gegenüber, hatte ich schon mein Bett gebaut. Wollte gerade den Spind einräumen ... und was ist mit dir? Ach so», sagt er, als ich ihm die Verspätung andeute, «dann mach mal los, die anderen sind schon weiter.» Er zieht eine Decke in einen weiß-blauen Karobezug. «Nachher pfeifen sie wieder, das soll ja heute bis nach Mitternacht gehen. Einkleidung ist immer Scheiße.»

«Kennst du dich aus?» frage ich.

«Sechs Jahre Kampfgruppe», sagt er, «mir können sie nichts erzählen.»

«Wie alt bist du?»

«Siebenundzwanzig», sagt er, «sie haben mich noch gekriegt. Zu Hause habe ich meine Frau und zwei Kinder. Schöne Scheiße. Da hätte ich mir die Kampfgruppe sparen können. Die im Betrieb konnten auch nix machen. Ich bin von Beruf Schmelzer, im Stahlwerk Schneeberg. Meine Frau ist schwanger. Und ich hier.»

Er sieht mich mit geröteten Augen an und baut sorgfältig sein Bett.

«Vor allem die Kanten glattziehen», sagt er, «das wollen sie wissen beim Stubendurchgang. Man kann auch Zeitungspapier oder Pappe zwischen Matratze und Betttuch tun. ‹Armeerundschau› geht ganz gut. Es gibt Punkte. Zieh erst mal deine Dienstuniform an.»

Wie mächtig das alles wird. Treppe rauf, Treppe runter. Da lang, das nicht vergessen, jetzt diese Uniform anziehen, Bettenbau ... immer in Erwartung. Immer geschieht etwas, mit und ohne Ankündigung. Das überrollt mich, ich will übergenau sein, korrekt und gehorsam. Erst das, dann das, auf keinen Fall das und das vergessen. Und von nichts überraschen lassen, vieles ist möglich, nicht wundern, nicht staunen, nicht fragen ... Ein Soldat hat keine Fragen zu stellen, er hat zu gehorchen. Dabei habe ich so gern Fragen gestellt. Im Unterricht habe ich Börner, den Staatsbürgerkundelehrer, zur Weißglut gebracht, «Doktor Börner bitte, des Prinzips wegen». Sein Lieblingsthema: «Die Krise des staatsmonopolistischen Kapitalismus in der Zeit der wissenschaftlich-technischen Revolution am Beispiel der industriellen Entwicklung in der Türkei.» Das war sein Dissertationsthema. Keine Stunde verging ohne Hinweise auf letzte Erkenntnisse über Asien und die Welt. «Bei uns gibt es keinen staatsmonopolistischen Kapitalismus, weil wir ein sozialistisches Land sind.» So einfache, schöne Sätze konnte er sagen. «Gibt es Fragen?» Und wenn es Fragen gab, nahm er ein großes Lineal und schlug an die Tafel, auf Punkt zwei oder drei: «Nachdenken», sagte er. «Was steht hier? Lesen Sie vor, laut und deutlich.» Oder: «Das behandeln wir in der nächsten Stunde.» Oder: «Das gehört nicht hierher.» Oder: «Sehen Sie West?» Nein, zynisch war er nicht, hinterhältig auch nicht. Er sagte es gleich: «Das muß ich dem Direktor melden, das wird Folgen haben!» Er schrieb viel, seitenlange Unterrichtsvorbereitungen brachte er mit und las sie vor. Die Tafel füllte er jede Stunde mit seiner schwungvollen Schrift. Dann stand er vor uns, von oben bis unten voller Kreide – später erst trug er einen Kittel –, weiß, rot, grün, rosa, je nachdem, welche Farbe er verwendet hatte, welche Unterscheidungen ihm wichtig waren. «Wir leben in einer sozialistischen Gesellschaft. Die Arbeiterklasse ist bei uns die führende Klasse, sie hat die Macht im Staat. Das prägen wir uns bis zur nächsten Stunde ein, vielleicht schreiben wir eine Arbeit.» Und Arbeiten schrieb er gern, ohne Ankündigung, ganz plötzlich wollte er unser Wissen prüfen: «Eins, zwei, eins, zwei», teilte er die Reihen ein. Die Fragen diktierte er leise, fast geheimnisvoll. Seine

Zensuren hatten immer noch ein Zeichen neben der Zahl, meist ein Minus: «3 –» oder «4 –» waren bevorzugte Noten im System seiner Bewertung. «Wissenschaftlich», sagte er, «wissenschaftlich und parteilich, das ist wichtig. Wir leben im Zeitalter gewaltiger Veränderungen. So ist es, ja, so ist es.» Und wer da nicht vor Ehrfurcht erstarrte, sondern aus dem Fenster sah oder wissen wollte, warum einige Bücher nicht gedruckt werden, konnte etwas erleben. In der Pause wurde dann gelacht und getuschelt, zu Hause wurden die Gedichte von Reiner Kunze mit vier Durchschlägen abgeschrieben, an den Wänden Reproduktionen von George Grosz und Picasso ... Börner, Doktor Börner ... Und jetzt in Uniform in der 3. Kompanie ... Der eine heißt Manfred Karausche, der andere Weidauer, die Stiefel fehlen noch, die bekommen wir gerade im Erdgeschoß, zwei matte gelbe Glühbirnen brennen ...

Als ob das alles nicht ganz egal wäre. Als ob das alles nicht schon auf verödeten Schlachtfeldern gelegen hätte, in verlassenen Schützengräben, in den wirren, ausgetrockneten Panzerspuren staubiger Truppenübungsplätze. Als ob das alles nicht längst so sehr zum Weinen oder Lachen wäre, daß kein Ton mehr kommt aus dem jeweiligen Mund, keine Träne aus meinen und deinen Augen ...

Jetzt drängt es sich auf, macht sich wichtig, will bestimmen. Johanngeorgenstadt, dieser Luftkurort an der Grenze zur Tschechoslowakei, dieser Ort von vielen. Wie heißt der nächste Brennpunkt, wer hat Nachrichten gehört? Gibt es einen neuen Angriff irgendwo? Oder wurde bereits ein Freundschaftsvertrag geschlossen? Im Fernsehen fahren vielleicht schon wieder befreundete oder verfeindete Panzer ... Wurde die jeweilige Hauptstadt schon erreicht? Gibt es Verluste? Oder erst einmal einen Waffenstillstand, der nicht eingehalten wird? Verhandlungen? Wieder Krieg? Wieder Frieden?

Wie wenig diese Worte sagen. Wie sinnlos diese Gedanken sind. Wie weit weg das alles ist, wie albern, wie unwichtig. Gut, ich bin selbst dabei. Aber es stimmt nicht, daß es dann ganz anders ist. Es geht alles nach Plan und Vorschrift: Grüßen, Uniform anziehen, antreten. Ein Apparat beginnt zu funktionieren, zu fordern. Es wird noch etwas dauern, bis ich alle Signale verstehe, alle Weisungen gleich kapiere. Ich gehöre dazu und funktioniere. Der freche Frager, der aufsässige Schüler, der Literaturliebhaber macht das hier mit. Ohne viel Widerrede. Betten beziehen, Spind einräumen, leise meckern, fluchen, strammstehen, Stiefel empfangen, an zu Hause denken, an Eva, «Politunterricht» wird es geben, so was wie Staatsbürgerkunde. Kapitalismus, Revanchismus, Kommunismus ... Das ist alles nahe und fern, wie Trainingsanzüge, wie Zigarettenasche, wie verwüstete Neubauten, wie fahrende Güterzüge ...

Und die Erzählungen vom letzten Krieg, von Rußland, von Sowjetrußland, von der Sowjetunion, wie die wenigsten sagten, die in dieses Land einmarschiert waren im Jahre 41, vom Schützengraben, vom Schützenloch, in dem einer Wache geschoben hatte, den wir in der «Scharfen Ecke» trafen, als wir vom Sport kamen und eine Limonade trinken wollten. «Hört mal zu», sagte er, «das müßt ihr euch für später merken: Ich habe immer meine Zehen bewegt in den Stiefeln, immer bewegt, kleine kreisförmige Bewegungen, da sind sie nicht erfroren wie bei den anderen ... immer bewegt, auch im Stand, ohne Pause ... in den Pausen und wenn man müde wird, da passiert es ... lieber nicht schlafen, immer bewegen ...»

Daran denke ich jetzt. In eine Mühle bin ich geraten, innen und außen ... Was hat der Lange Karl erzählt? War das eine Napalmübung? Er hat gesehen, wie einer einen Spritzer abbekam auf die Haut, auf die Hand. Der schrie und zappelte, obwohl es ein Manöver war. Das Zeug fraß sich ins Fleisch, er wurde weggebracht. «Das kann vorkommen», sagte der Lange Karl. «Ein Panzerspähwagen ist umgekippt, sechs Tote. Das kann vorkommen», sagte der Lange Karl. «Das sind Unfälle, da braucht man keinen Krieg dazu, das kann vorkommen. Wer Glück hat, wird ausgemustert. Aber da muß man großes Glück haben. Die setzen dich auch mit Krücken auf einen Schonplatz, lassen dich nicht nach Hause», sagte der Lange Karl. Ob das wirklich stimmt? Hat er vielleicht gesponnen, wenn er auf Urlaub kam und sich betrank? Am Anfang stolzierte er mit seinen weiten Hosen herum und fand alles «große Klasse». Aber dann kamen diese Geschichten ... Ob mir das auch blüht? Napalm, das gibt es im Vietnamkrieg, aber nicht hier ... und wenn doch?

Ich will nicht an solche Sachen denken. Ich habe Stiefel, ein Paar neue Stiefel. Sie passen gut ...

Jetzt soll ich das Bett beziehen. Ich will dieses Bett nicht beziehen. Im Koffer liegt ein kleines schwarzes Buch: Johannes Bobrowski, «Wetterzeichen». Jetzt nehme ich es heraus. Ich habe es mitgenommen, habe gedacht: Ein Lieblingsbuch muß genügen. Jetzt schlage ich es auf:

«Mit den Flößen hinab
im helleren Grau des fremden
Ufers, einem
Glanz, der zurücktritt, dem Grau
schräger Flächen, aus Spiegeln
beschoß uns das Licht.»

Ich bin hier, bin achtzehn Jahre, Facharbeiter der Deutschen Reichsbahn, Abiturient, bin hier, soll ein Bett beziehen, einen Spind einräumen, einen Holzschrank mit zwei Türen und Fächern füllen. Der Ehrendienst hat begonnen, 3. Kompanie 3. Zug. Das werde ich hier keinem sagen: Ich schreibe Gedichte. Und wenn es so ist, was sagt das schon. Alle haben schon Gedichte geschrieben, Manfred Karausche, Kannengießer, Weidauer, Wildgrube, Strobel, Linke, «einmal weht der Südwind wieder», das ist auch ein Gedicht, sogar ein erfolgreiches, das im Radio kommt. Im Heft auf dem Tisch im eigenen Zimmer, ich räumte es weg, als ich zum Friseur ging und den Koffer mitnahm, da stand:

«Schwarzes bläht sich.
Zeit der Zäune.»

So ein Heft kann ich nicht mitnehmen, auf keinen Fall, «was soll das bedeuten»? Aber dieses kleine, gedruckte Buch aus dem Union-Verlag habe ich mitgenommen. Ist das peinlich? Gedichte an dieser Stelle? Und das Geständnis, selber welche zu schreiben? Ja, peinlich. Und unpassend, sehr unpassend. Und kann nichts ändern, nichts aufhalten. Pack dein Buch lieber weg, gleich kommt ein Pfiff oder ein Unterfeldwebel, dann wird es Schwierigkeiten geben.

«Es lag des Täufers Haupt
auf der zerrissenen Schläfe,
in das verschnittene Haar
eine Hand mit bläulichen, losen
Nägeln gekrallt ...
der Strom
war ein Regen und flog

mit den Reihern, Blätter
fielen und füllten sein Bett.»

«Was machst du denn, das geht nicht, räum erst mal deine Sachen weg. Zieh die Uniform an. Wir sollen Halbschuhe anziehen. Lesen kannst du später.»

«Niemand
umschritt das Lager. Niemand
löschte die Spiegel. Niemand
wird uns wecken
zu unserer Zeit.»

«Ich wollte nur etwas nachsehen», sage ich, «hast du deine Unterwäsche anbehalten?»

«Was denn sonst», sagt er, «draußen noch den Pullover drunter. Hast du schon Schulterstücke angemacht? Wart mal, ich zeig's dir.»

Er hilft mir.

Er kennt sich aus.

Sein Bett sieht unwirklich aus, als seien die Bezüge aus festem Material, aus Holz oder Stein, angemalt, eine Attrappe. Exakt und vorschriftsmäßig hat er den Stoff bearbeitet mit seinen großen Arbeiterhänden und geflucht dabei.

«Elende Scheiße», sagt er und fädelt meine Schulterstücke in die eingestanzten Löcher der Uniformjacke.

«Danke, Manfred», sage ich und zerre unter meinem Kleiderbündel die Bettwäsche vor.

Weidauer kommt ins Zimmer, sieht sich um, spricht mich an:

«Etwas Beeilung könnte nicht schaden, Fuchs. Dienstuniform anziehen, Spind einräumen, Bett beziehen. Ich bringe noch Papier für die Schrankfächer. Na, Karausche, Bettenbau haben Sie wohl gelernt?»

«Jawoll, Genosse Unterfeldwebel.»

Er nimmt Haltung an. Seine Beflissenheit wirkt übertrieben. Aber in seinen geröteten, dunklen Augen läßt sich weder Witz noch Ironie entdecken.

«Auf alle Fälle Hosenträger verwenden», rät Weidauer.

Ich stehe in Dienstuniform, auf Strümpfen, vor ihm. Jetzt muß das Bett bezogen werden, Decke, Laken, Kopfkissen ... wie geht das ...

«Bezug umdrehen, dann die Zipfel festhalten, die Decke nicht loslassen, auch an den Zipfeln halten, dann Bezug nach unten ziehen, fertig. Eine Minute.»

Ich nicke. Karausche gibt mir gute Ratschläge. Fuchs und Karausche beim Militär. Ich ziehe, zerre, streiche glatt, verrücke die Matratzen, die Falten bleiben. Weidauer hängt eine Abbildung an die Wand, einen «Musterspind».

«So muß das aussehen. Hier sind Reißzwecken. Legen Sie die Fächer mit Papier aus. Und das geht zügig.»

Weidauer legt eine große Schere auf den Tisch und verläßt wieder das Zimmer. Er gibt solche Anweisungen im Ton nicht bissig, eher leicht spöttisch und etwas genervt. Zwei Jahre hat er schon hinter sich, erfahre ich später, ein spritziger Unteroffizier ist er nicht.

Wir messen ab, falten, schneiden, ganz genau, überprüfen, schneiden weiter, messen ab, ganz genau. Aber warum verbiegen sich alle Reißzwecken? Karausche schwitzt. Er drückt mit seinen großen schwieligen Händen wie besessen auf die Köpfe der Zwecken, benutzt die Schere als Hammer. Ohne Erfolg. Sie verbiegen sich. Gleich kommt Weidauer. Das kann doch nicht sein.

«Die Reißzwecken», sage ich, «verbiegen sich, Genosse Unterfeldwebel.»

Weidauer grinst, hält eine Leimtube hoch.

«Keine Ahnung, was? Das ist Hartholz. Leimen, aber schnell.»

«Danke», sage ich. Erleichtert, nicht unterwürfig, «danke, ich beeile mich.»

Als Weidauer gegangen ist, beginnt Karausche zu fluchen:

«Hartholz, diese Schweine, Hartholz.»

Hat Weidauer Spaß gemacht? War das ein Witz? Der Witz besteht vielleicht darin, daß wir nicht über ihn lachen. Ernst, mit Schweißperlen auf der Stirn, räumen und kleben wir, schielen zur Tür, versuchen die Geräusche auf dem Flur und unten auf der Lagerstraße zu deuten. Karausche flucht und findet meist einen Weg. Ich stehe wie ein Schüler daneben, bedanke mich auf Strümpfen und in Dienstuniform bei Unterfeldwebel Weidauer für eine Tube Leim, versuche irgendwie klarzukommen. Wir sind keine Schwejks, wir funktionieren. Ängstlich und fluchend, mit einem banalen, bitteren, lächerlichen Ernst.

«Wie spät?»

Ich sehe auf die Uhr.

«Halb neun.»

Die Uhr durfte ich behalten. Von einem aus meiner Parallelklasse, der in Mylau an die Burgmauer schrieb: «Es lebe Dubček» und dafür ins Gefängnis kam und von der Schule flog, erfuhr ich, daß er bei der Einlieferung in die Zelle seine Uhr abgeben mußte. «Wenn deine Stunde schlägt, wirst du es schon merken», hätten sie zu ihm gesagt. Ist Gefängnis schwerer als Armee? Hier sagen sie «Genosse Soldat» und reden vom «Ehrendienst». Armee ist freiwilliger, ich muß mich freiwillig unterwerfen. Was ist schwerer? Ich habe das Gefühl, wie ein Gefangener behandelt zu werden. In einigen Monaten sollen wir aber als Bewacher mit Gewehren an der Grenze stehen. Sollen uns selbst bewachen ...

Der Spind ist eingeräumt, das Bett gemacht. «Gebaut» muß ich besser sagen. Einiges fehlt noch an «Ausrüstung». Ein zweites Paar Stiefel sollen wir bekommen, das Marschgepäck, die Gasmaske, die Schutzplane ... Karausche ist informiert. Auch aus der Abbildung an der Wand, die Weidauer hingehängt hat, aus dem «Musterspind», läßt sich entnehmen, was noch fehlt.

Aber so genau sehe ich gar nicht hin. Auf die Uhr habe ich wieder gesehen. Kurz nach neun. Eine Trillerpfeife gellt im Flur, die Türen sind aus dünnem Holz:

«Raustreten!»

Ich sehe Karausche an, er zupft an seiner Uniform, zieht seine schwarzen Halbschuhe an.

«Was ist los?» frage ich.

«Raustreten, auf den Flur.»

Er reißt die Tür auf, es ist eilig, ich gehe hinterher, bemerke auf halbem Weg, daß ich noch immer in Strümpfen bin. Karausche schließt die Tür, ich stehe auf dem Flur. Der Gang ist voller Menschen, voller Uniformen, voller Soldaten.

«Raustreten heißt stillgestanden!» ruft eine Stimme. «Der erste Strich ist die Linie, auf die Fliesen achten!»

Vor jeder Tür stehen vier bis sechs junge Männer, wie soll ich sie nennen, ich habe sie kaum angesehen, nur ein Blick: viele in meiner Lage ... Ich sehe zu Boden, auf die quadratischen, glänzenden Steinfliesen, rücke etwas vor, mit dem großen Zeh an die «Linie».

«Was ist denn los dahinten?» ruft es. «Schuhe anziehen, aber plötzlich!»

Ich weiß nicht, wer gemeint ist.

«Na los, Schuhe anziehen, schlafen Sie?» mahnt die

Stimme lauter. Karausche stößt mich an. Ich bin gemeint. Ich springe ins Zimmer zurück, ziehe meine Halbschuhe an, raus auf den Flur. Karausche schließt die Tür, ohne mich anzusehen. Er steht steif da, das Kinn leicht nach vorn geschoben.

«Ruhe!» ruft die Stimme.

Ganz in meiner Nähe sind noch andere. Sie stehen still wie ich. Sind unsicher und in Angst wie ich. Das kann ich fühlen. Jeder für sich allein. Die Schuhspitzen berühren die «Linie». Jetzt habe ich Schuhe an. Es sind noch andere hier.

«Rechts beziehungsweise links ... um!» ruft die Stimme. «Ohne Tritt! Marsch!»

Der Zug setzt sich in Bewegung. Viele Schuhe setzen sich in Bewegung. Solche wie ich. Ich weiß nicht wer, aber viele Schuhe, viele laute Schritte im langen, niedrigen Flur. Hier wohnten in den fünfziger Jahren Wismut-Kumpels, erzählte einer im Zug.

Vor der Kompanie stehen wir im Regen.

«Antreten! Stillgestanden! Rechts ... um! Im Laufschritt! Marsch!»

Wir rennen los. Es geht hinauf ins Stabsgebäude, das weiß ich schon. Wir rennen los. Wir. Nicht nur ich.

Im Gebäude müssen wir warten. Warum und worauf, wird nicht gesagt. Das sagt die Stimme nicht, die von vorhin. Es gibt Vermutungen. Die einen wollen wissen, daß Paßbilder für den «Dienstausweis» gemacht werden, die anderen erwarten eine ärztliche Untersuchung. Wir sprechen kaum, aber es ist ein besonderes Gefühl, nach den Stunden der Vereinzelung und des Herumhetzens in einer größeren Gruppe zu sein: Jeder trägt die Uniform des «einfachen Soldaten», alle sind neu und stehen in angestrengter, dumpfer Erwartung in dieser Schlange. Und auch das spricht aus den Blicken, mit denen der Nebenmann gemustert wird: Anderen ergeht es auch so. Wie im Zug, wie in den Lkws, die uns ins Lager fuhren. Nur jetzt in der äußerlichen «Gleichschaltung», nach dem Einkleiden und dem ersten Umziehen.

Ja, manche lachen noch – oder schon wieder. Immer gibt es einen, den scheinbar nichts erschüttern kann, der immer noch einen Witz auf Lager hat. Aber wir anderen, lachen wir mit? Hin und wieder, ohne genau zu wissen, worüber. Ohne genaue Kenntnis, daß die eigenen Mundwinkel zucken, nach oben zeigen.

«Ausziehen, nur Turnhosen anbehalten.»

Also doch zur Untersuchung. Eine fast nackte Schlange rückt vor, durchquert einen Saal, da sind Sitzreihen, ein Rednerpult, eine schwarzrotgoldene Fahne mit Hammer, Zirkel und Ährenkranz. Wir sind bei der «Fahne». Auf der erhöhten Bühne stehen Bier- und Schnapsflaschen, säuberlich aufgereiht. Sie wurden offenbar beschlagnahmt. Aber zuerst sehe ich auf ihn: Neben den Flaschen, vor der Bühne, sehr gerade, vielleicht aus Gründen der allgemeinen Besichtigung dort postiert auf Befehl: ein junger Mann mit Gitarre und schulterlangen, blonden Haaren.

Da stehen wir in Turnhosen und mit militärisch gestutzten Köpfen diesem Menschen gegenüber. Und was jetzt? Vereinzeltes Lachen, einige halblaute Rufe, aber doch eher Stille, fast andächtig. Er weicht unseren Blikken nicht aus, er ist sicher. Er steht da, sieht sich diese Prozession an und wartet. Ein Unteroffizier ruft ihm zu:

«Wolln Se nich ein Kampflied singen, Se ham ja ne Klampfe dabei.»

Er antwortet nur:

«Nein.»

Einer aus der Schlange sagt leise:

«Klammer aus Karl-Marx-Stadt, christlich, glaube ich.»

Klammer trägt noch Zivil und wurde ausgesondert wie diese Schnapsflaschen. «Die Flasche mit den langen Zotteln zu den anderen Flaschen», wird einer gesagt haben unter dem Gelächter der mithörenden Dienstgrade. Also steht er vor dieser Bühne. Aber ganz so, wie es gedacht war, geht dieses Spiel wohl nicht. Klammer hält stand, und kein blökendes Gelächter schlägt auf ihn ein. Eher Scham und Solidarität kommt auf, ein Unbehagen an diesem Alle-gegen-einen. Und Klammer verachtet uns andere nicht, wie es aussieht. Also müssen wir uns nicht wehren auf dem Weg zur Untersuchung. Nackt und in der Schlange müssen wir nicht spöttisch sein und ihn «anpflaumen». Eher beneiden wir ihn, auch etwas Achtung und Bewunderung ist dabei.

Wie gut erinnere ich mich an die jahrelangen Kämpfe um die Länge der eigenen Haare. Jeder Millimeter war umkämpft! An der Alternative «Fasson-» oder «Rundschnitt», an den Haarspitzen über den Ohren zerbrachen Familien, Lehrverträge und Immatrikulationen. Friseur Richter von der Reichsstraße wurde vom Vater instruiert, ja keine «neuen Moden» einreißen zu lassen auf Wunsch des Sohnes, der noch zur Schule ging und einen «sauberen, gepflegten Haarschnitt zu tragen hat ...» Und Friseur Richter, zu dem auch Ärzte vom Krankenhaus kamen und sich einen ganz kurzen «Messerformschnitt» verpassen ließen, hielt sich an die Weisung des Erziehungsberechtigten. «Willst wohl aussehen wie ein Biedel?» wurde auf vogtländisch gefragt. «Aussehen wie die Beatles», das hieß oft: wie ein Gammler, ein Schwein, ein Asozialer, wie ein Westlicher. Jedes Wort wurde als Schimpfwort verwendet ... Vieles prallte aufeinander. Unsere Väter wuchsen auf in der Obhut von

Feldwebeln und machtbesessenen Gefreiten, die ab und zu auf Feldbetten schliefen mit Blick auf die Massen. Ihr Schönheitsideal war männlich, anständig, ordentlich, truppenverwendungsfähig. Es tat seine Pflicht und vollbrachte in der Regel Übermenschliches mit letzter Kraft, strahlend und blond, die Hand am Koppel oder in Genitalnähe. Auch unsere neuen sozialistischen Führer haben das Heroische im Blick. Das kann man auf Fotos und Gemälden sehen. Sie alle sind Vorsitzende und Generalsekretäre, Mannschaftskapitäne und Leistungsträger, Helden und gute Kameraden. Ihre Durchhaltegesichter mit den harten oder gutmütigen Mundwinkeln vertragen sich durchaus mit Feldstechern, Fußbällen, Rasiermessern, Raumkapseln und Panzerluken. Sie schwören den Eid und kommen ans Ziel. Sie haben ihren Willen und dienen treu. Das kollidiert dann mit gewissen zwittrigen Wesen, die vor dem Fernseher hocken und «Beatclub» ansehen, die Jazz hören und die Hosen nicht bügeln. Bastarde sind das, Renegaten, Dissidenten und angloamerikanische Hippies, die auf Straßen herumlungern, laute Musik hören und mit vollbusigen Weibern wochenlang im Bett liegen, weil sie angeblich für den Frieden sind, den sie nicht mit Waffen verteidigen wollen aus Gründen der Feigheit. Da hört doch der Spaß auf ... Und das ist wahr: Da hörte der Spaß wirklich auf. Da wurde Ernst gemacht. Dieser alte, sture Ernst.

Klammer steht neben der Bühne, die Gitarre in der linken Hand, als wolle er gleich ein Lied singen, zu musizieren beginnen. Er lehnt sich nicht an, er wartet.

Die Untersuchung beginnt.

Immer zwei durch eine Tür. Auf Hockern sitzen Männer in weißen Kitteln:

«Dalli, dalli, Hosen runter, bücken, geradestehen, atmen, umdrehen, Beschwerden? Und ab.»

Zwei Minuten

Anziehen, antreten, in Zweierreihen, im Laufschritt zurück.

Und Klammer? Ab heute werde ich Klammer gesehen haben, wie er an dieser Bühne neben den einkassierten Flaschen stand und herübersah. Klammer werde ich nicht so leicht vergessen können. Vielleicht werde ich nicht gern von dieser Begegnung erzählen, immerhin unterschied ich mich erheblich von ihm. Das könnte ärgerlich und kränkend sein, auch im nachhinein, zumindest ungeeignet für eine Armee-Story, bei der man lacht und sich zuprostet. Aber Klammer, wie er stehen muß vor Rednerpult und Fahne, als Gegenbild des Soldaten, eine Provokation, unmännlich, musisch, ohne Haß, ohne Angst, ein langhaariger Märtyrer aus Karl-Marx-Stadt mit Gitarre, dazu unsere befohlene, bereitstehende Turnhosenblöße und das Dalli-dalli-die-Hosen-runter, das werde ich nicht vergessen. Ich stehe in der Schlange und gaffe ihn an. Bin froh, daß ich da nicht stehen muß. Und schäme mich, weil ich von Klammer an meine Verweigerungsabsichten erinnert werde, die ich aufgegeben habe trotz Lektüre von Böll und Borchert. An ihre Stelle sind kleine, schlaue Sätze getreten, die, für sich genommen, nicht falsch sind: «Jetzt kann ich erleben, was wirklich los ist ... mit einer Waffe umgehen können, muß kein Fehler sein ... dann habe ich es hinter mir als einfacher Soldat, da muß ich nicht Befehlshaber spielen.» Solche Sätze.

Was werden sie mit Klammer machen?

Ich stehe in der Reihe. Kannengießer und Strobel habe ich nicht gesehen. Kannengießers Haare sind etwas kürzer als die von Klammer, sie liegen an, sind fettig, sind nicht blond. Kannengießer ist klein und eher unauffällig. Klammer fällt auf mit seiner Gitarre. Aber leicht wird es Kannengießer auch nicht haben in seiner 4. Kompanie ...

Kühl ist es, ich habe Gänsehaut. Wie sehe ich aus ohne Turnhemd? Meine Rippen ... im Freibad lachten sie und wollten Klavier spielen: «Lange nichts gegessen, was? Keinen Platz an der Sonne bekommen? Bist wohl ein Stubenhocker?» Daran muß ich jetzt denken. Keiner sieht mich an. Der vorhin im weißen Kittel sagte: «Hosen runter, dalli, dalli.» Andere Kittel standen dabei. Ärzte? Waren das wirklich Ärzte? Ärzte sind freundlicher. «Feldscher», dieses Wort kenne ich aus Kriegsbüchern, Feldscher paßt hier besser. Sanitäter amputieren Beine, Medizinstudenten schnippeln an blutigen Wunden herum. Oberstabsärzte mustern Felix Krull. Diese da sitzen auf Hockern und sehen durch mich hindurch.

Breite Schultern, große Hände ... so kam es mir vor. Ich, ich, ich. Was ist los, was tun sie? Mein Schwanz ist kurz ... schon das Wort macht Schwierigkeiten im inneren Sprechen. Penis sollte ich lieber sagen, Herr Biologielehrer Schiller, Penis oder Vagina. Und keine dreckigen Witze in der vorletzten Bank, wenn ich bitten darf. Oder gar nichts sagen, so wie zu Hause ... Tür zu, Licht aus ... Diese unpassenden, quälenden, verhemmten Gedanken kommen. Ich, ich, ich. Ich werde gesehen, von ihnen angesehen. Kannengießer und Strobel sind nicht da. Reichenbach liegt weit von hier. Auch Klammer, auch der langhaarige Held Klammer ist weit weg. Und Eva, meine lachende Freundin mit ihren offenen, braunen Haaren ... weit weg, eine Episode aus einer früheren, freundlicheren Welt, die untergegangen ist. Jetzt geht sie unter. Ich gehe unter, kippe weg, bücke mich, werde besichtigt. Die Mahlzeiten im Hause der Eltern, die ewigen Auseinandersetzungen, endgültig vorbei und außer Kraft. Bald werde ich andere Mahlzeiten erleben, welche an langen Tischen, welche mit Aufstehen und Setzen, welche mit Küchendienst und Sprechverbot; wenn das stimmt, was der Lange Karl erzählt hat.

Die Zukunft hat begonnen. Da steht noch immer Klammer an der Bühne, vor Rednerpult und Fahne. Reglos, blaß, ernst. Aber alles ist weit weg. Dorthin habe ich es geschoben. Es geschieht. Ich, ich, ich. Alles ist weit weg.

«Im Laufschritt! Marsch!»

In ein anderes Gebäude. Stiefelempfang.

«Schuhgröße?»

«Zweiundvierzig.»

Ein Paar Stiefel aus hartem, altem Leder bekomme ich, schon lange im Dienst wie die halbhohen Schnürschuhe. Ein paar Stiefel und halbhohe Schnürschuhe bekommen wir gereicht.

«Für den Innendienst», weiß Karausche, «ein Glück, daß wir noch die neuen polnischen haben mit angegossener Sohle.»

Die haben wir schon im Kompaniegebäude bekommen, im Erdgeschoß, vor der Untersuchung. Und jetzt diese ausgelatschte Museumsware ...

Einer weiß den Namen, vielleicht Weidauer oder Kompanieschreiber Fröhlich, der in einem Zimmer mit Unteroffizieren schläft und schon Gefreiter ist nach einem halben Jahr, auch ein «Vize», aber einer mit «Balken». Er führt Buch, streicht auf einer Liste herum. Einer weiß den Namen, vielleicht auch jemand von uns:

«Auschwitzer.»

So werden die halbhohen Schnürschuhe im Lager genannt. Sie sind aus hartem, altem Leder wie das eine Paar Stiefel. «Auschwitzer» werden sie genannt.

Im Laufschritt zurück, Stiefel und Schuhe ablegen, antreten im Flur.

«Genossen Soldaten», sagt ein dünner Mann mit großer Schirmmütze, «ich bin der Hauptfeldwebel, der Spieß dieser Kompanie, mein Name ist Flörchinger. Es soll einen Schauspieler gleichen Namens geben, das bin ich nicht. Daß ich kein Schauspieler bin, sondern meine, was ich sage, das werden Sie noch mitbekommen. So. Sie haben die meisten Bekleidungs- und Ausrüstungsgegenstände erhalten. Was noch fehlt, kommt später. Das eine will ich gleich zu Anfang sagen: Stiefel- und Körperpflege bilden eine Einheit. Mit Blasen und blutigen Arschbacken läßt sich kein Krieg gewinnen. Dagegen hilft nur Sauberkeit und tägliche Pflege. Wir werden das kontrollieren. So. Unterfeldwebel, lassen Sie wegtreten!»

«1. Zug, fertig machen zur Nachtruhe, wegtreten!»

Im Zimmer zieht sich Karausche schnell aus, nimmt Handtücher, Seife und Waschlappen.

«Was ist los?» frage ich.

«Na, du hast doch gehört: Fertigmachen zur Nachtruhe. Der Waschraum ist vorn an der Treppe.»

Und weg ist er.

Ich ziehe die Uniform aus, beeile mich, will Karausche nach, finde die Handtücher nicht, haste den Gang hinunter, treffe andere nackte Oberkörper, ziehe mein Unterhemd aus, putze die Zähne, Karausche ist schon wieder auf dem Rückweg. Dort ist das Klo, pissen, in der Tür steht ein Unteroffizier:

«Beeilung!»

Dort am Waschbecken, den kennst du doch! Das ist Biellau! Er hier! Zurück ins Zimmer, fertigmachen zur Nachtruhe. Jeder huscht am anderen vorbei. Biellau in diesem Waschraum. Sportfest der vogtländischen Oberschulen in Auerbach. Unterbringung in Privatquartieren. Ich wohnte bei Biellau und seiner Mutter. Sie lebten allein. Zweimal übernachten. Federballspielen am Abend, Muskelkater, weil ich neue Holzpantoffeln angezogen hatte, ich Idiot. Dabei wollte ich möglichst schnell 100 Meter laufen. Biellau und seine Mutter. Er hockte, wie es aussah, immer zu Hause, war ein guter Schüler, unsportlich, nahm nicht an diesen Wettkämpfen teil, wollte Arzt werden. Seine Mutter las mir seine Aufsätze vor, «Werner Holt und der Aufbau des Sozialismus», Inhalt 1, Ausdruck 1. «Ist das nicht gut?» fragte sie. «Ja, gut», sagte ich.

Am Waschbecken stand Biellau. Es wäre unter anderen Umständen selbstverständlich gewesen, hinzugehen und «Guten Tag» zu sagen. Ich sah ihn, er sah mich. Es war eher ein Erschrecken, eine Peinlichkeit. Jeder war außerhalb von sich selbst und wollte nicht gesehen werden.

Im Zimmer legt Karausche schon seine Unterwäsche zusammen, baut ein «Päckchen», faltet Zeitungen, im Schlafanzug, legt Papier zwischen Unterhose und Unterhemd.

«ND ist zu groß», sagt er. «Innen rein, dann gibt es keine Falten. Den Hocker so vors Bett stellen. Und der Spind muß in Ordnung sein. Wie auf der Abbildung. Ich weiß nicht, ob sie heute noch Stubendurchgang machen. Glaube nicht. Verflucht spät schon, elender Mist.»

Karausche richtet seine Uniform auf einen Holzbügel, hängt sie außen an den Schrank, legt eine weiße Kragenbinde ein.

«Kragenbinde kontrollieren sie, die muß frisch gewaschen sein. Hast du Waschmittel mit? Ich ja, eine Tube, auch in kaltem Wasser verwendbar.» Er schließt die Schranktür, hängt ein Schloß ein, zieht den Schlüssel ab.

«Das muß sein. Sonst heißt es: Verführung zum Kameradendiebstahl.»

Ich nicke, sage:

«Aber ich habe kein Schloß.»

«Das gibt's bestimmt in der Kantine. Hier gibt's bestimmt eine Kantine. Die gibt's in jeder Kaserne. Geld hast du doch?»

«Ja.»

«Na also.»

Karausche weiß Bescheid. Er ist immer einen Schritt voraus: im Fluchen, im Strammstehen, im Päckchenbauen, im Auskennen. Ich mache ihm alles nach.

«Nachtruhe», ruft es im Flur. «Licht aus.»

Karausche steht ungeduldig am Lichtschalter:

«Na los, leg deine Unterwäsche zusammen. Morgen früh müssen wir die Stiefel putzen. Beeil dich, sie machen keinen Stubendurchgang, aber noch mal nachsehen werden sie. Ich muß das Licht ausmachen.»

«Wie spät?»

Karausche sieht auf die Uhr:

«Halb zwölf. Morgen um sechs ist Wecken.»

Er horcht an der Tür:

«Es kommt einer, ich mache das Licht aus.»

Ich rücke im Dunkeln meinen Hocker zurecht, ziehe den Schlafanzug an. Draußen im Flur laufen Stiefel. Es regnet immer noch. Die Lampe auf der Lagerstraße bewegt sich. Karausche liegt im Bett und starrt auf die Stahlmatratze über sich.

«Scheiße», sagt er.

«Hunger», sage ich und gehe zum Spind. «Hab noch Brot von zu Hause, willst du was?»

«Nein», sagt er, «an zu Hause darf ich gar nicht denken. Mein Jüngster heißt Michael. Er ist vier.» Karausche spricht verändert.

«Noch klein», sage ich und beginne hastig zu essen.

«Leg dich lieber hin», sagt Karausche, «meistens gehen sie noch mal durch.» Er hat wieder seinen offiziellen, dirigierenden Ton, der sich nicht entscheiden kann zwischen Angst und Befehl, zwischen Ratschlag und Forderung.

«Kindergarten», sage ich und lege mich hin.

«So ist das», sagt Karausche und dreht sich zur Wand: «Nacht.»

«Nacht», sage ich.

«Gleich von der Schule hierher?» fragt Karausche.

«Ja», sage ich, «nach dem Abitur.»

«Willst studieren?»

«Ja.»

«Was denn?»

«Psychologie.»

«Na dann. Hier kannst du studieren. Ich bin mehr praktisch ... Ruhig!» Karausche horcht. «Sie kommen. Hast du dein Brot gegessen?»

«Ja.»

Die Tür geht auf, das Licht an, Weidauer sieht herein, Licht aus, Tür zu.

«Na bitte», sagt Karausche, «keine Beanstandungen. Nicht nur sie kennen sich aus. Militärisch wissen andere auch Bescheid. Daß du das nicht falsch verstehst: Ich will denen nur zeigen, was los ist.»

«Verstehe», sage ich. Karausche dreht sich wieder zur Wand. Er atmet schwer. Ich schlafe sofort ein. Wie ohnmächtig. Ohnmächtig, das ist das richtige Wort. Traumlos.

III

Ich höre die Trillerpfeife im Flur, fahre hoch, starre auf das Eisengeflecht der Matratze über mir, sehe zum Tisch hinüber, zu den Hockern, auf denen als dunkle Schatten die beiden «Päckchen» liegen aus Unterwäsche und Zeitungsseiten. Es ist Morgen. An die Fensterscheiben sticht das weißlich-gelbe Licht der Lagerstraßenbeleuchtung. Kalt ist es im Zimmer.

Karausche ist schon auf den Beinen, zieht den Schlafanzug aus mit einem Ruck, Trainingsjacke und Trainingshose an, die Lederturnschuhe dazu. Im Flur das Kommando:

«Nachtruhe beenden, fertigmachen zum Frühsport!»

«Beeil dich», sagt Karausche, «die warten nicht!»

Ich springe aus dem Bett, ziehe mich schnell an. Das ständige schnelle An- und Umziehen gehört zum «Programm der Ertüchtigung», wenn ich Spieß Flörchinger richtig verstanden habe ... Da ist schon die nächste Weisung, der enge Flur ist ein gutes Sprachrohr:

«Raustreten!»

Das hallt und scheppert in jedes Ohr.

Raus auf den Flur.

«Rechts beziehungsweise links ... um! Im Laufschritt ... Kommando zurück ... die Arme werden angewinkelt ... im Laufschritt! ... Kommando zurück ... schlafen Sie? Im Laufschritt! Marsch!»

Weidauer ist heiser und verschlafen, er leiert schlecht gelaunt seine Sprüche herunter. Die Ermahnungen für die Anfänger gehören einfach dazu ... Wir rennen in Zweierreihen auf die Lagerstraße hinaus, ins nasse, kalte Dunkel.

«Bewegung, Bewegung!»

So beginnt der Tag.

Und doch atmest du auf und pumpst die Lungen voll, bist froh, daß du diese stickigen, einstöckigen Häuser verlassen kannst für eine Weile. Es geht los, drei Runden ums Stabsgebäude. Andere kommen uns entgegen, schwitzend, weiße Fahnen vor den Mündern. Etwas Ungläubiges, Aufgeschrecktes liegt in ihren Gesichtern, soweit das unter den Lagerlampen zu sehen ist: So beginnt also ein Tag hier ... so ist es also bei der Armee ... raus aus den Betten, Tempo, Tempo, im Laufschritt, Kommando zurück, im Laufschritt, und jetzt halt ...

«Liegestütze ... und eins und zwei und drei, zwanzig fürs erste!»

Im Dunkeln befolge ich prompt alle Kommandos. Ob ich in einigen Tagen schon ein wenig aus der Reihe hüpfen werde, wenn der «Entengang» befohlen wird oder «Häschen hüpf»? Heute hüpfe ich und zucke zusammen … einer wird angeschrien. Froh bin ich, daß ich nicht gemeint bin. Und doch bin ich gemeint. Immer sind alle gemeint, auch wenn es einen einzelnen trifft. Es trifft ihn stellvertretend für die anderen. Und doch trifft es ihn und die anderen nicht.

Alle tragen graue Trainingsanzüge. Auch Weidauer trägt einen neuen grauen Trainingsanzug.

«Noch zwei Runden ums Stabsgebäude!»

Wie wird es Biellau gehen mit seinen kurzen Beinen? Er läuft hinten, versucht mitzuhalten. Ich bin sportlich, gehöre zur Spitzengruppe, renne ohne viel Mühe. Aber Biellau wird keuchen und Seitenstiche haben … Nicht an ihn denken, ich kann nichts tun … Warum renne ich so schnell? Wer macht das Tempo? Weidauer?

Jetzt läßt er sich zurückfallen, sagt:

«Zurück ins Kompaniegebäude!»

Und drei, vier aus der Spitzengruppe nicken und wissen den Weg und bremsen nicht ab, werden eher noch schneller. Ich bin einer von ihnen. Ich bin sportlich. Ist das ein Wettkampf? Ist es die «Flucht nach vorn»? Will ich zeigen, wie schnell ich rennen kann? Wem will ich es zeigen? Weidauer, der jetzt am Ende des Zuges anderen Beine macht? Irgendeiner Stoppuhr, die nirgends zu sehen ist? Den trüben, hochmütigen Peitschenlampen? Oder ist es schön und beruhigend, gehorsam zu sein, sogar zur Spitzengruppe zu gehören, zu den Schnellsten der Kompanie?

So beginnt der zweite Tag.

Zwanzig Minuten Laufschritt und gymnastische Übungen, vor dem Einrücken noch einmal den «Hampelmann» …

Ist das schlimm? Das ist Armee, nicht wahr. Auch in Ferienlagern gibt es Sport. So ist das. Und außerdem ist es gesund. Gesund und ein Befehl. Warum denke ich an einen Dokumentarfilm, den ich sah, über das Jahr 36, das Jahr der Olympiade in Berlin: Fackelträger, Hitlerreden, begeisterte, «geschlossen mitwirkende Massen», neugierige, angenehm überraschte Touristen und wohlwollende, alle unnötigen Spitzen vermeidende ausländische Berichterstatter. Dazwischen im Film Fotomontagen von John Heartfield und Dokumentaraufnahmen aus deutschen KZs, in denen «extreme Elemente», «zwielichtige Gestalten» und «Vaterlandsverräter» umerzogen werden, wie der Sprecher sagte. Ein SS-Mann befiehlt Liegestütze, macht sie selbst vor, die Reihen der «Internierten» in Zivil, vielleicht wurden sie gerade verhaftet oder für diese Aufnahme hergerichtet, legen sich flach, stemmen die Oberkörper hoch, machen es dem SS-Mann nach, der es ihnen lachend vormacht: «Und eins und zwei ...» Sport, Frühsport, Körperertüchtigung, hier heißt es «MKE», «Militärische Körperertüchtigung» ... Daran muß ich denken. Das kann ich keinem sagen.

«Einrücken!»

Wir hetzen die Treppe hinauf.

«Im Anschluß waschen, mit freiem Oberkörper, verstanden? Oben ohne, fast wie am FKK!»

Biellau keucht vorbei, ist fertig, rot im Gesicht, taumelt zum nächsten Ereignis ... Karausche nimmt Handtuch und Waschbeutel, entblößt selbstsicher seine kräftige, behaarte Arbeiterbrust und nickt, als ich «so eine Hektik» sage. Er reibt sich das Kinn:

«Rasieren, hoffentlich gibt's warmes Wasser ... wünsche ansonsten einen wunderschönen guten Morgen!»

«Morgen.»

«Hast du einen Elektrorasierer mit?»

«Nein.»

«Bei deinen paar Härchen ...» Weg ist er. Weidauer und ein anderer Unteroffizier stoßen die Tür auf:

«Los, los, waschen, anziehen, Betten bauen, Oberkörper freimachen, etwas plötzlich!»

Ich renne in den Waschraum, habe das Handtuch vergessen, sehe Biellau im Klo verschwinden, Karausche rasiert sich mit kaltem Wasser, schneidet Grimassen, schlägt dünnen, weißen Schaum, wäscht sich, gurgelt laut, als sollten alle hören und sehen, was er tut. Muß ich mich auch rasieren? Nein, nicht, Zähneputzen mit Chlorodont, kaltes Wasser ins Gesicht, nach links und rechts schielen, Karausche ist schon wieder unterwegs Richtung Tür, einer kommt herein mit Unterhemd und Turnhose.

«Was denn!» ruft es vom Waschbecken neben mir. Da steht ein nackter Oberkörper, weiß, zart, unbehaart, mit Sommersprossen, doch die Augen packen zu:

«Was ist denn!»

«Wieso?» fragt der andere zurück und stellt sich an ein freies Waschbecken, packt die Seife aus. Er sieht offenbar keine Veranlassung, diesem Mitmenschen Rechenschaft zu geben …

«Name!»

«Was?»

«Name, Dienstgrad!»

«Hast du was zu sagen, oder wie ist das …»

«Das werden wir ja sehen! Ich bin Leutnant Meier!» ruft der Oberkörper, richtet sich auf, schnappt nach Luft, seine Schultern zucken, als müßten jeden Augenblick die goldenen Sterne sichtbar werden.

«Woher soll ich denn das wissen?» sagt der im Unterhemd, nicht unbedingt kleinlaut, aber doch erschrocken über das Gebrüll am frühen Morgen. Auffallen wollte er nicht. Jetzt zieht er sein Unterhemd aus.

«Name, Dienstgrad!» Leutnant Meier gibt keine Ruhe.

Ich stehe an der Tür, will diesen gefliesten, spannungsgeladenen Raum verlassen, höre und sehe aber noch, wie der Gemaßregelte sagt:

«Soldat Jugel», und Haltung annimmt. Die Brust streckt er heraus, halb gehorsam, halb unwillig, aber auch ein wenig triumphierend, er weiß wohl, wie er aussieht und wer er ist oder war.

Meier, blaß, jünger, ein Hänfling, wenn man ihn so sieht, sagt jetzt leise, aber gut hörbar, es ist still geworden, nur im Nebenraum jauchzt kurz eine Wasserspülung auf:

«Liegestütze, aber runter! Und dann noch mit Turnhose. Nackter Oberkörper war befohlen und kein Sportzeug, runter, aber los!»

Scharf und böse ist das gesagt, Jugel beugt sich widerspruchslos hinunter und berührt mit den Händen den nassen Betonboden.

«Aber los!»

Jugel macht Liegestütze. Ich trete auf den Flur hinaus, höre am anderen Ende eine Stimme:

«Im Laufschritt geht das, im Laufschritt!»

Ich renne zurück ins Zimmer, Karausche trägt schon Dienstuniform und baut sein Bett. Und Jugel? Ich kann jetzt nicht an Jugel denken, ich muß mich anziehen und mein Bett in die befohlene Form bringen.

Im Flur tönt ein neues Kommando:

«Küchendienste raustreten! Marsch! Marsch!»

«Küchendienste?» frage ich Karausche.

«Wir nicht, die sind schon eingeteilt, müssen Tische decken im Essenraum. So war es bei uns. Beeil dich mit dem Bettenbau, gleich geht's weiter, wirst sehen.»

«Verfluchte Knobelbecher, hart und ausgelatscht!» Karausche bearbeitet mit einer kleinen Handbürste seine Stiefel.

Ich ziehe mich schnell an, zerre wieder an den Bettbezügen herum, höre seine Mahnung «Käppi und Besteck nicht vergessen» und sehe aus dem Fenster. Es ist noch dunkel. Halb, dreiviertel sieben. Das Fenster öffnen, atmen, den Kopf in die kalte, feuchte Gebirgsluft halten. Ich bin hoch oben, auf einem Gipfel der Möglichkeiten, im schönen Erzgebirge, im Luftkurort Johanngeorgenstadt.

«Kompanie raustreten!»

Karausche sieht mich triumphierend an und stürzt zur Tür. Ich renne ihm nach. Wir müssen auf der Lagerstraße antreten. In Dienstuniform, mit Käppi, Stiefeln und Eßbesteck, einen zugeteilten Trinkbecher aus Plaste am Finger, in Sechserreihen.

«Stillgestanden! Im Gleichschritt ... was ist denn da hinten los ... Kommando zurück ... Nehm Se Aufstellung ... Kompanie stillgestanden! Im Gleichschritt ... Marsch! Links, links, links zwo, drei, vier!»

Ein Unterfeldwebel, den ich noch nicht gesehen habe, gibt die Befehle und den Takt an, den Marschtritt. Er benutzt dazu das Wort «links» und die Zahlen 2, 3 und 4. Mittelgroß, dünn, nach vorn geneigt, die Hände auf dem Gesäß und das Gesicht zu uns gewandt: oval, flach, mit einem hilflosen Sitzenbleiberblick, der jetzt zupackt. Sein Unterkiefer reicht weit hinunter, berührt fast die Kragenspiegel der Uniformjacke.

«Links, links, links zwo, dre-i-i-i, vier.»

Die «Drei» dehnt er wie ein Gummiband, das er rhythmisch und mit innerer Beteiligung zwischen unsere marschunkundigen Beine schnippen läßt. Ich laufe neben Jugel, Karausche hat sich weiter hinten eingereiht. Er ist kleiner, das Antreten der Größe nach, das endgültige Einordnen in die Kompaniemarschordnung sollte zwar erst noch kommen, aber Karausche weiß ja Bescheid und handelt als erfahrener Militär. Ich laufe neben Jugel, der seine Augen zu kleinen Beobachtungsspalten verengt hat, die Linie der Mundwinkel zeigt an, da genügt ein kurzer Seitenblick, wie gern er an diesem Novembermorgen marschierend unterwegs ist. Dem Vordermann nicht auf die Hacken treten, den Gleichschritt halten, das Eßbesteck nicht verlieren, sehen, wohin es geht ... darauf habe ich jetzt zu achten. Jugel ist nicht gern hier. Wer ist gern hier? Unteroffizier Zwodreivier? Strobel habe ich beim Raustreten gesehen, er läuft hinter mir, in der anderen Abteilung, im 1. Zug. Biellau trabt in Karausches Reihe, ganz außen, ganz in der Nähe des diensthabenden Kommandierers. Er versucht krampfhaft, Schritt zu halten. Seine kurzen Beine machen schlecht mit, das Käppi rutscht in den Nacken, ist wohl zu groß ... Jetzt kann ich ihn gut sehen.

«Linksschwenkt ... Marsch! Gerade ... aus!»

Wir ändern die Richtung um 180 Grad, da kommt die erste an der letzten Reihe vorbei, wir überqueren den Appellplatz, passieren das Stabsgebäude.

«Nehm Se Gleichschritt auf, Sie galoppiern ja wie die Känguruhne in Afrika!»

Einzelne lachen auf, dieser Unterfeldwebel hat seinen Namen weg, er heißt ab jetzt «Känguruhn».

Jugel zischt etwas Abfälliges, «nicht mal sprechen können die ...».

Ein verkrampftes Grinsen ist auf vielen Gesichtern, mit dem keiner weiß, wohin. Es endet als Husten oder verschlucktes Kichern, als abfälliges Zischen oder ungläubiges Staunen über diese zoologische Eröffnung, diese exakte Kenntnis von Brehm's Tierleben, fast richtig, nur ein Erdteil und eine Endsilbe, eine Pluralbildung, müssen noch erforscht werden.

Ich bin aufmerksam, will schnell durchblicken. Will

wissen, was Zwodreivier für einer ist. Will nicht aus dem Tritt kommen, will nicht auffallen, will keiner sein, der ermahnt wird, der bloßgestellt wird vor den anderen ... Mache ich mich so zum Idioten, zum Kuscher? Ich muß hinsehen, muß mich messen mit dem, was geschieht. Muß einen Weg finden.

«Links, links, links zwo, drei-i-i-i, vier.»

Was denn für einen Weg? Der über den Appellplatz führt, am Stabsgebäude vorbei, hin zu diesem Flachbau mit Laderampe und Küchengeruch?

«Auf der Stelle ... Kompaniiiie ... halt! Einrücken! Kommando zurück! Was soll denn das ... noch mal antreten! Nicht wie ein Sauhaufen, *der Reihe nach*, immer der Reihe nach, von links beginnend, wenn das Kommando ‹Einrücken› kommt. Das werden wir noch üben, darauf können Sie sich verlassen! Los jetzt!»

Wir rücken ein, werden an lange Tische dirigiert, an Holzbänke, sind nicht die ersten, eher die vorletzten, wie ich sehen kann: Viele sitzen schon und essen, andere Kompanien offenbar, frisch fabrizierte Soldaten sitzen gespenstisch still auf Bänken, kauen, trinken aus blauen, roten oder gelben Plastebechern. Im Hineingehen hatte ich für einen Moment den Eindruck, einen leeren Raum zu betreten ... es ist so still und abgedämpft, hier können nicht schon hundert oder zweihundert Menschen sitzen, wie ich mit den Augen sehe ... und doch ist es so ... da sitzen meinesgleichen, Unteroffiziere gehen durch die Reihen ... wie wohlerzogene, geduckte Kinder sitzen sie und nehmen Nahrung auf, «essen» kann man ja wohl dazu nicht sagen. An «unserem» Tisch angekommen läßt sich Jugel auf die Bank fallen, greift nach einer Brotscheibe und wird sofort angeherrscht:

«Aber hoch!»

Er steht auf, seine Augen sind wieder schmal, er gehorcht, kuscht aber nicht. Wir stehen und warten, starren auf die Blechkannen mit Malzkaffee, die die Tischdienste herantragen, auf die Wurstplatte, Rotwurst, Jagdwurst, die Margarine, die rote Erdbeermarmelade. Zwodreivier, das Känguruhn, der Genosse Feldwebel, steht im Gang:

«Keinen Muckser will ich hören!» und dann, im gleichen Ton: «Guten Appetit!»

Wir lassen uns nieder, sind auf halbem Weg zur hölzernen Sitzfläche, haben die Bestecktasche geöffnet und das Messer in der Hand, wollen nun essen, einige murmeln «Guten Appetit», greifen nach einer Scheibe Jagdwurst, wollen sich Kaffee einschenken ... aber da meldet sich wieder die diensthabende Stimme zu Wort, gut hörbar, nicht unbedingt böse, eher erziehend, mit dem Anspruch des Erwachsenen, der Halbwüchsigen grobe Fehler begreiflich macht:

«Aufstehen, aber hoch! So unhöflich sind Sie also! Ich wünsche Ihnen guten Appetit und Sie? Guten Appetit, Genosse Feldwebel! Ist das klar? Guten Appetit, Genossen!»

«Guten Appetit, Genosse Unterfeldwebel!» tönt es im Chor in diese kauende, scharrende Stille hinein.

«Setzen, keine Gespräche! Hier herrscht Ruhe! Sie sind zum Essen gekommen, nicht zum Quatschen!»

Zwodreivier schlendert davon, wir setzen uns zögernd, erwarten eine neue Ermahnung. Wer kann sicher sein, nicht wieder etwas falsch zu machen? Die an den anderen Tischen sehen herüber wie erfahrene Frühstücksveteranen. Sie probten vor zehn Minuten diese Tischsitten und beobachten jetzt kauend, schluckend und etwas herablassend, wie anderen beigebracht wird, worauf es ankommt in geschlossenen Mannschaftsspeiseräumen.

Es wird kaum gesprochen.

Die Wurst liegt in Scheiben auf einem großen, ovalen Teller, der herumgereicht wird, um die zwanzig Esser zu versorgen, die an diesem Tisch sitzen. Das geht nur zögernd, weil verboten ist, mit dem Nachbarn Kontakt aufzunehmen, ein Sprechverbot wurde ausgesprochen, jeder soll allein sein in diesem voll besetzten Raum. Ein Akt der Kooperation ohne ausdrückliche Weisung fällt schwer an diesem Morgen des zweiten Tages. Bei jeder Handlung schrillt es hoch, als Angst, als Blockade: «Darf ich das?»

Ich überlege jetzt nicht. Ich schmiere, kaue, halte Ausschau nach der Schmalzschüssel. Jugel fragt:

«Willst du meine Wurst?»

Ich nicke.

Jugel hat etwas gesagt. Jugel gab mir etwas ab von sich. Jugel übertrat ein Verbot.

Nach etwa zehn Minuten läßt Zwodreivier «raustreten», die Tischdienste räumen ab, wir stehen wieder auf der Lagerstraße. Ein heller Lichtstreifen liegt über den Bergen. Die Regenwolken sind weg, der Wind hat sich beruhigt. Wie gut, wie würzig die Luft ist. Zu Hause werden die Schornsteine der Textilfabriken das Tal schon wieder vernebelt haben mit ihrem nassen, schweren Dampf, der aus den Färbereien kommt. Und hier saubere Luft und eine herrliche Landschaft. Aber das Schöne wird kalt und höhnisch. Ich sehe weg. Ich trete an und ordne mich ein. Ich habe noch etwas gesehen. Im Hinausgehen warf ich einen Blick in die Küche, sah große Kessel und Regale, Schränke, Maschinen. Hier werden Kompanien versorgt und täglich abgespeist. Ich habe noch etwas gesehen. Jugel stieß mich an, als wir hinausgingen: einen Raum mit kleinen Tischen, Tischdecken, Bohnenkaffeegeruch, Soldaten in weißen Kitteln bedienen Offiziere und Unteroffiziere: Ich habe den Offiziersspeiseraum gesehen.

An Brecht muß ich denken, an seine Zeilen über «Volksgemeinschaft» und «zweierlei Essen» aus der «Kriegsfibel». Wieder vergleiche ich die Nazizeit und die neue «Menschengemeinschaft». Das macht mir Angst. Darf ich Brechts Verse auf das hier anwenden? Im Literaturunterricht haben wir das nicht geübt ...

Und ich kann nichts gegen dieses Lager tun. Zwodreivier ist stärker. Ich komme hier nicht raus. Der Zaun ist bewacht. Ich wäre ein Fahnenflüchtiger. Das ist ein Schwerstverbrecher. Ich muß mich fügen. Ich muß aufpassen. Darf nicht alles Mögliche denken. Zum Schluß sage ich es auch noch ... An den Phrasen von «Frieden und Verteidigung des Vaterlandes» muß etwas Wahres sein, sonst verkrafte ich das hier nicht. Ich muß bejahen, sonst halte ich das nicht aus. Schuldig werde ich so und so. Außerdem ist kein Krieg. Mein Dienst bei der «Nationalen Volksarmee» ist etwas anderes. Ich muß auf der Hut sein, darf nichts falsch machen, darf keinem Spitzel aufsitzen. Karausche kann einer sein. Beim Essen nicht auffallen, keinen Befehl verweigern ... Ich kann sofort bestraft werden, in den Militärknast kommen, für Jahre, vielleicht für immer ... Aber wenn ich mir das auch vornehme, davon wird die Angst nicht kleiner. Ich will kein Waschlappen sein. Was ist richtig? Ich kann doch nicht alles hinnehmen? Jugel nimmt auch nicht alles hin, das sieht man an seinem Gesicht.

«Hast du gesehen?» fragt Jugel.

Ich nicke.

«Besseres Essen, Bohnenkaffee, Tischdecken ...»

«Ja», sage ich.

Jugels Augen sind wieder ganz schmal.

«Sozialismus», sagt er.

«Woher kommst du?» frage ich.

«Freiberg, Fernsehmechaniker. Große Klasse hier, was?»

Ich nicke. Bin benommen. Jugel ist anders als Karausche.

«Im Gleichschritt! Marsch!» kommandiert Zwodreivier.

«Ja, ja», sagt Jugel leise und verächtlich.

Einer in der Reihe vor ihm dreht sich um. Er hörte wohl einen neuen Ton. Bisher gab es Kommandos, Schweigen, Pfiffe, dumpfe, devote Flüche und vorsichtige, belanglose Gespräche. Jugels leises «Ja, ja» klang anders. Ich marschiere in Reih und Glied nach Känguruhns Anweisungen zurück zum Kompaniegebäude. Wortlos und seltsam erleichtert.

«Einrücken! Unterkünfte auf Vordermann bringen!»

Wie wird dieser zweite Tag ablaufen? Ich weiß es nicht. Würde ich fragen, bliebe ich ohne Antwort: «Das werden Sie schon sehen!» Ungewißheit, Anspannung, Auf-dem-Sprung-Sein. Damit ist jeder angewiesen auf Befehle, denn alle eigenen Wege und Handlungen sind außer Kraft gesetzt von dieser Lagerwelt und ihren Aufsehern.

«Unterkünfte auf Vordermann bringen» – Karausche beginnt die Stube zu kehren, zupft an seinem Bett herum, beauftragt mich, Staub zu wischen.

«Womit?» frage ich.

«Im Besenschrank liegt ein Lappen.»

Ich finde ihn, wische an den Schränken herum.

«So nicht», sagt Karausche, «gründlich, sie suchen, du wirst sehen.»

Er steigt auf einen Hocker, reinigt die Lampe und die Eisenstäbe der Betten, kriecht unter den Tisch, fuhrwerkt mit dem Scheuerlappen hinter den Schränken herum.

«Alles muß blitzen. Und bring deinen Spind in Ordnung. Hast du das Eßbesteck abgewaschen? Da sehen sie immer gerne nach.»

Nein, habe ich nicht. Ich schüttle den Kopf.

«Dann mach hin, gleich geht's weiter.»

Ich tue, was er sagt, putze die Stiefel, ordne die Schrankfächer, stelle meinen Koffer mit den «Zivilsachen» auf den Schrank.

«Wozu ist das Fach da in der Mitte verschließbar?»

«Für persönliche Sachen. Auch für Essen», sagt Karausche.

«Sehen sie da auch rein?»

«Klar, überall sehen die rein.»

«Und was ist dann daran ‹persönlich›?»

«Was fragst du mich, so ist das eben.»

Karausche nimmt hin, wie es ist. Ich sehe öfters zur graugestrichenen Tür in Erwartung eines Vorgesetzten oder eines im Flur gerufenen Befehls. Die Tür hat ein Schloß, aber wir haben keinen Schlüssel. Alles ist offen und zugänglich: Wir stehen jederzeit zur Verfügung.

Ein Pfiff.

«Raustreten», sagt Karausche, «wahrscheinlich Morgenappell und Dienstausgabe.»

Raustreten, das heißt, alles stehen- und liegenlassen, auf den Flur rennen, an der «Linie» Aufstellung nehmen, auf die quadratischen Fliesen starren, nach links oder rechts sehen, sich «ausrichten».

«Raustreten heißt stillgestanden!»

Am Flurende, in der Nähe der Treppen, stehen Weidauer, das Känguruhn Zwodreivier und Flörchinger. Sie schicken einzelne zurück, die ihre Käppis vergessen haben.

«Zwei Fingerbreit über der Nasenwurzel, Emblem nach vorn selbstverständlich – oder wollen Sie damit Ihre Haltung ausdrücken?»

Flörchinger setzt einem in seiner Nähe das Käppi zurecht. Jugel steht schräg gegenüber, ganz in meiner Nähe. Er nickt mir zu.

«Mal herhören», sagt Flörchinger. «Sie haben jetzt fast alle Ausrüstungs- und Bekleidungsgegenstände erhalten. Im Anschluß Stubendurchgang. Dann Umziehen, Kampfanzüge, Stiefel KI, Stahlhelm, kleiner Geländemarsch. Noch Fragen? Unterfeldwebel, lassen Sie wegtreten!»

Weidauer streckt die Brust vor, steht stramm und brüllt:

«3. Zug, wegtreten!»

Wieder stehen wir im Zimmer und warten. Die Tür bleibt geschlossen. Man hätte nachsehen können, wann sie kommen. Aber das tun wir nicht. Wir horchen und warten.

«Sollen wir uns gleich umziehen oder erst nach dem Stubendurchgang?»

«Danach», sagt Karausche.

Hinter grauen, dünnen Türen stehe ich und erkundige mich, wann ich mich umziehen muß. Und warte auf einen «Stubendurchgang». Hier bin ich gelandet. Hierher habe ich mich begeben. Gleich kommen welche und beäugen dieses fremde Zimmer, «mein» Bett, das ich gebaut habe mit Karausches Hilfe. Karausche kennt sich aus und ist zum Kotzen, dienert, legt sich krumm. Ist wie Auf-Arbeit, muß immer was tun, ordnet sich unter, erfüllt Aufträge. Und ich? Ich wollte mich doch weigern … Ein Befehl kam per Einschreiben, der Gedanke an das Studium, das Ungewisse der möglichen Strafe ... Ich habe Borchert gelesen. Und jetzt, was ist jetzt? Der 4. November rückte näher, die Zeit raste, Coiffeur, Wehrkreiskommando ... Ein Buch habe ich mit, da im Spind, ein Buch. Soll ich es lieber wegstecken, vielleicht zu den Zivilsachen in den Koffer? Oder ins «persönliche Fach»? Alles sinnlos. Jetzt kommen sie. Ich höre ihre Stiefel, sie unterhalten sich. Bestimmt über unsere Blödheit, über «Fehler» und «Maßnahmen». Nachher ein «kleiner Geländemarsch». Flörchinger, ein dünner, ekelhafter Kerl. Spielt sich auf. Dumm, spießig, deutsch – ein Spieß! Weidauer geht noch. Sie kommen. «Gehen offenbar im Zickzack», weiß Karausche, der an der Tür horcht. «Erst ein Zimmer auf der einen, dann eins auf unserer Seite», sagt er. Sie werden mein Bett beanstanden. Die Kragenbinde. Vielleicht werfen sie meinen Spind um. Karausche wird ihnen dabei helfen. Ich habe gehört, daß sie Schränke umwerfen, wenn ihnen danach ist ... Ich will nach Hause, ich will hier weg. Und bei Eva klingeln mit längeren Haaren. Nicht an Eva denken. Ihr Foto ist in der Brieftasche. Aufgenommen in Eisenach, auf dem Weg zur Wartburg. Sie lacht, kann sich leiden. Ob sie schreibt? Ich bin hier, warte auf den Stubendurchgang. Sie kommen. Im Schrank steht ein kleines dünnes Buch von Bobrowski. Ich schreibe Gedichte. Aber jetzt bin ich Soldat und lerne marschieren und schießen ... Ich will diese Befehle, diese gewalttätigen Worte nicht mehr hören, «stillgestanden, wegtreten, Ausrüstungs- und Bekleidungsgegenstände, zu Befehl», ich will das nicht hören. «Soldat, Soldat in Uniform / Soldat, Soldat in grauer Norm ... / Soldaten sehn sich alle gleich / lebendig und als Leich.» Ob Biermann auch bei der Armee war? Hat er verweigert? Haben sie ihn freigestellt? Sie werden ihn dann nicht mehr genommen haben, wer solche Lieder singt, kommt davon oder ins Gefängnis. «Der Baum / größer als die Nacht / mit dem Atem der Talseen / mit dem Geflüster über / der Stille.» Bobrowski war im Krieg. Jetzt kommen sie. Stubendurchgang, nichts weiter. Aber ich bin zittrig. Karausche reinigt seine Fingernägel. Dort ist die graue Tür, dort das Fenster. Hell ist es, Tag. Der Appellplatz, das Stabsgebäude, der Fahnenmast. Nacht soll sein, immerzu Nacht. Wie kann die Sonne scheinen auf solche Verhältnisse? Sie kann. Sie scheint. Sieh hoch, da ist sie. Der Wald dort drüben, die Wolken reißen auf, zeigen den Himmel vor, blau, schön, ein Postkartenhimmel. Eine Märchenlandschaft. «Der Pfiff / lauter als das Wort / mit dem Atem der Tierwärter / mit dem Geschrei über / der Stille.» So müßte es heißen. Das könnte man aufsagen, wenn sie kommen. In ihre Gesichter könnte man das sagen. Solche Worte gegen ihre Reden. Und? Ich werde es nicht tun. Ich will nicht auffallen. Ich will studieren, ich will hier raus und nicht in den Knast. Und nichts aufschreiben. Wenn sie es finden, ist es «Hetze» oder «Spionage». Oder zum Lachen. Oder zum Weinen. Ob sie auch die Briefe kontrollieren? Sie kommen. Ich will sie nicht sehen. Und stehe bereit. Und frage Karausche, ob ich mich gleich umziehen muß oder erst danach. Solche Fragen stelle ich. Ich werde ein Feigling, ein Soldat, der sich etwas ausdenkt, was er dann nicht laut sagt. Sie kommen. Gedichte zählen hier nicht. Lieder und Liebe zählen hier nicht. «Durchzählen, auf den Zahn fühlen, einen Einlauf machen, Ruhe im Glied» zählen. Ich habe Angst vor Flörchinger, vor diesem drahtigen, uniformierten Kerl, vor seiner Schirmmütze und den hellen, nagenden Augen.

Der Stubendurchgang verläuft anders als erwartet. Flörchinger, Weidauer und Riedel, ein anderer Unterfeldwebel, klein, mit runden Beinen, der nur lächelt und seine militärische Rolle offenbar nicht besonders ernst nimmt, besehen sich kurz Schränke und Betten, werfen einen Blick auf den Fußboden, nicken, zerren an meinem Laken herum, befehlen, die Koffer unters Bett zu schieben, und gehen wieder. Karausche hatte, als sie hereinkamen, eine Meldung präsentiert, zackig und routiniert:

«Zimmer 27 mit zwei Mann belegt, gereinigt und gelüftet, zum Stubendurchgang bereit. Es meldet Soldat Karausche.»

Weidauer lächelt und winkt wohlwollend ab.

Wir sind ein «gutes Zimmer», fast keine Beanstandungen!

Jetzt steht die 3. Kompanie in Kampfanzügen, Stahlhelmen und Tragegerüsten auf der Lagerstraße und marschiert, nachdem die Befehle erteilt wurden, durch das eiserne, nicht sehr stabil wirkende Tor ins Freie. Ein Posten mit einer Kalaschnikow vor der Brust hat die beiden Flügel geöffnet und grinst, neidisch oder mitleidig, das ist nicht zu erkennen, vielleicht auch nur verlegen, als wir an ihm vorbeistapfen in unseren neuen, ungewohnt schweren Stiefeln, die rhythmisch und herausforderndd-dumpf auf den Boden schlagen. So schreiten Eroberer über gepflasterte Straßen. Sie machen Angst und fühlen sich stark. Wer aber in unsere Augen sieht, kann erkennen, daß Gefangene aus einer Umzäunung geführt werden und nicht wagen davonzulaufen. «Links, links, links zwo, drei, vier.»

«Noch 546mal schlafen», hat Karausche errechnet.

Ich rechne nicht nach. Dahinten liegt das Tor. Ein breiter, schwarzer Schlackeweg führt Richtung Wald. Wir kommen an Gärten vorbei mit niedrigen Zäunen und sehen einzelne rote Äpfel an blattlosen Zweigen hängen. Regen liegt in der Luft und nasser, trostloser Schnee ohne Schlittenbahnen und Kindergeschrei.

IV

Unterhalb des Lagers, am Fuß einer Wismut-Halde, in einem Tal, üben wir Krieg, Angriff. Spaziergänger kommen vorbei, sie sehen kurz herüber und bleiben nicht stehen. Wir springen über einen kleinen Bach und versuchen, einen Hügel zu nehmen, auf dem Weidauer steht und die Befehle gibt. «Gleitend» und in kurzen Sprüngen bewegen wir uns fort, um die «Sturmangriffslinie» zu erreichen.

«Höchstens zehn Sekunden oben bleiben, dann runter, in Stellung gehen, nach links abrollen und zielen. Knarren gibt's später, aber die Bewegung einprägen! Nicht so lange oben bleiben, der Gegner schläft nicht! Denkt an die kleinen runden Löcher!»

Karausche muß vormachen, was es heißt, «in Stellung» zu gehen. Er wirft sich auf den Boden, rollt ab, zielt mit der nicht vorhandenen MPi ... So üben wir die «Fortbewegung im Gelände». Weidauer steht breitbeinig und vergnügt auf seinem Hügel:

«Sturmangriff!»

Da rennen wir los und hetzen den Abhang hoch, bis wir die Höhe seiner Stiefelsohlen erreichen.

«Das war nur eine Kostprobe», sagt Weidauer und läßt antreten. «Zigarettenpause.»

Sturmangriffslinie, Stellung, Fortbewegung im Gelände, dieser Wortmüll ... Ich habe keine Zigaretten. Wir hocken im Gras, Weidauer hat sich auf einen Stein gesetzt. Bauer, Hartmut Bauer aus Jugels Zimmer, hält mir eine Schachtel «Juwel» hin und gibt mir Feuer. Ich nehme einen Zug. Der Tabak, die Waldluft, jetzt eine Pause nach dem Rennen und Kriechen, das tut gut. Bauer hat mir eine Zigarette gegeben. Er kommt aus der Umgebung von Aue. Ist also fast zu Hause. Kraftfahrer ist er, glaube ich, oder aus der Landwirtschaft. Groß, stämmig, schwarzhaarig, verlobt, ein Bauer.

Weidauer raucht auch.

«Bei mir gibt's Pausen, wenn die Ausbildung klargeht. Das können die vor euch bestätigen ... Ich bin nicht so. War lange vorn an der Grenze, das ist natürlich was anderes als hier. Aber gegen eine Versetzung kann man nichts machen. Bald ist Heimgang, meine Tage sind gezählt. Als Vize ...»

Er lächelt, zieht gierig an seiner Zigarette, hackt mit einem Stiefelabsatz ins Gras.

«Ach so», sagt Bauer, «uns kommandierst du. Und dann nur noch vom Heimgang reden. ‹Vize›, ‹EK›, ich weiß das von meinem Bruder. Der war ja auch hier, ist jetzt an der Grenze Hundeführer. Der hat mir einiges erzählt. Ich weiß doch Bescheid.»

Wir hören zu, rauchen, reden kaum. Weidauer hält seine Stiefel jetzt ruhig, grinst, widerspricht nicht.

Nach einer Weile sagt er:

«Vorsicht, Bauer, Vorsicht.»

Bauer zuckt mit den Schultern, nimmt sich noch eine Zigarette. Weidauer steht auf, schlägt die Stiefel aneinander, hüpft, geht hin und her und befiehlt dann:

«Antreten!»

Wir marschieren ins Lager zurück.

Im Gehen muß ich an den geprobten «Angriff» denken. Weidauer hatte es sich bequem gemacht auf seinem Hügel. Gut, dann hat er eine Zigarettenpause erlaubt, das mußte er nicht. Er hätte uns weiterscheuchen können. Wir sind den Berg hochgekrochen. Aber da war noch etwas anderes. Ein Blitzen und Stürmen war da, es ging los! Nach all den kleinlichen, blöden Ordnungsvorschriften, nach Bettenbau und Musterspind ging es los. Noch fehlten Waffen und Munition, dafür konnte man rennen, sich hinwerfen, abrollen, zielen und weiterstürmen ... Wann und wo man in Deckung ging, wie schnell man rannte, das war die eigene Entscheidung. «Huuurraaaa» ... Räuber und Schanzer, peng, peng ... das reichte weit zurück in die Kindheit.

Die Spiele auf der Hohle und unter den Brücken des Raumbachs. Filme und Bücher, «Lederstrumpf» und «Die Söhne der Großen Bärin», «Tschapajew», «Pawel Kortschagin» und «Rauchende Colts», Indianer, Rotarmisten und Cowboys, im Nebel, mit Holzgewehren und Hirschfängern ... sich verteidigen, die Feinde besiegen, das ist doch nichts Schlechtes! Und wenn man selbst zu den Guten gehört, dann ist es auch eine gute Tat, vielleicht sogar eine Heldentat ... Kam daher das Blitzen?

Und die Lust, ein Krieger zu sein, ein Angreifer? Kam daher das Blitzen in den Augen? Muß jetzt von Befreiungs- und Weltkriegen gesprochen werden, von Diktaturen und Demokratien, von Völkern und Führern, von Lebenden und Toten? Oder vom Aggressionstrieb, der Tiere und vielleicht auch uns Menschen beherrscht? Von Rassen und «Lebensraum», von Weltrevolution und Klassenkampf? Nein, jetzt nicht. Jetzt sind wir auf dem planmäßigen Rückzug. Es ist gegen zwölf, irgendwo läuten Kirchenglocken.

Ich habe Hunger und will nicht mehr grübeln.

Der Weg hoch zum Lager ist steil und glitschig. Wir gehen in Zweierreihen, einige keuchen. Biellau hustet laut und vorwurfsvoll. Ich trete auf Steine und Wurzeln, um besser voranzukommen. Was gibt es zum Mittagessen? Andere Fragen fallen mir nicht mehr ein. Das Lager erreichen, nicht zurückbleiben, solche Gedanken. Jede Begründung wird mir gleichgültig, jeder Zweifel lästig. Ich habe Hunger. Ich will nicht an Eva denken, nicht an zu Hause, nicht an Borchert, nicht mehr an die Spiele auf der Hohle. Ich will diesen Berg hochkommen und möglichst nicht ausrutschen oder zurückbleiben. Ob ich Biellau helfe? Er wird es schon schaffen ... Wut habe ich ... Auf die anderen, die jetzt in Straßen und Städten herumgehen! Geht nur schön, bleibt vor den Schaufenstern stehen und trinkt Kaffee! Ihr werdet schon noch sehen! Wut habe ich, neidisch bin ich auf alle, die jetzt nicht diesen steilen, zerfurchten Haldenweg hochkeuchen. Das frißt innen und hat keinen Trost und nicht viele Worte, das flucht leise, spuckt, macht Tempo und verzieht keine Miene, wenn Bauer oder Jugel ihre Bemerkungen machen. Die Zivilisten, die Sorglosen haben keine Ahnung, was hier geschieht – und die anderen sagen: «Was ist das schon! Wir lagen vor Stalingrad in der

Kälte, wir waren im Krieg! Das sind doch alles bloß Kinderspiele, seid froh!»

Aber ich bin nicht froh.

Ich werde zu etwas gezwungen und erlebe, daß ich mich zwingen lasse. Bin unglücklich, unter Druck, wie das Tier im Zirkus, das eine Nummer beigebracht bekommt von trickreichen Dompteuren, die auch mal zur Peitsche greifen. Ich kann nicht weglaufen.

Scheißgedanken!

Der Stahlhelm drückt ... Gleich bin ich oben ... geschafft.

Weidauer läßt antreten. Biellau ist etwas zurückgeblieben.

«Im Gleichschritt! Marsch!»

Ich stoße auf das Freiwillige dieser Unterwerfung, auf das eigene Mittun und Mitmarschieren. Und möchte ausweichen. Was gibt es heute? Suppe? Sturmangriffslinie! Macht es auch Spaß? Mitunter ... Wir haben das oft gespielt ... Auf dem Hügel lag dann ein Schatz. Heute war Weidauer der Schatz, seine Stiefel. Immerhin hat er Pause gemacht. Was Bauer sagte, paßte ihm nicht ... Scheißgedanken! Das Geschrei der Unteroffiziere ist das eine. Aber wenn wir aus dem Lager marschieren und über hundert junge Männer von zwei oder drei unbewaffneten Aufsehern, die sich «Genossen Unteroffiziere» nennen, durch eine bewaldete Gegend geführt werden und alle Befehle mehr oder weniger willig ausführen, kommt noch etwas hinzu: Existieren Mächte und Grenzen, die nicht nur dieses Lager umzäunen, sondern auch den Wald und das Land in Schach halten? Ja. Erklärt das alles? Nein. Es muß eine Macht, eine Grenze, einen Unteroffizier geben in uns, in mir, einen Sklaven, eine Angst, die dazugehört. Die dieses Spiel erst möglich macht. Oder ein Ideal? Nein, kein Ideal. Eine verordnete

Überzeugung vielleicht, die Meinung, nichts Schlechtes zu tun. Diese 3. Kompanie des Jahres 68 hatte Einberufungsbefehle erhalten und war ihnen gefolgt, weil sonst ein grüner Kübelwagen der Volkspolizei vorgefahren wäre. Und jetzt trabt man durch eine Gebirgslandschaft und ist schon etwas beeindruckt vom gleichen Schritt und Tritt. Vom In-Stellung-Gehen, vom Anlegen, vom Losstürmen. Weidauers Stiefel sind das eine, das andere ist das Gefühl, wirklich etwas zu erleben. Jetzt und in Zukunft. Besonders am gefürchteten und heimlich herbeigesehnten Tag X, an dem alles beginnt und endet: das Leben, der Krieg, der Frieden. Und der wunderbarste aller Tage: der Tag der Entlassung, auch er wird kommen …

Wenn wir doch schon da wären. Ob wir gleich zum Essen marschieren? Unwahrscheinlich. Erst das Eßbesteck holen. Hunger habe ich. Wut. Keine Empörung.

Und jetzt dünn, von weit her, aber gut hörbar, wieder diese Glocken. Und eine Sirene. Hochzeit, Mittagspause. Verfluchte Hochzeit, verfluchte Mittagspause!

Im GHG, in der Großhandelsgesellschaft, in der ich nach dem Abitur als Beifahrer arbeitete bis zur Einberufung, lachten die Kollegen, wenn einer Punkt eins, nach dem Ertönen der Hupe, den Essenraum verließ. «Willst wohl arbeiten?» höhnten sie und teilten noch einmal die Karten aus für eine Runde Skat. «Hast wohl Angst vor dem Kollegen Betriebsleiter», riefen sie und sahen den großen, stämmigen Mann an, der mit einem weißen Kittel gerade den Raum verließ oder auch noch sitzen blieb und sich am Spiel beteiligte, als gehöre er dazu. «So ist's recht, immer mit der Ruhe, genau so!» Große Eile gab es nicht in dieser Großhandelsgesellschaft für Lebensmittel, Getränke und Fette auf der Friedensstraße, in der ich als Abiturient und Beifahrer die Monate bis zur Einberufung verbrachte. Zuerst gingen die Lagerarbeiter, dann die Beifahrer, zuletzt die Fahrer der Lkws, der «W 50», «H3A» oder «H6». Sie tranken im Gehen noch schnell eine Tasse Kaffee am Ausgabeschalter, flachsten mit den Küchenfrauen und preschten dann los mit Zucker, Mehl oder Käse, belieferten die Verkaufsstellen zwischen Reichenbach, Zwickau und Lengenfeld. Ich fühlte mich wohl, war abends müde, hatte viele Kartons und Säcke getragen, verdiente ganz gut, die Fahrer schrieben immer eine Tour mehr auf: «Merkt keiner.»

Die Halde sind wir hoch, jetzt geht es die Straße entlang, dann auf den schwarzen Schlackeweg. Biellau keucht immer noch, er marschiert hinter mir. In Sechserreihen geht es durch das windschiefe, eiserne Tor. Dort steht ein anderer Posten. Er verzieht keine Miene, ist nur mit dem Öffnen und Schließen beschäftigt. Kommt sich wohl auch wichtig vor mit seiner Maschinenpistole.

Hoch in die Stube, Eßbestecks holen, Geländeanzug ausziehen, Käppi aufsetzen, antreten. Endlich Mittagessen.

Sprechverbot, ständige Aufsicht.

Es gibt Kartoffeln, Sauerkraut und Bockwurst. Wir stehen am Schalter, holen uns Nachschlag, die meisten haben Hunger.

Nach dem Essen zurück ins Kompaniegebäude, umziehen, «fertigmachen zum Marsch in die Stadt, in den Kinosaal zur Politschulung».

«Stiefel säubern, tipptopp, Lederkoppel und Stahlhelm, Ausgangsuniform, wir werden gesehen!» erläutert Unterfeldwebel Riedel im Flur.

«Keine Mittagspause?» fragt Bauer unvermittelt und gegen alle Dienstvorschrift, wir stehen im Stillgestanden an der «Linie».

«Wie?» Riedel ist verdutzt.

«Gar keine Mittagspause ... die steht im Dienstplan, wenn ich richtig gelesen habe ...»

«Wann Pause ist, bestimmen wir», sagt Riedel lächelnd. «Beeilung!»

Und wieder fummeln wir an den Stiefeln herum, reiben und bürsten, bereiten uns auf den nächsten Marsch vor. Ich möchte mich einen Augenblick aufs Bett legen und die Augen schließen. Aber ein Blick auf die straffen Kanten, die mühsam glattgezogenen Bezüge genügt, um mich auf den Holzhocker fallen zu lassen. Meine Kleidung liegt im Koffer, den sollen wir in Kürze nach Hause schicken als Postpaket. Soldaten sollen wir sein und keine Zivilisten, die Klamotten auf dem Schrank liegen haben und vielleicht zur Fahnenflucht verleitet werden vom Heimweh. Das eigene Zimmer, in dem ich gern allein war, las oder schrieb, ist weit. Die Freunde sind nicht erreichbar. Dort ist Karausche, aber Karausche ist kein Freund. Er ist ein Soldat, ein Bettnachbar, ein Zimmergenosse. Er hat schon wieder das befohlene Koppel umgebunden und richtet den Stahlhelm gerade. Gefährlich sieht er aus, ernst, gefährlich und komisch. Er tut mir nichts, nein. Er hilft mir. Er tut, was ihm befohlen wird, fluchend, aber er tut es. Ein treuer Arbeiter ist er, der auch von der «deutschen Wertarbeit» schwärmen könnte, denke ich. Ein treuer deutscher Soldat. Er ist nicht naiv, er weiß auch, wo's hier langgeht. Aber er kann nicht anders. «Pflicht ist Pflicht, Dienst ist Dienst, Schnaps ist Schnaps.» Vielleicht haben sie auch zu ihm gesagt: «Achten Sie mal bißchen auf diesen Studierten, der soll was ausgefressen haben. Augen und Ohren auf, Genosse Karausche.» Da wird er genickt haben. Und wenn sie «Kollege» gesagt haben und «du», «hör mal zu,

Manfred, die Sache ist die und die ...», da wird er gelächelt und zugestimmt haben wie ein Freund, wie ein guter Kumpel: «Die wollen nichts Schlechtes ...»

Warum denke ich an so etwas? Ist das schon das Durchdrehen, der Spitzelwahn, die chronische DDR-Krankheit, die Seuche aller Diktaturen? Haben sie es schon geschafft? Und wenn Karausche in Ordnung ist? Und wenn nicht? Woher soll ich wissen, was stimmt? Ich muß ihn ja erst kennenlernen. Und er mich. Er ist auch unsicher und denkt womöglich, ich kontrolliere ihn. Wir hocken seit gestern auf engstem Raum zusammen, sind beide in einer neuen Lage und werden gestriezt. «Draußen» würde man sich anders kennenlernen. Da würde man sich ab und zu sehen, eine gemeinsame Arbeit machen vielleicht. Wieder nach Hause gehen, mit anderen sprechen, ihre Meinung hören. Das ist hier unmöglich. Das Gewollte, Unsoziale dieser neuen Lage ist besonders daran zu merken, daß sich sofort das Mißtrauen meldet. Der Mitmensch auf derselben Stufe, im selben Zimmer, der Leidens-Genosse Soldat Karausche wird dann zum wildfremden Menschen, der er ja auch ist, zum Unsicherheitsfaktor einer erzwungenen Bettnähe. So ein Zusammentreffen läßt kein angstfreies Kennenlernen zu. Die Frage taucht auf: Wer ordnete an, mit wem ich zusammenliege? Ist das Zufall? Ist es die alphabetische Reihenfolge, das Geburtsdatum, der Heimatort? Irgendein Hinter- oder Nebeneinander in einer Kartei? Wer mischt die Würfel? Gibt es welche, die sagen: der mit dem? Auf all diese Fragen gibt es vorerst keine Antwort. «Man wird sehen, die Zeit wird es zeigen», das ist die allgemeine Haltung. Und doch möchte man sich verbrüdern, anfreunden, gemeinsam diesen Alltag bestehen. Das ist ein starkes Gefühl, vielleicht stärker als die Vorsicht, als das Sich-in-acht-Nehmen. Sind wir

Brüder, wir frisch gemachten Rekruten? Vielleicht Jugel. Jugel ist anders.

Aber jetzt muß ich Koppel und Stahlhelm nehmen und einen marschbereiten Soldaten aus mir machen.

«Ein Kaffee wäre nicht schlecht nach dem Essen.» Karausche schnuppert zur Tür hin und sehnt sich offenbar sehr nach seinen Gewohnheiten. «Ein Kaffee mit Milch, Zucker brauche ich nicht ...»

«Geh doch zur Kantine», sage ich, «es gibt doch eine.»

Karausche schüttelt den Kopf.

«Dürfen wir dahin?» frage ich.

«Ich glaube schon. Ich gehe aber später. Jetzt ist keine Zeit mehr. Ich frage morgen mal Riedel, den kenne ich, der ist aus meiner Straße. Geht im Frühjahr nach Hause, hat es hinter sich.»

«Du kennst ihn ... habe ich beim Stubendurchgang gar nicht bemerkt.»

«Muß nicht gleich jeder wissen. Der tut uns nichts. Hat auch in meinem Betrieb gearbeitet als Elektriker ...»

«Was kann man da kaufen?»

Karausche verzieht das Gesicht und wird wieder dienstlich:

«Also, bei uns war es so: Kaffee, Tee in Beuteln, Kuchen, Bockwürste, andere Backwaren, Getränke, Seife, Rasierklingen, Schuhcreme. Was man so braucht eben.»

«Auch Alkohol?»

«Keine Ahnung, wie es hier ist», sagt Karausche, «vielleicht für die Offiziere und EKs, hintenrum. Ist möglich. Für uns bestimmt nicht ... Rück deinen Hocker zurecht, gleich kommt der Pfiff.»

Er steht am Fenster und horcht. «Was geht dich mein Hocker an», möchte ich fragen, lasse es aber. Er ist kein Bestimmer, gibt keine Befehle, er bittet fast. Ich füge mich, bin verändert, kann noch gar nicht glauben und richtig erkennen, wer ich jetzt bin. Wenn Manfred Karausche seine Ratschläge gibt, dann schwingt auch mit: Denk daran, daß es uns beide trifft, wenn Kontrolle kommt. Wir sind dran, als Zimmer, als Gruppe, nicht nur du, nicht nur ich. Das kenne ich gut, das ist die «Erziehung im Kollektiv». Im Klassenzimmer die Tafel mit den Punkten, mit den «Bienchen», in der Hand des Lehrers der Stempel mit dem lachenden und dem weinenden Gesicht, gut oder schlecht, der Erste oder der Letzte oder im Mittelfeld ... «Lernbrigaden» wurden gebildet, die guten Schüler waren die Brigadiere, sie halfen den «Schwachen» und überwachten die voraussichtlichen «Sitzenbleiber». Ich war Brigadier, ich war verantwortlich in den Augen des Klassenlehrers. Also spielte ich Lehrer und Bewacher. Nichts Gutes entstand so, keine echte Hilfe, keine freundliche Gemeinschaft, eher Druck und Gegeneinander. Auch hier werden sie die «militärische Sauberkeit und Ordnung» kontrollieren und bewerten. Das eine Zimmer wird besser eingestuft werden als das andere, das eine Bett ordentlicher als das des Nachbarn. Das kann ich mir schon denken. Ein Diensteifriger sagt dann zum «schwarzen Schaf»: «Du hast die Ergebnisse versaut, bau gefälligst dein Bett besser! Jetzt können wir alle nicht in die Kantine ...» Vielleicht werden sie es so machen. Nicht in die Kantine, nicht auf Urlaub, nicht in den Ausgang, nicht zum Fernsehen, nicht zum Fußballspielen, nicht in die Bibliothek ... Davon hat der Lange Karl erzählt. Wenn ich das hier richtig sehe, wird genau das passieren. «Sozialistischer Wettbewerb Operation 70» habe ich auf Plakaten gesehen. Wettbewerb ... Die vorderen Plätze müssen gegen andere verteidigt werden. Der blitzende Fußboden muß immer blitzen. Die Tabellenspitze muß gehalten werden. Wenn sie verlorengeht, findet sich meist ein Schuldiger.

Solche wie Biellau sind meist schuldig. Auf denen hackt man dann herum. Die wehren sich vielleicht, so geht es hin und her. «Aber das große Ziel, die ehrenvolle Aufgabe ...» Ja, ja, schon gut. Der besenreine Ofen wird ungeheuer wichtig, die blankgeriebenen Scheiben mit Blick auf die Umzäunung ...

Nichtigkeiten bestimmen den Alltag und verschieben die Werte. Ich sehe es an mir. Alles hängt von einer Falte im Bettuch ab. Was soll man tun? «Leck mich» sagen? «Minuspunkte? Na und. Kein Ausgang? Juckt mich fast gar nicht, wir schmuggeln bißchen ‹Alk› rein. Rüge vor versammelter Mannschaft? Da kann ich nur lachen. Strafdienste? Ist mir eine Ehre, die anderen helfen vielleicht mir ...» Wenn man es so umkehren könnte. Aber wer kann das hier. Solche wie Riedel, den Karausche aus dem Betrieb kennt, werden sagen: «Dienst ist Dienst, das muß eben sein!» Mit dem Wort «eben» deuten sie eine gewisse Distanz zur eigenen Rolle an, das könnte gefallen: «Die wollen auch nichts Schlechtes», sagen wir dann und fügen uns, «die können nicht anders.» Dazu die ständigen Reden von «Sozialismus, Frieden und Vaterland ...» Kleine Hinweise auf mögliche Studienabsichten können folgen, Versprechungen ... Punkte werden berührt, an denen ein persönliches Interesse vorliegt: «In zwei Jahren wollen Sie auf Kosten unserer Gesellschaft studieren? Bin ich da richtig informiert?» Und Menschen wie Manfred Karausche, der jetzt schon wieder an seinen Stiefeln fummelt, muß man nur an ihre «Arbeiterehre» erinnern. Er möchte alles sein, nur kein Bummelant, kein Arbeitsscheuer. Das sitzt ganz tief. Das weiß ich auch von meinem Vater, dem Elektriker. Die Einstellung zum eigenen Beruf wird auf die neue Aufgabe übertragen. Karausche möchte lieber zu Hause sein, seine Frau bekommt ein Kind. Aber nun haben sie ihn eingezogen, daran ist nichts zu ändern, er funktioniert weiter.

Solche wie Jugel und Bauer sind da vielleicht anders. Sie könnten sagen: «Wir arbeiten, klar, auch Überstunden, wenn's sein muß und wenn was rausspringt. Aber hier läuft so was nicht … Wir machen nicht jeden Blödsinn mit.» Sie werden es nicht so offen ausdrücken, aber möglicherweise denken und danach handeln. Das wird dann Folgen haben. Solche Arbeiter hat die «Arbeiter- und Bauern-Macht» nicht gern … Dann kommen die Bespitzelungen und die Strafen, die besonderen Aufträge, eine Nerverei nach der anderen. Bis sie sagen «na gut», bis sie sagen «alles egal». Oder ein Urlaubstermin wird genannt. Da werden die Lebensgeister angeregt, jeder will nach Hause. Soll man es dann «auf die Spitze treiben»? Lieber nicht. Auch so kann es gehen. Der Lange Karl wollte in Urlaub fahren. Da hat er freiwillig Kantinendienst gemacht über Nacht, hat die Offiziere bedient. Einmal haben sie ihn doch nicht fahren lassen. Da hätte er alles zusammengeschlagen, die ganzen Möbel. Aber das wird er nicht gemacht haben. Er wird geweint haben, der Lange Karl. Er wollte nach Hause. Und später kam er an in unserem Städtchen mit seinen weiten Schlaghosen und hat nur traurige Geschichten erzählt und gesoffen …

Und ich stehe mit Karausche, mit Koppel, Stahlhelm und geputzten Stiefeln am Fenster und warte auf den Pfiff, der den Abmarsch in den Kinosaal der Stadt signalisiert. Es geht zur Politschulung.

Beim Raustreten renne ich neben Biellau die Treppen hinunter. Er ist blaß, hat rote Augen. Der Stahlhelm rutscht ihm ins Gesicht.

«Der läßt sich innen verstellen», sage ich.

«Ja, ich weiß», sagt er und hält ihn mit beiden Händen fest.

«Wie geht's dir?»

«Schlecht. Erkältung, Grippe wahrscheinlich ...»

Er sieht mich an, als müßte ich sofort etwas unternehmen.

«Geh doch zum Arzt ...»

Wir sind auf der Lagerstraße, er fuchtelt mit den Armen:

«Wie denn ... wo ...»

Jeder verschwindet in seiner Reihe nach diesem ersten Wortwechsel. Wenig später marschiert ein langer, grauer Zug durch Johanngeorgenstadt. Die Passanten sehen herüber, denken wohl «aha, die Neuen», sind nicht erstaunt, solche Züge haben sie schon oft gesehen. Sie gehören zum Straßenbild dieses Städtchens. Was mich am meisten beschäftigt, ist der Gedanke, «neu» zu sein, und das Bemühen, nichts falsch zu machen. Wenn ich nicht mehr neu sein werde, in einigen Wochen also, mit der Kalaschnikow vor der Brust, ist es dann ein anderes Ausschreiten? Vielleicht gar nicht mehr so unangenehm? Vielleicht mit dem Lächeln des alten Frontsoldaten, der erholungsbedürftig hinter den Linien ankommt und nach jungen Frauen Ausschau hält – wie es in Filmen zu sehen ist?

Das Kinogebäude präsentiert sich als bescheidene Ausgabe eines stalinschen «Kulturpalastes», wie er in den fünfziger Jahren, vor allem auf dem Lande, errichtet wurde. Wir beäugen die Schaukästen mit den Szenenfotos und Filmplakaten, bleiben aber in der Reihe. Ins-Kino-Gehen, das erinnert an das andere Leben, das kürzlich zu Ende ging.

«Was kommt denn?» fragt Bauer.

«Ein Western.»

Jugel hat wieder seine schmalen Augen.
«Wirklich?»
Bauer sieht ihn an, lacht dann:
«Spinner.»
«Vielleicht ein Wildostler, Befreiung von Berlin ...»
«Kann sein, hoffentlich ein Film, keine Rede ...»
«Werden wir ja gleich sehen.»
«Was mit Frauen ...»
«Kaum.»
Jetzt droht Weidauer mit dem Finger, die andere Hand steckt in der Uniformjacke zwischen dem zweiten und dritten Knopf, in Herznähe, auf Feldherrenart:
«Ruhe!»
Wir rücken ein, lassen uns auf die weichen Sitze fallen, strecken die Beine aus, sind im Kino.
«Stahlhelm ab!»
Der Kopf ist frei, der Vorhang kann sich öffnen, die Vorstellung beginnen. Auf der Bühne sind Worte angebracht, große Buchstaben aus Pappe, säuberlich, in gerader Linie auf rotem Tuch:

> «Unser Kampfauftrag: Der Deutschen Demokratischen Republik, unserem sozialistischen Vaterland, aufopferungsvoll, treu und ergeben zu dienen.»

Zu sehen ist noch ein Rednerpult mit Mikrofon und Staatsemblem. Ein mittelgroßer, kräftig gebauter Offizier mit Hornbrille, ein Major, besteigt das Podium, mustert den Saal, wartet. Unruhe entsteht, Unteroffiziere sehen sich nach den Kompaniechefs um, einer rennt nach vorn, ruft:
«Stahlhelme auf! Stillgestanden!»
Wir stehen auf, Helme klappern und werden auf die Köpfe gestülpt, Klappsitze kippen hoch, es geht nicht

besonders schnell, ein Kinosaal ist kein Kasernenhof. Einige lachen, vereinzelte, halblaute Rufe:

«Licht aus!»

Dann ist es still, der Offizier auf dem Podium verzieht keine Miene, hebt langsam die Hand Richtung Schirmmütze, nimmt eine hastige Meldung entgegen, sieht weiter sehr aufmerksam in die Reihen. Ein starres Schweigen breitet sich aus. Der bebrillte Major stellt sich neben das Rednerpult, lächelt jetzt, macht eine legere Handbewegung, die «hinsetzen» bedeutet. Wieder klappen wir die Sitze in die Horizontale, vorsichtiger als beim erstenmal, nehmen die Helme ab, lassen kein Auge von diesem Offizier da vorn auf der Bühne.

«Genossen Soldaten», sagt er mit einer angenehmen, dunklen Stimme, die überall gut zu hören ist, «jetzt können wir ja beginnen.»

Er macht eine Pause, blättert in den Unterlagen, die er offenbar schon vorher bereitgelegt hat, und wendet sich erneut an das sitzende Bataillon, sicher, etwas amüsiert, aber nicht herablassend:

«Wie ist die Stimmung? Schon Blasen an den Füßen? Eine schwere Zeit jetzt für euch. Es ist noch kein Soldat vom Himmel gefallen. Kommt ihr einigermaßen klar?»

Aus der gespannten, vorsichtigen Aufmerksamkeit wird zuerst Verblüffung und dann eine diffuse, zwischen Erleichterung und Skepsis schwankende Sympathie für diesen streng aussehenden Major, der als «Politnik» eingestuft wurde und sich mit den ersten Sätzen als «Mensch» präsentiert. Nur Jugel behält seine schmalen Augen.

«Ich weiß, wovon ich rede, jeder hat mal angefangen. Ich mußte auch eine Grundausbildung absolvieren mit Härtetest und Gefechtsübungen. Na, das liegt noch vor euch. Jetzt lernt ihr erst das Laufen, das ist auch wichtig.

Spind einräumen, Bettenbau, militärische Ordnung, das ist nun mal die Grundlage … so …warum gibt's denn im Sozialismus eine Armee? Muß das sein? Was meint ihr?»

Er wartet, sieht in die Reihen, einer von den vorderen Plätzen gibt Antwort:

«Das muß sein, zur Verteidigung …»

«Richtig. Zur Verteidigung. Das habt ihr in der Schule gelernt, nicht wahr? Aber stimmt das wirklich? Stehen Sie mal auf, Genosse Soldat … ja … Sie, da vorn … Sie haben das doch gesagt …»

In der zweiten Reihe erhebt sich verlegen ein kleiner Rekrut und hält seinen Stahlhelm vor den Bauch …

«Na?» fragt der bebrillte Major nach.

«Also … meine Meinung ist …» stottert der Befragte, «eine Armee muß es geben. Wegen der Verteidigung des Vaterlandes. Das ist meine politische Meinung …»

«So, so, das ist also deine politische Meinung. Ich will dir das mal ausnahmsweise glauben, Genosse.»

Er macht eine Pause, gibt dem Soldaten zu verstehen, er solle sich wieder hinsetzen, und mustert erneut das Auditorium. Wir starren ihn an. Bauer zischelt respektvoll:

«Der weiß Bescheid …»

«Also», setzt der Major seine Befragung fort, «wer von euch hat denn West gesehen? Keiner? … Na, na, meine Herren, das glauben wir doch selber nicht.»

Solche Fragen stellt der Bebrillte. Wir hatten Phrasen erwartet, mit etwas Glück einen Zwei-Stunden-Film, bei dem man zusehen oder einschlafen kann auf weichen Kinosesseln. Und jetzt steht einer auf der Bühne und will wissen, ob wir Westfernsehen sahen zu Hause in der Wohnstube.

«Wer hat Mut? Keiner?»

Einer aus der hinteren Reihe ruft:

«Ich.»

«Aha, einer ...» stellt der Major lächelnd fest.

Andere drehen sich um, tuscheln, lachen unsicher, wie ertappte Kinder. Einige melden sich kurz und verstecken ihren Finger wieder. Eine klare Antwort ist im Raum: alle, wir alle haben West gesehen ...

«Das ist ein heißes Eisen», bricht der Major die Befragung ab, «auf die ‹Tagesschau› müßt ihr hier verzichten. Hoffentlich bekommt der eine oder andere keine Entzugserscheinungen. Kanal 4 ist ja eine Droge, keine Arzenei ... so ... ich wollte euch nur kurz klarmachen, daß ihr keinen Idioten vor euch habt, dem man die Taschen füllen kann. Ich bin Major Kraft vom Grenzregiment 10, Politstellvertreter. Genossen Soldaten, viele Probleme stehen vor euch. Eine Menge ist zu lernen, auf militärischem Gebiet, waffentechnisch, aber auch körperlich werden sie gefordert. Das politische Bewußtsein soll und darf dabei nicht zu kurz kommen, sonst wißt ihr gar nicht, wofür ihr das tut, was wir von euch verlangen.»

Er blättert in seinen Unterlagen, setzt die Brille zurecht und beginnt mit leicht veränderter Stimme zu referieren:

«Sie erfüllen Ihre in der Verfassung der Deutschen Demokratischen Republik festgelegte Ehrenpflicht, unser sozialistisches Vaterland und den Frieden gegen jeden Feind zuverlässig zu schützen. Damit beginnt für Sie ein neuer Abschnitt Ihres Lebens. Bereits an Ihrem bisherigen Arbeitsplatz haben Sie durch Ihre Taten das neue Leben in unserer Deutschen Demokratischen Republik mitgestaltet, haben Sie zum Wohle unseres Volkes, für Ihr eigenes Lebensglück gewirkt. Die entwickelte sozialistische Gesellschaft erfordert jedoch nicht nur gute Arbeit in Industrie und Landwirtschaft, sie verlangt nicht nur die Meisterung der Wissenschaft, Technik und Kultur. Sie braucht auch eine Landesverteidigung, die dem neuesten Stand von Wissenschaft und Technik entspricht. Sie braucht eine moderne Armee, die in jeder Situation auf der Höhe ihrer Aufgaben steht. Sie, Genosse Soldat, werden lernen, technische Kampfmittel zu bedienen, sich den strengen, mitunter harten Gesetzen des militärischen Lebens unterzuordnen. Sie werden das Waffenhandwerk erlernen, um mit allen Bürgern unseres Staates gemeinsam schützen zu können, was wir gemeinsam schufen. Und es ist viel, was in unserer Republik entstand und des Volkes eigen ist. Noch nie in der deutschen Geschichte gab es eine verteidigungswürdigere Sache, für die deutsche Soldaten Waffen trugen ...»

Bauer beginnt zu gähnen, Jugels Augen sind fast geschlossen, ich spüre eine gewisse Enttäuschung: Es hatte aufregend begonnen, jetzt liest er vom Blatt ab und leiert auch nur seine Lektion herunter ...

«Unter Führung der Arbeiterklasse und ihrer Partei lösen wir in unserem sozialistischem Staat deutscher Nation Aufgaben von geschichtlicher Größe, errichten wir auf deutschem Boden ein Reich des Menschen und einen Menschenstaat, wie es der Dichter des neuen Deutschland, Johannes R. Becher, nannte ...»

«Jetzt wird er lyrisch», flüstert Bauer und kramt in seinen Hosentaschen.

«Aber wir dürfen keine Minute vergessen, daß all unsere Erfolge in erbitterten Klassenauseinandersetzungen mit den Kräften des deutschen Monopolkapitals errungen worden sind. Diese Kräfte herrschen noch in der westdeutschen Bundesrepublik. Sie haben dort ihre Staatsmacht wiedererrichtet und unternehmen alles, um uns auf dem Weg des gesellschaftlichen Fortschritts aufzuhalten und zurückzudrängen. Unaufhörlich versuchen sie, unseren Arbeiter- und Bauern-Staat politisch zu diffamieren, unsere Wirtschaft zu stören, unsere Gedanken und Gefühle zu verwirren. Sie provozieren an unserer Staatsgrenze und bereiten einen militärischen Überfall auf unser Land vor ...»

Gähnendes Scharren greift um sich, diese vielgeübte, duldende Ignoranz. Ins eine Ohr rein, aus dem andern wieder raus. Ich versuche, meine Füße etwas aus den Stiefeln zu ziehen und eine möglichst bequeme Sitzhaltung zu finden. Da geschieht etwas, die Köpfe schnippen nach vorn: Der Major hat sein Blatt weggelegt, sagt nichts mehr, sieht mit stechendem Blick in die Reihen:

«Und wie ist das, wenn die SPD die Regierung stellt? Die Sozialdemokraten? Ist es dann anders?»

Er tritt neben das Rednerpult.

«Die wurden ja auch von den Nazis verfolgt ... nennen sich eine ‹Volkspartei› ... was ist mit dem Monopolkapital?»

Keiner antwortet, Bauer flüstert:

«Der stellt Fragen ...»

Der Bebrillte kehrt hinter das Pult zurück und ruft in den Saal:

«Ist das Kapital etwa entmachtet? Sind sie aus der Nato ausgetreten? Na also. Das ist alles nur Kosmetik! Merkt euch das! Die reden schön daher in ihrem Bundestag, treten im Fernsehen auf, fahren in der Weltgeschichte rum. Aber es hat sich nichts geändert! Wir bleiben wachsam!»

Er nimmt seine Unterlagen wieder zur Hand und fährt leiser fort:

«Wenn es Fortschritte gibt, dann nur, weil wir stärker geworden sind. Und nicht, weil die andere Seite ihre Ziele aufgegeben hat. Es geht um Interessen, merkt euch das, um Interessen! Was sind denn unsere Interessen?»

Ein Unteroffizier springt auf:
«Der Sieg des Sozialismus!»
Der Major lächelt, nickt:
«Jawohl, Genosse, der Sieg des Sozialismus. Das ist eine historische Notwendigkeit, das ist der Gang der Geschichte ...»
Glaube ich das? Das habe ich so oft schon gehört. Das ist die Antwort auf die gestellte Frage. Ein Bekenntnis, eine Überzeugung, wie in der Kirche. So ist es. So hat es zu sein. So und nicht anders. «Der Sieg des Sozialismus ist eine historische Notwendigkeit.» Und wenn das alles Blödsinn ist, Phrase? Wenn die Alternative «Sozialismus oder Barbarei» schon entschieden ist, wenn das hier kein Sozialismus ist ... Wer kennt die Zukunft? Westdeutschland ist weit weg ... Sozialdemokraten ... Onkel Willi aus dem Haus, er wohnte über uns, war ein alter Sozialdemokrat. Hatte in Unterheinsdorf in einer Färberei gearbeitet. Kam aus dem Krieg zurück, wiederholte seither den Satz: «Mit Mann und Roß und Wagen hat sie der Herr geschlagen.» So ungefähr. Onkel Willi wurde in die SED übernommen, in die Einheitspartei. Hat sich aber nie mehr politisch betätigt, war heimlich «dagegen», redete aber nicht. Trat auch nicht aus. Onkel Willi war ein Sozialdemokrat. Er lag nach der Arbeit und später als Rentner auf seinem Sofa, las stundenlang Zeitung, vor allem den Lokalteil, war freundlich zu uns Kindern ... Er hatte keinen Mut, keine Hoffnung, keinen Rat. Nur stummes Abwinken und stundenlanges Aus-dem-Fenster-Sehen.
Jetzt hocken wir in diesem Kinosaal. Und sind etwas überrascht. Dumm ist der da vorn ja nicht. Er stellt Fragen, scheint an das zu glauben, was er zwischendurch sagt. Liest auch vom Blatt ab, das muß er wohl ... Er redet von Stärke und Interessen, vom Sieg des Sozialis-

mus. Sein Sozialismus trägt Uniform, er macht Meldung. Ich weiß schon, daß es noch etwas anderes gibt ... in der Tschechoslowakei, im vorigen Jahr, da wollten sie etwas anderes versuchen. Wir hörten davon, waren ganz aufgeregt. Welche aus unserer Klasse fuhren mit dem Moped an die Grenze, wollten nur mal sehen ... Dann kamen die Panzer. Sie fuhren an meinem Haus vorbei. Sie fuhren so, daß man denken mußte: Die hält keiner auf. Rissen Bordsteine weg, knickten Wegweiser um, zerfuhren Wartehäuschen. Ihre Motoren waren laut. Sie fuhren schnell, hatten offenbar ein festes Ziel, einen beschlossenen Plan. Im Fernsehen die Bilder, Menschen auf der Straße, Fahnen, Sprechchöre, «Dubček ... Swoboda». Im Radio wurde etwas von Ernst Fischer verlesen. Auch eine Erzählung von Alexander Solschenizyn, die von einem Lager berichtete ... Ich weiß, ich habe es gehört. Meine Zweifel sind groß. Aber jetzt sitze ich als Soldat der «Nationalen Volksarmee» in diesem Kino. Ich habe mein Leben lang nichts anderes vernommen von «offizieller Seite», von der Partei, die nun einmal die Macht hat. Die Phrasen auf der Bühne, der Drill draußen, der Druck, das ist zwar schlimm, aber vertraut in einer gewissen Weise. Wirklich vorhanden. Die Zweifel, die Fragezeichen in mir, auch die Berichte im Westradio, sind etwas anderes. Sind nicht die Realität. Das hier ist ganz real. Wenn ich mich unterordne, wenn ich nicht offen rebelliere, ist die Angst weg. Da muß ich nicht alles glauben. Das verlangt keiner. Ich muß nur die Klappe halten. Und wo ist die Alternative? Es fehlt der eigene Weg. Die eine Seite kämpft gegen die andere. Drüben werden sie auch schlecht über uns reden und nicht unterscheiden zwischen diesem Major da und mir. Sie werden in ihren Schulungen begründen, warum man schießen muß. Da wird bestimmt genauso allgemein geredet. Was bleibt mir übrig? Ich gehöre dazu, auch wenn ich Zweifel habe und kein Soldat sein will ...

Der Major ist wieder hinter das Rednerpult getreten. Jetzt spricht er davon, daß es für uns Bürger eines sozialistischen Staates nicht ungewohnt ist, in einer Gemeinschaft zu leben:

«In der Schule lernten Sie das Klassenkollektiv schätzen, im Betrieb arbeiteten Sie in der Brigade, in der FDJ-Gruppe oder in den Zirkeln des Klubs erlebten Sie die Gemeinschaft mit Freunden. Und dennoch: Die Gemeinschaft, in der Sie jetzt leben, die Soldatengemeinschaft, hat ihre eigene Prägung. Sie ist eine militärische Kampfgemeinschaft, im Frieden geschmiedet, um im Krieg zu bestehen ...»

Im Krieg? Ich erschrecke. Er rechnet also mit Krieg: Ich sitze da, in Uniform, den Stahlhelm auf den Knien, und zucke zusammen, weil einer gut hörbar über ein Mikrofon das ausspricht, worauf wir uns vorbereiten.

«Diese Kampfgemeinschaft zu erleben, das gehört zu den schönsten Seiten der Soldatenzeit.»

«Eu, eu, eu», stöhnt Bauer.

Ich suche mit den Augen Biellau, Strobel und Kannengießer, kann aber nur Biellaus kleinen, eierförmigen Kopf entdecken drei Reihen vor mir. Er hat sich nach hinten gelehnt, betrachtet offenbar die Deckenbeleuchtung. Ob er sich morgen zum Arzt meldet? Ob man ihn gehen läßt? Wie funktioniert das? Früh den Unteroffizieren Bescheid sagen? Beim Morgenappell? Keine Ahnung. «Im Frieden geschmiedet, um im Krieg zu bestehen ... Soldatengemeinschaft.»

Meine Großmutter ging jeden Mittwochabend in die «Gemeinschaft», das war ein Zusammenschluß von Christen mit eigenem Gemeindesaal innerhalb der evangelischen Kirche. Sie nahm an Gottesdiensten teil, hörte

Vorträge über die Missionsarbeit … Sie erzählte mir dann kurz vor dem Einschlafen über Afrika, China, Südamerika, gab weiter, was sie aufgeschnappt hatte. Gläser mit eingewecktem Obst schleppte sie aus dem Haus, spendete auch Geld zum Ärger meines Großvaters. «Das muß sein», sagte sie, darüber diskutierte sie nicht, sie handelte. Wenn sie nach Hause kam, band sie ihre alte geflickte Schürze um, wusch noch ab und ging dann zu Bett. Früh war sie zeitig auf den Beinen. Das mußte so sein, weil es schon immer so gewesen war auf dem Lande, auch wenn sie schon vierzig Jahre in der Stadt lebte ohne Felder und Kuhställe.

Und dieser bebrillte Offizier spricht von der «Soldatengemeinschaft».

«Mit den Kameraden Ihrer Gruppe, Bedienung oder Besatzung vereint Sie nicht nur Gemeinschaft für einige Stunden des Tages. Mit ihnen erleben Sie täglich, von Morgen bis zum Abend, das Soldatsein. Diese Gemeinschaft schweißt zusammen …»

Karausche sitzt rechts neben mir, fünf Plätze weiter. Er hört aufmerksam zu, der Schmelzer aus Schneeberg. Vielleicht hat er diese Rede schon einmal gehört in seiner Kampfgruppe … er weiß ja über alles Bescheid. Vielleicht wartet er auch auf eine neue Frage und will die Antwort geben. Jugel verzieht keine Miene. Bauer verteilt Pfeffis und läßt die Reste der Bonbonrolle wieder in seiner Hosentasche verschwinden.

Jetzt ist der clevere Major weit weg.

Je schwülstiger und allgemeiner seine Rede tönt, desto gleichgültiger wird er uns. Ob er an das glaubt, was er vorliest? Wir fühlen uns überlegen und gewinnen so unsere Sicherheit und einen Teil der Selbstachtung zurück. Er weiß, was wirklich los ist, das beweisen seine Fragen. Aber er benutzt die Wahrheit als Mittel zum Zweck. Er will schlauer sein als sie. Er will sie kennen und weitermelden, er will solche Fragen stellen und im Dienste «der Partei» agitieren. Er will, daß wir dasitzen, ihm ohne Widerrede zuhören, hinnehmen, was er sagt, uns vielleicht sogar überzeugen lassen und ihm glauben. Er will uns besiegen.

Aber jetzt drischt er Phrasen.

«Bewähren muß sich diese Gemeinschaft letztlich im Gefecht, wenn Sie, Genosse Soldat, an der Seite Ihrer Genossen kämpfen, als ein ehernes Ganzes, fest zusammengeschweißt und unerschütterlich ...»

«Der denkt auch nur ans Schweißen», sagt Bauer leise, aber mit einem Gesichtsausdruck, als habe er das andere Wort gesagt. Das ist zuviel, jetzt trägt er zu dick auf, dieser Politmajor. Das ist keine gute Propaganda, kein gelungenes «Zusammenschweißen», jetzt ist er «unten durch» bei fast allen. Er macht zwar noch einmal eine Pause, aber die ist nicht mehr so locker, so leger-gefährlich wie die, als er unvermittelt nach dem Westfernsehen fragte. Jetzt wartet er nur mit fest verschlossenem Mund, bis völlige Ruhe eintritt ... und liest weiter. Zum Schluß sagt er, daß wir uns zu den «Siegern der Geschichte» rechnen können «an der Seite der ruhmreichen Sowjetarmee».

Auf dem Rückmarsch blasen die Unteroffiziere wie wild in ihre Trillerpfeifen, wir können kaum Gleichschritt halten, weil von hinten und vorn andere, manchmal entgegengesetzte Marschrhythmen getrillert werden.

«Auf, auf zum Kampf», knurrt Jugel, «zum Kampf sind wir geboren!» und setzt hinzu: «Die müssen doch bescheuert sein.»

Es wird dunkel.

Hinter der kleinen, von hastig errichteten zwei- und

dreistöckigen Neubauten umgebenen Stadt stechen zwei hohe, spitze Geröllhalden in die heraufziehende Nacht. Eine lähmende Unruhe überkommt mich auf dieser kleingepflasterten Straße, eine Verlorenheit, die etwas nachläßt, als wir das Lagertor passieren.

In den Stuben müssen wir uns umziehen, Koppel und Stahlhelm ablegen, die «Dienstkäppis» aufsetzen, die Bestecktasche und die Trinkbecher «aufnehmen».

Und wieder marschieren wir zum Essen. Und wieder wird dieser Weg zur Übungsstrecke für militärischen Schritt und Tritt. Zweimal umkreisen wir das Stabsgebäude und schwenken nicht zum Speisesaal ab …

«Bis es klappt!»

Gegen halb sieben treten wir endlich «auf der Stelle» vor der Tür, hinter der es Abendessen geben soll.

«Kompanie … halt! Einrücken! Kommando zurück, antreten! Stillgestanden!»

Was ist los? Müssen wir noch einmal das Stabsgebäude umrunden? Wer hat jetzt wieder etwas falsch gemacht? Unwille liegt in der naßkalten Novemberluft und der Geruch von heißem Kräutertee … Irgendwie ist es genug, es reicht für heute …

«Ruhe! Stillgestanden! Keinen Mucks!»

An uns marschiert eine größere Gruppe vorbei, vielleicht vierzig Mann, und rückt ein. Die Soldaten, die ansonsten aussehen wie wir, haben schmale grüne Bändchen auf den Schulterstücken und sehen uns kaum an.

«Unteroffiziersschüler», knurrt Bauer.

Da werden Rufe laut, «Hej, was soll das …», «Wir waren eher hier» und «Schweinerei». Solche Wörter werden gerufen und dazu die Lieblingsvokabel der Unteroffiziere:

«Ruhe!»

«Sind die was Besseres? Alles lassen wir uns nicht gefallen!»

Solche Reden kann man plötzlich hören.

«Hast du die grünen Bänder gesehen?» sagt Jugel. «Jetzt müssen wir die wohl auch noch grüßen ...»

«Einrücken!»

Haß ist plötzlich da. Er springt von Reihe zu Reihe. Welche, die mit uns in diesem Lager ankamen, also auch neu sind, marschieren an uns vorbei, dürfen den Essenraum eher betreten, weil sie grüne Bänder auf den Schultern haben ...

«Diese Schweine!»

Bauer kann sich nicht beruhigen. Einer sagt:

«Haben sich eben länger verpflichtet ...»

«Na und, wir waren eher hier!»

Diese Kränkung nehmen wir nicht hin wie fast alles bisher. Zu schnell, zu durchschaubar, dazu noch verbunden mit einer offensichtlichen Ungerechtigkeit, soll die militärische Hierarchie eingeführt werden. «Die sind keinen Tag länger hier als wir» und «wir waren eher da», das sind die Hauptargumente der Empörung. Angehende Unteroffiziere mit grünen Bändchen sind noch keine «richtigen» Unteroffiziere, sie sind Schüler, Anfänger wie wir. Sie dürfen sich nicht vordrängen beim Abendessen. Nach dieser Logik funktioniert unser kleines Aufmucken. Wenn es «richtige» Unteroffiziere wären, ja dann ... Und die Beaufsichtiger der Unteroffiziersschüler befinden sich offenbar auch in einem Zwiespalt: Sie dirigieren zwar ihre Schützlinge an uns vorbei, an der gewöhnlichen Truppe, aber ihresgleichen sind damit die frisch bebänderten Lehrlinge noch lange nicht. Vor allem sollen wohl diese Neuen zu spüren bekommen, was diese Lagerwelt an unangenehmen Seiten zu bieten hat. Zu ihnen gehören der Groll, die Stänkereien, die Ablehnung der Soldaten, der offene und verdeckte Haß der Untergebenen ...

Am Tisch taucht ein Spitzname auf, ich weiß nicht, wer ihn gefunden hat, Bauer vielleicht. Oder sein Bruder. Welche vor uns werden ihn schon verwendet haben:

«Da drüben, seht mal rüber, da sitzen die Pfeffis!»

«Pfeffis» nennen wir ab heute die Unteroffiziersschüler. Das Papier der kleinen Pfefferminzriegel ist grün. Und Grün ist unsre Waffenfarbe. Und grün ist auch das gesichtete Band auf den Schulterstücken der künftigen Vorgesetzten.

Riedel hat Dienst. Er verzichtet auf «Ruhe»-Rufe und andere Maßnahmen. Zwodreivier, das Känguruhn, hat uns zum Essen geführt. Er ist verschwunden, sitzt wohl im Offiziersspeiseraum. Ob die Unteroffiziere noch einmal gesonderte Tische haben? Vielleicht mit Wachstuchdecken. Die Offiziere mit Stoffdecken und kleinem Blumenstrauß. Wo sitzt Major Wildgrube? In einem Einzelzimmer? Warten Tischdienste an der Tür, die jeden Wunsch von den Augen ablesen?

Wir reden leise miteinander, sind nicht mehr ganz so kuschig wie am Morgen. Ich habe Hunger, schmiere mir noch eine doppelte Schnitte mit Schmalz und verstecke sie in den Taschen der Uniformjacke. «Aus hygienischen Gründen» ist «das Mitnehmen von Eßwaren in die Unterkünfte verboten». Ich komme mir mutig vor bei diesem Übertritt. Es ist mir egal, ob Tabakkrümel in den Taschen liegen.

Biellau, feuerrot im Gesicht, polstert am Nebentisch seine Bestecktasche mit trockenem Brot. Er sieht fiebrig aus. Ich wickle Messer, Gabel und Löffel in mein rotweißkariertes Geschirrhandtuch und warte auf den Befehl zum «Raustreten». Bauer trinkt seinen Tee aus und schnuppert am gelben Plastebecher:

«Riecht komisch, ob die was drin haben? Strychnin oder so was?»

Karausche sagt in offiziellem Ton, als beträfe es ihn nicht:

«Das ist schon möglich. Vielleicht Soda.»

«Und was ist, wenn ich auf Urlaub fahre und keinen mehr hochbringe? Das darf doch nicht wahr sein ...» Bauer schlägt mit dem Becher auf den Tisch. «Also heute reicht's mir, im Kino gewesen und keinen Film gesehen, dann ums Stabsgebäude gerannt, diese Scheißpfeffis drängeln sich vor ... und dann noch Strychnin.»

«Achtung», warnt Karausche.

Riedel steht im Gang.

«Draußen antreten, Tischdienste wischen noch ab.»

«Zu Befehl, Genosse Unterfeldwebel!» ruft Bauer, etwas zu laut im Ton, und stapft zum Ausgabeschalter, um einen Lappen zu holen.

Im Zimmer angekommen setze ich mich an den Tisch und starre auf die Betten, auf ihr Stahlgerüst, die blauweißen Karos der Bezüge, die ich aus Jugendherbergen kenne, auf die absurden glatten Kanten des Lakens ... Karausche ist in den Waschraum geflitzt, um sein Besteck abzuwaschen. Als er zurückkommt, frage ich ihn:

«Und jetzt?»

«Freizeit», sagt er.

«Freizeit?»

«Laut Dienstplan bis 21 Uhr Freizeit. Briefe schreiben, lesen, gammeln, zum Fenster raussehen ... was das Herz begehrt.»

Ich antworte nicht.

«Is was?» fragt Karausche.

Ich schüttle den Kopf.

Er fügt hinzu:

«Man kann sich auch aufs Bett legen. Am besten eine Decke drunter, dann hält die Bettwäsche länger ...»

Ich ziehe Uniformjacke und Stiefel aus, werfe eine graue Decke mit den Buchstaben «NVA» im Gewebe über das Bettzeug und lege mich hin. Eine schwärzliche Leere mit hellen Flecken springt in die Augen.

«Schlaf aber nicht ein, um 21 Uhr ist Revierreinigen.»

«Revierreinigen?»

Ich fahre hoch.

«Ja», verkündet Karausche, «Stube kehren, Spind aufräumen, Flur und Toilette reinigen, da werden noch welche eingeteilt, denke ich.»

«Scheiße.»

Ich setze mich auf und lehne mich an den Ölsockel der Wand.

«Aber es ist noch Zeit», er sieht auf seine Armbanduhr, «erst halb acht ... ich muß nach Hause schreiben.»

Er geht zum Spind, holt Kuli und Briefpapier und setzt sich an den Tisch. Er legt das Blatt schräg, berührt mit der Stirn fast die Tischplatte, drückt die Mine mit seiner großen, schweren Hand auf das Papier und beginnt zu schreiben, langsam, in einer winzigen, hilflosen Schrift.

Ich will ihm nicht zusehen, stehe auf, gehe zum Spind, nehme aus dem «persönlichen Fach» zwei unlinierte Bögen und setze mich aufs Bett. Eine Unterlage muß ich haben, etwas Festes. Ich will einen Brief an Eva schreiben. Bobrowskis «Wetterzeichen» ist zu schmal, nicht mal DIN-A 5-Format ... was nehme ich bloß ... doch Bobrowski, aufgeschlagen wird es gehen. Karausche sitzt am Tisch, da gehe ich nicht hin, will ihm nicht so nahe sein beim Schreiben. Das Buch auf die Knie, so wird es gehen.

«Liebe Eva! Ich bin hier eingetroffen. Wir üben und marschieren viel. Ich weiß nicht, wie ich alles schildern soll. Ich darf auch nichts über den Dienstablauf schreiben. Du fehlst mir. Wie ist es in der Schule? Bald wird das schriftliche Abitur beginnen. Im vorigen Jahr mußte ich das Mathe-Abi eröffnen um 7 Uhr 30, mußte als erster rein. Hora hatte Aufsicht. Sie haben mich verwarnt wegen der Haare. War in diesem Monat eigentlich noch Schultanzabend angesagt? Hier ist alles anders. Die Zeit davor liegt weit zurück. Komisch, dabei sind nur einige Tage vergangen. Vorstellen kann man sich das von außen gar nicht. Ob und wann es Urlaub gibt, weiß ich nicht. Meine Adresse schreibe ich auf den Umschlag, bitte nicht ‹Kaserne› oder so was draufschreiben, nur das Postfach. Ich denke immer wieder an unseren letzten Spaziergang, an Dich ... Und wie die Züge vorbeifuhren. Mich überkommt jetzt ein Schmerz ... Meine Haare sind sehr kurz. Du wirst mich vielleicht gar nicht wiedererkennen. Schreib bitte sehr bald, ich warte jeden Tag. Jetzt ist es Abend. Wie lange wird ein Brief gehen? Ich umarme Dich.»

Ans Fenster gehen, hin und her gehen. Der Spind, der Stahlhelm, das Eisenbett, die karierten Bezüge, die Tür, die Hocker aus Holz, das kleine schwarze Buch mit der durchsichtigen Folie, Karausches winzige Schrift. Jetzt verschließt er den Umschlag, klebt eine Marke auf.

«Hast du noch einen Umschlag?» frage ich ihn.

Er nickt, bietet mir auch eine Briefmarke an mit dem Kopf von Walter Ulbricht. Ich gebe ihm die 20 Pfennig, er nimmt sie, steckt sie in sein schwarzes Portemonnaie.

«Ich gehe mal in den Waschraum», sage ich.

Er nickt, legt eine Decke über sein Bett. Im Gang ist es still. In der Nähe der Treppe läuft ein Fernsehapparat. Im Waschraum treffe ich Jugel, er rasiert sich.

«Na», sagt er.

«Freizeit», sage ich.

Er nickt, wäscht sich, nimmt ein Frottiertuch.

«Warst du schon mal im Fernsehraum?»

Ich schüttle den Kopf.

«Gehen wir mal?»

«Meinetwegen.»

Er nimmt seinen Waschbeutel, legt das Handtuch über den Arm.

«Hemd ausziehen!» sage ich.

Er lächelt, winkt ab.

«Die spielen sich auf ... Ich hab mich rasiert, weil früh meistens Nervereien sind ...»

Wir stehen vor dem Fernsehraum, hören Stimmen und Musik. Ich denke, «dürfen wir da rein», sage aber nichts. Auch Jugel zögert:

«Ich bring nur schnell meine Sachen ins Zimmer.»

Ich nicke, er geht den Gang hinauf. Soll ich hier auf ihn warten? Ich öffne wieder die Tür zum Waschraum, gehe zur Toilette, kehre um, sehe nach, ob er kommt. Er kommt, hat seine Uniformjacke angezogen.

Als wir eintreten, schlägt uns Zigarettenqualm und Kaffeegeruch entgegen. Der Fernsehapparat läuft, «Aktuelle Kamera». Ein größerer Raum mit Gardinen und einigen Gewächsen an der Wand ... Ich sehe nur Unteroffiziere. Sie sitzen in Clubsesseln, einige haben die Beine hochgelegt. Kaffeekännchen und Tassen stehen auf den Tischen. Wir werden gemustert. Kein Tisch ist frei, nur einzelne Stühle. Wir sehen uns um, bleiben unentschlossen stehen.

Eine Stimme fragt:

«Was ist?»

Jugel sieht sich um.

«Was möchten denn die Genossen Soldaten?»

Jugel sagt:

«Nur mal sehen ...»

«Möchten die Genossen Soldaten vielleicht die ‹Aktuelle Kamera› sehen?»

«Nicht unbedingt», sagt Jugel und dreht sich zur Tür.

«Das würde ich Ihnen aber empfehlen!»

Wir bleiben stehen, die Nachrichtensendung ist gerade zu Ende.

«Schade», sagt die Stimme im Hintergrund. «Is sonst noch was?»

«Nein», sagt Jugel und öffnet die Tür.

«Haben Sie schon Ihre Stiefel geputzt?»

Ich schüttle den Kopf, der weißgraue Zigarettenrauch wird zu einer feindlichen Wolke. Jugel sagt leise:

«Komm!»

«Sinnlos», sage ich auf dem Flur. «Dürfen wir nicht rein ...»

«Doch», sagt Jugel.

«Ich hau mich noch bißchen aufs Bett ...»

«Ich auch.»

«Nachher Revierreinigen.»

Jugel grinst, macht ein Geräusch mit dem Mund. Jeder verschwindet in sein numeriertes Zimmer.

«Liebe Eva! In Korridoren gehe ich herum. Hier sind nur Männer. Weißt Du noch, wie ungern ich die Reichsbahn-Uniform anzog? Vor allem die Schirmmütze konnte ich nicht ausstehen. Hier erlebe ich, was ich nicht für möglich hielt. Ich will diesen Brief beenden, weil gleich etwas anderes beginnt. Bitte schreibe bald. Sonst geht es mir gut.»

Den Brief zukleben, Karausches Ulbricht-Marke nicht vergessen. Er liegt auf dem Bett und blättert in einer alten «NBI». Ich frage:

«Gibt es hier einen Briefkasten?»

«Ja, im Erdgeschoß, wenn du die Treppe runterkommst.»

«Wo denn?»

«Na, an der Treppe, den Kasten mußt du doch gesehen haben ...»

«Das ist der Briefkasten? Der ist doch grau ... Ich denke, Briefkästen sind gelb. Wer leert denn den?»

«Der Schreiber oder der Spieß.»

«Und die Post?»

«Die Post?»

«Na ja, ich stecke da Briefe rein ...»

«Das wird von hier gemacht, Sache des Hauptfeldwebels. Der ordnet auch Kontrollen an. So war es jedenfalls bei uns ...»

«Und das Postgeheimnis?»

«Über hier darfst du nichts schreiben ... militärisches Geheimnis ... das geht von hier aus ... die Post hat da nichts zu sagen. Dann gibt einer vom Lager die Post im Ort ab. Bestimmt ist es so.»

«Und wann wird geleert?»

«Weiß nicht, vielleicht morgen früh. Ich hab meinen Brief schon reingesteckt.»

Ich nicke, gehe auf den Flur, die Treppe hinunter, stecke den Brief an Eva in den schmalen grauen Kasten. Durch den Schlitz könnte ich bereits eingeworfene Briefe herausziehen ... bleibe nicht stehen, die Treppe wieder hoch, schnell zurück; nicht gesehen werden, dieses Gefühl ist in mir. Auf halbem Weg kommt mir ein Unteroffizier entgegen. Ich hebe die Hand, mache «Grußerweisung». Er winkt ab.

«Haben Sie eine Mütze auf?»

Ich verneine.

«Nur grüßen mit Mütze, ansonsten Grußerweisung durch Kopfdrehung und Blickkontakt. Verstanden?»

«Jawoll!»

«Wie heißt das?»

«Jawoll, Genosse Unteroffizier!»

«Wegtreten!»

Bald bekomme ich einen Koller! Immer dieses Kommandieren! Gänge entlangschleichen, möglichst keinem begegnen. Grüßen, wieder was falsch machen ... Das geht immerzu so. Aber was soll ich machen? Ich kann mich dem nicht entziehen. Ich bin drin. Dabei war ich keiner von den Stillen, von den Angepaßten. In der Schule habe ich widersprochen, wenn Phrasen gedroschen wurden und Ungerechtigkeiten passierten. Als unser Deutschlehrer Hawel weggeekelt werden sollte 68, wollte ich einen Schulstreik organisieren. Wir hatten schon Komitees gegründet in einzelnen Klassen ... Wo ist denn das alles hin? Ich kann offenbar so und so sein. Schule, Pionierorganisation, vormilitärische Ausbildung, das sitzt tief. Tiefer, als ich wahrhaben will. Wenn Köppl, der als Flieger im Zweiten Weltkrieg herumflog und aus Westdeutschland in unser Kaff kam, weil er, wie er sagte, «in einem sozialistischen Land leben wollte», wenn der brüllte «jetzt ist Schluß», dann war eben Schluß, dann waren wir still. Selbst Krause, der kaum gehorchte, zog seinen Kopf ein, grinste, war aber still. Als Eckstein in die Klasse kam und keinen Respekt zeigte, hat ihn Köppl fast jede Pause am Kragen zum Direktor gezerrt. Und jetzt bin ich bei der Armee, es gibt Vorgesetzte ... Und die Bücher? Und mein Deutschlehrer? Ja, das sind Gegenstimmen. Aber gegen das, was ich jetzt erlebe, kommen sie nicht an. Ich bin drin. Wenn man drin ist, gibt es fast keine Auswege mehr. Und wenn sie sagen: «Feuer, dort ist der Feind», werde ich wahrscheinlich schießen. Nicht einmal nur aus Feigheit. Auch weil es «so ist». Weil die anderen auch losballern ... Aber worauf, wer ist der Feind? «Der Grenzverletzer», hat Weidauer im Gelände gesagt. «Er trägt möglicherweise Waffen. Entweder er oder ich», hat Weidauer gesagt. Und wenn es wirklich so ist? Soll ich mich abknallen lassen? Aber es ist schrecklich, jetzt denke ich schon so etwas. «Zuerst auf die Offiziere der Bundeswehr schießen», hat Weidauer noch gesagt, «das sind die Hauptfeinde. Ihre Erkennungsmerkmale nehmen wir noch durch», hat er gesagt ...

Kurz vor 21 Uhr pfeift es im Flur:

«1. Zug, raustreten! Dienstuniform, Stiefel, Käppi, ein Messer mitbringen!»

Wir schnippen hoch, ziehen das Bett gerade, legen die Decken zusammen, ziehen Stiefel und Uniformjacken an. Ich frage Karausche:

«Ein Messer?»

«Küche.»

«Warum?»

«Keine Ahnung.»

Im Laufschritt rennen wir zur Essenbaracke, die Messer in der Hand, gehen «hinten rein». In einem gefliesten Raum mit Badewanne wartet ein großer Kartoffelberg auf uns. Töpfe und Hocker werden verteilt, kleine Gruppen bilden sich, das Schälen beginnt.

Weidauer hat das Kommando. Nach zehn Minuten ist er verschwunden, vielleicht in die Kantine.

Es wird spät, halb zehn, halb elf. Nicht einmal die Hälfte haben wir geschafft. Weidauer sieht ab und zu herein, wirft skeptische Blicke auf den Berg:

«Das muß weg, Tempo, Tempo!»

Als einer fragt:

«Sind die für das ganze Bataillon?» nickt er nur und zuckt mit den Schultern, als ein anderer wissen will, ob das jeden Abend so gehen wird.

Mit Messern haben sie uns losgeschickt. Daß es zum Kartoffelschälen geht, wurde nicht gesagt. Diese verrückten Minuten der Ungewißheit, in denen man alles mögliche denkt ... Wieder waren wir widerspruchslos, im Laufschritt, hinter einem Unteroffizier hergerannt, diesmal mit einem Messer in der Hand. Wirres, Kaputtes geht in einem vor, das beiseite geschoben wird. Jetzt sitze ich vor dem Kartoffelberg und will schon gar nicht mehr an die Minuten der Ungewißheit denken. Warum sagen sie nichts? Warum geben sie keine Erklärung? Aus Vergeßlichkeit? Aus Jux? Weil wir uns daran gewöhnen müssen, blind Befehle auszuführen? Da ist ein Berg Kartoffeln, nicht grübeln, lieber «durchschalten», es ist nichts passiert. Müde bin ich. Kartoffeln werden auch von uns gegessen, das muß wohl sein ...

Mit Bauer, Jugel, Karausche und drei anderen, deren Namen ich nicht kenne, sitze ich vor einem mit Wasser gefüllten Kochtopf und schäle Kartoffeln. Es wird nicht viel gesprochen. Dicke, grob abgesäbelte Schalen fallen auf den Fußboden.

«Für die Schweine», sagt Bauer.

Im Nebenraum, in der Nähe der großen Badewanne, beginnt einer zu singen. Erst englisch, dann deutsch, mit einer Jungenstimme, die verstärkt wird durch die gefliesten Wände und den Zementfußboden. Dominiak singt.

«Down by the riverside», dieses Anti-Kriegs-Lied, das wir im Englisch-Unterricht übten bei Lehrer Burghardt aus Oberheinsdorf. Er schrieb häufig Vokabeln an die Tafel, erklärte ihren Ursprung, die lateinische, italienische und spanische Version mit Schrägstrich daneben. Dann wischte er alles ab mit einer schnellen Bewegung, drehte sich enttäuscht zu uns um, schob die Hände in seinen graublauen Kittel und sagte: «Versteht ihr sowieso nicht!» 7. Klasse, Altstadtschule Reichenbach im Vogtland, «1. Polytechnische allgemeinbildende zehnklassige Oberschule».

«Junge, komm bald wieder, bald wieder nach Haus», singt Dominiak und «Einmal weht der Südwind wieder» und «Sag mir, wo die Blumen stehn» ... Laut singt er, ohne Hemmungen, laut und hell in diese militärischen Küchenräume hinein. Wir schälen Kartoffeln und hören zu, singen nicht mit. Oder nur ganz leise, in die wassergefüllten Töpfe mit geröteten Ohren. Dafür hat bei mir Lehrer Stöckigt gesorgt, Musikunterricht in der Aula, «Vortreten und Vorsingen!», Kichern, Gelächter im Rücken. Die Kehle ist zu, der Text wird im Sprechgesang heruntergehaspelt. «Noch Drei» schreibt Stöckigt ins Klassenbuch, setzt sich ans Klavier, verwarnt noch zwei, drei Ruhestörer mit Strichen auf einen bereitliegenden Zettel – drei Striche ein Eintrag, bei drei Einträgen werden die Eltern benachrichtigt –, Stöckigt setzt sich ans Klavier. Oder legt eine Platte auf, meist etwas von Richard Wagner. Das donnert dann los, ist stärker als wir. Da hängen wir mit runden, verhemmten Rücken in den langen Aulabänken, lassen die Klappsitze an die Holzrahmen schlagen, rufen etwas zu den Mädchen hinüber, spielen in den Hosentaschen herum, spießen Stecknadeln in die Tische und warten auf eine ruhige Minute, um schrille, zirpende Töne zu erzeugen: gegen Stöckigt und Wagner und die Aula und alle. Nur Weihnachtslieder sind willkommen kurz vor den Ferien. Und zu Hause die Rolling Stones aus dem Radio, volle Lautstärke, die Augen geschlossen: allein sein, bei sich sein und tun, was man will.

Dominiak singt, er ist mit in Biellaus Zimmer, ich habe

ihn da rauskommen sehen, mittelgroß, dünn, bartlos, ein Junge aus Frankfurt an der Oder mit brauner Tolle und kleinem Kopf. Bestimmt will er Ingenieur werden, Diplomingenieur. Er wird immerzu Briefe schreiben, ich habe ihn auf dem Flur gesehen mit einer großen ledernen Schreibmappe. Er will es den Vorgesetzten recht machen, will gefallen und gelobt werden, das habe ich im Gelände gemerkt. Aber die große Klappe hat er auch, weil er aus dem Berliner Raum kommt. Dort sind vielleicht alle so. Als ihn Zwodreivier anschnauzte beim Einrücken in den Essensaal, hätte er fast geheult. Ganz naß waren seine Augen plötzlich. Er kann auch durchdrehen, dünn und sensibel, wie er ist. Mit seiner schönen Stimme …

«Nicht schlecht», sagt Bauer und brummt ein wenig mit, «gar nicht schlecht.»

Gegen halb eins kippen wir die letzten Feldfrüchte in die Badewanne, zwei Bottiche stehen gefüllt daneben. Mit einem Wasserschlauch und einigen Schrubbern werden Fliesen und Fußboden abgespritzt. Weidauer lehnt gähnend in der Tür und läßt dann antreten. Gegen eins liegen wir in den Betten. Karausche hat noch seine Stiefel geputzt. Dominiaks Stimme singt im Kopf weiter, aber ich will sie nicht mehr hören. «I'm goin' to lay down my sword and shield down by the riverside», nein, wir werden unsere Schwerter nicht am Flußufer ablegen, auch nicht unsere Besteckmesser, auch nicht die Maschinenpistolen, die wir bald bekommen werden. Wir werden Kartoffeln schälen und einem zuhören, der singt. Und am nächsten Tag wird alles weitergehen wie bisher.

V

«Nach dem Waschen in Dienstuniform bei mir melden», sagt Weidauer am nächsten Morgen im Flur zu mir.

Ich frage nicht, warum, sondern halte mich an das militärische Ritual, stehe kurz still, lege die Hände mit Handtuch und Waschbeutel an die Naht der Schlafanzughose und gebe bekannt, daß ich den Befehl verstanden habe und ihm Folge leisten werde:

«Jawoll, Genosse Unteroffizier, nach dem Waschen bei Ihnen melden!»

Über Weidauers verquollenes Frühgesicht kriecht ein Lächeln:

«In Dienstuniform, nicht im Schlafanzug.»

«Zu Befehl, Genosse Unterfeldwebel, in Dienstuniform!»

Ich renne mit nacktem Oberkörper zum Waschraum.

So war es richtig, so mußte es sein: Stillstehen, sich dem Vorgesetzten zuwenden, den Befehl sinngemäß und sachlich richtig wiederholen, dabei den Dienstgrad des Befehlsgebers erkennen und in der Anrede verwenden … Was wird er von mir wollen? Zunächst ist die Befürchtung da, etwas falsch gemacht zu haben. Da das immer möglich ist, sich immer etwas finden läßt, ist das eine realistische Möglichkeit … Beeilen, schnell mit kaltem Wasser rasieren. Ein Blick in den Spiegel, da drüben steht Bauer und kratzt an seinen Bartstoppeln herum. Ich drehe mich um, nicke ihm zu, Biellau und Jugel kommen, ich haste ins Zimmer zurück, anziehen, Bett machen, Spind verschließen, sich vor der Tür der Unteroffiziere einfinden. Auf einem kleinen Schild neben der Zimmernummer steht:

Ufw. Meinel
Ufw. Weidauer
Uffz. Pohl
Uffz. Krause

Noch einmal das Käppi zurechtrücken und den Sitz des Koppels überprüfen, Atem holen, anklopfen. Eine Stimme quäkt von innen:

«Herein!»

Weidauer sitzt auf der Fensterbank, zwei andere liegen angezogen auf den Betten, ihre Stiefel lagern auf den Stahlstreben des Bettgestells. Die Fußsohlen weisen auf mich, pochen auf Distanz wie Hände, die zurückweisen. Ich nehme Haltung an, mache eine «Grußerweisung» und sage:

«Genosse Unterfeldwebel, ich sollte mich bei Ihnen melden.»

Weidauer winkt ab:

«Ganz falsch, noch mal!»

Einer ruft vom Bett her in spitzem, bösem Ton:

«Raus!»

Ich bin verwirrt, will noch sagen «Aber Sie haben mich doch gerufen», befinde mich jedoch schon wieder vor der Tür dieser uniformierten kleinen Götter. Was ist los? Ach so, ich muß im Raum das Käppi abnehmen und darf nichts sagen, sondern muß warten, bis ich angesprochen werde. Jugel kommt mit Handtuch und Seife vorbei:

«Was ist?»

Ich zeige auf die Tür, er winkt ab, geht weiter.

Ich klopfe erneut.

«Hereinspaziert!»

Ich öffne die Tür, schließe sie, nehme das Käppi ab, stehe stramm, warte. Nach einer Weile sagt Weidauer:

«Schon besser. Nun, Genosse Soldat?»

«Genosse Unterfeldwebel, ich soll mich bei Ihnen melden.»

«So ist es. Ab sofort werden Sie dieses Zimmer reinigen, Feuer machen, kehren, wischen, bohnern, Fenster putzen, Staub wischen! Alles, was nötig ist! Tipptopp. Ist das klar?»

«Jawoll, Genosse Unterfeldwebel!»

«Anfangen!»

«Jetzt?» frage ich verdutzt.

«Wann denn sonst?» ruft es von einem Bett her.

«Draußen ist es kalt», fügt Weidauer hinzu, «also Feuer machen. Wissen Sie, wo Holz und Kohlen sind? Im Keller, wenn Sie runterkommen links! Da muß irgendwo eine Axt stehen. Ausführung!»

«Zu Befehl!»

Ich setze mein Käppi auf, renne in den Keller. In einem Verschlag finde ich Holz, in einem anderen Kohlen. Kompanieschreiber Fröhlich und ein Soldat machen sich an Heizungsrohren zu schaffen. Als mich Fröhlich sieht, fragt er:

«Für die Unteroffiziere?»

Ich nicke.

Er winkt mich heran:

«Feueranzünder nicht vergessen, den gibt's da vorn.»

Unter der Treppe finde ich einen Papiersack, in dem sich kleinere Packungen Feueranzünder befinden. Jetzt kommen noch andere Soldaten und halten Ausschau nach Holz und Kohlen. Auf der Treppe treffe ich Karausche mit einem Eimer und sage ihm, was ich ab heute tun muß. Er nickt:

«Einteilung der Dienste, ganz klar. Andere müssen Waschraum und Flur machen. Jeder hat sein Revier. Ich hole Kohlen. Feuer machen ist sinnlos, gibt bloß Sauerei mit der Asche. Habe dein Bett noch geradegezogen ...»

Ich bedanke mich und frage:

«Machst du den Fußboden?»

«Ist schon erledigt. Muß einen Abschnitt im Flur sauberhalten. Heute nur kehren.»

Weg ist er.

Vor dem Zimmer der Unteroffiziere bleibe ich stehen, weiß nicht, ob ich klopfen muß, ob Grußerweisung gefordert ist ... Immerhin bin ich beschäftigt mit Reinigungsarbeiten, habe im Zimmer der Unteroffiziere zu tun ... Außerdem bin ich ziemlich bepackt, ich müßte mich verrenken ... Ich klopfe, warte auf das «Herein», öffne die Tür und deute ein Strammstehen an.

Weidauer grinst, die anderen sind weg.

«Schon gut, legen Sie das Zeug ab. Sofort Feuer machen!»

Er reibt sich die Hände. «So eine Kälte. Große Holzstücke mit? Nein? Noch mal gehen! Erst Feueranzünder und Späne, dann paar große Holzscheite hinterher. Die machen schnell die Bude warm und brennen lange. Die anderen sollen Kohlen nehmen, das Holz ist für uns. Achten Sie darauf. Wenn Sie einen erwischen, bei mir melden! Die Kohlen nur zum Nachlegen. Holz holen!»

Ich hole Holz, finde auch große Stücke, feuere an, kehre dann die Stube, rutsche auf Knien vor den Betten herum, um die Scheuerleisten an der Wand zu erreichen. Weidauer verläßt das Zimmer, dreht sich an der Tür um:

«Machen Sie das ordentlich, Fuchs!»

In seinem Blick liegt etwas Ganovenhaftes, leicht Wohlwollendes. Ihm scheint nicht unrecht zu sein, daß ich dieses Zimmer säubere. Wählte er mich aus? Als ich vorhin die anderen beiden mit Stiefeln auf den Betten liegen sah und üben mußte, wie man das Zimmer eines Vorgesetzten betritt, hatte ich das Gefühl, nur schikaniert und erniedrigt zu werden. Aber das war das übliche Spiel. Jeder hat sein Revier. Weidauer wird an mich gedacht haben in Erinnerung eines Trainingsanzugs ...

Das Holz brennt, es wird warm.

Im Flur befiehlt ein Pfiff «Raustreten zum Frühstück!»

Ich muß noch Besteck und Trinkbecher aus dem Spind holen.

Karausche steht abmarschbereit im Flur an der «Linie».

Mein Bett sieht vorbildlich aus, keine Falte. Manfred Karausche hat es geglättet. Danke, Manfred Karausche! Auf der Lagerstraße fällt mir ein, daß heute der Frühsport ausfiel. Es regnet. Die Wolken liegen fast auf den Dächern der flachen Häuser. Große Pfützen haben sich gebildet. Zwei Soldaten aus dem 1. Zug werden zurückgeschickt, weil sie nach Meinung eines Unteroffiziers ungeputzte Stiefel haben. Wir warten. Ein kalter schwerer Regen fällt. Das Wetter kann den Frühsport verhindern. Ein Winter kann eine Armee aufhalten. Die Natur kann sich bemerkbar machen. Bald wird es schneien.

«Im Gleichschritt! Marsch! Links, links, links zwo, drei, vier.»

Durchnäßt sitzen wir im Essenraum und löffeln die heiße, süße Grießsuppe. Sie schmeckt. Als die Tischdienste abräumen wollen, postiert sich vorn am Ausgabeschalter Stabsfeldwebel Flörchinger, der Spieß:

«Mal herhören!»

Er spricht alle im Raum an, auch die erste und zweite Kompanie.

«Kleine Einlage in Sachen Post!» Breitbeinig steht er da mit seinen enganliegenden Offiziersstiefeln, den «Ohrenhosen», seinem spitzen Gesicht und der oben kreisrund und straff gespannten Schirmmütze, die wie ein grüngefärbter Heiligenschein aussieht, wenn man ein wenig sarkastische Phantasie aufbringt nach dem Genuß dieser enormen Grießsuppe. «Ich ziehe mal wie in der Ziehung der Lottozahlen was heraus.»

Ich strecke mich und kann sehen, wie er in einen Stapel Karten und Briefe faßt mit seinen langen dünnen Fingern.

«Hier zum Beispiel», er hält einen mit roten Herzchen bemalten Umschlag hoch, «das ist zwar Liebe, aber nicht gestattet. Neutrale Umschläge ohne Gemälde, wenn ich bitten darf. Anschrift und als Absender ...» er zieht einen anderen Brief hervor, «nur Name, Postleitzahl, Ort und Postfach! Postfach! Nicht ‹Ausbildungslager›, ‹Grenztruppe› oder ähnliches. Da können Sie auch gleich die Namen der Ausbilder dazuschreiben und eine Lageskizze der Gebäude ans Nato-Hauptquartier schicken! Das ist verboten!»

Alle lachen.

«Ist das klar, Dröske? Und ...» er hebt noch einmal den bemalten Liebesbrief hoch, «Stiefelbauer?»

Grölendes Lachen, einige fallen fast unter die Tische.

Flörchinger genießt seine Vorstellung.

«Und noch was zu den Postkarten. Die kann ja nun jeder Briefträger lesen. Wenn dann steht», er hält eine Karte weit von sich, entziffert, «‹hoffentlich komme ich bald hier raus. Urlaub nicht in Sicht›, tja, da kann ich nur sagen: Vorsicht. Sonst müssen wir den Militärstaatsanwalt einschalten. Das ist ganz hart an der Grenze. Und was den Urlaub angeht: Sie sind erst paar Stunden hier, nicht übertreiben! Manche haben schon drei, vier Monate gewartet und noch länger. Ihr seid nicht zur Kur hier! Wir kontrollieren, was in den Zivilbereich rausgeht. Denken Sie daran ...» Er sucht im Postkartenstapel. «So was liest man dann schon lieber: ‹Liebe Mausi, das Essen ist gut. Sei mir treu, einmal sehen wir uns wieder. Vergiß Deinen Putzi nicht› ... Unterschrift ... Ach, das lasse ich lieber, Postgeheimnis!»

Wieder dröhnendes Lachen.

Briefe und Karten werden kontrolliert und vorgelesen in Mannschaftsspeiseräumen, Flörchinger demonstriert, daß auch Intimes beäugt und verwendet wird je nach Anlaß und Laune ... und? Lachen, Geblöke, das sich ausschüttet über den Postsünder, über den mit den roten Ohren und den zitternden Händen am Nachbartisch.

«Stiefelbauer!»

Einige wiederholen diesen Namen und erzeugen neue Lachsalven.

«Stiefelbauer!»

Flörchinger winkt ab:

«Ruhe jetzt! Ein letztes Wort: Wer gegen die Vorschriften verstößt, wird bestraft. Der sieht dann seine Mausi entsprechend lange nicht und kann sie später am Arm eines anderen bewundern. Und wer dumme Bemerkungen über das Lager macht, über Vorgesetzte, oder Informationen weitergibt», seine Stimme wird leise und fast freundlich, «der wird verhaftet, das ist ganz einfach, der bekommt ein Verfahren. So, wegtreten! Unteroffizier, lassen Sie ausrücken!»

Känguruhn brüllt:

«Tischdienste, abräumen! Die anderen ausrücken, draußen antreten ohne einen Mucks!»

Im Hinausgehen sehe ich, wie Flörchinger die Briefe- und Kartenbündel in seiner Aktentasche verstaut.

Ob er auch meinen Brief an Eva gelesen hat?

Etwas Taubes, Sprachloses ist in mir. Schnell den Löffel unter den Hahn halten, hier gibt es heißes Wasser. Und dann raus, draußen antreten. «Wenn er ihn gelesen hat, na und», sage ich mir, «stand ja nichts drin.» Und doch weiß ich, daß wieder eine Brücke zerstört wurde, unter diesen Umständen die letzte. Auch dem Briefpapier kann ich mich also nicht anvertrauen, nicht einmal andeutungsweise. Die können aus allem etwas machen. Ich habe keine Möglichkeit, andere, die draußen leben, wissen zu lassen, was hier geschieht. In der Marschreihe frage ich Jugel:

«Ob sie alles lesen?»

Er zuckt mit den Schultern, schüttelt den Kopf.

«Glaube ich nicht. Aber in den sogenannten Briefkasten kann man nichts reinstecken, das ist klar. Höchstens Weihnachtskarten, ‹Alles Gute, Deine Frieda›. Später, wenn welche rausgehen, kann man vielleicht was mitgeben. Die sollen es im Ort einstecken.»

Jugel hat wieder seine schmalen Augen.

«Die ankommende Post werden sie auch kontrollieren», sage ich.

«Stichproben ... und wenn sie einen auf dem Kieker haben ... man kann eben nichts schreiben. Wie im Knast.»

Wir marschieren am Stabsgebäude vorbei, keine Kommandos sind zu hören. Zu hören sind unsere Stiefel, die durch Pfützen stapfen, und der Regen, der nicht nachgelassen hat. Känguruhn läßt uns allein marschieren, er hat eine Abkürzung genommen. Es ist kurz nach sieben.

Im Flur werde ich von Weidauer angesprochen, soll noch Holz aus dem Keller holen, dicke Scheite. «Organisieren», das war sein Wort. Also suche ich in den Ekken herum und finde tatsächlich eine Kiste, in der ist, was Weidauer haben will. An anderen Stellen sind die Vorräte schon geschrumpft. Als ich das Brennholz nach oben trage, treffe ich Oberleutnant Patsch, unseren Kompaniechef. Er fragt: «Was machen Sie denn?» Ich sage es ihm. Er schüttelt den Kopf, spitzt seine runden, großen Lippen und geht weiter. Ich lade das Holz im Zimmer der Unteroffiziere ab, die sich anderswo aufhalten. Vielleicht im Clubraum, Kaffee trinken ... In «unserem» Zimmer putzt Karausche Stiefel. Wir sprechen kaum. Was kommt als nächstes, wie wird der heutige Vormittag aussehen? Diese Frage ist nicht zu beantworten. Auf dem Dienstplan, der im Flur hängt, steht, mit Schreibmaschine fein säuberlich untereinander getippt:

6 Uhr	Wecken
6.10– 6.30	Frühsport
6.30– 6.45	Morgentoilette
6.45– 7.20	Frühstück
7.30– 7.45	Morgenappell
7.45– 12.00	Ausbildung

Gestern wäre auch ab 22 Uhr Nachtruhe gewesen, da schälten wir Kartoffeln bis nach Mitternacht. Und das Raustreten auf den Flur, ist das der Morgenappell? In den zurückliegenden Tagen schien das so zu sein. Oder hat der Tagesablauf noch gar nicht richtig begonnen?

Die Uniform ist feucht vom kurzen Marsch zum Essenraum. Ich frage Karausche, der Kohlen, Feueranzünder und etwas Holz geholt hat, warum er kein Feuer machte. Er antwortet unwillig, das habe er schon gesagt, «wegen der Asche, es gibt nur mehr Arbeit und Minuspunkte beim Stubendurchgang. Die Uniform wird schon trokken, nur etwas Bewegung ... Bei dem Wetter machen sie bestimmt keine Ausbildung im Freien. Außerdem haben wir noch nicht alle Sachen erhalten.» Ich frage, was noch fehlt. «Der Schnuppersack, die ‹Truppenschutzmaske›, die fehlt noch. Und der ‹Jumbo›.» Ich frage nach, was das ist. «Schutzbekleidung. Soll helfen gegen Strahlung und chemische Waffen. Ich habe da zwar meine Zweifel, aber das gehört zum Marschgepäck. Müssen wir alles mitschleppen. Und anziehen, wenn der Befehl kommt. Hoffentlich sind die Planen einigermaßen intakt. Wenn die Druckknöpfe versaut sind, brichst du dir die Finger.»

Ich höre ihm zu, weiß aber nicht recht, wovon er redet. Was Karausche sagt, beruhigt mich nicht. Er kommt mir wie ein Ausbilder vor, der aus irgendwelchen Gründen unter den Lehrlingen gelandet ist. Meine innere Unruhe bleibt, das Auf-dem-Sprung-Sein. Immer kann etwas geschehen. Als heute morgen Wecken war, wollte ich mich waschen und dann kurz bei Jugel reinsehen. Das kann nicht verboten sein, hatte ich kurz vor dem Einschlafen gedacht. Die Zimmer der anderen Soldaten muß man doch ohne Erlaubnis der Vorgesetzten und ohne den Zirkus der «Grußerweisung» betreten dürfen. Ich wollte «Guten Morgen» sagen und sehen, wie es Jugel hat. Er erzählte mir, daß sie zu viert wären, andere zu sechst. Nur Karausche und ich sind zu zweit. Warum wohl? Weil ich später gekommen bin? Oder will man uns beide isolieren? Oder soll Karausche ein Auge auf mich werfen? Diese Fragen kann ich nicht beantworten. Bei Jugel wollte ich reinsehen, einfach so. Und was war? Weidauer hält mich an und teilt mir eine Neuigkeit mit: Ich muß das Zimmer der Unteroffiziere reinigen und Feuer machen. Ständig sind Überraschungen möglich. Eigene Pläne scheitern. Wie und woran soll ich mich orientieren? Karausche weiß vieles, ist aber auch auf die «Befehlsausgabe» angewiesen. Und er ist kein Freund. Ihn nervt meine Ahnungslosigkeit. Und er spürt wohl auch meinen heimlichen, hilflosen Widerstand gegen diese Lagerwelt. Er ist auch nicht gern hier, er wird an seine Familie denken und daran, daß er bei der Kampfgruppe mitgemacht hat, weil er um die Armee herumkommen wollte. Jetzt ist er doch hier und muß sich mit achtzehnjährigen Abiturienten und «jungschen» Unteroffizieren abgeben, die vom Leben keine Ahnung haben, von der täglichen Maloche in der Fabrik und den Sorgen eines Familienvaters. Sein Protest scheint zu sein: alles besser zu wissen. Jedem zu zeigen, daß er schon kann, was er hier lernen soll. Ich ahne, was in Karausche vorgeht, aber er ist mir nicht nahe.

Reinigen, putzen, Betten glattziehen, marschieren, essen, warten, daraus bestehen weite Teile des Tages. Vieles ist neu, es hat gerade erst begonnen, aber das Wiederholende, Langweilige, Zähe des Alltags läßt sich bereits spüren. Das Gefühl, kontrolliert, reglementiert, verfolgt zu werden, ist sehr stark. Auch eine diffuse, wenn Vorgesetzte auftauchen, konkret werdende Angst ist da. Ich reagiere nach wie vor mit Horchen, Aufmerksamsein, mit genauer Beobachtung der Lage. Auch kann ich miterleben, wie prompt, wie still und äußerlich willig ich Befehle ausführe. «Holz holen!» Ich renne in den Keller. «Im Gleichschritt! Marsch!» Ich marschiere los, die Beine tanzen nicht aus der Reihe. Kaum bin ich im Zimmer und sehe Karausche hantieren, überlege ich mir, was ich tun kann, tun muß, um die «Ordnung» herzustellen. Damit es keine «Folgen», keine «Anschisse» gibt. Ich bin willig. Bauer und Jugel mucken hin und wieder auf. Wenn man in ihre Gesichter sieht, kann man wenig Gehorsam entdecken. Da ist eher Spott und Wut und ein gequältes Mitmachen, garniert mit Bemerkungen und Mundwinkelsignalen. Bauer geht mitunter direkt auf Kollisionskurs, stiernackig, bäurisch, kurz vor dem Jähzornanfall. Biellau fürchtet um sein Leben, er rennt mit seinen kurzen Beinen hinter der Kompanie her und will Schritt halten. Erkältet, fiebrig, kurzatmig. Beim Essen vorneweg, gierig mit den Augen. Er scheint auch den Clown zu machen auf seiner Stube, Dominiak lacht und stöhnt immer, er fühlt sich offenbar verantwortlich und blamiert. Solche wie Biellau können mit einem Schluckauf umkippen und weg sein, ganz weg. «Hatte was mit dem Herzen», heißt es dann, «wurde zu spät erkannt.» Solche kleinen klugen Muttersöhnchen mit Abitur sind am schlimmsten dran in solchen Schleiferlagern. Auf seiner Stube ist noch ein anderer, nicht viel größer als er, ich weiß seinen Namen nicht. Hat rotbraune Haare und Sommersprossen. Lacht immer, ist Maurer und war bei der «Freiwilligen Feuerwehr» in seinem Dorf. Das hat er gleich am ersten Tag, als wir herumstanden vor dem Stabsgebäude, erzählt. «Habe schon ganz andere Brände gelöscht», hat er lachend gesagt und eine Handbewegung gemacht: rechte Hand führt Glas zum Mund. Der läuft eben, so schnell er kann, macht Pausen, hetzt nicht herum beim Frühsport, hat keine Angst in den Augen.

Seine kräftigen Hände verschwinden häufig in den Hosentaschen. Das ist eine Angewohnheit, so wird er auch auf dem Bau herumgestanden haben bei Wind und Nieselregen, zwischen Bierflaschen, Ziegelsteinen und in Zeitungspapier eingewickelten Frühstücksbroten. Er ist anders als Biellau, er leidet weniger. Biellau wird ein Buch von Thomas Mann gelesen haben und Orgelmusik lieben. Sein Bruder hat das studiert. Auf den Zeugnissen stehen nur gute Zensuren. In den Aufsätzen hat er geschrieben, was die Lehrer hören wollten, was der Lehrplan vorschrieb, was der letzte Parteitag vorgab. Nicht dumm, nicht platt wird er seine «ganz persönliche Meinung» geschrieben haben. Und nach der Abiturfeier, nach Bekanntgabe der Prädikate, nach Empfang seiner Zeugnismappe und dem Buchgeschenk mit Widmung, Stempel und Unterschrift des Direktors für «sehr gute» oder gar «ausgezeichnete Leistungen», wird seine Mutter gesagt haben: «Siehst du, es war doch richtig, daß du in die FDJ gegangen bist. Alles andere bringt nichts ein in diesem Staat.» Das wird sie leise und glücklich zu ihm gesagt haben in der Küche. Aber seine guten Zensuren nützen ihm hier gar nichts. Und das steht auch in seinen Augen: Was ist denn los? Ich habe doch alles gemacht … Das könnt ihr doch nicht mit mir machen, ich war doch ein guter Schüler, im Gesamtverhalten und Staatsbürgerkunde hatte ich eine Eins … habe mir nichts zuschulden kommen lassen … bei Klassenfahrten habe ich mich immer in der Nähe des Lehrers aufgehalten und habe nicht mitgelärmt abends in der Jugendherberge … was ist denn los … Das galt plötzlich nicht mehr soviel wie vorher. Auf schnelle Beine kam es an, auf Armmuskeln, auf Bettenbau und Gleichschritt. Und nach den Blicken im Waschraum zu urteilen: auf Bartwuchs, auf einen langen Schwanz, auf Brustbehaarung, auf das Foto einer hübschen Freundin mit möglichst großem Busen ... Auch seine Vorimmatrikulation für das Medizinstudium in Berlin beeindruckte hier kaum einen. «Was denn, der will Arzt werden ... na, da kann ich ja nicht mal meine Schwiegermutter mit gutem Gewissen hinschicken», solche Reden eher. Biellau hat eine schwache Gesundheit, er ist klein und oft erkältet. Wenn er niest, tränen seine Augen. Außerdem spricht er eine Mischung aus Hochdeutsch und starkem vogtländischem Akzent, eine sehr melodische Singsang-Abart des Sächsischen, die den meisten Unteroffizieren hier fremd ist. Bartlos, x-beinig, mit nach vorn gekämmten Haaren, nein, das kann nicht gutgehen. Wenn er läuft, kreiseln die Stiefel an seinen Füßen, als wollten sie sich selbständig machen. Nicht einmal sie gehorchen ihm. Nicht einmal sie hat er «im Griff». Das Aufstehen fällt ihm schwer, er möchte wahrscheinlich diese Welt gar nicht sehen und weit weg sein. Dominiak mit seinem Randberliner Mundwerk wird ihn immer anstoßen nach dem Morgenpfiff und dann mit schnellen Schritten und kopfschüttelndem Gekicher losgehen und die Tür offenlassen zum Flur, auf dem die Unteroffiziere auf und ab gehen. Solche wie Biellau kann keiner leiden. Aber sie werden gebraucht. Man sieht sie an und fühlt sich gleich besser: so mickrig, so unmöglich ist man selber zum Glück nicht. So braucht einer den anderen. Das ist die Psychologie des Kasernenhofes, ein Teil von ihr. Jeder reagiert auf Dressur und Druck auf seine Art. Ich bin folgsam und beobachte das Geschehen, halte innerlich Distanz und komme mir so nicht ganz und gar feige vor. Ich sammle Material, ohne zu wissen, wofür. Wofür ich Brennholz sammle, «organisiere», das kann ich sagen: für Weidauer und drei andere Unteroffiziere, die es warm haben wollen in ihrer Stube. Die nicht frieren wollen, wenn sie mit den Stiefeln auf den Betten liegen und «raus» brüllen. Ich habe noch etwas vor. Was, weiß ich nicht. Ich sehe hin, registriere, mucke nicht auf, bin nicht wie Klammer. Was hat Klammer erreicht? Zum Gespött hat er sich gemacht, zum Opfer. Nein, das ist nicht alles. Das ist nicht alles, was Klammer erreicht hat. Und ich weiß es. Nicht jeder ist wie Klammer. Es gibt auch Arschkriecher. Vorn an der Treppe, neben Biellaus Zimmer, liegt Sprill oder Priel aus Zschopau, Karausche kennt ihn. Mittelgroß, dunkelblond, mit drahtigen, gewellten Scheitelhaaren, die aussehen wie vom Friseur mit Zangen unter der Haube geformt. Gestern abend, kurz vor dem Raustreten zum Kartoffelschälen, war ich noch einmal kurz auf der Toilette. Da hörte ich, wie Sprill oder Priel aus Zschopau zu Weidauer sagte: «Genosse Unterfeldwebel, die Treppe sieht schon wieder so schweinisch aus, müßte die nicht noch einmal gewischt werden? Ich würde das machen, Genosse Unterfeldwebel.» Weidauer hat nur irgendwas geknurrt, ich war schon an der Waschraumtür, konnte seine Antwort nicht genau hören.

Auch das gibt es: völlige Unterwerfung, Anbiedern. Und, wohlgemerkt, keine Spur Ironie war dabei, keine wohldosierte Übertreibung angesichts einer wirklich sauber gewischten, gerade gekehrten und überdies gebohnerten Steintreppe. Warum machte Sprill oder Priel so etwas? Weidauer ist auf sein Angebot nicht eingegangen. Er hat ihn stehenlassen.

Die Trillerpfeife. Raustreten. Der Morgenappell findet im Flur statt. Weidauer kündigt einen Stubendurchgang mit Spindbesichtigung in unserer Abwesenheit an. Aus diesem Grund sollen wir die Schrankschlösser nur einhängen und nicht verschließen.

Dann werden wir in ein Nebengebäude geführt, in

ausgebaute, gutbeleuchtete Kellerräume. In Regalen ist militärisches Gerät verstaut.

Zuerst drückt man uns eine zusammengeschnürte Rolle in die Hand, einen Schutzumhang, einen «Jumbo», eine «Nato-Plane», wie sie Karausche nennt. «Wird am Marschgepäck befestigt», weiß er.

Einige Unteroffiziere stehen herum, auch Pohl und Krause, die mit in Weidauers Zimmer wohnen. Pohl ist achtzehn oder neunzehn, stämmig, mit breiten Backenknochen. Ein großes Kind, das nicht weiß, wohin mit seiner Kraft und den neuen Schulterstücken des Unteroffiziers.

Jetzt winkt er den 3. Zug zu einem hölzernen Wandschrank, öffnet ihn, Kartons mit Gasmasken, mit «Truppenschutzmasken», abgekürzt «TSM», werden sichtbar. Der Reihe nach müssen wir vortreten und erhalten eine Maske, bestehend aus hellgrauem Gummizeug und zwei großen, runden, eingesetzten Glasaugen. Etwas Glitschiges, Totes, Fischiges geht von dieser «Schutzbekleidung» aus. Meine ist innen feucht, in der von Jugel klebt etwas wie Mehl, wie Puder.

Pohl sagt:

«Die ersten vier aufsetzen, mal sehen, ob die passen. Es gibt verschiedene Größen. Unten, wo der Schlauch rankommt, zuhalten, dann atmen. Wenn das geht, ist sie zu groß. Wenn nicht, paßt sie. Also los!»

Wir ziehen ungeübt und mit verkniffenem Ekel den «Schnuppersack» über unsere Köpfe. Pohl begutachtet den Sitz der Masken mit Interesse. Durch die runden Augengläser sehe ich, wie er auf mich zutritt und die Atemöffnung verschließt. Die Luft wird knapp, ich beginne zu zappeln und sehe verschwommen, hinter dem angelaufenen Glas der Sichtscheiben, Pohls lachendes Gesicht. Ich zerre an seiner Hand, er läßt los. Ich reiße das widerliche «Atemschutzmittel», Bauer sagt «Gummiware», herunter und kann miterleben, wie auch andere auf die gleiche Weise getestet werden.

Pohls vergnügtes Jungmännergesicht werde ich wohl nicht so leicht vergessen, als mir die Luft ausging unter der muffigen, verklebten Gummihaut. Auch andere läßt er zappeln. Er denkt sich offenbar nichts dabei. Es ist ein Scherz, eine kleine Zeitverzögerung. Ein notwendiger Test: «Die Maske muß sitzen, oder wollen Sie bei Kampfgas verrecken?» Diesen Satz sagt er ab und zu. Er stimmt schon, dieser Satz. Und doch erklärt er nicht das kurze Aufleuchten in Pohls Gesicht, wenn er anderen die Luft abdreht. Dieses Zuhalten war wohl auch an ihm ausprobiert worden. Jetzt darf er zuhalten, jetzt ist er der «Uffz.», und die anderen hecheln nach Luft.

Bauers Maske ist zu groß. Pohl hantiert mit beiden Händen. Bauer, oder besser das, was von Bauer zu sehen ist, also Bauers kahler, großäugiger Gummischädel, dreht sich hin und her. Sein Zeigefinger tippt an die Stelle, wo seine Stirn vermutet werden darf. Bauer bekommt gut Luft. Pohl zieht ihm schließlich die Maske ärgerlich vom Kopf und sucht eine andere, kleinere.

Bauer verbeugt sich:

«Dankeschön, Genosse Unteroffizier!»

Pohl grinst und verzichtet auf eine erneute Kontrolle. Er wendet sich den nächsten Anproben zu.

«Wunderbar», sagt Bauer und besieht sich die neue Maske. Er zieht ein Taschentuch hervor und reibt an den Scheiben der neuen Errungenschaft herum.

Nach dem Anprobieren erhalten wir noch Tragetaschen und Filter, die sich mit einem Luftschlauch am Gummiteil der Maske verschrauben lassen. Pohl befiehlt, alle Utensilien in der Tasche zu verstauen und den zusammengerollten Umhang mitzunehmen.

«In Zweierreihen antreten, zurück zum Kompaniegebäude!»

«Jetzt kann uns nichts mehr passieren», sagt Jugel, «jetzt kann der Krieg beginnen. Den ersten haben wir verloren und den zweiten, da werden wir auch den dritten gewinnen.»

Bauer und ich lachen. Jugel fügt hinzu:

«Rumscheuchen werden sie uns, bis wir schwarz werden mit diesen Scheißfrommsern!»

Bauer winkt ab:

«Es gibt Tricks, weiß ich von meinem Bruder. Dann bekommt man Luft.»

«Hoffentlich», sagt Jugel.

Auf der Lagerstraße holt uns Weidauer zurück.

«Die Hälfte vergessen!»

Aus Kartons erhalten wir noch «Schutzstrümpfe», «Schutzhandschuhe» und «Entgiftungspäckchen». Einige fragen, wozu das gut sein soll.

«Erst mal mitnehmen, alles andere später», ist die Antwort.

Bepackt traben wir in die Stuben zurück.

Im Flur ruft Bauer halblaut:

«Gas ... Gas!»

In den Unterkünften müssen wir die Schutzplanen ausrollen, die Schutzstrümpfe und Schutzhandschuhe klein zusammenfalten und in die Planen einwickeln. Das klappt nicht gleich. Wir hocken im Flur, rollen, falten, schnüren, verschließen und öffnen erneut alle Knöpfe und Bänder, beginnen von vorn ... Karausche hilft mir. Ich habe das Gefühl, den Verstand zu verlieren. Die «Schutzausrüstung» kommt mir wie meine eigene Zwangsjacke vor ...

Pohl kommt angelaufen mit der Trillerpfeife:

«In voller Ausrüstung, mit Sturmgepäck und Schutzkleidung, auch Truppenschutzmaske und Stahlhelm, hier auf dem Flur antreten! Marsch, marsch!»

Wir zerren die Sachen vom Schrank, treten an, rennen auf die Straße und werden auf ein kleines Wiesenstück hinter dem Kompaniegebäude geführt. Das böse, nervende Kapitel der «Schutzausbildung» beginnt. Der Lange Karl berichtete davon. Wir hörten ihm zu und verstanden kein Wort. Jetzt sollten wir es begreifen. Weidauer gibt Schneeschuhstöcke aus, das sollen die Maschinenpistolen sein.

«Gas!» schreit Pohl. «Gas!» Seine Augen leuchten wieder. Er führt die Aufsicht, hat nur ein Koppel umgebunden, hat keine Schutzausrüstung dabei. Ihn betrifft der feindliche Angriff mit chemischen Waffen nicht.

Wir setzen die Gasmasken auf und zerren wie wild an den Schutzplanen herum. Es gibt ein großes Durcheinander. Ich kann kaum etwas sehen, die Scheiben beschlagen sofort ...

«Masken ab! Hersehen!»

Pohl und Weidauer winken Karausche zu sich.

«Genosse Karausche, Sie haben ja Erfahrung, machen Sie das den jungen Genossen mal vor! Aber schön langsam ... Sonst verschlucken die ihre Schnuppersäcke noch ...»

Pohl lacht, hält die Hand vor den Mund, kichert weiter. Karausche beginnt sofort mit der Vorführung. Mit ernstem Gesicht, die Stirn gerunzelt, halb wütend, halb erfreut, rollt er seine Schutzplane zusammen, setzt den Stahlhelm auf, steckt die Maske in die Tragetasche, nimmt den Schneeschuhstock und nimmt Haltung an.

«Können wir?» fragt Weidauer.

Karausche nickt, die Lippen zusammengepreßt, die Kinnspitze leicht erhoben.

Pohl kommandiert:

«Befehl gilt nur für Soldat Karausche! Soldat Karausche: Gaaas!»

Karausche legt den Schneeschuhstock ab, öffnet den Stahlhelm, reißt ihn vom Kopf, er rollt auf die Wiese, zerrt die Maske aus der Tragetasche und zieht sie sich über.

Weidauer beschreibt laut, was Karausche macht:

«Stahlhelm auf, Sturmgepäck vom Rücken nehmen, Splinte aus den Ösen des Umhangs ziehen und Plane entrollen ... Jawoll, so ist es richtig. Zusehen! Nachher muß es jeder können! Die Kapuze kommt über den Stahlhelm und wird unter dem Kinn zusammengebunden. Die Plane hängt jetzt als Mantel, als Umhang um den Schultern. Toller Nerz, was? Besonders zu empfehlen bei radioaktiver Verseuchung ... Dann die Schutzstrümpfe, die lange Haltegurte haben, überstreifen, über die Stiefel ziehen. Gurte am Koppel einhängen ... Das vergessen manche ... Dann verlieren sie beim Rennen den ganzen Kram, sehr unangenehm ... Jawoll, Karausche, so ist es richtig. Jetzt die Arme durch die Ärmel des Umhangs nach außen stecken und den Umhang bis zum Bauch zuknöpfen ... Das ist schon das neue Material, Druckknöpfe. Manche werden noch welche mit Schlaufen haben. Die sind manchmal sogar praktischer. Wenn die Druckknöpfe neu sind und klemmen, kann man sich den Daumen ausrenken ...»

Weidauer sieht zu Pohl, sie zwinkern sich zu:

«Hast du mir das nicht erzählt? In der Ausbildungskompanie letztes Frühjahr? Zur Abschlußübung hat einer die Druckknöpfe nicht zugebracht. Drückt und drückt ... Knacks, Daumen ausgekugelt. Beide!»

Wir lachen. Karausche, der wahrscheinlich nicht hört,

was Weidauer erzählt, lockert gerade seine Maske und reibt an den Gläsern herum.

«Ausgekugelt. Hat wie wild geschrien. Saniwagen, Krankenhaus. Das kann vorkommen ... aber wie ich euch einschätze, wird wohl keiner solchen Einsatz zeigen», beendet Weidauer seine Story. «Na, Karausche, wie weit sind wir denn ... Gut, sehr gut! Den hinteren Teil des Umhangs zwischen den Beinen durch am Saum fassen, keine schweinischen Gedanken, auf den Urlaub warten, da könnt ihr's machen ...»

Wir lachen wieder.

Bauer ist noch bei dem geschilderten Unfall: «Was hat er gesagt? Ausbildungskompanie? Das waren die Scheißpfeffis! Das kann ich mir denken! Drücken und drücken, aus Dienstgeilheit, aus Schiß, und dann passiert es! Geschieht dem Knaben recht ...» kommentiert er halblaut.

«Den Zipfel nach vorn ziehen, die Knopflochschlaufe, dieses Ding da, jawoll, am Koppel befestigen! Da ergeben sich zwei Dreiecke, die werden innen eingeknöpft, damit alles fest sitzt. Was noch herunterhängt, nein, das meine ich nicht, das andere meine ich, die Plane ... was noch herunterhängt, um die Beine wickeln, um die eigenen, und zuknöpfen! Dann die Arme durch die Ärmel wieder nach innen ziehen, die Schutzhandschuhe anziehen. Nicht woanders herumfummeln! Verstanden, Karausche? Soldat Karausche macht so was nicht, ich weiß. Was so ein Familienvater ist ...» Weidauer zwinkert mit den Augen, ruft:

«Genosse Karausche, verstehen Sie was?»

Karausche nickt und gibt irgendwelche Laute von sich. Seine Arme wühlen sich ins Freie und fingern nach der Maschinenpistole, nach dem Schneeschuhstock.

«Sehr richtig! Die Waffe nicht vergessen! Sie ist das Wichtigste ...» Weidauer wendet sich an uns: «So, meine

Herren, jetzt wollen wir mal. Planen einrollen, Helme auf, Tragetaschen verschließen, antreten!»

Wir üben das Anlegen der Schutzausrüstung. Ich verfitze mich in den Gurten und Schnüren, weiß nicht, welche Zipfel ich wodurch ziehen muß. Und stehe dann doch da, eingemummelt und nach Luft ringend, mit Schneeschuhstock und Truppenschutzmaske …

Durch die angelaufenen Scheiben sehe ich fast nichts, höre aber Rufe, wir sollen wohl die Masken absetzen.

Es ist jemand gekommen.

Pohl und Weidauer stehen stramm.

Ein dünner, mittelgroßer Offizier ist gekommen mit «Ohrenhosen» und einer Tragetasche, da ist wohl auch eine «TSM» verstaut. Wer ist das?

«Zu Befehl, jawoll!» höre ich die Unteroffiziere rufen. Jetzt rennen sie zum Eingang des Kompaniegebäudes.

Der Offizier mustert uns, er hat eine Schirmmütze auf.

«Nun, Genossen? Klappt es schon einigermaßen? Aller Anfang ist schwer … Ich bin Oberleutnant Patsch, Ihr Kompaniechef.»

«Aha», höre ich Bauer hinter mir sagen. Jemand kichert, vielleicht weil er den Namen «Patsch» hörte. Auch ich muß mir das Lachen verbeißen. Patsch hat ein breites Gesicht und sehr große, gleichmäßige Zähne, ein Pferdegebiß. Ein wenig erinnert er an Fernandel, den Fernsehhelden, den gutwilligen französischen Priester …

Weidauer und Pohl kommen angerannt mit Stahlhelm, Marschgepäck und Gasmaske. Sie nehmen wieder Haltung an. Oberleutnant Patsch erläßt ihnen das Ergreifen der Schneeschuhstöcke, aber mitüben müssen sie jetzt.

«Genossen Soldaten», ruft er, «Schutzausrüstung ablegen, Schutzplanen einrollen, Ausgangsstellung!»

Wieder beginnt das große Zerren und Rascheln, das

Entkleiden und Verstauen, Patsch sieht zu. Als wir fertig sind und wieder in Reih und Glied stehen, befiehlt er mit Blick auf die beiden Unteroffiziere:

«Kompanie, Gas!»

Pohl und Weidauer zerren ihre Masken hervor, ich sehe noch, wie Patsch seine Schirmmütze abnimmt und auch eine «TSM» überstreift. Sie sieht anders aus als unsere, hat in der Mundgegend eine runde Apparatur. Als ich gerade die inzwischen schweißnasse Gummihaut über das Gesicht ziehen will, höre ich noch eine leicht quäkende, aber durchaus hörbare Stimme sagen:

«Genossen Soldaten, hier spricht der Kompaniechef. Achten Sie auf die Zeit. Im Gefecht zählt jede Sekunde ...»

Patsch kann also sprechen. Das runde Ding vor dem Mund ist eine Sprechvorrichtung. Das haben die Unteroffiziere nicht, sie haben solche «Schnuppersäcke» wie wir. Wir können nicht sprechen. Wir können nur dumpfe Laute erzeugen wie Karausche vorhin, ein hustendes Uhen oder heiseres, unverständliches Bellen. Wir tragen offenbar «einfache» Truppenmasken. Patsch kann reden, kann Befehle geben. Wir brauchen solchen Luxus nicht ...

Wieder habe ich die Plane um die Schulter geworfen und um die Beine gewickelt. Halt ... die Gummischuhe habe ich vergessen ... und die Bänder am Koppel einhängen ...

Ich sehe mich um. Das Atmen geht schwer, aber es geht. Ich bin nicht mehr so aufgeregt wie am Anfang. Ich sehe Patsch stehen, das, was von ihm zu sehen ist. Seine Schirmmütze liegt im Gras.

Ach so, die Waffe, den Schneeschuhstock muß ich noch in die Hand nehmen. Das Wichtigste ... Wie Rüssel hängen die Luftschläuche an uns herunter. Zweibeinige Elefanten sind wir. Oder entsprechend aussehende Insekten, die noch dazu in Scharen auftreten. Die Befehle gibt Patsch durch seine besondere Maske. Er hat Pohl und Weidauer in die Unterkünfte gescheucht, sie müssen auch üben. Das wird ihnen nicht passen ... Unser Kampf unter diesen Umhängen hat nichts mit Sprache zu tun. Wir haben nichts zu sagen. Wenn wir etwas sagen wollen, wird es ein unverständliches Husten oder Bellen, zuletzt geht einem die Luft aus. Man muß mit ihr haushalten unter einer Truppenschutzmaske. Nicht sprechen, nicht rufen, nicht erbrechen. Das könnte den Luftschlauch und den Filter verstopfen. Auch keine Gedichte aufsagen von Celan, Brecht oder Bobrowski ...

Oberleutnant Patsch rudert mit den Armen. Er hat seine Sprechmaske abgenommen. Auch die Gesichter von Pohl und Weidauer sind wieder zu sehen. Biellau hustet. Er stampft dabei mit einem Fuß auf wie ein ungezogenes Kind. Er ist erschöpft, die Haare kleben an der Stirn. Wie ich aussehe, kann ich nicht sagen. Wir mußten nicht rennen. Patsch weist an, nur die Masken abzunehmen.

«Genossen Soldaten», sagt er, «das sind ihre ersten Erfahrungen mit der Schutzbekleidung. Schutzmaske und Umhang schützen Gesicht, Atemwege und Körper vor radioaktivem Staub ...» Er spricht zutraulich, beruhigend, auch werbend, wie ein Vertreter für Haarwuchsmittel und Büchsenöffner. «Aber nicht nur vor radioaktivem Staub, auch vor chemischen Kampfstoffen und biologischen Kampfmitteln schützt die Truppenschutzmaske und unsere Schutzbekleidung. Natürlich muß man sie richtig anziehen, keine Hautstellen unbedeckt lassen.» Aus der Innentasche der Uniformjacke zieht er eine zusammengefaltete Karteikarte. Er öffnet sie wie ein kostbares Buch. «Und noch etwas: Manche sagen ‹Gasmaske› anstatt ‹Schutzmaske›. Es gibt neben Gas noch andere Sächelchen, wir sind nicht mehr im Ersten Weltkrieg! Haben Sie das verstanden? Fragen Sie ruhig. Ich beantworte Ihre Fragen, auch wenn wir uns nicht in den Schulungsräumen befinden, sondern auf dem Feld der Praxis ...»

Die letzten Worte scheint er besonders gern gesagt zu haben. «Feld der Praxis», er macht eine kleine Pause, sieht auf die Karteikarte:

«Und jetzt noch einige Angaben, die Sie sich merken sollten: Ich teile Ihnen die Radien mit, außerhalb derer Soldaten bei Erddetonationen von Kernwaffen kampffähig bleiben. Haben Sie mich verstanden? Sie bitte da vorn, ja Sie ...» Er zeigt auf Bauer, der sich nach mir und Jugel umsieht.

«Ja, also, Sie sagten eben etwas von Waffen, von Kämpfen ... Ich nehme an, Atombomben ...» stottert Bauer.

Patsch setzt noch einmal an, er spricht laut und belehrend, dabei durchaus wohlwollend:

«Ich teile Ihnen die Ra-di-en mit, außerhalb derer Soldaten bei Erdde-to-nationen von Kernwaffen kampf-fähig, ich wiederhole, kampf-fä-hig bleiben: in offenem Gelände 1600 Meter, in Gräben 1250 Meter, in Panzern 1100 Meter, in Unterständen 700 Meter, in Unterständen schweren Typs 550 Meter.» Oberleutnant Patsch hebt den Kopf, sieht uns an und fährt dann heftig fort, ganz frei, keinen Blick wirft er auf die Karteikarte:

«Nicht vom Gegner einreden lassen, alle gehen hops in modernen Kriegen! I wo! Prägen Sie sich diese Meterangaben ein, jeder hat eine Chance! Das wurde wissenschaftlich errechnet. Ansonsten sofort in Deckung gehen, längs, nicht quer zur Druckwelle, Augen schließen und unbedeckte Körperstellen schützen. Nähe leicht brennbarer Stoffe meiden! Sehen Sie, Genossen Soldaten, das sage ich immer gleich am Anfang: Sie haben eine Schutzausrüstung! Was glauben Sie, wie die Zivilisten im Ernstfall herumtanzen ... Wir können solche Situationen meistern! Keine Weinerlichkeit, keine pazifistische Stimmung bitte! Sonst gehen wir der psychologischen Kriegsführung des Gegners auf den Leim. Merken Sie sich das ...»

Oberleutnant Patsch rückt seine Schirmmütze zurecht.

«Genosse Unterfeldwebel, noch einige kleine Marschübungen, dann einrücken lassen.»

«Zu Befehl, Genosse Oberleutnant!» brüllt Weidauer.

«Kleine Marschübungen ...» höre ich Bauer stöhnen. «Auch das noch!»

Weidauer stellt sich in Positur, Patsch ist hinter dem Kompaniegebäude verschwunden.

«Achtung! Gas! Waffen aufnehmen! Marschordnung!»

Wieder ziehen wir die Masken über die Köpfe, nehmen die Schneeschuhstöcke in die Hand und tappen hinter Weidauer und Pohl her. Sie beschleunigen das Tempo. Nach einigen Schritten merke ich, wie die Luft knapp wird. Ich zerre am Luftschlauch und schiebe zwei Finger zwischen Kinn und Maskengummi. In der Brust hämmert es, vor den Augen drehen sich dunkle Kreise. Ich verschlucke mich, bohre mit den Fingern und bekomme Luft. Komische Geräusche höre ich. Wohin rennen wir denn? Am Zaun lang? Jetzt halten wir an, ich öffne den Stahlhelm und ziehe den verfluchten Schnuppersack vom Gesicht. Das ist ein Keuchen und Husten. Münder, aufgesperrt wie Schnäbel hungriger junger Vögel, saugen die Vormittagsluft ein. Auch Flüche sind zu hören. Dominiak setzt sich auf die Erde. Ein paar hundert Meter haben gereicht.

Weidauer lacht.

«Na, na, nicht schlappmachen. Das üben wir noch. Dann kommt die Kondition. Reine Gewöhnungssache ...»

Da rennt einer weiter, hat die Maske noch auf, jetzt dreht er sich um, taumelt, sucht. Ist das Biellau? Er gibt Geräusche von sich, ein hustendes, dumpfes Bellen, jetzt wirft er den Stahlhelm weg, breitet die Arme aus, zerrt dann an der Maske, wieder sind Töne vernehmbar, es sind wohl doch Worte, nur unverständliche, abgedämpfte, abgewürgte. Das ist Biellau. Er reißt die Maske vom Kopf, öffnet den Mund, ist jetzt ganz still, bewegt nur die Lippen. Mit einer Hand hält er sich am Zaun fest.

Weidauer sieht zu ihm hin. Pohl ruft irgend etwas.

Nach einer kurzen Pause hält Pohl ein «Entgiftungspäckchen» hoch.

«Ja nicht verlieren», sagt er, «wir machen noch eine Unterweisung. In der Tragetasche lassen. Nur auf besonderen Befehl oder im Ernstfall entnehmen. Die Fläschchen haben verschiedene Farben. Wir sagen noch, wann was zu probieren ist. Keine Schnapsideen, nur dann, wenn's wirklich haarscharf kommt ...»

Haarscharf? Bei Nervengas? Bei Vergiftungen? Sind das Schmerzmittel? «Entgiftungspäckchen», wie das klingt. Ans Abkratzen muß ich denken, ans Sterben, an den Tod. Nicht an irgendeinen, an meinen eigenen. Aber den kann ich mir nicht vorstellen. Dieses Päckchen und sein Inhalt bedeuten vielleicht den Unterschied zwischen Leben und Tod ... Ich rutsche in diese Begriffe, in diese Vergleiche. Das ist eine Kriegssprache, die nur ab und zu harmlos klingt. Das wuchert, nimmt überhand. Erst Schutzbekleidung, dann noch Herumrennen, «kleine

Marschübungen», wie Patsch sagte, der sich verdünnisiert hat mit seiner sprechenden Maske.

Biellau lehnt am Zaun, erbricht sich. Ist fertig. Ob ich hingehe? Es wird ihm peinlich sein. Dominiak steht neben ihm. Er kann ihn ins Zimmer bringen, sie wohnen ja zusammen ...

Ich habe das Gefühl, diese glitschige Maske, den Zaun und das Lager schon lange zu kennen. Verlangsamte, alt werdende Augenblicke. Ich muß an ein Bild von Otto Dix denken, auf dem auch eine Gasmaske abgebildet war. In der 11. Klasse schrieben wir einen Aufsatz, eine Bildbeschreibung. Ich wählte eine Reproduktion von Otto Dix, schrieb mehrere Seiten gegen den Krieg, ehrlich empört, hinterher zählte ich die Wörter. Sechshundert werden es gewesen sein. Vier Stunden lag eine Schützengrabenlandschaft auf der Schulbank neben dem Federkästchen. Grauenvoller, kaum beschreibbarer Tod in Öl, auf Glanzpapier gedruckt und von Lehrer Werlich zur Bildbeschreibung angeboten. Auch «Mädchen am Strand» von einem DDR-Maler hätte ich nehmen können. Ich wollte aber dieses beschreiben, auf dem auch eine Gasmaske zu sehen war. Am Ende schrieb ich, daß Dix ein «bürgerlich-humanistischer Maler» ist. «Die pazifistische Tendenz seiner Bilder» müsse man heute «dialektisch betrachten». «Dialektisch» habe ich ganz sicher geschrieben und dafür eine Eins bekommen ...

Jetzt trage ich auch eine Gasmaske. Das kommt mir schon beinahe selbstverständlich vor. Alles wird gleich so mächtig, kommt so nahe, so dicht heran. Dann gehört es dazu, berührt die Haut, wickelt sich um die Beine. Ist schon Alltag am ersten, zweiten Tag. Bin ich denn verrückt? Träume ich? Wer auf einer Wiese bei Sonnenschein steht und einen Bombenangriff befürchtet, tickt vielleicht nicht ganz richtig. Hat Ängste, die einer Behandlung bedürfen unter Umständen. Wir stehen auf einer Wiese und bereiten uns auf einen Atomkrieg vor. Jetzt rollen wir die Schutzplanen ein und befestigen sie am Marschgepäck. Biellau ist wieder etwas zu Atem gekommen, Karausche ist schon fertig. Er steht und wartet auf den nächsten Befehl, den Schneeschuhstock in der Hand.

«Einrücken! Skiausrüstung in den Keller. Verantwortlich Soldat Karausche!»

«Zu Befehl, Genosse Unteroffizier!» ruft Karausche zu Pohl hin, der jetzt allein das Kommando führt. Weidauer ist schon vorgegangen.

Im Kompaniegebäude kommt er schlurfend ins Zimmer, sieht so herein, bleibt an der Tür stehen.

Karausche ruft:

«Achtung!»

Weidauer winkt ab, wie er es häufig macht, fragt, ob wir die Masken schon gereinigt haben. Karausche brüllt:

«Jawoll, Genosse Unterfeldwebel, schon erledigt!»

Weidauer lächelt, sieht mich an und bewegt den Zeigefinger, macht das unmißverständliche Zeichen, das auch im Märchen vorkommt bei Hänsel und Gretel.

Ich gehe ihm nach mit dem Käppi in der Hand ... Was ist denn nun schon wieder?

Karausche bleibt zurück, etwas unglücklich, wie es scheint, er weiß nicht, was los ist und was er tun soll ...

Im gegenüberliegenden Zimmer findet die erste «Gruppenversammlung» statt. Die Stube ist belegt mit vier Soldaten. Ich kenne alle vom Sehen, auf dem Flur, beim «Raustreteniststillgestanden» haben wir uns beäugt.

Als Weidauer und ich ins Zimmer kommen, springen sie auf, und einer ruft vorschriftsmäßig «Achtung». Es ist kein Hocker mehr da für den Gast aus dem anderen Zimmer, ich muß einen holen. Karausche ist weg. Als ich zurückkehre, verteilen wir uns zwischen Fenster und Tür. Weidauer schlägt vor, einen kleinen Kreis zu bilden: «Locker und kameradschaftlich», sagt er in seiner zweideutigen Art.

Wir tun, was er vorgeschlagen hat.

Ich rücke ein Stück von den Betten ab, um kein Laken zu berühren, keine Falte zu verursachen.

«Wie wir hier sitzen», sagt Weidauer, «das ist ab heute die 3. Gruppe des 3. Zuges der 3. Kompanie.»

Wir lachen.

«Dreimal die Drei.» Weidauer lacht mit. «Darauf gebe ich beim ersten Ausgang einen aus.» Er liegt mit beiden Ellenbogen auf dem Tisch, die Beine hat er weit von sich gestreckt und übereinandergeschlagen, «locker und kameradschaftlich», wie er es sieht.

Ich sehe mich im Zimmer um. Alles ist wie bei uns auch, die Holzschränke mit den Schlössern, oben das Marschgepäck und die Schutzausrüstung, die Stahlhelme, die glattgezogenen Betten mit dem blau-weißen Karomuster, die graue Tür ...

«Drei fehlen noch, Moment», Weidauer zückt ein zerknautschtes Heftchen, in dem in großer, steiler Schrift Namen eingetragen sind, «die Soldaten Strempel, Jugel und Bauer gehören noch zu uns, haben Küchendienst ... Also, was machen wir zuerst? Vorstellen am besten, jeder sagt seinen Namen, Beruf, Hobby, zum Kennenlernen ...»

Wir drucksen herum.

«Also fange ich mal an: Unterfeldwebel Weidauer, Gruppenführer. Ich komme hier aus der Gegend, in knapp einem Jahr gehe ich nach Hause ...» Er verzieht sein Gesicht. Das gibt eine Mischung aus Lachen und

Grimasse. Wann er nach Hause geht, das ist ihm wichtig. Dunkelrot ist er im Gesicht, um die Nase leuchten helle Flecken. Er sieht sich um:

«Na los, Fuchs, machen Sie mal weiter.»

Ich schlenkere verlegen mit den Armen, sage meinen Namen und daß ich bei der Reichsbahn gelernt habe, «Facharbeiter mit Abitur, zuletzt als Beifahrer tätig» …

«Welches Hobby?» fragt Weidauer.

«Hobby? Na … Lesen und Sport.»

Das Wort «Hobby» hasse ich. Meine Mutter sagte immer «Hobby», wenn sie andere auf meine Gedichte hinweisen wollte: «Und dann hat er noch ein kleines Hobby …»

Aber das war kein «kleines Hobby». In dieser Runde davon anfangen, das geht nicht. «Lesen und Sport», das ist schon richtig.

Die anderen stellen sich vor.

Harald Glöckner, mittelgroß, mit einem älteren Männergesicht, 24 Jahre, von Beruf Techniker in einer Maschinenfabrik. Er spricht leise, unsicher. Sein Mund verzieht sich, als wolle er sich entschuldigen, als wolle er immerzu sagen: «War nicht so gemeint …» Die Brille gehört zu ihm, ist nicht wegzudenken, ist in sein Gesicht eingewachsen. Einen Bügel hat er mit Pflaster verklebt. Weidauer fragt:

«Schlägerei gehabt?»

Glöckner schüttelt schuldbewußt den Kopf:

«Ist mir runtergefallen.»

Er kommt aus dem Süden, aus Zeulenroda.

Neben Glöckner sitzt aufrecht, beinahe imposant, Peter Schwabe aus Berlin.

«Ich komme aus Berlin, Hauptstadt der DDR», sagt er schmunzelnd und selbstbewußt. «Peter Schwabe mein Name.»

Das dunkle Haar nach hinten gekämmt, es glänzt, gut sieht er aus mit seinem schmalen Gesicht. Von Beruf ist er Koch. Er nennt noch den Namen des Hotels, in dem er zuletzt gearbeitet hat. Wie er spricht, mit einem säuselnden, dunklen Unterton, akzentuiert, nicht aufdringlich, ein wenig zu leise, aber gut hörbar, das überrascht mich. Im Gang, beim Raustreten, hatte ich mehr auf seine staksigen X-Beine geachtet und die großen Füße, die immer an der «Linie» hin und her rutschten. Da wirkte er unsicher, beinahe täppisch. «Eine Bohnenstange», dachte ich. Jetzt, als ich ihn sprechen höre, kommt er mir wie ein anderer Mensch vor. Und dann noch Koch. Wie kann man Koch werden? Man kann, Schwabe ist Koch. Und schämt sich nicht, im Gegenteil. Von Schwabe geht etwas aus. Was, weiß ich noch nicht.

«Ach so, mein Hobby», er wirft einen Seitenblick auf Weidauer und dreht eine Schachtel «Club» zwischen den Fingern, «kann man rauchen?»

Weidauer nickt, greift selbst in die Hosentasche, läßt sich bereitwillig eine Zigarette anbieten.

«Mein Hobby», Schwabe bedient ein goldenes Feuerzeug und hält es zuerst Weidauer hin, «ich gehe gern gut essen, koche auch zu Hause, liebe meinen Beruf. Und Reisen ...»

Schwabe, so scheint es, kennt die Welt. Zumindest einen Teil von ihr. Ungarn, die Tschechoslowakei, Polen, da wird er überall gewesen sein. Wir anderen kommen uns ein wenig trottlig vor nach seinen Ausführungen.

«Noch jemand? Emmrich?»

Weidauer sieht Emmrich an, der die ganze Zeit auf dem Hocker hin und her gerutscht war. Er hat den anderen bestimmt nicht zugehört vor Aufregung.

«Ja, ich», er hebt die Hand wie ein ängstlicher Schüler, «ich bin dran.»

Er gibt sich einen Ruck, sein rundes Gesicht mit den roten Pickeln himmelt Weidauer an:

«Landwirtschaft.»

Er massiert seine Handgelenke.

«Hobby?» fragt Weidauer.

Emmrich strahlt, als habe er ein Lob erhalten:

«Modelleisenbahn, große Anlage, viel Geld reingesteckt. Viel Arbeit und Fleiß. Mit meinem Vater zusammen, der ist Rentner, kann nur noch füttern. Eine große Anlage ...»

Weidauer nickt. Emmrich sieht die anderen an, erwartet wohl Fragen, wie viele Lokomotiven und so weiter. Das hätte er jetzt alles gern gesagt, auch die Zahl der Weichen und Tunnel, welche Spur, alles hätte er jetzt gern gesagt ... Aber keiner fragt.

«Und Ihr Vorname, Genosse Emmrich?» Weidauer läßt nicht locker, es sieht aus, als ob er sich aus irgendwelchen Gründen einen kleinen Spaß mit ihm machen will.

Als Emmrich seinen Namen hört, als er «Genosse Emmrich» hört, will er aufspringen, ist schon auf halber Höhe, setzt sich aber schnell wieder hin, läßt den Kopf etwas hängen, dann sieht er wieder auf Weidauer und beginnt zu strahlen:

«Gerd, Genosse Unterfeldwebel.»

«Alter?»

«21, gerade geworden.»

«So, so», sagt Weidauer und zieht an seiner Zigarette.

Emmrich war öfters vor mir gelaufen in der Marschkolonne. Wenn man ihn von hinten sah, marschierte da ein großer, kräftiger Kerl, der sich bemühte, alles richtig zu machen. Wenn «links» oder «rechts schwenkt» kommandiert wurde, bog er zackig und überaus prompt in die befohlene Richtung. Er fiel nicht auf. Beim Essen sprach er kaum, er schmierte und kaute. Jugel beschimpfte ihn einmal, als wir im Laufschritt auf die Straße rennen sollten. Emmrich stürzte die schmale Treppe hinunter, nahm drei Stufen auf einmal, drängte Jugel ab und überholte ihn. «Idiot», hatte Jugel ihm nachgerufen, «Trampeltier.» Emmrich tat so, als habe er nichts gehört. Während des Marschierens rächte sich Jugel und trat ihm von hinten mehrfach auf die Absätze der Stiefel. Emmrich kam aus dem Tritt, ordnete sich sofort wieder ein und drehte sich nicht um. Er machte einfach weiter.

Jetzt sind wir also zusammen in einer Gruppe.

Daß Jugel und Bauer dazugehören, finde ich gut. Wer Strempel ist, weiß ich nicht. Vom Sehen ist er mir sicher bekannt.

Weidauer blättert in seinem Heft.

«Wir werden uns jetzt öfters treffen ... Unser Ziel ist es, ein vorbildliches Kampfkollektiv zu werden», er überlegt, «ja, also ... dann müssen noch persönliche Verpflichtungen geschrieben werden. Die muß jeder mit Hand schreiben und in seinen Spind hängen, an die Innentür, daß er das immer vor Augen hat. Inhalt gebe ich noch bekannt, es gibt Muster dafür ... Und dann: Zeitungsschau. Einer ist verantwortlich. ‹Neues Deutschland› lesen und das Wichtigste berichten. Wer macht das? Fuchs? Wie wäre das?»

Ich nicke.

«Ach nein», er blättert wieder in seinem Heft, «Moment, für Sie habe ich eine andere Aufgabe. Sie lesen ja gern ... ein Buch muß gelesen werden», er blättert wieder in seinem Heftchen, «ist von A. Bek, die ‹Wo-lo-ko ... ko-lam-sker Chaussee›, das können Sie übernehmen. Abschnitte vorlesen, kurze Zusammenfassungen, wir reden dann darüber. Einverstanden?»

Ich nicke.

«Das Buch bekommen Sie von mir, es gibt genügend Exemplare. Gehört zur Pflichtlektüre eines Soldaten, mußten wir auch lesen auf der Unteroffiziersschule ... Und das mit den Zeitungen, na, wer kommt in Frage ... Glöckner!»

Glöckner zieht seinen Kopf zwischen die Schultern.

«Jawoll», sagt er und fragt nach, woher er die Zeitung nehmen soll.

«Wird jeden Morgen ausgeteilt. Ach so, das hätte ich fast vergessen: Jeder muß freiwillig mindestens eine Zeitung bestellen. ‹Neues Deutschland› oder ‹Freie Presse›, ‹Volksarmee›, ‹Armeerundschau›. Ist auch gut für das Päckchen ... schon gemerkt?»

Wir nicken.

«Aber deswegen nicht, sondern selbstverständlich wegen der Bewußtseinsbildung!» Weidauer hat wieder sein Ganovengesicht. Er ist keiner von den Überzeugten, das merkt man an diesen Stellen. Freilich zieht er alle Befehle durch und wird auch jeden melden, der aus der Reihe tanzt. Er muß davon ausgehen, daß einer in der Gruppe noch andere Gesprächspartner hat ...

«Alles klar, Glöckner? Sie sind unser Zeitungsobmann!»

«Zu Befehl, Genosse Unterfeldwebel!»

Die Gruppenversammlung der 3. Gruppe des 3. Zuges der 3. Kompanie ist damit beendet.

Weidauer geht zum Fenster.

«Hat aufgehört», sagt er und verläßt das Zimmer.

Und was jetzt? Wir stehen da und sehen uns an. So ist es schon: Wir warten darauf, daß uns mitgeteilt wird, was wir tun müssen.

Ich nehme den Hocker und gehe in «mein» Zimmer. An der Tür fragt mich Schwabe, wie alt ich bin. Ich sage es ihm.

Ob der Stubendurchgang schon stattgefunden hat? Ich stehe am Fenster und sehe wieder auf die sandige Lagerstraße hinunter, auf ihre Pfützen, auf ihre Stiefelspuren. Am Eingang des Stabsgebäudes hält ein Kübelwagen, ein Geländewagen, ein Jeep oder wie er heißt im jeweiligen Deutsch. Darf ich hier am Fenster stehen? Es könnte sein, ich werde gesehen und des Herumlungerns bezichtigt. Ich habe das Gefühl, verbotenerweise in diesem Zimmer zu sein. Warum? Weil ich nichts zu tun habe. Vielleicht habe ich einen Befehl überhört oder falsch verstanden. Vielleicht hätte ich im anderen Zimmer bleiben müssen ... Karausche ist nicht da, er kann es mir also nicht sagen. Ob er auch eine Gruppenversammlung hatte? Bestimmt. Das «Neue Deutschland» werde ich bestellen. Jetzt erst sehe ich es: Die Koffer sind weg. Gestern mußten wir unsere Adressen aufschreiben und an den Griffen befestigen. Die Schlösser sollten offenbleiben, wahrscheinlich wollte man sie noch einmal kontrollieren. Die «Zivilsachen» sind weg, meine schwarze, halblange Jacke ... Was wird Eva zu meinen kurzen Haaren sagen? Lachen ... Sie hat mich nicht mehr gesehen nach dem «Coiffeur»-Gang. Jetzt wird sie in der Schule sitzen. In der Schule. Dieses Wort kommt mir plötzlich fremd und lächerlich vor. Das Flachsen in den Pausen, die Gänge zum Klo und zur Hofpause, das Grüßen der Lehrer: harmlos und fern. Die Schultanzabende ... Und Hawel, ob er noch auf dem Güterboden der Bahn arbeitet, mein Deutschlehrer, der dann doch die Schule verlassen hatte im Sommer des Jahres 68? Der weggegangen war, weil eine «Kommission» nach der anderen hospitiert und seinen Unterricht kritisiert hatte wegen «ideologisch abweichender Tendenzen». Im weißen Hemd fuhr er mit der Stechkarre die schweren Kisten von einem Güterwagen zum anderen ... stolz, empört und geliebt von vielen Schülern. Er gab nicht klein bei, beschwerte sich, rebellierte, wollte sein Recht. Im Unterricht hatte er die Kleist-Geschichte von Michael Kohlhaas behandelt. «Eine interessante Haltung», hatte er gesagt, «wenig Aussicht auf Erfolg, aber das Gegenteil von Kriecherei ...» Wie er zum erstenmal in die Klasse kam und ein frühes Gedicht von Brecht an die Tafel schrieb, das weiß ich noch genau: «In mildem Lichte Jakob Apfelböck / Erschlug den Vater und die Mutter sein / Und schloß sie beide in den Wäscheschrank / Und blieb im Hause übrig, er allein.» Mit der weißen Kreide in der Hand fragte er: «Nun, ist das ein Gedicht? Weiß auch jemand, von wem das ist? Der schrieb auch ‹Lob des Kommunismus› ...» Wir waren verwirrt, einer sagte Becher, ein anderer Weinert. Schließlich fanden wir den richtigen Namen. So etwas machte ihm Spaß. Er hatte in Leipzig bei Bloch und Mayer studiert, mußte ein Jahr pausieren wegen «politischer Unklarheiten in der Ungarn-Frage». Ein Jahr später durfte er weiterstudieren. In der Schulbibliothek hatte er es mir gesagt, wir waren allein: «Ich verlasse die Schule.» Da mußte ich weinen und mich umdrehen zu den Regalen. Aufregung entstand, ein Schulstreik sollte beginnen ... Er warnte uns, riet entschieden ab. Ich besuchte ihn zu Hause, er lieh mir Bücher ... Das sah der Direktor nicht gern, es gab Gespräche mit meinen Eltern, Szenen der Angst und der Verwirrung folgten. Gerüchte wurden gestreut, er habe «Mädchen verführt». Schmutzig und gemein versuchte man ihn zu isolieren. Die Staatssicherheit kam in die Schule und klappte ihre kleinen Ausweise auf: «Ihr Hawel ist ein Dubček-Freund. Er unterstützt die Konterrevolution in der ČSSR ... Hände weg vom Klassenfeind! Wissen Sie noch nähere Einzelheiten, auch aus seinem Privatleben?» Ich wußte keine und besuchte ihn weiter. Als der Einberufungsbefehl für mich kam, als wir uns verabschiedeten, sagte er: «Es wird schwer.» Auch das war Schule. Aber eine andere. Eva sitzt jetzt in der von Übel, in der Schule des Majors, der Biologie unterrichtet. Vielleicht hat sie gerade Deutsch bei Frau Dr. Halbmut, die Thomas Wolfe verehrt, Kafka und Faulkner, die kurz vor der Rente steht und es sich nicht noch verderben will mit der Direktion ... als Germanistin der alten Schule, die in die CDU gegangen ist und auf Vorschlag von Kießling, dem stellvertretenden, ewig lächelnden Direktor, beim Fahnenappell sprechen muß über «die Vorzüge des sozialistischen Wahlsystems». Da steht sie mit einem Zettel und spricht über das gewünschte Thema und verkündet die gewünschten Phrasen. Ernst, mit ihrem alten, großen Gesicht, dem man das Kettenrauchen ansieht. Und hätte sie einer angesprochen auf die mangelnden Wahlmöglichkeiten bei diesem Theater, sie hätte schroff und abweisend geantwortet. «Nein, davon bin ich überzeugt! Bürgerliche Wahlkämpfe darf es hier nicht mehr geben, das ist eine Sache der Vergangenheit. Sehen Sie doch nach Amerika, da kann nur Präsident werden, wer Millionen hat. Und Martin Luther King haben sie erschossen ...» Und dann wäre sie zur Treppe gegangen und hätte sich am Geländer hochgezogen mit hüftlahmen, kleinen Schritten. Auf dem letzten Absatz hätte sie noch einmal nachgesehen, ob der unbequeme Frager weitergegangen ist. Und wenn nicht, hätte er ihren gequälten, verzweifelten Blick gesehen: «Was wißt denn ihr ...» Nach dem Weggang von Hawel in eine Klasse zu gehen und Literatur zu unterrichten, war schwer. Sie bezog sich nicht auf das vorhergehende Jahr, sondern stellte Bücher und Stücke vor. Auch Frisch und Dürrenmatt. Auch Sartre und Borchert. Sie war fair. Einen Aufsatz gab sie mir in der Pause zurück, fast heimlich, mit der Aufforderung, ihn wegzustecken. Ich hatte vom «Absterben des Staates» gesprochen und von «einer künftigen Demokratie, die ohne Repression auskommt ...» Sie hatte mir mit rotem Kuli eine «2 $^{+}$» daruntergeschrieben und bei den besagten Passagen Seitenangaben von Marx, Engels und Lenin dazugeschrieben: «MEW Seite». Offenbar wollte sie verhindern, daß in der Direktion jemand mitliest ... Den Abituraufsatz schrieben wir im Zeichensaal. Als der zweite aufsichtführende Lehrer einmal nicht im Raum war, ging sie herum und flüsterte einzelnen Verschiedenes zu. Mir sagte sie: «Eine kurze Stellungnahme zu den Augustereignissen wird erwartet ...» Sie meinte den Einmarsch in die Tschechoslowakei. Da sah ich Seidel aus meinem Haus, den sie abgeholt hatten und der «Dubček» an die Wände geschrieben und dann große Reden geführt hatte in der Milchbar. Seidel saß drei Monate im Gefängnis, kurz vor Weihnachten ließen sie ihn wieder raus. Er besuchte mich, war verändert, war älter geworden, hatte andere Augen. An ihn dachte ich. Auch an Schnur von der Plauenschen Straße, der festgenommen wurde, alles sagte beim ersten Verhör und Zeuge zu sein hatte bei anderen Prozessen. «Gegen die hat keiner eine Chance», das war sein Satz. Und die Panzer sah ich, die durch unser Viertel rollten. Eine Frau winkte, eine Arbeiterin aus Starks Fabrik. Alle anderen starrten nur. Einen Mann hörte ich sagen: «Jetzt sind die Tschechen dran, in zwei, drei Tagen geht das heute, fast ohne Blutvergießen, die Technik», sagte er, «das ist eben die Technik.» Und in Crimmitschau auf dem Bahnhof nachts gegen elf am 22. August, ich kam von meinen Großeltern aus Gotha, schrieb ich an ein Plakat, ganz klein, mit Kuli, keiner wird es bemerkt haben: «Dubček», diesen Namen, dieses Zauberwort. War das Mut? Ich weiß nicht. Überwindung hat es gekostet. Von Robert Havemann hatte ich gehört, von seinem Buch «Dialektik ohne Dogma» ... und im Radio Auszüge aus dem Leben eines Iwan Denissowitsch ... Stalin, die Lager, ich war nicht mehr ganz ahnungslos. Aber jetzt sollte ich den Abituraufsatz schreiben und hatte einen guten Rat gehört, einen geflüsterten guten Rat. Und ich erinnerte mich an ein Zitat von Castro, der ja immerhin mit Che Guevara, der so sympathisch aussah mit Bart und langen Haaren, ganz anders als unsere Funktionäre, die untersagten, daß wir seinen Namen erwähnten, Castro, der immerhin mit Che gekämpft hatte gegen ein Unrechtssystem, gegen Unterdrückung und Armut in Amerika ... Castro hatte mit Blick auf die Tschechoslowakei gesagt: «Eine furchtbar schwere Entscheidung, aber leider eine notwendige.» An dieses Zitat erinnerte ich mich im Zeichensaal der Goethe-Schule und montierte es ein. Etwas unklar blieb, wen und was ich genau meinte, vielleicht meinte ich auch die Entscheidungen des neuen Politbüros vom Frühjahr 68 ... Aber nein, es wird schon klar gewesen sein, mein Castro-Zitat, klar, überzeugend und parteilich, denn ich bekam eine Eins. Schule, Schule, Schule, dort drüben steht ein Geländewagen ... und das da unten, das ist die Lagerstraße. Und das, das bist du, Soldat F., du stehst am Fenster und trägst eine Uniform. Das andere ist Vergangenheit. Wann gibt es Urlaub? Weihnachten? In Uniform durch die Straßen gehen ... Wie lange dauert ein Urlaub? Vater war Soldat, war im Krieg. Spind einräumen, Betten bauen, das wird er kennen. Hat er das gern gemacht? Er ist sehr für Ordnung. Kaputt kam er zurück, den Körper voller Splitter. Und seine beiden Brüder tot ... Wann bekommen wir eine MPi und scharfe Munition? Bauer erzählte, daß dieses Lager im vorigen Jahr, bei der «brüderlichen Hilfe», eine Kommandozentrale gewesen ist. Sein Bruder wußte das. Alle Soldaten erhielten scharfe Munition. Die Vorgesetzten sollen sofort freundlicher gewesen sein ... Das sind Gedanken in militärischen Stuben, wenn man nicht weiß, was man tun soll ... Flörchinger kommt die Lagerstraße herunter. Schnell weg vom Fenster. Den Spind öffnen, ins «persönliche Fach» sehen. Wenn sie den Gedichtband entdecken, werden sie denken: ein Spinner. Aber machen können sie eigentlich nichts, ist ja in der DDR erschienen ... Ob ich noch einmal zum Friseur muß? Flörchinger hat so etwas angedeutet. Auf dem Gang sagte er: «Überall sehe ich lange Zotteln ...» Und das mit der Post, eine wirkliche Sauerei. Von wegen Briefgeheimnis! Wie hieß der eine? Ach ja, Stiefelbauer. Wieder muß ich lachen. Als Kind konnte ich meinen Namen nicht leiden. «Fuchs im Walde», das sagten einige. Oder «Rotfuchs», weil ich öfters eine rote Pudelmütze trug. Ein Tiername ... Stiefelbauer ist noch schlimmer. Manche machen sich nichts draus. Bauer gefällt offenbar, daß er Bauer heißt. Er sagt seinen Namen laut und deutlich, trumpft fast auf mit ihm ... Die Szene neulich auf dem Flur, als wir die Namen sagen mußten: «Jugel», sagte Jugel. Vorn brüllte einer der Unteroffiziere: «Was denn, General?» Jugel sagte: «Nein.» Er wird angeschrien: «Jugel, das sagt mir gar nichts!» «Soldat Jugel.» Jetzt hatte Jugel kapiert. Dann kam der nächste an die Reihe. Ich hörte zu, die Namen interessierten mich. Da wurde ich angerempelt, sollte den eigenen sagen, sagte ihn und setzte nach einer kleinen Pause «Soldat» hinzu. Einige lachten. Von vorn kam die scharfe, quäkende Frage: «Wie bitte?» Ich wiederholte vorschriftsmäßig Dienstgrad und Name. Von diesem Augenblick an spürte ich mehr Sympathie. Bauer flachste beim Marschieren: «Na, Fuchs, Soldat?» Ich war jetzt einer von denen, die schon einmal aufgefallen waren ... Wenn ich an die Grenze komme und schießen muß ... Diesen Gedanken dränge ich sofort weg, obwohl er mich immer mehr eingekreist ...

Ich stelle mich wieder seitlich ans Fenster.

Mit den Ohren bin ich im Flur.

Nicht daran denken ... Warum war Kannengießer im Zug so erfreut gewesen, als er erfuhr, daß wir wahrscheinlich an der Westgrenze eingesetzt werden ... Will er vielleicht ... Da geht es nicht mehr weiter. Das darf nicht gedacht werden. Hier ist Schluß, hier ist wirklich die Grenze.

Jetzt schlagen Türen.

Karausche platzt ins Zimmer.

«Na», sage ich, «auch Gruppenversammlung gehabt?»

Er nickt, nimmt den Stahlhelm vom Spind und zerrt das Marschgepäck herunter.

«Was ist?» frage ich.

«Gelände.»

Und wirklich, da ist der Pfiff schon und die verbale Begleitmusik, die gar nicht mehr so neu klingt:

«Kompanie, raustreten! Volle Ausrüstung!»

Das Tragegestell wird über die Schulter geworfen, an dem Marschgepäck und Schutzplane befestigt sind. Es besteht aus Gurten und breiten Haken, die sich am Koppel einhängen lassen, eine Mischung aus Rucksack und Hosenträger. Ich muß an meine Lederhosen denken, die auch von breiten Trägern gehalten wurden. Speckig mußte der Hosenboden sein, abgewetzt, sonst wurde man ausgelacht. An der Seite befand sich eine Tasche für den «Hirschfänger», den heißersehnten. Der Griff mußte zu sehen sein. Und wenn sogar eine «Blutrinne» auf der Klinge blitzte, ja, dann war das Ansehen auf der Straße gesichert. Ein Taschenmesser genügte da nicht, es mußte ein Hirschfänger sein. Schnitzen konnte man mit ihm und «spicken», wie wir sagten: er ließ sich mit einigem Geschick an Bäume und Bretterzäune werfen. Auch das Fingerspiel – die Messerspitze hüpft möglichst schnell zwischen den Fingern hin und her, nach einer Weile werden die Augen etwas geschlossen und das Messer setzt seinen Kriegstanz fort –, auch das wurde geübt.

Jetzt also wieder das Tragegestell mit Marschgepäck und Schutzausrüstung vom Schrank nehmen ... als ob das vorhin nicht schon genügt hätte ... und in Kürze kommt eine Maschinenpistole mit Seitengewehr hinzu ... kein Schneeschuhstock ... Wir sind ja nicht im Kindergarten, sondern bei der Armee, im Grenzausbildungslager Johanngeorgenstadt im Erzgebirge.

VI

Mittags kehren wir vom Geländemarsch zurück. Ausgiebig haben wir die Schutzbekleidung getragen. Im Kompaniegebäude müssen wir als erstes die Masken reinigen, mit Wasser ausspülen, schrubben und trockenreiben. Dann das Marschgepäck verstauen, die Kopfbedekkung wechseln – der Stahlhelm kommt wieder auf den Schrank, seine Stelle nimmt das Käppi ein. Und ab geht es zum Essen. Für die halbe Stunde Mittagspause habe ich mir einen Gang in die Kantine vorgenommen. Karausche will mitkommen. «Wenn nichts dazwischenkommt», hat er gesagt.

Wir sind wieder in unserer Stube, das Essen hat mir nicht geschmeckt, es gab Fisch, Hering. Einer von den gegenüberliegenden Zimmern hat meine Portion gegessen, ich weiß seinen Namen noch nicht.

Die Kantine, das sagte mir Jugel, befindet sich im Erdgeschoß eines Hauses in der Nähe der Umzäunung. Wahrscheinlich dort, wo der Gasalarm stattfand am Vormittag.

Ich nehme mein Portemonnaie und gehe los.

Karausche kommt mit, ruft mich aber an der Treppe zurück.

«Willst du dich nicht abmelden?»

«Abmelden?» frage ich.

Karausche klopft an eine Tür, ein «Herein» ist zu hören, weg ist er. Ich stehe unschlüssig vor Weidauers Zimmer, klopfe dann aber auch.

Weidauer liegt auf dem Bett, Pohl ebenfalls.

«Na», sagt Weidauer und nimmt die Zigarette nicht aus dem Mund.

«Genosse Unteroffizier, ich möchte in der Kantine Kuchen holen.»

«Und?»

«Zwei Stück Kuchen.»

«Ist das alles?»

«Jawohl, ich wollte mich abmelden.»

«Ja.»

«Ich verstehe nicht ...»

Weidauer nimmt die Zigarette aus dem Mund.

«In zehn Minuten sind Sie wieder hier.»

«Zu Befehl, Genosse Unteroffizier, in zehn Minuten wieder hier.»

Ich stehe stramm und verlasse das Zimmer. Wo ist Karausche? Schon gegangen? Soll ich warten? An der Tür zu horchen, hinter der er verschwunden ist, traue ich mich nicht. Vielleicht wartet er unten, sage ich mir und denke an die zehn Minuten, die mir Weidauer gegeben hat.

Aus dem Waschraum tritt Jugel, er kommt mit.

«Hast du dich abgemeldet?» frage ich.

Er nickt.

Die Kantine liegt im Erdgeschoß. In Türnähe stehen einige Tische mit Decken aus Wachstuch, auf Stühlen sitzen Unteroffiziere und trinken Kaffee. Im hinteren Teil des Raumes, der mir groß erscheint, befindet sich der Ladentisch, hinter dem eine junge Verkäuferin steht. Eine Frau! Links und rechts sind Kästen mit Flaschen aufgestapelt. Davor steht eine Schlange, zehn, zwölf Personen werden es sein. Wir stellen uns an. Ich sehe auf die Uhr. Da steht auch Karausche.

Zwei Unteroffiziere gehen wie selbstverständlich an uns vorbei, lassen sich bedienen. «Na, Jutta», sagen sie und stopfen Zigarettenschachteln in ihre Taschen.

Ein älterer Mann kommt zwischen den Kästen hervor und bedient mit. Er beeilt sich, scheint zu wissen, daß wir wenig Zeit haben.

In der Schlange stehen Soldaten, «Neue» wie wir und einige «Pfeffis», die aussehen, als überlegten sie, ob sie auch einfach nach vorn gehen sollen.

Dominiak kommt an mit einer Bockwurst und einer Tasse Kaffee. Er läuft langsam, will nichts verschütten, sieht uns nicht.

Zwei sind noch vor uns. Die zehn Minuten sind um. Soll ich zurückgehen? Immerzu sehe ich auf die Uhr. «Schaffen wir noch», sagt Jugel, «erst dreiviertel eins.» Ich nicke und verschweige Weidauers Zehn-Minuten-Frist. Karausche verläßt mit schnellen Schritten die Kantine. Die Verkäuferin trägt einen blauen Angorapullover. Sie lächelt und weiß, daß alle sie anstarren. Etwa dreißig ist sie und hat einen goldenen Ring an der linken Hand. Es gibt Apfel- und Aprikosenkuchen, Limonade, Kekse, auch Wurst und Käse, Rauchwaren, sogar Kragenbinden, Schrankschlösser und Seife. Jugel zeigt auf ein Päckchen mit Präservativen.

Ich kaufe zwei Stück Aprikosenkuchen, eine Flasche Limonade und eine Schachtel «Carmen» ohne Filter. Die hat immer mein Klassenlehrer geraucht. Auf der Pakkung ist ein Mädchen abgebildet, das einen großen, runden Ohrring trägt. Sie sieht aus, wie eine Zigeunerin aussieht auf solchen Abbildungen. Die Verkäuferin mustert die anstehende Reihe. «Die Neuen», wird sie denken, «sehr jung und ziemlich schüchtern.»

Kaum einer spricht. Nur die Unteroffiziere an ihren Tischen reden und lachen laut. Sie kennen sich aus, sind Vorgesetzte und sagen «Jutta».

Mit Jugel gehe ich zurück. Dominiak schließt sich an. Er hat Bohnenkaffee getrunken und eine Bockwurst gegessen. Jetzt schreitet er aus wie ein Held.

«Übrigens», sagt er zu mir, «der Siggi ist wahrscheinlich krank. ‹Geh zum Arzt›, habe ich gesagt. Aber der kann sich nicht entschließen. Morgen früh will er sich melden. Hat Angst aufzufallen, komisch. Ihr kennt euch?»

Ich nicke. Dominiaks Sorge ärgert mich. Auch daß er «Siggi» sagt. In seinen Worten ist etwas Feixendes, Unechtes. Aber vielleicht will er Biellau wirklich helfen.

«Was hat er denn?» frage ich zurück.

«Erkältung, Grippe wahrscheinlich. Und was mit dem Herzen. Das sagt er jedenfalls.»

Ich muß Biellau besuchen. Ich habe bei ihm übernachtet. Jetzt tue ich so, als ob wir uns kaum kennen. Vitamintabletten habe ich im Waschbeutel. Die werde ich ihm geben.

Als ich das denke, fühle ich mich plötzlich besser. Wie im Flur, als ich zuerst meinen Namen und dann den Dienstgrad nannte und angepfiffen wurde. Wie auf dem

Rückmarsch vom Essengebäude, als Känguruhn herumbrüllte und Jugel leise und verächtlich «ja, ja» sagte. In solchen Augenblicken komme ich mir wieder wie ein Mensch vor.

Mit meinem Kuchenpäckchen und der Limonadenflasche schleiche ich den Gang der 3. Kompanie entlang. Ob Weidauer auf die Uhr gesehen hat, ob er mich erwartet?

Nein, er erwartet mich nicht.

Karausche sitzt im Zimmer und ißt Kuchen.

«Ich bin vorgegangen», sagt er.

Ich nicke und wickle meine Kostbarkeiten aus.

«Apfelkuchen schmeckt auch gut», sagt Karausche, knüllt das Einwickelpapier zusammen und verläßt das Zimmer.

Punkt eins ertönt der Pfiff im Flur. Als wir an der «Linie» stehen, geht Flörchinger von Kopf zu Kopf und begutachtet den Haarschnitt. Acht Soldaten findet er, die ihren Namen sagen müssen, den er in ein kleines Buch einträgt. Er befiehlt:

«Im Laufschritt zum Friseur, und zwar sofort. Trainingsanzug an und ab!»

In Begleitung von Krause, dem Unteroffizier aus Weidauers Zimmer, der bei meiner ersten Vorstellung so giftig «raus» gerufen hatte, traben wir durch das Lagertor ins Freie. Flörchinger hatte uns daran erinnert, daß «ein anständiger Haarschnitt auch Geld kostet». Ein Zweimarkstück hüpft in meiner Hosentasche. Ich stecke es unter das Taschentuch, damit es nicht verlorengeht. Zuerst nahm ich an, daß diese Prozedur im Lager vorgenommen wird. Doch jetzt sind wir auf der Straße und rennen ins Innere des Ortes, in Richtung Kulturhaus.

«Aber meine Haare sind doch kurz, genügt denn das nicht», wollte ich sagen, als Weidauer aussortierte. Ich habe es gelassen, weil ich die Antwort schon kannte. «Wer zum Friseur muß, bestimme ich und sonst niemand. Diskutieren Sie nicht, ziehen Sie Ihren Trainingsanzug an und ab!» Vielleicht hätte er noch hinzugefügt: «Oder wollen Sie einen Befehl verweigern?»

Nein, das wollte ich nicht.

Also renne ich jetzt zum Friseur, Krause rennt mit. Er auf dem Fußweg, wir auf der Straße, hart am Rinnstein.

Vor einem kleinen Laden machen wir halt. Krause öffnet die Tür und winkt uns herein. Da ist er wieder, der «Coiffeur»-Geruch, Haarwasser, Seife, Parfüm ...

Der Reihe nach werden wir von einem Mann, einem Friseurmeister – die Urkunde hängt an der Wand –, in einen Stuhl gerufen. Es geht ganz schnell. Er fragt nicht, wie wir es haben wollen. Er lächelt dem Unteroffizier zu und bindet das gelbe Cape um, das gelb ist wie Erbrochenes. Dort hängen die weißen Stoffumhänge für die anderen Kunden. Um meinen Hals wird jetzt das gelbe Wachstuchcape für Kinder und frisch gezogene Rekruten gebunden, die schwitzend angerannt kamen in grauen Trainingsanzügen.

Die Aufgabe besteht darin, uns einen «sauberen militärischen Haarschnitt» zu verpassen. Also schnippelt der Friseur los, seine Haare sind grau und fettig und ziemlich lang, Siegelringe trägt er an den Fingern. Er richtet uns zu und kassiert eine Mark, ich kann zusehen, wie unsere Köpfe kahl werden, wie unsere Ohren wachsen, die Spiegel sind groß genug. «Wenn das jemand sieht.» Und einer sieht es, einer sitzt still und gerade, einer, der hier nicht zählt, der nur ein paar Körperhaare verliert, die zusammengefegt werden auf dem blankgebohnerten Fußboden dieses Salons.

«Jetzt seht ihr wenigstens wie Menschen aus!» sagt er.

Jetzt schlagen wir ihm die Fresse ein, denken wir und bezahlen eine Mark für «Fassonschnitt», dann im Laufschritt zurück, die Hauptstraße entlang, an den Schaufenstern vorbei und den Gesichtern einiger Leute. Und alle starren dich an, denkst du, und keiner sieht dich, nur einer, und das bist du selbst.

Vor mir rennt Glöckner, Harald Glöckner aus meiner Gruppe. Er tröstete mich. Als ich frisch frisiert aufstand und mich zu den anderen umdrehte, sah mich Glöckner an und sagte: «Sieht gut aus, wirklich, sieht gut aus, steht dir.» Dabei faßte er sich an die Brille, die nicht wegzudenken war aus seinem Gesicht, und strich über den mit Pflaster verklebten Bügel. Er tröstete mich.

Jetzt renne ich hinter ihm her und sehe seinen «sauberen militärischen Schnitt», den weit oben vollzogenen Übergang von Hals, Kopf und Haar, die helle Fläche der Haut, die sichtbar geworden ist und auch Flörchinger überzeugen wird. «Sieht gut aus, Glöckner, wirklich, sieht gut aus.» Danke, Glöckner, daß du es gesagt hast, als ich vom Stuhl des Meisters aufstand mit Fassonschnitt und gewachsenen Ohren. Ist das alles nicht so schlimm?

Als wir ins Lager zurückkommen, sehen wir Klammer, der von zwei Unteroffizieren am Stabsgebäude vorbeigeführt wird. In einer Hand hält er einen Eimer, in der anderen einen Schrubber. Er muß wohl etwas saubermachen. Als uns die Unteroffiziere bemerken, treiben sie Klammer zur Eile an. Er muß rennen. Er hat kurze Haare. Wo ist seine Gitarre? Jetzt heißt es auch bei uns «dalli, dalli». Wir rennen weiter und sehen Klammer, wie er mit Eimer und Reinigungsgerät über den Appellplatz stolpert. Auch er also. Ich spüre ein kurzes Gefühl der Genugtuung. Und eine verquere Wut, die sich gegen das Opfer richtet: Er hat es auch nicht geschafft. Als hätte es Klammer allein schaffen können, ‚als wären wir nur Opfer und nicht auch Brüder und künftige, befehligte Täter.

Vor dem Kompaniegebäude warten die anderen schon. Es gibt Zurufe:

«So ist es fein» ... «Fassonschnitt muß sein» ...

Wir müssen schnell die Dienstuniform anziehen und mit Käppi und halbhohen Schnürschuhen, den «Auschwitzern», auf die Lagerstraße rennen und uns in die Marschordnung einreihen. Es geht zum «Unterricht», wie ich höre.

In Zweierreihen rücken wir in ein Haus in der Nähe der Umzäunung ein, dicht neben der Kantine gelegen. Pohl führt uns in einen größeren Raum, in dem Tische und Stühle stehen. Wir setzen uns und warten auf den «Lehrer», nachdem Pohl sich auf den Flur verzogen hat und eine Zigarette raucht.

Ob Werlich hereinkommt, unser Zeichenlehrer? Das Mobiliar erinnert mich an den Zeichensaal, in dem wir auch den Abituraufsatz geschrieben haben. Und vorher die Bilder von Rembrandt, Repin, Picasso und Otto Dix betrachteten, das «Kriegstriptychon», von einem Projektor an die Wand geworfen ... Und die von Goya über Ungeheuer und Herrscherfamilien. Und die neuen strengen Herrscher eingerahmt an der Wand, die Mauer des Hauses hinter sich, vor sich unsere Gleichgültigkeit, unser Lachen, unser Ducken ... Und in der Pause flog ein Schwamm an die Wand oder ein durchgekautes Löschblatt, das als Klumpen an der Decke festklebte ... Als

Herr Werlich uns beibringen wollte, wie man Menschen malt, hat er das große Lineal genommen und mit Kreide einige waagerechte und senkrechte Striche gezogen. Dann hat er das Verhältnis Körper–Kopf abgemessen, ich glaube, mit einem Holzzirkel, eins zu sieben oder eins zu acht bei Erwachsenen ... Und dann hat er an den Linien entlang zwei Menschen gemalt, der eine still und aufrecht stehend, die Hand an der Hosennaht, die Finger zur Faust geballt, der andere machte einen Schritt nach vorn. Lehrer Werlichs Menschen sahen wie Soldaten aus, vielleicht trugen sie auch Stahlhelme. Aber das kann ich mir auch nur einbilden, weil ich jetzt in einem militärischen Schulungsraum sitze, der unserem Zeichensaal ähnelt. Das will ich also nicht beschwören. Den Eid müssen wir erst noch leisten, den feierlichen Fahneneid ... Solche Menschen malte Herr Werlich an die Tafel. So sahen auch die Helden auf den Plakaten aus, von einem «Verdienten Künstler des Volkes» mit Schablonen gestaltet. Farben kamen hinzu, strahlende, optimistische Farben. Und auf den Gesichtern das Lächeln des Siegers. In Unterwellenborn, vor dem Bahnhof, habe ich solche gemalten Menschen gesehen. Und daneben die Zahlen des Sozialistischen Wettbewerbs, der übererfüllten Pläne. Und darunter, auf den Fußwegen und Bahnsteigtreppen, die Gesichter der Schichtarbeiter, ihre Witze, ihre Müdigkeit, ihre abwinkende Selbstsicherheit. Wenn man von ihnen aufsah zu den gemalten Menschen, wurde man traurig, sehr traurig. So leer und strahlend starrten die in einen verrußten Himmel. Unten ging das Leben weiter, da kamen sie aus den Toren der Maxhütte mit Campingbeuteln und abgeschabten Aktentaschen, schwangen sich auf Motorräder, Mopeds, einige auch auf Fahrräder, stiegen in kleine Autos. Schnell nach Hause wollten sie, die Kinder noch sehen vor dem Zubettgehen ... «Wochenende hab ich Nachtschicht ... ich hab frei ... wer geht noch einen zischen ... Zigarette?» Gelächter, Flüche, Müdigkeit. Die gingen an den gemalten Menschen vorbei, an ihren Plänen und Zahlen, ohne hinzusehen. Da ging das Volk, die Arbeiterklasse, die nicht die Macht hat in diesem Staat ... da ging sie zu den Vorortzügen und Bussen, die nach Pößneck und Kleinkamsdorf fahren ...

«Achtung!»

Wir springen auf.

Oberleutnant Patsch kommt herein mit einer Mappe unter dem Arm. Pohl macht Meldung und verläßt den Raum. Wir dürfen uns setzen. Patsch legt seine Mappe auf den Tisch vor die aufklappbare Tafel.

«Genossen Soldaten, wir werden uns jetzt mit einigen Problemen der Schießlehre beschäftigen. Was gibt es denn für Waffen, na ...» Patsch sieht in die Runde und spitzt seinen großen, runden Mund.

Dominiak meldet sich.

«Maschinenpistolen, Genosse Oberleutnant.»

«Ja, Maschinenpistolen, das ist richtig ... Und welche haben wir?»

Einige rufen:

«Kalaschnikow.»

«Melden», ruft Patsch, und sein vorher recht sonniges Gesicht verfinstert sich, «melden, das darf ich doch wohl in einer sozialistischen Armee erwarten!»

Dominiak meldet sich. Er winkelt dabei den Arm an, so daß zwischen Ober- und Unterarm ein rechter Winkel entsteht, die Finger preßt er flach aneinander. Er erinnert mich an die Stunden bei Herrn Zaradnik. Klasse 3c und Klasse 4c. Herr Zaradnik war ein großer, strenger Mann mit einem jungen, groben Gesicht. Er trug immer gebügelte Hosen und ein grünlich-graues Wolljackett, an dem ein ovales Parteiabzeichen befestigt war: Zwei Hände gaben sich die Hand, er war Mitglied der «Sozialistischen Einheitspartei Deutschlands». Wir fürchteten und liebten ihn. Er hatte als einziger Lehrer unserer Klasse keine Disziplinschwierigkeiten. Lerngruppen wurden gebildet, Punktbewertungen jedes einzelnen Schülers standen an der Wandzeitung. In seinem Unterricht war es still. Wir mußten geradesitzen und dabei die Arme auf dem Rücken verschränken. Wer sich melden wollte, mußte es so wie Dominiak tun. Er hatte dabei auf ruhige, ausgewogene Bewegungen des erhobenen Armes zu achten. Am meisten haßte Herr Zaradnik das aufgeregte, impulsive Armheben und womöglich noch Mit-dem-Finger-Schnipsen. Besondere Anerkennung fand der, dessen Arm einen rechten Winkel bildete und dessen Ellenbogen auf der Schreibfläche der Bank lagerte. Der Blick mußte nach vorn gerichtet sein, bei der Antwort kam es auf schnelles, geräuschloses Aufstehen und ruhiges Sprechen an. Herr Zaradnik war streng und sportlich. Er machte mit uns Geländespiele, entfachte abendliche Feuer und ließ uns über die Flammen springen. Wir waren begeistert. Ich gehörte zum «Gruppenrat» der Klasse. Im Unterricht erzählte er auch hin und wieder von anderen Ländern. In Amerika, hörten wir, laufen Frauen mit sehr hohen Stöckelschuhen herum. Im Absatz befindet sich ein kleines Aquarium mit richtigen Fischen, was natürlich Tierquälerei ist. Die Männer tragen Krawatten, auf denen nackte Frauen abgebildet sind. In der Sowjetunion tragen alle Kinder rote Halstücher, und die Väter sind Offiziere der Roten Armee. Am Nachmittag geht «Timor und sein Trupp» herum und hilft alten Menschen, trägt Kohlen in die Wohnungen und kauft ein. Wer einen Papierschnipsel auf die Straße wirft, wird verhaftet. Wir hörten mit offenen Mündern zu. Am Ende der vierten Klasse, wenige Wochen vor der

Zensurenausgabe, erhielten wir plötzlich einen neuen Klassenlehrer. Herr Zaradnik kam an eine andere Schule. Als Familienvater war er von Schülern der Parallelklasse Arm in Arm mit Frau Bönisch gesehen worden, unserer Turnlehrerin, die auch prima war, weil sie uns jede Stunde «Völkerball» spielen ließ. Den Verrätern der feindlichen Klasse schworen wir Rache und prügelten uns bei jeder Gelegenheit mit denen, die uns unseren Herrn Zaradnik genommen hatten. Noch einige Tage nach seiner Versetzung meldeten wir uns mit rechtwinkligen Armen und saßen als ewig treue Kadetten in den Bänken, die Arme auf dem Rücken verschränkt. Dann ließ die Zaradniksche Zucht nach ... die Arme begannen wieder, wie beliebige, unordentliche Gliedmaßen an sich rekelnden und sich streckenden Schülerkörpern herunterzuhängen ... der Schliff ging verloren, Disziplinlosigkeiten und sogar Fingerschnipsen griffen um sich ...

Patsch weist mit der Hand auf Dominiak. Der erhebt sich, steht stramm und sagt laut und akzentuiert:

«Genosse Oberleutnant, es handelt sich um die Maschinenpistole KM, in Klammern Kalaschnikow.»

Einige lachen über das «in Klammern» und drehen sich zu Dominiak um, neben dem eine Abbildung von «Schützenwaffen» an der Wand befestigt ist. «Variante KM mit Kolben», kann man lesen, «KmS mit abklappbarer Schulterstütze. Kaliber 7,62 mm, Masse 4,3 / 3,1 kg. Länge 870 mm. Feuergeschwindigkeit 90 bis 100 Sch/min. Günstigste Schußentfernung bei Einzelfeuer 400 m, auf Gruppenziele 500 m.»

Patsch tritt an diese Abbildung heran mit einem Zeigestock, liest vor, was da geschrieben steht, dreht sich bei jeder technischen Angabe triumphierend um und pocht mit Nachdruck auf die anderen Waffen, die zu sehen sind, auf die «Pistole Makarow», auf das leichte und das «schwere Maschinengewehr SMG PK», auf die «Panzerbüchse RPG 7» …

Ist das die Schrift an der Wand?

Oberleutnant Patsch geht zurück zur Tafel und verkündet mit feierlicher Stimme:

«Genossen Soldaten, auch Sie werden diese Waffen tragen! Das sind kampferprobte, großartige Waffen. Unsere Waffenbrüder tragen die gleichen, das erhöht unsere Kampfkraft entscheidend … Möglicherweise haben Sie bereits in der schulischen Ausbildung oder im Rahmen der ‹Gesellschaft für Sport und Technik› mit Luftgewehren und gegebenenfalls mit Kleinkalibergewehren geschossen. Jetzt werden Sie lernen, mit hochmodernen Schützenwaffen umzugehen, wie sie die Soldaten unserer Nationalen Volksarmee im Gefecht tragen. Äh … falls es dazu kommt. Äh … jedenfalls im Dienst, an der Staatsgrenze der Deutschen Demokratischen Republik. Mit diesen Waffen werden wir jeden Gegner bezwingen … Ja, was ist denn …»

In der vorletzten Reihe meldet sich ein kleiner Soldat aus dem 1. Zug, er springt auf, ist ganz aufgeregt.

«Aber, aber … der Feind, Genosse Oberleutnant, der Feind hat doch auch Waffen …»

Patsch stutzt, spitzt seinen Mund und beginnt dann energisch zu nicken.

«Jawoll, Genosse Soldat, der Feind hat auch Waffen, sogar gute Waffen!»

«Dann, wie soll ich sagen, dann …» der kleine Soldat ist rot geworden im Gesicht, «… dann ist ja gar nicht gesagt, daß wir gewinnen …»

Patsch macht eine abwehrende Handbewegung.

«Wir gewinnen! Und wissen Sie warum, Genosse Soldat?»

Er macht eine Pause und sieht in die Runde, sein Gesicht entspannt sich, der kleine Soldat setzt sich langsam wieder auf seinen Stuhl … «Der Feind hat gute Waffen, jawohl, aber wir, Genossen Soldaten, wir haben die besseren Waffen …» Oberleutnant Patsch prüft die Wirkung seiner Worte, ist offenbar nicht ganz zufrieden, beginnt wieder mit dem Kopf zu nicken, sein Kinn hackt mit großer Entschiedenheit Löcher in die Luft, jetzt hebt er den Zeigefinger der rechten Hand. «Aber unsere besseren Waffen müssen auch bedient werden, an ihnen muß man ausgezeichnete Schießergebnisse erzielen, wenn man im Gefecht oder bei Grenzprovokationen den Feind besiegen will! Es liegt an Ihnen, Genossen Soldaten, auf den Stand ihrer Gefechtsbereitschaft kommt es an … das Beherrschen der Waffe ist von entscheidender Bedeutung.» Er tritt zur Tafel und nimmt ein Stück Kreide. «Sehen Sie …» Er malt zwei Linien, die einen rechten Winkel bilden, «sehen Sie …» Vom Schnittpunkt der beiden Linien läßt er eine Gerade steil ansteigen. «Das ist die angenommene Flugbahn des Geschosses. Was muß ein Schütze wissen? Ist das die Flugbahn des Geschosses?» Er sieht sich um, sein Gesicht ist in Besitz von Kenntnissen, das ist unverkennbar. «Na, keine Meldungen, weiß das keiner? Vormilitärische Ausbildung, na, na?»

Einer meldet sich und sagt, daß das Geschoß nur eine bestimmte Reichweite hat.

«Richtig!» Patsch tritt wieder zur Tafel. «Die eigentliche Bahn sieht etwa so aus.» Er malt eine ansteigende Linie, die nach dem Erreichen einer gewissen Höhe in einem sanften Bogen zur Waagerechten, zur Erde, zum Schlachtfeld zurückkehrt. «Warum ist das so? Ganz einfach: Luftwiderstand und Schwerkraft! Luftwiderstand und Schwerkraft! Verstanden? Nach unten wirkt die

Erdanziehung ...» Ein Kreidepfeil, von Patsch gezogen, zeigt Richtung Fußboden. «Und von vorn bläst dem Geschoß der Wind ins Gesicht! Nun kommt es darauf an, welche Geschwindigkeit die Kugel hat, welche Form, welche Oberfläche und ...» Patsch zögert, greift nach seiner Mappe, blättert, findet es, strahlt und verkündet mit sicherer Stimme: «Auf das Kaliber des Geschosses kommt es an ... und wie dicht die Luft ist, äh, die Dichte der Luft ... Physikunterricht, äh ... Ballistik ... wer weiß, was Ballistik ist?»

Keiner meldet sich. Von den hinteren Bänken ist ein leises «Pängpäng» zu hören, dazu ein wenig Gekicher. Oberleutnant Patsch läßt sich nicht stören, er erklärt uns jetzt, was es mit der Ballistik auf sich hat.

«Ballistik, das ist die Wissenschaft von den Bewegungsgesetzen.» Er spricht langsam und melodisch, Laut für Laut, Silbe für Silbe perlt aus seinem Mund. Die großen Zähne sind gut sichtbar. «... von den Bewegungsgesetzen sowie der Wirkung von Flugkörpern, das können Geschosse sein, die mit Hilfe von komprimierten Gasen oder Raketentriebwerken auf ihre Bahn gebracht werden ...»

Bei dem Wort «Raketentriebwerk» hat es den Anschein, als wolle sich Oberleutnant Patsch mit angelegten Armen auf eine Erdumlaufbahn begeben, so bewundernd-heftig kommt das aus seinem Mund ...

«Und noch etwas möchte ich an dieser Stelle ausdrücklich betonen», setzt er hinzu. «Der sachkundige und schonende Umgang mit der Waffe erhöht die Trefferdichte und die Lebensdauer entscheidend. Entscheidend! Vor allem das tägliche Reinigen der Waffen ...» er sucht nach Worten, «entscheidet ... über Wohl und Wehe, äh, Wohl und Wehe im modernen Krieg. Kurz gesagt, Genossen Soldaten, ich erwarte nicht, daß jeder von Ihnen in der ersten Stunde weiß, welche Elemente der Flugbahn nach ballistischen Gesichtspunkten ...» er greift nach dem Hefter, «unterschieden werden: Mündungswaagerechte, Seelenachse, jawohl, Seelenachse, Erhöhungslinie, Abgangslinie, Visierlinie, verlängerte Visierlinie ... das erwarte ich nicht, das sind Spezialkenntnisse, die man sich erst nach und nach aneignen kann. Damit wären Sie überfordert! Aber! Was ich erwarte: Sorgfältiges Waffenreinigen! Und das», fügt er lächelnd und leise hinzu, «werden wir Ihnen beibringen, Genossen Soldaten! So ...» er sieht kurz auf die Uhr, «... verhalten Sie sich ruhig, ich komme gleich wieder.»

Oberleutnant Patsch verläßt den Raum.

Jugel, der neben mir sitzt, lehnt sich zurück und verschränkt die Arme hinter dem Kopf. «Pitsch – Patsch», sagt er und sieht aus dem Fenster. Andere Soldaten stehen interessiert vor der Abbildung der Schützenwaffen und machen sich auf Details aufmerksam. Patsch kommt zurück und hält eine MPi in der Hand.

Sofort tritt Ruhe ein.

Alle sehen auf die glänzende, dunkle Waffe.

Oberleutnant Patsch lehnt sich an seinen Lehrertisch und hält die Kalaschnikow locker im Arm. Mit der Hand streicht er über ihren Gehäusedeckel. Auch Jugel hat sich nach vorn gebeugt. Ein gewisses Raunen geht durch die Reihen, das Überraschung und Interesse ausdrückt. «Sieh mal an», heißt das, «eine MPi ... bald weiß ich, wie die funktioniert ... dann kann ich mit einer Kalaschnikow umgehen ...»

Ein Entgegenkommen ist plötzlich im Raum, eine Aufmerksamkeit, als ob ein Krimi begonnen und sich die Holzpistolen am Gürtel von uns Jungen in richtige Waffen mit scharfer Munition verwandelt hätten ...

Nach dem ersten nahen Zeigen der Waffe müssen wir auf den Stuben Schuhwerk und Kopfbedeckung wechseln. An die Füße kommen die «besseren» neuen Stiefel, auf den Kopf der graue Stahlhelm, der mir immer schwerer vorkommt, mehr lastend als schützend, ein Ungetüm, das sich auf mir breitmacht, eisern und straff ... und die letzten eigenen Gedanken vertreibt ...

Angesetzt ist Exerzieren, das «Laufenlernen», von dem schon mein Gothaer Großvater lachend und immer noch ein wenig furchtsam berichtete. Er war 1914 an «militärisches Auftreten und Disziplin» gewöhnt worden. Auch noch im hohen Alter zuckte es vorschriftsmäßig in seinen Gliedern, wenn entsprechende Kommandos und Marschrhythmen erklangen. Sein Gesicht wurde in solchen Momenten von einer merkwürdigen freudigen Starre heimgesucht, die auf Befehle wartete. Hinterher lachte er über sich selbst.

Und jetzt bin ich an der Reihe. Die Antreteordnung in größeren Gruppen habe ich schon begriffen, Flügel, Front, Zwischenraum, Abstand, das ist einigermaßen klar. Die 3. Kompanie hat einige Aktionen hinter sich, «In Marschordnung antreten! Marsch!», das kannte ich. Vertrauter war mir allerdings das «Im Laufschritt! Marsch!» Vor allem die Arme müssen zackig angewinkelt werden.

Wir marschieren auf den freien Platz neben das Stabsgebäude und teilen uns in Gruppen auf. Weidauer befehligt die 2. und 3. Gruppe. Er hat uns «Einzel- und Gruppenausbildung» zu erteilen. Oberleutnant Patsch läuft umher und bewahrt den Überblick, gibt Ratschläge und notiert sich zwischendurch irgendwelche Geistesblitze oder Beobachtungen (oder Namen) in ein kleines Buch. Die rechte Hand steckt nach Feldherrenart in der Öffnung der Uniformjacke, etwa in Herzhöhe.

Weidauer erläutert als erstes die «Grundstellung», die auf das Kommando «Stillgestanden», «Achtung» oder «Raustreten» einzunehmen ist. Diese Stellung kennen wir, haben sie vom ersten Tag an vollführen müssen bei fast allen Anlässen. Wir kennen sie auch aus Filmen und von den traurigen oder unheimlich-heiteren Frontberichten unserer Väter und Großväter. Und haben sie geübt in der Schule, bei Fahnenappellen und Turnübungen. Weidauer hat die Aufgabe, sie uns noch einmal «ordentlich» – hatte Patsch nicht sogar «wissenschaftlich» gesagt? – zu erläutern und beizubringen.

Er läßt uns antreten und leiert ein Kurzreferat herunter, das er offenbar auf der Unteroffiziersschule gelernt und bis heute nicht vergessen hat. Die Sätze klingen eingepaukt:

«In der Grundstellung steht der Soldat in gerader Haltung still. Die Hacken sind aneinander- und die Fußspitzen eine Fußbreite auseinandergestellt. Das Körpergewicht ist gleichmäßig auf die Ballen beider Füße verteilt. Die Knie sind durchgedrückt. Der Oberkörper ist aufgerichtet und leicht nach vorn geneigt. Leicht, nicht wie im Bad vor dem Kopfsprung! Die Brust ist etwas vor, und die Schultern sind auf gleiche Höhe gebracht. Die Arme sind leicht angewinkelt und die Ellenbogen nach vorn gebracht. Die Hände sind zur Faust geballt und mit den Mittelfingern an die Hosennaht gepreßt. Die Daumen liegen an den Zeigefingern. Der Kopf ist leicht angehoben, das Kinn ein wenig angezogen, der Blick frei geradeaus gerichtet, und die Muskeln sind angespannt!»

Weidauer hat eine Rede gehalten. So viele Sätze hintereinander habe ich noch nicht von ihm gehört.

Um uns herum kurven verschiedene Marschkolonnen. Sie biegen nach links oder rechts ab, stapfen auf der Stelle, Kommandos ertönen, es ist ein richtiger Kasernenhof ... Dazu das diesige Novemberwetter dieser Gebirgslandschaft; auf den Dächern der Unterkünfte liegt eine dumpfe, schwere Feuchtigkeit, die in uns dringt. Unter dieser Wolkenglocke steht Weidauer und bemüht sich, den eigenen Körper in Übereinstimmung mit den soeben referierten Anweisungen zu bringen. Es gelingt ihm. Da stören auch seine leichten O-Beine nicht und die enorm großen Stiefel, möglicherweise eine Sonderanfertigung. Die gehören dazu. Und auch die flammende Röte seines Gesichts gehört dazu, die durch das grüne Grau der Uniform gut zur Geltung kommt trotz der einsetzenden Dämmerung.

«Kröhnke», ruft er. «Stillgestanden und Grundstellung gilt auch für Sie! Ich habe nichts von Rühren gesagt!»

Kröhnke kommt ebenfalls aus einem erzgebirgischen Dorf und hat etwa die Körpergröße von Weidauer, vor allem seine breiten Schultern, ist aber ansonsten dünn und blaß wie nach einer Abmagerungskur, die Gesichtszüge eingefallen, als habe er seine dritten Zähne verloren. Die eine Schulter ist stets auf dem Weg zum Hals, die andere hängt schlaff herunter. Von militärisch gespannten Muskeln ist bei Kröhnke nichts zu sehen. Muskeln hat er offenbar, auch seine großen, sehnigen Hände weisen darauf hin, daß er mit Schaufeln und Mistgabeln umgehen kann, aber von einer Grundstellung nach Weidauers Anweisungen ist Kröhnke weit entfernt. Er gehört zur 2. Gruppe. Jetzt ruckt er mit seinem Körper hin und her, verschiebt Arme und Beine in verschiedene Richtungen, aber eine «Grundstellung» will ihm nicht gelingen.

Weidauer läßt ihn vortreten und befiehlt: «Stillgestanden! Links um! Rechts um!» bis Kröhnke alle Himmelsrichtungen verwechselt und nur noch mit spitzer, nach oben zeigender Nase vor sich hin marschiert.

«Soldat Kröhnke!» Weidauer droht. «Das werden Sie außerhalb des Dienstes üben! Ist das klar?»

Kröhnke antwortet nicht.

Er starrt in den dunkelgrauen abendlichen Himmel. Sein Mund ist ein schmaler Strich. Weiß er, wo er sich befindet?

«Ob das klar ist?» Weidauer steht dicht vor ihm.

Kröhnke nickt und macht eine unbeholfene Grußerweisung, führt die rechte Hand zum Stahlhelm.

Weidauer winkt ab und läßt Kröhnke in die Reihe zurücktreten. Eine Viertelstunde scheucht er uns kreuz und quer über den Platz, gibt ein Kommando nach dem anderen. Auch das ist Weidauer: Er nervt, droht, fragt nach, brüllt und winkt dann ab. Ein anderer hätte Kröhnke über den Platz robben lassen oder wegen Befehlsverweigerung angezeigt. Weidauer verzichtet auf solche letzten Schikanen.

Wenn man sie beide ansieht, Kröhnke und diesen Unterfeldwebel mit den großen Stiefeln: Sie sehen aus wie muckige, verfeindete Brüder, die trotz allem aneinanderkleben, wenn sie samstags ins Kulturhaus tanzen gehen und an der Theke hängenbleiben aus Furcht, «Körbe» zu erhalten von den Mädchen, die kichernd und in Sonntagskleidern auf Kavaliere warten.

«Gruppe, halt!»

Wir sind beim Exerzieren. Jetzt hat uns Weidauer gezeigt, welche Ordnungsübungen sich vollführen lassen, wenn man sich abreagieren und einen einzelnen doch schonen will, auch wenn es schwerfällt.

Wir stehen im «Rührt euch!», dürfen also die Muskeln locker lassen. Kröhnke hat das wohl wieder überhört oder falsch verstanden, starr und krumm, nur für sich allein, obwohl in einer Reihe mit anderen, steht er da.

Was soll nur werden, Kröhnke, wenn du gar nichts kapierst. Nicht einmal mitbekommst, daß du jetzt eine kleine Pause machen kannst wie alle anderen ...

«Ganz schön steif, dieser Junge», flüstert Bauer.

Ich nicke, meine das auch.

Marschieren muß man schon können, das heißt dieses Nicken. Noch dazu, wenn einer «so aussieht». Das ist eine Redensart, aber wenn man ihn sieht ... Ich teile ein in solche und solche, urteile nach dem Äußeren. Das ist schlecht. Aber es ist so. In der ersten Reihe beim Fahnenappell in der Schule konnte auch nicht jeder stehen, das sahen wir ein, auch wenn das Rumstehen am Morgen als «Scheiße» und «langweilig» eingestuft wurde. Gruschwitz und Krause, ob mit oder ohne Halstuch, standen immer hinten. Auf das «Bild» kam es an, auf das, was Direktor Oelsner von vorn sah ... Nicht jeder konnte in die Schalmeienkapelle eintreten, ausgesprochene «Häßlinge» oder allzu X-Beinige bekamen kein Instrument, keine Notentasche und keine «Schwalbennester», sie konnten wieder nach Hause gehen. Das wurde ihnen ohne viel Worte bedeutet, da fand sich schon eine Ausrede. Und wenn es um die Chancen beim Finden einer Freundin ging, «Wer geht mit mir? Bin sexy! Bärbel, Klasse 6a. Antwort nächste Pause», da galt dieses Auswahlkriterium ohnehin ... Wehe, einer hat vorstehende Zähne, ist dick, hat dünne Beine oder abstehende Ohren. Oder sieht aus wie Kröhnke. Vielleicht ist er so muffelig, wie er aussieht. Ordnungsübungen sind Mist, keine Frage, aber Gleichschritt halten können muß man schon ... Ein lascher Sack ist man nicht, das nicht. Ich lehne das Rumgebrülle ab. Aber mein Gefühl ist: Kröhnke ist auch selber schuld. Wer sich so anstellt ...

Das wird Bauer gemeint haben, als er vorhin sagte:

«Ganz schön steif, dieser Junge.»

Weidauer läßt einrücken.

Nach dem Abendessen, ich säubere gerade den Ofen im Zimmer der Unteroffiziere, wird auf dem Flur gepfiffen. Oberleutnant Patsch steht lächelnd an der Treppe. Er gibt keinen Befehl aus, nörgelt nicht an der Kleidung herum – einige tragen Turnschuhe, andere Filzlatschen, es ist Freizeit! –, er winkt nur geheimnisvoll und sagt:

«Gruppenweise mir nach.»

Im Erdgeschoß steht die Gittertür der «Waffenkammer» auf. In Holz- und Metallgestellen stehen Maschinenpistolen, Panzerbüchsen und Maschinengewehre, Kisten sind aufgestapelt, in denen sich offenbar Munition befindet. Weidauer winkt unsere Gruppe zu einem Ständer und drückt jedem eine Kalaschnikow in die Hand.

«Mit auf die Stube nehmen und zehn Minuten streicheln, dann wieder abgeben. Auf die Nummer achten, auswendig lernen. Und hier», er weist auf das Gestell, «stehen noch die Namen, damit es am Anfang keine Verwechslungen gibt. So, ab ...»

Wir gehen mit den Waffen los, als habe man uns ein Stück Holz oder ein Metallrohr in die Hand gedrückt. Aber es handelt sich um eine Maschinenpistole, das kann keinem entgehen. Und dieser künstlich beleuchtete, fensterlose Raum gleich neben dem «Briefkasten», in den man keine Briefe stecken kann, ist die Waffenkammer. Das ist jetzt auch jedem klar. Auch wenn die einen Turnschuhe und die anderen Filzlatschen, auch wenn ich einen Trainingsanzug und Bauer die Dienstuniform trägt ohne Käppi ...

Und auf dem Ständer steht mein Name, dort ist «ihr Platz», der Platz *meiner* Waffe, die das Wichtigste ist, wie ich gesagt bekam. Sie muß ich mit meinem eigenen

Körper schützen bei Beschuß, bei «Atomschlag von vorn» oder von hinten. Und jetzt wurde sie uns überreicht. Und jetzt halte ich sie in den Händen, ganz leger. Etwas Geheimnisvolles schwingt mit, etwas von Geburtstag und Weihnachten ... auch Vertrauen, Auftrag, Einbeziehen und Verantwortung ... sie geben uns Waffen ... Unter dem Ständer in der Waffenkammer liegen volle Magazine, das habe ich gesehen ... Hast du gesehen, Jugel, hast du gesehen, Karausche, volle Magazine mit scharfer Munition! Auch die werden wir bekommen, wenn es losgeht. Ich hätte auch ohne viel Mühe ein volles Magazin an mich nehmen können hinter dem Rücken von Patsch und Weidauer. Das wäre möglich gewesen. Und so gehe ich mit der Maschinenpistole die Treppe hinauf, über den Flur, über die Steinfliesen, in unser Zimmer. Das ist ein Ding ... die eigene Waffe, wohlgemerkt, die eigene. Wir sollen eine «Beziehung» aufnehmen, wie Weidauer sagte, sie «streicheln» ...

Karausche weiß schon wieder, wie der Gehäusedeckel abgenommen wird.

«Das ist das Schloß», erklärt er, «der Überströmkanal, der Waffenreinigungsstab, das Visier ...»

Na, daß das der Abzugshahn ist, weiß ich selber. Abzugshähne gibt es auch an Luftgewehren und Zündplättchenpistolen ... Ganz blöde bin ich nicht, Karausche, was soll denn das sonst sein. Ich habe auch Wildwestfilme gesehen.

«Der Kolben ...»

Klar, das ist der Kolben. Und das ist der Lauf. Und hier unten kommt das Magazin rein, ach so, wird einfach reingeschoben ...

«Klick, so einfach ist das», Karausche lädt durch, «diesen Hebel nach hinten, dann ist die Patrone dort, wo sie hin soll. Und hier läßt sich Einzel- und Dauerfeuer einstellen ... Und wenn der Hebel so steht, geht nix mehr, alles blockiert. Dann ist die Waffe gesichert.»

Zielen, Kimme und Korn, das ist klar. Auf dem Volksfest habe ich an den Buden nicht geschossen. Ich habe abfällige Bemerkungen gemacht. Vielleicht hatte ich auch die Befürchtung, keine Blume zu treffen. Welche mit Zigarette und tätowierten Unterarmen zielten ganz lange und trafen. Ich sah zu. Zu Hause kritzelte ich dann ins schwarze Heft: «Ihr Blumen / in den Schießbuden / verwelkt nicht / sonst werden auf den Wiesen / die lebenden abgeschossen.» Auf dem Tisch liegt eine Maschinenpistole. Und das schwarze Heft ist weit weg. Ich habe es nicht mitgenommen. Ich kann das keinem hier sagen, daß ich Gedichte schreibe. Lyrik, da lachen sie sich schief. Aber eine Maschinenpistole ...

Stolz bin ich nicht auf sie, nein, das nicht. Aber ernst ist es schon, jetzt ist es ernst. Sie haben uns die Waffen gegeben. Mit diesen Dingern kann man schießen. Daran besteht kein Zweifel, darüber kann ich auch kein Gedicht schreiben ... Auf Karausches Gesicht, an der Art, wie er die Details erklärt, kann ich es ablesen ... an meiner Aufregung: Wir fühlen uns stärker. Jetzt soll doch mal einer kommen. Später noch scharfe Munition. Das sind doch Möglichkeiten. Freue ich mich? Vielleicht schon ... Ich habe noch nie eine MPi in der Hand gehalten. Jetzt ist man irgendwie gleichgestellt, nicht mehr der letzte Arsch. Jetzt bin ich wie der Posten vor der Kaserne in Gotha, den ich sah, wenn ich mit der Straßenbahn vorbeifuhr. Als Junge wünschte ich mir einen Schäferhund ... In den Ferien, wenn ich bei meinen Großeltern in Gotha war, fuhr ich in der Innenstadt mit der Straßenbahn an einer Kaserne vorbei. Wenn ich auf der falschen Seite saß, wechselte ich den Platz. Hinter dem Zaun, in der Nähe der Garagen mit den Panzern und Panzerspähwagen, stand der Posten mit der MPi vor der Brust. Grau, gefährlich und gut sah er aus. Er tat mir nichts. Er war einer «von uns», stand da auf Wache, auf «Friedenswacht», wie es in der Schule hieß. Die Kaserne war alt, sie stand schon vor dem Ersten Weltkrieg, wie ich erfuhr. Schon vor dem Ersten Weltkrieg stand einer auf Posten. Eine lange Wacht. Mal in der bösen, mal in der guten Uniform. Mal mein Großvater, mal mein Vater und jetzt ich.

Ich auf der endgültig richtigen Seite? Bald werde ich auch so am Zaun stehen ...

Und wenn es nicht die richtige Seite ist? Wenn es nirgendwo eine richtige Seite gibt, die Uniform trägt und mit Waffen hantiert? Sitze ich auch in der Falle wie die vor mir? Muß ich einmal von meiner Jugend erzählen wie die Eltern von ihrer? Traurig, enttäuscht, mit einem Seitenblick auf den, der nach Schuldigen fahndet mit jungem Gesicht?

Die Waffe liegt auf dem Tisch. Das sind nur Gedanken, die Realität ist anders. Karausche bastelt am Lauf herum, dieser Gegenstand ist ihm vertraut. Ich hebe die Maschinenpistole an.

«Gar nicht so schwer», sage ich zu Karausche.

«Na ja, auf den Märschen reden wir noch mal drüber ...» Er lächelt, sieht mich an wie einen Lehrling, der sich am ersten Tag an der Maschine des erfahrenen Arbeiters eingefunden hat.

«Sieht doch ganz bescheiden aus, das Dingelchen», sagt er, «ist aber ziemlich robust und mit hoher Treffergenauigkeit.» Treffergenauigkeit, was für ein Wort. Ein technisches, ein zusammengesetztes Dingwort. Karausche macht es Spaß, mit Waffen und Werkzeugen umzugehen. Die Kalaschnikow, die Waffe, die MPi, sie faßt sich hart an. Wie der Lenker einer schnellen Maschine. Man muß gar nicht sehr zufassen, er läßt sich während der Fahrt ganz leicht dirigieren. Mit dem kleinen Finger kann man in die Kurven gehen ... Alles ist auch ein Wunder, eine Leistung. Und eine Macht ... «Streicheln» hat Weidauer gesagt ... Da ist der Abzugshahn. Ich kann abdrücken, ich kann meinen Willen durchsetzen, ich kann gewinnen, wenn Patronen im Lauf sind ...

Das Magazin ist leer. Legt man es auf den Tisch, klingt es wie das Abstellen einer Blechbüchse. Wie füllt man die Patronen ein? Karausche wird es wissen. Ich frage ihn nicht ... Ob man vorsichtig sein muß? Oder passiert nichts, auch wenn was runterfällt?

Patsch war vorhin freundlich ... Wir mußten uns nicht umziehen ... Ob es auch gute Vorgesetzte gibt?

Weidauer ruft im Flur, wir müssen die Waffen zurückbringen. Bald beginnt das Stuben- und Revierreinigen. Ich stecke die Vitamintabletten ein. Nachher werde ich sie Biellau geben. Vielleicht treffe ich ihn vor der Waffenkammer. Er wird schon wieder im Zimmer sein und auf dem Bett liegen. Bestimmt wird er auf dem Bett liegen. Oder seiner Mutter schreiben. Er wird die Tabletten annehmen und «danke» sagen. Er wird mich ansehen mit seinen geröteten Augen und einen raschen, prüfenden Blick riskieren, ob Hoffnung besteht auf Freundschaft und Hilfe. Ich werde mich nicht lange aufhalten. Ich werde die Tabletten auf die graue Wolldecke legen und sagen, daß ein Vitaminstoß von vier bis fünf Tabletten zu empfehlen ist bei beginnender Grippe ...

Die Waffe steht wieder im Ständer. Meine Waffe. Biellau habe ich nicht gesehen. Ich gehe in sein Zimmer.

«Kompanie, Nachtruhe!»

Der Stubendurchgang ist vorbei, das Stiefelputzen, das Päckchenbauen. Ich mußte meine Kragenbinde an der Dienstuniform wechseln. Wie soll ich Strümpfe und

Kragenbinden waschen? Aus der Kantine Waschpaste holen ... Im Zimmer ist es dunkel. Karausche atmet gleichmäßig, gleich wird er ein leises, pfeifendes Schnarchen beginnen.

Ich bin umstellt. Zäune, dahinter leere Straßen. Posten an verschiedenen Toren. Meine Füße sind schwer, ich trage Filzstiefel. Es schneit. Ich will fliehen, aber die Eisbahn vor der Schule, den Kirchberg hinunter, ist glatt. Ich falle. Jemand streut Asche. Es ist der Pfarrer. Er lacht, winkt. In der Hand hält er eine kleine Schaufel, jetzt droht er, ich kann seine Zähne sehen. Warum zeigt er auf das Verkehrsschild? Ist es rund oder eckig? Ein Verbotsschild? Juliane kommt, sie trägt einen blauen Pullover. Ich bin im Gefängnis. Die Zelle sieht aus wie mein Zimmer. Die Tür ist verschlossen. Das Licht über dem Spülbecken geht an und aus. Ich weiß nicht, wer den Schalter bedient. Meine Mutter? Ich lege mich aufs Sofa, mit dem Gesicht zur Wand. Der Schlaf kommt. Ein Aufatmen, eine grüne, weiche Stille ist da. Neben mir liegt eine Waffe, eine Maschinenpistole. Ich berühre sie mit den Fingern. Ich bin nicht mehr wehrlos, wenn sie kommen. Jetzt kommt der Schlaf, der gute, barmherzige Schlaf. Ich bin in einem kleinen Haus in den Bergen, das keiner kennt. In einer bequemen, vermauerten Höhle liege ich. Die Waffe ist geladen. Sie ist mir wichtig, lebenswichtig wie mein Versteck. Es gibt auch gute Waffen. Nicht mehr wehrlos sein, einem Zustand entfliehen, in dem keine Hoffnung, kein Vorsatz, kein Wunsch, kein Gebet mehr hilft. Und Gott? Und das Schicksal? Jetzt kommt der Schlaf. Die Augen geschlossen halten. Sich anvertrauen, Ruhe haben. Es ist ganz egal, wer auf dem Flur entlangläuft mit eisenbeschlagenen Stiefeln.

Darf sich der Wehrlose eine Waffe wünschen? Der

Soldat, der Gefangene? Der Rekrut, der zum Posten, zum Täter ausgebildet wird? Ich bin wehrlos. Ich darf mir eine Waffe wünschen. Wenn ich sie tatsächlich in den Händen halte, muß ich mich weigern, sie zu bedienen. Weigern? Dann werde ich bestraft. Ich werde nicht treffen, nicht genau zielen ... Wieder nähern sich Stiefel.

Die Tür geht auf, das Licht an.

Weidauer steht im Zimmer, legt ein Buch auf den Tisch.

«Genosse Fuchs, ich bringe ein Buch. ‹Die Woloko ...›, ach, ein Buch von Alexander Bek ... Möglichst schnell lesen. Jetzt nicht... morgen... Wenn Zeit ist. Zur nächsten Gruppenversammlung müssen Sie über den Inhalt berichten, einige Ausschnitte vorlesen...» Und mit einem Blick auf die Dicke des Buches: «Es eilt, vor allem der erste Teil ist wichtig, Ausbildung, Vorbereitung auf das Gefecht ... Schon gelesen?»

Ich verneine.

«Handelt vom Ernstfall, Schlacht vor Moskau ... Sie müssen nicht alles lesen ... ziemlich dick ... bei Ihnen geht das schnell ... über 500 Seiten ... aber wichtig, auch die Details ... Wie heißt es doch ...» Er hat wieder sein undurchsichtiges, vieldeutiges Lächeln. «Von der Sowjetunion lernen heißt siegen lernen! Also, Genosse Fuchs, lesen! Alles klar?»

«Zu Befehl, Genosse Unterfeldwebel!»

Er nickt, geht zur Tür und löscht das Licht. Seine Schritte hallen im Flur. Die Außentür schlägt zu, auf der Lagerstraße sind Stimmen zu hören. Sie werden leiser, entfernen sich. Auf dem Tisch liegt Weidauers Buch. Im Halbdunkel hat es Ähnlichkeit mit einem Karton, einer großen Brotbüchse ... Alexander Bek ... nie gehört ... In den Schrank stelle ich es nicht, nicht in die Nähe von

Bobrowski … Es soll auf dem Tisch liegenbleiben … Ich bin müde. Wieder Schritte auf dem Flur. Ob es Alarm gibt? Karausche will etwas gehört haben.

VII

Es ist der vierte Tag. Heute scheint die Sonne, blauer Himmel, weiße Wolken. Wie auf Postkarten. Eine Gegend mit Wald, Bergen und Tälern, mit Waldwegen, Wanderzeichen und zerwühlter, aufgetürmter Erde, weil nach Uran und anderen Schätzen gesucht wird. Die Halden in der Nähe des Lagers liegen schon Jahre, Gräser und kleine Bäume haben auf ihnen zu wachsen begonnen. An anderen Stellen leuchtet frisches Gestein über den Tannenwald, künstliche, spitze Berge.

Ich sehe alles aus großer Ferne. Ich bin nicht verantwortlich für diese Landschaft. Nicht für die Bäume, nicht für den Tannennadelduft, nicht für die dürren, kahlen Äste an manchen Spitzen, nicht für das frische

Gestein, das da aufgetürmt, hingekippt wurde von Förderbändern und Lkws. Ich bin nicht verantwortlich. Ich bin auch in diese Landschaft gekippt worden. Mein Zuhause ist anderswo. Jetzt marschiere ich zu einem Übungsgelände. Es soll drei Kilometer entfernt liegen.

«Genau drei Kilometer», sagt Weidauer, «wie abgemessen.»

Ich muß nicht nachzählen.

Ich muß mir auch nicht alles merken, was Weidauer sagt. Vieles ist vielleicht gar nicht wichtig. Und das Wichtige vergesse ich. Wie die Großmutter vor ihrem Elternhaus stand in Oberschlema bei Aue. Wie kein Haus mehr zu sehen war, nur Lkw-Spuren, nur Schlamm und Eisenbahnschwellen, die als Wege dienten. Weg war das «Radiumbad Oberschlema», weg war das Bauernhaus ihrer Eltern, zerklüftet war die Gegend, löchrig, ausgenommen, ausgeweidet und liegengelassen. Einige Bohrtürme waren noch zu sehen. Waren es die «Freunde», waren es «unsere», war es die «Wismut», war es die neue Industrie? Irgendwer wird es gewesen sein. Meine Großmutter hat nicht gefragt. Sie hat den Kopf geschüttelt und ist weggegangen. Die Wälder hatten noch Nadeln. Nur die Vögel, behaupteten einige, verschwinden. Wenn keine Autos fahren, behaupteten sie, ist es ganz still. Das ist die Geschichte meiner Großmutter, als sie von Gotha nach Aue fuhr, um ihr Elternhaus wiederzusehen.

In den Wochen danach ging sie mit mir weiterhin Pilze suchen und las in der Bibel. Am Abend spielten wir «Mensch-ärgere-dich-nicht», sie lachte viel und hatte nichts dagegen, daß ich ein Stück Kuchen nach dem anderen aß. Ihre Prophezeiungen waren düster. «Die Strafe», sagte sie, «die Strafe wird kommen.» Ich muß an meine Großmutter denken, wenn ich Bergwerke und

Geröllhalden sehe. «Die suchen Zeug für ihre Bomben», hat sie gesagt und eine Antwort gesucht in ihrem schwarz eingebundenen Buch. Täglich hat sie gelesen und die Seiten geprüft. Ob sie etwas gefunden hat? Und was ist mit dem Enkel? Der marschiert gerade mit anderen durch ein Lagertor, dann an der «Polnischen Sturmbahn» vorbei und den breiten, geschwungenen Weg ins Tal hinab. Da unten wurde schon der Angriff geübt. An diesem Tag marschieren wir weiter, folgen der schmalen Straße, die zum Wald führt.

Es ist der vierte Tag. Aber ich habe nicht nachgezählt. Es geht alles schnell. Karausche rechnet oft auf einem kleinen Taschenkalender herum. Ich nicht. Was ist für ein Wochentag? Donnerstag? Freitag? Freitag. Es sind die ersten Tage, das genügt. Ich muß sie nicht zählen. Davon vergeht die Zeit auch nicht schneller. Noch genügend Tage liegen vor mir. Ob es später leichter wird? Zuerst hat es dem Langen Karl bei der Marine gefallen. Dann hat er getrunken und geklagt. Und die ersten Wochen? Sie werden nicht viel anders gewesen sein als diese Tage. «Am Anfang sind alle Pisser», hat er gesagt. Da haben wir gelacht.

Die Straße biegt in den Wald ein. Ein Bach, eine Brücke. Das ist keine Asphaltstraße. Schotter, Sand, Regenrinnen und rote, ausgewaschene Walderde. So eine kurvenreiche Straße ist es.

Die Wanderungen im Thüringer Wald – mit Körben für Pilze und einer Tüte voller Brötchen bin ich schon auf solchen Straßen entlanggezogen. Ich kenne sie. Man kann lange gehen, ohne die Entfernung zu spüren. Bei schnurgeraden, asphaltierten Straßen ist das anders. Da sieht man weit und klein ein paar Häuser und denkt: So weit noch … Solche Straßen wie diese hier sind anders, abwechslungsreicher, geheimnisvoller, schöner. Mit leichten Bögen und abzweigenden Pfaden, die hinter Büschen verschwinden. Mit Quellen und aufgestapelten Stämmen, auf die man sich setzen kann, wenn man eine Zeitung unterlegt, denn meist klebt Harz an dem abgeschälten, duftenden Holz. In Tabarz, in Friedrichsroda gab es solche Straßen. Manchmal kamen Kühe entgegen mit dicken Bäuchen und prall gefüllten Eutern. Sie liefen langsam, schaukelnd, sahen sich um, hatten spitze Hörner. Es war besser, ihnen die Straße ganz zu überlassen. Und den grünen, flüssigen Kuhfladen auszuweichen, die deutlich den Weg markierten zwischen Weide und Stall.

Kühen begegnen wir nicht. Aber kämen Spaziergänger, würden sie uns auch die Straße überlassen. Sie würden zur Seite treten und auf unsere Stahlhelme und Maschinenpistolen schielen. Jeder hat zum erstenmal eine Waffe mit, seine ganz persönliche Waffe, deren Nummer er sich einzuprägen hat. Ich kann sie mir schlecht merken, kann sie nicht hersagen. Aber wenn ich die Waffe sehe, erkenne ich sie. Bilde ich mir ein. Ich weiß seit gestern abend ihren Platz im Ständer. Da steht auch mein Name. Ich muß mich in der Waffenkammer links halten und zur Wand treten. Dort ist der Ständer der dritten Gruppe. Heute hat man uns zum erstenmal die Waffe und ein leeres Magazin mitgegeben.

Und so marschieren wir in sanftem Bogen in den Wald ein. Jetzt sind wir bewaffnet. Zwar fehlt noch die scharfe Munition, aber ein Seitengewehr, ein Bajonett, baumelt ebenfalls am Koppel. Und um Hals und Schulter hängt die Kalaschnikow. Mit beiden Händen halte ich sie fest, die rechte berührt den Kolben, die linke den Holzschaft am Lauf. Dort gehen kleine Wege ab, es ist wie im Thüringer Wald, wie auf dem Boxberg hinter Sundhausen, nur jetzt im Erzgebirge. Ich trage keine Lederhosen und keinen Korb für Pilze, ich trage eine Uniform, die

Dienstuniform und darüber den Kampfanzug, dazu eine Waffe, eine Schußwaffe. Und ein Messer, einen Dolch, ein Bajonett, ein Seitengewehr. Zwei Waffen also. Sie lassen sich leicht zu einer vereinen. Maschinenpistole und aufgestecktes Seitengewehr, das ist dann ein Speer, eine Lanze, mit der man Sandsäcke und Brustkörbe durchbohren kann ... eine «wirksame Stichwaffe» ...

Die Stiefel schlagen rhythmisch, im Gleichschritt, auf den Sandbelag der Straße. Aber es gibt kein lautes, schneidiges Vibrieren, dieser Untergrund steckt die Schläge weg, dämpft sie, es soll wohl nicht allzuviel Lärm entstehen in dieser Landschaft. Ob es auch Tiere gibt, Kaninchen, Rehe, Vögel? Bestimmt. Da oben ist die Sonne, ab und zu kann man sie sehen an diesem Tag, dieser Ausnahme im November mit blauem Himmel und weißen Wolken. Die 3. und 4. Kompanie des Grenzausbildungsbataillons Johanngeorgenstadt ist unterwegs, das ergibt eine lange Kolonne. Zwischen den Zügen liegen große Abstände. Neben uns laufen Weidauer, Pohl, Krause und Meinel, sie reden miteinander, ab und zu geben sie den Takt an, damit keine Unordnung entsteht, kein «Latschen» im Wald. Unserem Zug folgen noch zwei Unteroffiziere. Da ist zum einen Unterfeldwebel Fickel, mittelgroß, leichter Bierbauch, stets gerötetes Gesicht, Mitte Zwanzig. Er läuft sehr gerade, den Kopf erhoben und etwas nach hinten geneigt, als wolle er immerzu fragen: «Ist irgendwas?»

Laut spricht er, eine Mischung aus polterndem Ernst und quäkendem Spaß, das Ganze ins Militärische übersetzt, also stets zu Witzen über andere und zu drohenden Bemerkungen bereit, über die man nicht so recht lachen kann, wenn man gemeint ist: «Nehmen Sie Ihre Wichsgriffel aus der Hosentasche, Sie schwuler Kunde», das ist Fickel. Das und anderes kann er sagen. Mit und ohne

Anlaß, es kommt einfach aus seinem Mund, als müßte es so sein. Zu Fickel gehört offenbar auch das Amüsierte, Spöttische, Gutwillig-Versoffene, das zu laut spricht und ab und zu durchschimmert bei dem, was er von sich gibt.

Am ersten oder zweiten Tag hat er sich in den Gang gestellt und gerufen: «Hier Unterfeldwebel Fickel! Ein Wort zur Klarstellung: Mein Name ist kein Name, sondern eine angenehme Beschäftigung. Ist das klar?» Wir haben gefeixt und «jawoll» gerufen. Das ist Fickel. Und seine Schirmmütze, auf keinen Fall läßt sich die übersehen, ist nicht kreisrund, wie es der Ring im Inneren formgebend vorsieht, sondern oval, an den Seiten leicht nach unten gebogen, wie es denen zusteht, die nicht mehr neu sind in dieser uniformierten Welt.

Neben ihm geht Münchow, ein Unteroffizier. Schmal, hellblond, blaß, wie fünfzehn, sechzehn sieht er aus. Und ein dünnes Stimmchen hat er. Ist in einem Zimmer mit Fickel und Kompanieschreiber Fröhlich. Gegenüber befindet sich Jugels Stube. Weidauer und die anderen wohnen vorn an der Treppe, und hinten, am Ende des Gangs, ist das Zimmer von Münchow und Fickel. Über Münchow weiß ich noch wenig. Er sieht mürrisch und sehr jung aus. Wir nehmen ihn nicht ernst, nennen ihn, von dem wir erfahren haben, daß er auch – wie Pohl – frisch von der Unteroffiziersschule gekommen ist, hinter seinem Rücken «das Kind».

«Artilleriebeschuß von vorn!»

Das ist Fickels Stimme. Jetzt beginnen also die «Einlagen». Wir rennen vorwärts, lassen uns links und rechts in die Straßengräben fallen und zielen mit der Waffe auf einen unsichtbaren Feind. Manche sind rückwärts gerannt, sie müssen «bis zur nächsten Kurve gleiten – vorwärts!». Andere Kommandos folgen: Atomschlag von vorn, von hinten, von der Seite ... Wir sind in ein Gefecht verwickelt auf dieser wunderschönen, spätherbstlichen Waldstraße. Das ist ein Rennen und Stürzen den anderen nach. Die Unteroffiziere bleiben auf der Fahrbahn stehen und beobachten unsere gymnastischen Übungen. Immer fällt ihnen noch eine Bedrohung ein, es kommen Tiefflieger, Maschinengewehrschützen haben sich verschanzt ...

Das ist nun alles schon beinahe alltäglich geworden, auch das Wort «Atomschlag» haben wir schon oft gehört in diesen Tagen, auf dem Weg zur Essenbaracke, bei den Märschen ins Gelände. Die Bewegungen sind fast schon automatisiert. Zu registrieren ist, aus welcher Richtung der Angriff kommt, jedenfalls nach Meinung des Vorgesetzten. Dann weiß man, wohin der Kopf und wohin die Stiefel zeigen müssen. Daß die Waffe unter den Körper gehört, von ihm, von mir geschützt werden muß, weil sie das Wichtigste ist, habe ich begriffen ... Ich nehme hin, daß ich jetzt hier bin, daß ich ein Soldat bin, daß ich eine Uniform trage, daß ich in Gefechte verwickelt werde, die Fickel auslöst oder Weidauer oder Münchow. Den anderen ergeht es ebenso. Warum soll ich verschont bleiben? Weil ich einige Gedichte schrieb? Weil ein Buch im Spind steht, das «Wetterzeichen» heißt? Weil ich das Abitur habe? Ich fand keinen Weg, mich dieser Realität zu entziehen. Also bin ich hier. Und mache mit. Die Augen registrieren einiges, auch die Ohren. Hören und Sehen ist mir nicht vergangen. Ich fühle auch das alte, harte Gras des Straßengrabens, das weiche, sehr grüne Moos unter einigen Bäumen. Der schwärzliche Sand der Straße klebt an meinen Händen, ich mache Bekanntschaft mit dem vom Regen ausgespülten Schotter, kann zweimal nicht vermeiden, mit den Knien durch eine Pfütze zu rutschen. Da sind Biellau, Jugel, Bauer, Karausche,

Schwabe, Dominiak, Glöckner, Emmrich und die anderen. Was willst du, alle sind sie da. Es ist nicht schlimm, hab dich nicht so. Davon stirbt keiner, das schadet nicht. Wirst dir keinen Zacken aus der Krone brechen. Und wenn du dir ein kleines Wehwehchen holst an Händen oder Knien, ach Gottchen, nee, das heilt wieder bis zur Hochzeit. Darum geht es nicht? Worum geht es denn? Mach es nicht noch komplizierter! Sensibel wäre jeder gern, aber manchmal muß man einfach durchhalten und sich fügen. Das sind Ratschläge, die kann ich mir selber geben. Außerdem bin ich sportlich ... Und auf der Hohle und unter den Bachbrücken haben wir «Räuber und Gendarm» gespielt nach der Schule. Ich war keiner mit gebügelten Hosen und weißen Kniestrümpfen. Ich war nicht wie Biellau stets zu Hause und ein Musterschüler. Worüber rege ich mich auf, was ist los?

Ich sehe immerzu hin. Und will mir aus irgendwelchen Gründen merken, was Weidauer sagt und Fickel. Fickels Mund muß ich ansehen und die weißen Wolken oben. Ich kann nicht wegsehen. Das quält mich, ist wie eine Strafarbeit. Dabei habe ich genug zu tun. Ich muß aufpassen, daß ich hier durchkomme ... Ich will wohl Zeuge sein?

Die erste Gruppe muß die Schutzmasken aufsetzen. Münchow kommandiert, «das Kind», der blasse, hellblonde Münchow ohne Bartwuchs und mit so einem Stimmchen ... Wie ein Fünfzehnjähriger sieht er aus.

«Gas!» ruft er. «Gas!»

Sie müssen rennen, Kreise drehen, sich hinlegen, wieder aufspringen. Münchow ist ganz lebendig geworden, ganz aktiv:

«Los, los, dalli, dalli, keine Müdigkeit vortäuschen!»

Sein dünnes Stimmchen gellt durch den Wald. Jetzt

werden die ersten langsamer, schwanken ... dürfen aber die Masken nicht abnehmen.

Wir erhalten den Befehl, seitlich «in Stellung» zu gehen, können also gut sehen, was die erste Gruppe vollführen muß aus irgendeinem Grund. Vielleicht hat jemand widersprochen ...

Einer stolpert in den Straßengraben, fällt, will sich die Maske vom Kopf reißen, bekommt das Lederband des Stahlhelms nicht auf. Zwei andere knien auf der Straße. Münchow beugt sich über sie und schreit:

«Hoch, los, hoch!»

Jetzt kommt Riedel angeschlendert, übernimmt das Kommando, zieht den Umgekippten die Masken vom Gesicht. Wir können das alles gut sehen. Bauer ruft:

«Verdammte Scheiße», und wirft einen kleinen Stein in eine Pfütze. «Das gibt's doch gar nicht, das darf doch nicht wahr sein», hören wir ihn sagen. Die Unteroffiziere reagieren nicht.

Ich bin froh, nicht zur ersten Gruppe zu gehören. Nun haben wir Münchow kennengelernt.

Die Einlagen sind beendet. Der Feind hat sich zurückgezogen. Es sind die Minuten nach dem Atomschlag. Wir marschieren weiter. Zwei aus der ersten Gruppe müssen gestützt werden. Münchow läuft wieder still und mürrisch neben Fickel her. Riedel pfeift einen Schlager, es hört sich an wie «Da sprach der alte Häuptling der Indianer» ... Unterfeldwebel Weidauer ruft:

«Jetzt üben wir den Marschgesang! Alle herhören:

‹Grün ist meine Waffenfarbe,
die so stolz ich trag.
Grün ist auch ein Kleid von dir,
das so gern ich mag.›»

Weidauer räuspert sich und spuckt in den Straßengraben.

«Und alle!» ruft er. «Laut und deutlich ...»

Wir leiern laut die erste Strophe dieses Liedes herunter. Weidauer nickt und fährt fort:

«‹Durch das kleine Dorf marschiert
unsre Kompanie, ja Kompanie.
Wo der Weg zu dir hinführt,
das vergeß ich nie.
Ja, das vergeß ich nie.›»

Weidauer zelebriert auf seine Art einen Sprechgesang, der uns Text und Melodie des Liedes «Grün ist meine Waffenfarbe» vermitteln soll. Wir probten es schon einmal auf dem Weg zum Essen, hörten es auch von der Kompanie der Unteroffiziersschüler, die es lauthals und sicher herausschrien seit zwei Tagen. Offenbar gehört das Erlernen dieses Liedes zu den ersten militärischen Aufgaben. Jetzt sollten wir ihnen nacheifern.

«Alles klar?» fragt Weidauer.

Einige rufen:

«Jawoll!»

«Das Lied wird im rechten Glied nach hinten durchgegeben. Der letzte ruft ‹Lied durch!›, wenn er vom Vordermann gesagt bekommen hat, was gesungen wird. Laut, daß es alle hören. Emmrich und Jugel, verstanden?»

«Jawoll, Genosse Unterfeldwebel!» brüllt Jugel von hinten mit irgendeiner Freude in der Stimme.

«Die zweite Reihe stimmt an», erklärt Weidauer, «und alle singen sofort mit! Ist das klar? Singen ist Befehl!»

«Links, links, links zwo, drei, vier», assistiert jetzt Pohl, «ein Lied!»

Emmrich, der vorletzte Mann im rechten Glied, wiederholt gepreßt und ängstlich, aber laut:

«Ein Lied, zwo, drei ...»

Weiter kommt er nicht, Weidauer unterbricht ihn:

«Das Lied nennen! ‹Grün ist meine Waffenfarbe›! Dann ruft der letzte Mann, nicht Sie: ‹Lied durch!› Nicht schlafen! Noch mal!»

Pohl wiederholt sein Kommando. Weidauer paßt auf wie ein Kapellmeister. Gleich wird er die Arme heben und zu dirigieren beginnen. Oder als Tambourmajor Pauken und Trompeten in Gang setzen. Nur die Marie fehlt, Woyzecks sind genügend vorhanden. Es gibt keine Zuschauer, man kann sich nur selber zuschauen bei dieser Inszenierung. Singen auf Befehl, das habe ich auch noch nicht erlebt. Oder halt, bei Stöckigt im Musikunterricht, da war auch etwas von Befehl da, Vorsingen auf Zensuren ... Stöckigt als Vorbote dieser Dirigierer ... Vielleicht hören Vögel zu. Aber sie werden weggeflogen sein.

Jetzt macht es Emmrich richtig:

«‹Grün ist meine Waffenfarbe›», ruft er, und Jugel brüllt aus voller Kehle, so laut, daß man sofort grinsen muß, auch wenn das Geschrei von hinten kommt und man Jugels Gesicht nicht sehen kann:

«Lied durch!»

In der zweiten Reihe ruft Karausche, von Weidauer und Pohl unterstützt:

«... drei, vier!»

Und Dominiak beginnt mit seiner hellen, klaren Stimme zu singen, laut wie im Küchengebäude beim Kartoffelschälen, als er «Down by the riverside» sang als Begleitmusik zum nächtlichen Einsatz. So singt er jetzt «Grün ist meine Waffenfarbe, die so stolz ich trag», im Wald, auf der wunderschönen Straße mit den sanften

Kurven ... Und wir anderen stimmen ein, gurgelnd und verlegen, noch unsicher im Text ...

Dominiak ist der beste Sänger. Auch Bauer wird jetzt wach und grölt mit, vielleicht weil im Lied von einem Dorf die Rede ist. Wir singen laut mit. Wir schreien etwas heraus, machen Krach, sind lauter als die Unteroffiziere. Das konnte man schon vorhin bei Jugel vernehmen, als er «Lied durch» rief, daß er lauter rufen wollte als Fickel und Weidauer, lauter als «Artilleriebeschuß» und lauter als «Atomschlag von links». Das konnte man gut hören, als Jugel bekanntgab, daß er das Lied verstanden hatte als letzter Mann.

«Wo der Weg zu dir hinführt, das vergeß ich nie.» Hat das einer vom Literaturinstitut Leipzig gedichtet? Vielleicht ein junges Talent in Uniform? Oder ein ansonsten kritischer Kopf aus Dresden, der Gedichte von Kunze und Kunert auswendig kann und nur ab und zu ein wenig aus der lyrischen Reihe tanzt? Nein, ich habe es nicht geschrieben. Ich marschiere diese Waldstraße entlang und trage die grüne Waffenfarbe. Und singe. Wenn man unser Gegröle Gesang nennen kann. Zaghaft haben wir begonnen, jetzt ist ein Geschrei daraus geworden, ein Ruf: «Das vergeß ich nie, ja, das vergeß ich nie.»

«Und noch mal von vorn, links, zwo, drei ... vier!» ordnet Weidauer an, offenbar recht zufrieden mit unserer Leistung. Hört er nicht Bauers Brüllen?

Zu Hause in meinem Zimmer steht mit schwarzer Tusche an der Tapete: «Ein Dichter bin ich und drum unnütz / einer, der nie getötet hat und den man darum / umbringen wird. Denn dies wird nie verziehn.» Radnóti, den die Nazis umgebracht haben. Werde ich einer sein, der andere tötet? An der Staatsgrenze, am «antifaschistischen Schutzwall»? Bei der «brüderlichen Hilfe»?

Durfte ich solche Verse an die Wand schreiben und dann einem Einberufungsbefehl folgen … Ist das peinlich und verräterisch? Ja, das ist es. Jetzt weiß ich es genau. Wie komme ich da raus? Gar nicht. Gar nicht mehr. «Mitgegangen, mitgehangen», solche Sprüche fallen mir ein.

Ich marschiere mit einer Kalaschnikow durch erzgebirgischen Tannenwald und singe von meiner grünen Waffenfarbe, «die so stolz ich trag». Ich bin einer in diesem brüllenden Chor. Der Lange Karl hat immer etwas von «Haubitzen» erzählt, wenn er auf Urlaub war. «Wir stehn an den Geschützen, / es schießen die Haubitzen, / und wenn der erste Schuß gelingt, / das Herz im Leibe uns springt.» So etwas hat er gesungen, halb gesungen, halb aufgesagt. Das haben sie wohl lernen müssen bei der «Volksmarine».

Oder es ist von früher? Was ist «früher»? Die Nazizeit? Immer werden Lieder gesungen …

Ein freies Feld wird sichtbar, eine Lichtung, ein großes Übungsgelände. Hier lassen sich die «Angriffsarten im Gelände» gut erproben. Auch das Anlegen von Schützenmulden und Schützengräben, es haben schon welche gebuddelt … Und Atomschläge wird es geben. Und Gasalarm. An einer flachen Holzbaracke steht ein Geländewagen. Oberleutnant Patsch wartet schon. Er wurde mit dem Auto gefahren. Da steht sein Chauffeur, ein Gefreiter. Patsch trägt schwarze Lederhandschuhe, am Gürtel baumelt eine hellbraune Pistolentasche. Hinter der Baracke kommt Leutnant Meier vor. Er tritt zum Wagen und beobachtet durch ein Fernglas unseren Anmarsch. Es ist die Wirklichkeit, daran besteht kein Zweifel.

Leutnant Meier läßt uns antreten und befiehlt den Unteroffizieren:

«Anschlag üben, liegend und freihändig! In Gruppen Richtung Waldrand zielen!»

Leutnant Meier habe ich schon mit nacktem Oberkörper gesehen. Am zweiten Tag, im Waschraum, als er Jugel mit Unterhemd erwischte und der nicht gleich wußte, wen er vor sich hatte. Ein Hänfling, habe ich zuerst gedacht. Aber als ich ihn schreien hörte ... Und wie er jetzt vor uns steht ... da macht er einen anderen Eindruck.

Das kommt wohl von der Pistole, die an seinem Gürtel hängt. Im Gelände tragen die Offiziere also Waffen. Die Unteroffiziere an diesem Tag nicht. Wir tragen auch welche, größere und schwerere als Meier und Patsch, aber Meier mit seiner Pistole, wie er jetzt vor uns steht, kommt mir imposanter, gefährlicher vor, vielleicht, weil man annehmen kann, daß er scharfe Munition im Magazin hat. Und wenn es so ist, vor wem will er sich schützen? Vor dem Feind, der nicht in Sicht ist und hinter zwei Grenzen steht? Vor wilden Tieren? Vor uns? Ist es eine Maßnahme gegen «Ausraster» und «Durchdreher»? Oder ist es einfach üblich ... «An der Hüfte baumelt ein Colt», das ist es wohl. Texas. Das andere Gefühl, mehr eine Assoziation, schiebe ich weg, das muß geheim bleiben: Die Uniformen, die Waffen, die Waldlichtung, die Schirmmützen, das Kommandieren, die flache Baracke, in der irgendwelche Utensilien verstaut sind ... das erinnert mich an KZ-Filme ...

Meier hat keine besonderen Kennzeichen. Da ist die Schirmmütze. Wir haben auch Schirmmützen im Spind. Die Offiziere tragen Uniformen aus besserem Stoff. Das konnte ich schon sehen, als Patsch und Flörchinger im Kompaniegebäude an mir vorbeigingen. Flörchinger ist Stabsfeldwebel, also Berufsunteroffizier. Er hat sich zehn Jahre verpflichtet, wie mir Karausche erklärt hat. Dafür bekommt er die bessere Mütze, ist den Offizieren gleichgestellt. Weidauer und den anderen «Uffzen», die drei Jahre bleiben, wird die gewöhnliche Stoffqualität zugemutet, die wir Soldaten tragen. Ob die ganz hohen Tiere noch stattlicher ausstaffiert sind? Die Generäle? Wahrscheinlich. Warum denke ich darüber nach? Will ich etwa auch wie Meier aussehen?

Patsch ist ein richtiger Offizier, er wird Lehrgänge besucht haben und lange dabeisein. Meier kommt bestimmt frisch von der Offiziersschule und hat hier seine erste «Praxisberührung». Seine Hosen sind an den Oberschenkeln ausgebuchtet, es sind Reithosen, «Ohrenhosen», wie Bauer sie nennt.

«Willst du dir nicht Nachschlag holen? Dann kannst du auch so rumlaufen ...» höhnt Bauer. Solche Reden hat er von seinem Bruder, dem Hundeführer. Nein, ich will keinen Nachschlag holen. Ich bin auch nicht scharf auf eine Offiziersmütze ... Der Stahlhelm drückt, er ist schwerer als eine Mütze aus Stoff ...

Hinter Meier beginnt ein Grabensystem. Frische Erde liegt auf kleinen Haufen. Hier haben schon andere gewühlt, Löcher und Vertiefungen sind zu sehen. Das wird auch uns erwarten. Das Übungsgelände ist etwa einen Kilometer lang und fünfhundert Meter breit. Da werden sie uns hin und her scheuchen ... Baumstümpfe sind stehengeblieben und einzelne Büsche. Die Armee wird gerodet haben ... Bauer erzählte mir, daß Johanngeorgenstadt früher ganz anders aussah. Nach dem Krieg kam der Bergbau und hat alles unterhöhlt. Die alten Stadtteile mußten geräumt werden wegen Einsturzgefahr ... Da drüben steht eine kleine Gruppe junger Birken. Zart, zerbrechlich sehen sie aus, ein Axthieb würde genügen ... Die wunderschöne Waldstraße halbiert den Kahlschlag. Sind das da Panzerspuren?

Die Panzerspuren in Sundhausen waren Täler, Schluchten. Sie führten nach Ohrdruf, einer Ortschaft am Fuße des Thüringer Waldes. In den alten Kasernen am westlichen Stadtrand von Gotha liegt die Rote Armee. Wenn ich als Kind auf der kleinen, dunkelbraunen Holzbrücke stand, die über die Leina führt, einen schmalen Bach, konnte ich den Inselsberg sehen und die bewaldeten Kämme um Tabarz und Brotterode. Sie schimmerten dunkel- und hellblau, manchmal schwarz. Geradeaus in der Ebene, mit einem rötlichen, bei Sonne hellen Braun, die Felder und Dörfer Richtung Ohrdruf, in dessen Nähe sich seit Jahrzehnten ein Truppenübungsplatz befindet, der heute von sowjetischen Panzertruppen benutzt wird, von «den Russen», wie wir sagten. «Kommst du mit zu den Panzerspuren?» Da rannten wir einen Feldweg hinab und standen aufgeregt und staunend vor der zerwühlten Erde. Fünf, sechs Meter ging es hinab ... da lag ein weggerissener, zerfetzter Gartenzaun, dort ein Baum, der mit den Wurzeln in den Himmel zeigte und dessen Blätter noch saftig und grün waren, sogar Äpfel hingen an den Zweigen. Wasser stand am Boden, von dem man von oben nicht sagen konnte, wie tief es war. Jemand hatte Ziegelsteine und Bauschutt auf den Grund geworfen, das lag lächerlich und verloren da. Viele Wagenladungen wären nötig gewesen, um diese Gräben zuzuschütten. Und noch etwas anderes wäre nötig gewesen, um diese Gräben zuzuschütten ... Aber daran habe ich nicht gedacht, als ich diese wilde Spur des Krieges mitten in den Ferien sah, die durch Felder führte, dicht an einzelnen Bauernhäusern und Viehställen vorbei. Sie gefiel mir. Fast täglich sahen wir nach, ob es etwas «Neues» gab. Dabei wollten wir vor allem sehen, ob es neue Zerstörungen gab, ob die stählernen Ketten sich noch tiefer in die bloßgelegte Erde gefressen hatten, ob weitere Bäume entwurzelt herumlagen oder gar ein Haus umgefallen war ... Leider fuhren die Panzer fast nur nachts oder ganz früh am Morgen. Von den Motoren wachte man auf, vom dumpfen Rasseln der Ketten, das ich aus Kriegsfilmen kannte, von der stundenlangen Hartnäckigkeit dieser Geräusche. Wären sie doch am Tag gefahren! Dann hätten wir uns auf den Erdwall stellen und zusehen können. Der Staub hätte uns nichts ausgemacht, auch nicht der Lärm. Der Boden vibrierte kilometerweit ... «Hörst du, sie fahren wieder ...» Meine Großmutter gab, entgegen ihrer sonstigen Art, dazu keine Kommentare ab. An ihrem Gesicht konnte ich aber sehen, daß sie meine Begeisterung für diese kolossale Technik nicht teilte. Wenn sie mit dem kleinen Holzhandwagen zu einer Bauersfrau nach Sundhausen fuhr, um Ziegenmilch für den Kuchen zu holen, mußte sie die Panzerspuren überqueren. Es gab einige Stellen, an denen das möglich war. An einem Abend, als die Geräusche wieder zu hören waren, sagte sie nur: «Nun könnten sie aufhören.» Mehr sagte sie nicht. Hin und wieder erzählte sie von der «Notzeit», vom Stoppeln-Gehen auf den Feldern, von den Luftangriffen am Ende des Krieges ... Wenn ich auf der Leina-Brücke stand, war das Wasser oft ölig, buntschillernde Kreise schwammen obenauf, der Geruch von Benzin und Öl mischte sich mit dem der hohen Kastanienbäume, die am Ufer standen. «Sie waschen wieder die Panzer», sagten wir und meinten: So ist es eben, das gehört dazu, das sind die Gegebenheiten: in Sundhausen die Panzerspuren, an der Waldbahn die russischen Kasernen und das «Magazin», in dem man Kaffeesahne kaufen kann. Die Verkäuferinnen sprechen nicht deutsch, sie rechnen mit Holzkugeln, die sich auf Stäben verschieben lassen. Mit so etwas hatten wir als Kinder gespielt. Die Verkäuferinnen sahen uns hereinkommen und stellten, während sie andere Kunden bedienten, das von uns Gewünschte auf den Ladentisch. Wir mußten nichts sagen. Sie auch nicht. Das Geld wurde hingereicht, und wenn ein Größerer mit war, sagte er: «Spasibo.» Die Verkäuferin nickte oder murmelte etwas Unverständliches, gab das Wechselgeld zurück, und wir zogen ab ... Die Offiziersfrauen erkannten wir auf der Straße am Parfüm. Viele schminkten sich auffällig. Und wenn sie nicht allein waren, redeten sie laut und gestikulierend miteinander. Hinter vorgehaltenen Händen nannten Erwachsene sie «Russenweiber» ... Einfache Soldaten mußten hinter den weiß oder grün gestrichenen Bretterzäunen bleiben. Sie sahen aus wie große, kahlgeschorene Kinder. Auf bulligen Militärlastern saßen sie und warfen lange, sehnsüchtige Blicke in irgendeine Ferne. Wenn wir ihnen zuwinkten, winkten sie zurück, freundlich und abwesend. Ihre Familien waren anderswo, in der Fremde, im Land der Sieger, in ihrem Zuhause. Wir standen in unserem Zuhause auf der Reinhardsbrunner Straße, sahen sie vorbeifahren und fühlten, daß Traurigkeit ausging von ihren eingezogenen Köpfen und den hochgeschlagenen Kragen der dicken Soldatenmäntel. Wenn ein Offizier auf dem Fußweg entgegenkam, sagten wir erwartungsvoll «Sdrassd». Meist antwortete er, grüßte zurück. Das hatte uns keiner aufgetragen, weder der Russischlehrer noch die Großmutter. Doch verbunden waren wir mit denen, die am wenigsten Eindruck auf uns machten, die mit ihren groben Mänteln auf den großrädrigen Lastern saßen und winkten, wenn wir nur ein wenig die Hand hoben, mit den Rekruten, den «Muschkoten», wie einige Ältere sagten. Die meisten sahen sehr jung aus und taten uns leid, weil ihre Haare so kurz waren und die Kopfhaut durchschimmerte. «Sie werden geprügelt», hieß es, «es sind auch arme Schweine.» ... Wenn stundenlang laute Marschmusik aus Lautsprechern von den Kasernen herüberklang, sagten wir: «Jetzt feiern sie.» Etwas Dumpfes, Drückendes, auch Geheimnisvolles, Mächtiges umgab diese «zeitweilig in der DDR stationierten sowjetischen Streitkräfte» ... Offiziere sah man oft in der Stadt, denen mit einigem Abstand zwei oder drei Soldaten folgten, die große Koffer oder eingekaufte Gegenstände trugen. «Das sind Diener», war unsere Einschätzung ... Auf dem Weg zum Bäcker lag die «Russenstraße». An vielen Fenstern waren keine Gardinen. Die Kinder spielten bis neun, zehn Uhr abends vor den Häusern. Manchmal gingen wir in kleinen Gruppen nachsehen, «was die machen». Wir schlenderten langsam durch die von Dreirädern und Rollern befahrene Straße. Einige größere Mädchen lachten, als wir kamen, und sprachen mit uns. Sie waren freundlich und trugen große Schleifen im Haar. Eine mit einem langen Zopf und wachen Augen, die sehr gut Deutsch sprach, fragte nach unseren Namen und begann dann mit einer kleinen Vokabelkontrolle: «Ich sagen deutsch und ihr russisch, verstanden? Was heißt Frosch?» Keiner von uns wußte, was Frosch heißt. «Was heißt Liebe?» Die Mädchen lachten, wir traten grinsend von einem Bein auf das andere, unsere Lehrerin blieb ernst: «Na, keine Ahnung?» Mein Freund Hans aus dem Nachbarhaus, der zwei Jahre älter war und die Haare trug wie Elvis Presley, fragte: «Was denn, po russki?» «Da, da, Lie-b-e! Dawai!» Einer von uns murmelte etwas von «Lubelju oder so ähnlich», die Mädchen nickten, unsere Lehrerin sagte: «Fast, fast ...» Wir standen also in der Russenstraße und begannen uns ganz gut zu unterhalten, als wir von den gegenüberliegenden Häusern aus Blasrohren mit Erbsen und kleinen Steinen beschossen wurden. Wir drohten mit den Fäusten und rannten weg, verließen das fremde Territorium ... An der Leina trafen wir manchmal Soldatentrupps, die Leitungen verlegten. Sie winkten uns heran, zeigten goldene Ringe und kleine Kofferradios, «tauschen, tauschen!». Wir hatten kein Geld. «Hübsche Schwester? Du holen, wir Freunde!» So etwas sagten sie und lachten dazu. Kam dann ein Vorgesetzter, duckten sie sich, arbeiteten schnell weiter und zwinkerten uns zu ... Panzerspuren ... Einmal blieb ein «T 34» liegen, eine Kette war gerissen. Das war eine Sensation! Dreckverschmiert, riesig und hilflos lag das schwere Gefährt am Rand der Fahrrinnen, von den anderen zurückgelassen. Die Besatzung saß rauchend neben dem Turm. In Etappen näherten wir uns dem Ungetüm. Als keiner schimpfte und kein Schuß fiel, kamen wir ganz dicht heran. Nach einer Weile reichte uns einer der Soldaten wortlos die Hand herunter und zog einen nach dem anderen zu sich hinauf. Gesprochen wurde nicht. Wir durften ins Innere sehen und das Kanonenrohr anfassen. Wir waren glücklich und gaben nur staunende Laute von uns, Zurufe, die die anderen auf weitere imposante Details aufmerksam machten. Nach etwa einer Stunde kam Verstärkung. Der liegengebliebene Panzer wurde von einem anderen abgeschleppt. Noch wochenlang spielten wir «T 34». Etwas merkwürdig war, daß keiner der Russe sein wollte, nur Partisanen und Cowboys kämpften gegeneinander, zu Fuß oder auf zweirädrigen Drahteseln, die mit Holzkanonen ausgerüstet waren.

«Ich habe nichts von Rühren gesagt! Richten Sie sich aus, achten Sie auf den Sitz der Waffe!» ruft Meier aus der Nähe der hölzernen Bude, zu der er gegangen ist, um sich mit Patsch zu besprechen. «Sie sind nicht allein hier, Unteroffiziere, sorgen Sie für Ordnung!»

«Jawoll, Genosse Leutnant», antwortet Pohl und beginnt, den Sitz einiger Waffen zu korrigieren.

Jetzt weiß ich, an wen mich Meier erinnert: an Schreiber aus der Parallelklasse. Er hatte keine besonderen Eigenschaften, gehörte keiner «Clique» an, hatte ganz gute Zensuren, rauchte nie eine Zigarette auf dem Klo, trug das Haar halblang, vergaß nie, montags das FDJ-Hemd anzuziehen, war freundlich, aber unzugänglich. Man konnte sich mit ihm weder anfreunden noch verfeinden. Er lächelte meist und fuhr mit seinem Moped davon, einer «Schwalbe». Beim jährlichen Sportfest auf dem Platz am Wasserturm belegte er mittlere Plätze. Zum Schultanzabend kam er ab und zu, tanzte auch und ging rechtzeitig nach Hause. Er hatte eine Freundin, sie war aus Netzschkau, einem Vorort, aus dem auch er kam. Bestimmt wohnte sie im Nachbarhaus und kam aus «gesicherten Verhältnissen». Seine Eltern werden genickt haben und mit den Eltern der Freundin befreundet gewesen sein. Sie werden gesagt haben: «Unserer hat eine kleine Freundin, bald macht er sein Abitur, und dann studiert er in Dresden.» Dann die Musterung. Schreiber war gesund und angehender Abiturient: «Warum wollen Sie denn nicht Offizier werden?» Ja, warum wollte Schreiber nicht Offizier werden. Er ist nach Hause gefahren auf seiner «Schwalbe» und hat den Eltern berichtet, was der Genosse Major gefragt hatte. Die Eltern hörten aufmerksam zu. Die Mutter stand erst einmal auf und sah nach dem Essen, der Vater zündete sich eine Zigarette an. Er rief dann seiner Frau in der Küche zu: «Was denkst du?» Da wird sie zuerst nicht geantwortet haben, und anschließend wird sie ins Wohnzimmer gekommen sein mit einer sauber gebügelten Schürze. «Ja», wird sie gesagt haben, «das muß man sich gut überlegen. Aber eigentlich ...» Und der Vater nickte und fügte hinzu: «Die haben ja auch technische Hochschulen mit anerkannten Abschlüssen. Gesund ist er ...» und mit einem Blick auf den Sohn, «sag du, was denkst du?» Schreiber zuckte zuerst mit den Schultern, und dann, mit einem Ruck, mit einer Sicherheit, die die Eltern überraschte, die ihnen fast etwas unheimlich war, weil sie ihren Sohn so nicht kannten, sagte er: «Warum nicht. Dann bin ich Offizier der Nationalen Volksarmee!»

So könnte es gewesen sein.

In der Schule hörten wir, und er war nicht der einzige, in meiner Klasse verpflichteten sich allein sechs Jungen, länger zu dienen, «auch Schreiber will Offizier werden».

So, denke ich, wird es auch bei Meier gewesen sein. Und irgendwann, bei irgendeiner Gelegenheit, vielleicht nach der Grundausbildung, als er zum Wachdienst eingeteilt wurde und überraschend die Aufgabe des «Wachhabenden» übertragen bekam, wird er gedacht haben: «Schreien kann ich auch.» Ein paar Soldaten werden in der Offiziersschule gewesen sein, um verschiedene Arbeiten zu verrichten. Einer trug kein Käppi, da stellte er ihn zur Rede. Der Soldat erschrak und beeilte sich, die Kopfbedeckung zwischen Jacke und Koppel hervorzuziehen und seine Haare vorschriftsmäßig zu bedecken. Unser Offiziersschüler drängte dabei etwas zur Eile und ließ den Soldaten aus erzieherischen Gründen zweimal mit Grußerweisung an sich vorbeimarschieren. «Sehen Sie», sagte er, «mit Käppi können Sie doch viel besser grüßen!» Er spürte eine Kraft, ein scharfes Gefühl, das ihm gefiel. Er hatte Macht über andere, war nicht mehr der Schüler auf den mittleren Plätzen, der die Gewohnheit hatte, sich mit allen gut zu stellen. Das Leben hatte Kontur bekommen und er eine akzeptable Rolle, gegen die keiner etwas haben konnte. Oder konnte etwa einer etwas gegen die Nationale Volksarmee haben? Er erinnerte sich auch gern daran, wie ihn seine Eltern angesehen hatten, als es um die Berufswahl ging und er im Wohnzimmer sagte: «Warum nicht, dann bin ich Offizier!» Die Eltern seiner Freundin waren noch freundlicher geworden, seine Freundin aber weinte und wollte nicht sagen, warum. Da machte er «Schluß» und sagte vor der Haustür zu ihr: «Ich gehe meinen Weg, darauf kannst du dich verlassen!» Und er ging seinen Weg, übte das Befehlen, das Befehlen und das Gehorchen. «Dafür bin ich länger dabei», sagte er. Wenn er auf Urlaub kam und in der Stadt den Direktor traf, unterhielten sie sich wie vertraute Kampfgefährten. Er zog seine Zivilsachen kaum an, auch im Urlaub war er im Dienst. Den Trabant seiner Eltern durfte er benutzen, sooft er wollte. «Nimm nur», sagten sie, «du hast ja die Fahrerlaubnis.» «Das will ich meinen», antwortete er und betrachtete seine Eltern mit einem Blick, der, hätte er ihn gesehen, auch ihm lastend und rätselhaft vorgekommen wäre, aus solch stechender Ferne kam er.

So ähnlich wird es auch bei Leutnant Meier gewesen sein. An ihm ist nichts Besonderes, aber ein Druck geht von ihm aus, eine Bereitschaft, aus heiterem Novemberhimmel scharf zu werden aus geringem Anlaß. Dazu die Pistole und der Diensteifer des jungen Vorgesetzten, der gerade die Offiziersschule verlassen hat und anwenden will, was ihm beigebracht wurde.

Meier kommt und gibt Befehle. Der Zug zieht sich auseinander, die Unteroffiziere übernehmen die Gruppen.

Weidauer führt uns vor, was ein «Anschlag liegend» ist. Er benutzt wieder eingeimpfte Worte:

«Der Schütze liegt in sich gerade etwas schräg zum Ziel!»

Das kann nicht von Weidauer sein, das muß irgendwo

gestanden haben, das ist ein gepaukter Satz. Jetzt nimmt er Emmrichs MPi, legt sich flach auf den Boden, spreizt die Beine, preßt Knie und Oberschenkel fest auf die Erde, die Stiefelspitzen zeigen nach außen, und legt an.

«Kolben fest in die Schulter ziehen! Beide Ellenbogen bilden eine Stütze!»

Er steht auf, grinst, ist wieder rot im Gesicht, gibt die Waffe zurück und läßt uns üben.

«Auf diese Birken da drüben zielen!» sagt er.

Ich ziele auf einen Stamm, andere vielleicht auf Blätter und Zweige. Wir haben keine Patronen im Magazin, aber laden durch und drücken ab. «Klick», macht es, ganz einfach «klick», wie eine Zigarettendose, wenn sie zuklappt oder aufspringt.

«Paar Platzer hätten sie uns wenigstens geben können», sagt Bauer. Glöckner nickt.

VIII

Es ist später Nachmittag, wir kehren ins Lager zurück. Nach dem Üben des «Anschlags liegend» hatte es mittags Essen aus herbeigefahrenen Kübeln gegeben. Einer aus jeder Gruppe ist mit den eingesammelten Kochgeschirren, die im Marschgepäck mitgebracht worden waren, zum Küchen-Lkw gegangen und hat Linsensuppe geholt. Auf Baumstämmen haben wir gesessen, kauend und schlürfend. Es blieb noch Zeit für eine Zigarette. Dann ist Weidauer erschienen und hat schlechtgelaunt etwas von «Weitermachen» gesagt; offenbar hätte er ein Mittagsschläfchen den «Fortbewegungsarten im Gelände» vorgezogen, die alsbald hüpfend und springend begannen.

Dunkle, schnell ziehende Regenwolken sind aufgekommen, die vielleicht auf der Flucht sind oder einen Einsatzort erreichen müssen.

Der Wald liegt hinter uns, da ist eine kleine Brücke, dort drüben beginnt der Aufstieg zum Lager.

«Gas!»

Schon wieder! Volle Ausrüstung, auch die Plane? Nein, nur die Maske ... Stahlhelm absetzen ... den «Schnuppersack» aus der Tasche holen ... weiterrennen ... Nach zweihundert, dreihundert Metern wird die Luft knapp ... Ob ich den Filter abschraube? Weiterrennen ... Ich haste, will es hinter mir haben ...

Was ist denn jetzt los?

Es knallt und kracht, Nebelschwaden steigen auf ... Durch die beschlagenen «Klarsichtscheiben» sehe ich Münchow und Fickel mit Feuerzeugen hantieren. Sie brennen Schnüre an, werfen irgendwelches Zeug in die Luft, zielen auch nach unseren Stiefeln ... schneller rennen, ist das Tränengas? Silvesterknaller? ... die müssen doch spinnen!

Als ich die Maske absetze, die meisten anderen haben sie schon heruntergezerrt, ob ein Befehl gegeben wurde, weiß ich nicht ... als ich die Maske absetze, fliegen noch immer Knallkörper in unsere Richtung. Die Unteroffiziere lachen, haben die Hosentaschen voller «Material».

Der Überraschungsangriff ist gelungen, bestimmt sehen wir aus wie erschreckte Hühner. Es ist besser, nicht stehenzubleiben. Also renne ich weiter, gehöre zur «Spitzengruppe». Ob Biellau zurückgeblieben ist? Es geht um einen selber ...

Eine Herde erschöpfter Tiere sind wir, die von Kindern mit Stinkbomben und Knallerbsen gejagt werden. Ein Pfiff. Wir bleiben stehen. Die Explosionen lassen nach. Jetzt kommen die Unteroffiziere heran, auch etwas außer Atem, aber gutgelaunt. Weidauer stützt Biellau, hat ihm die MPi abgenommen, treibt ihn nicht an ...

Nur Münchow gibt keine Ruhe. Er hält mehrere faustgroße Wurfgeschosse in den Händen, brennt Zündschnüre an und wartet besonders lange, ehe er die Ladungen wegwirft.

Im Gänsemarsch beginnen wir den Aufstieg.

Plötzlich ist ein Schreien zu hören.

Münchow wälzt sich auf der Straße, die Hände vor dem Gesicht.

«Das hat er davon», sagt jemand.

Er hat etwas abbekommen. Vielleicht eine Verbrennung ... eine seiner Spielsachen ist explodiert. Er schreit um Hilfe und nach seiner Mutter. Einige rennen zu ihm hin, Krause und Pohl schleppen ihn den Abhang hoch. Er schreit immerzu. Seine Stimme klingt jetzt heiser und rauh, plärrend und tief wie die von Fickel. So laut schreit er. So weh tut es ...

Wir stehen und sehen zu, sagen nicht viel. Biellau hat sich wieder erholt. Eine seltsame Heiterkeit ergreift uns. Empfinde ich Mitleid mit Münchow? Nein. Er schreit um Hilfe und nach seiner Mutter. Ich empfinde kein Mitleid.

Als wir ins Kompaniegebäude einrücken, verläßt ein Krankenwagen das Lager. Er wird Münchow in ein Hospital bringen ...

Wir legen das Marschgepäck ab und gehen in den Waschraum, die Löffel und Kochgeschirre abspülen. Mit kaltem Wasser, auch auf ein Spülmittel müssen wir verzichten.

«Gut trockenreiben», rät Karausche, «sonst vergammelt der Blechnapf ...»

«Wer einmal aus dem Blechnapf frißt ...» sagt Bauer.

Im Flur kommt die Rede noch einmal auf Münchow:

«Dieser verfluchte Schleifer, geschieht ihm recht. Hast du gesehen, was er mit der ersten Gruppe gemacht hat?»

Niemand widerspricht diesen geflüsterten, bösen Kommentaren. Ein Nicken ist da, eine Übereinstimmung, die mich erschreckt und gegen die ich mich nicht wehre. Wir können nicht verzeihen, wir hassen ihn, auch wenn er sich schwer verletzte, um Hilfe schrie und nach seiner Mutter ...

Riedel ruft im Flur:

«Kompanie, raustreten zum Waffenreinigen! Waffenreinigungsgerät und Hocker mitbringen!»

Als wir im Flur stehen, werden einige zurückgeschickt. Sie müssen den Geländeanzug ausziehen, einer erscheint mit Stahlhelm, ein anderer ohne Waffe.

«Wo ist denn Ihre Waffe?»

«Ich dachte, nur Waffenreinigungsgerät und Hocker mitbringen ...»

«Das Denken überlassen Sie lieber den Pferden, die haben einen größeren Kopf!»

Ein kleiner Dialog mit bekannter Pointe. Riedel sagt Sprüche, Riedel, der Heimgänger, der keinem mehr etwas Böses will, der nur ein wenig Konversation treibt mit den jungen, ahnungslosen Genossen, die alles falsch machen.

Jetzt werden die Hocker an die «Linie» gerückt, am oberen Rand hat das Waffenreinigungsgerät zu liegen.

Riedel hält eine MPi in der Hand und beginnt mit der Demontage:

«Klarer Fall, Magazin raus, auf den Hocker legen. Langsam durchladen und von der Seite reinsehen, ob keine Patrone im Lauf ist. Sind schon die dümmsten Dinger passiert. Nicht auf Personen zielen, sicher ist sicher. Hinterher ist es zu spät. Dann den Gehäusedeckel abnehmen, das Schloß, vorher den Reinigungsstab ...»

Meinel zerlegt Karausches Waffe.

«Alles ordentlich ablegen, damit Sie die Übersicht nicht verlieren. So, Ausführung!»

Wir beginnen mit der Demontage. Schneller als gedacht liegen die Innenteile der Kalaschnikow auf dem hölzernen Hocker, den einzelne mit Papier abgedeckt haben. Als ich die Teile liegen sehe und den länglichen, entblätterten Stab der MPi in den Händen halte, kommt mir alles lächerlich vor. Das ist also die gefährliche Schnellfeuerwaffe, die das Wichtigste ist ... ein zurechtgezimmertes Holzgewehr mit aufgesetztem Eisenrohr! Durch den Lauf kann man Stoffreste ziehen, mit Pfeifenreiniger wird der «Überströmkanal» gesäubert ...

«Wenig Öl verwenden, Ölsardinen gibt's in Büchsen ...» sagt Riedel und geht durch die Reihe.

Vorn an der Treppe fällt scheppernd ein Gehäusedekkel auf die Fliesen.

«Wer war das?» ruft Riedel.

Der kleine, kräftige Maurer aus Biellaus Zimmer meldet sich.

«Ich, Genosse Unterfeldwebel», gesteht er verlegen lächelnd, den Deckel in der Hand, die Sommersprossen auf der Stirn.

Riedel sagt in heiterem Ton:

«Wir sind nicht auf dem Schrottplatz!» und fragt: «Was ist heute für einer?»

«Der Siebente ... der siebente November ...» wird ihm von verschiedener Seite zugerufen.

«So, der siebente November also», überlegt Riedel, «sieben Liegestütze sind zuwenig, am Monatsende lohnt es sich mehr, sagen wir mal ... heute ist der Vierzehnte! Ausführung!»

Unter dem Gelächter des im Gang versammelten Zuges legt sich der kleine Maurer auf die Steinplatten und beginnt mit den befohlenen sportlichen Übungen. Seine nach hinten gekämmten rötlich-braunen Haare mit dem sauberen Anschnitt in der oberen Halsgegend fallen ihm ins Gesicht. Ohne viel Anstrengung leistet er die Strafe ab, stellt sich wieder hinter seinen Hocker und setzt die Säuberung fort.

«Aufpassen», sagt Karausche leise. Er steht neben mir. «Das Schloß klauen sie auch gern ...»

«Wie ... warum?»

«Waffenreinigen ist Gefechtsdienst, jede Sekunde zählt. Der Gegner kann überall lauern und sabotieren, auch in den eigenen Reihen. Das wird getestet ...»

«Von wem?»

«Uffze ...»

«Ruhe!» ruft Riedel.

«Zu Befehl, Genosse Unterfeldwebel!» antwortet Karausche und steht stramm.

Riedel lächelt. Karausche steht sehr ernst da, das Kinn vorgestreckt, in Erwartung einer «Einlage». Aber Riedel will nicht. Er geht weiter durch die Reihe und besieht sich die Säuberung. Riedel ist kein Schikanierer, er ist schon halb zu Hause, wie es aussieht. Ich beneide ihn. Aber dann denke ich daran, wie lange er schon dabei ist, und fühle eine Erleichterung: nur anderthalb Jahre! Wie gut, daß ich mich nicht überreden ließ ...

Zweimal üben wir das Auseinandernehmen und Zusammensetzen der Waffe. Wer als erster fertig ist, kann seine Waffe einem anderen mitgeben, er muß nicht selbst zur Waffenkammer gehen. Bauer und Dominiak gewinnen, Karausche liegt knapp dahinter.

«Ging schnell heute», sagt Riedel, «weil keine Platzer verschossen wurden. Die machen den Lauf rußig und schmierig. Nur ganz leicht einölen, dann Waffen abgeben.»

Nachdem Riedel jede Waffe angesehen und seinen Segen erteilt hat, stellen wir die Hocker in die Zimmer zurück und begeben uns ins Erdgeschoß, um die MPis an der Waffenkammer abzugeben.

Da entdecken wir die «Wettbewerbstafel».

Sie hängt, ähnlich einer Wandzeitung, neben Stabsfeldwebel Flörchingers Zimmer. Säuberlich untereinander stehen die einzelnen Zimmer, auf Linien sind verschiedenfarbige Punktbewertungen eingetragen. Der Zeichenerklärung kann man entnehmen, daß jede Farbe einer Zensur von eins bis fünf entspricht.

Natürlich sehe ich zuerst nach, wie ich und Karausche weggekommen sind ... Gut! Einen roten Punkt haben wir bekommen, das entspricht der Zensur Zwei!

«Na bitte», sagt Karausche, der hinter mir steht. Er sagt es in seiner altklugen, mürrischen Art, als habe er etwas Großes, beinahe Gefährliches, vielleicht sogar Verbotenes vollbracht. «Was denn noch ...»

Ein blauer Punkt bedeutet «befriedigend», also Drei, ein schwarzer Vier, zwei schwarze Fünf. Es gibt rote, blaue und schwarze Punkte. Zwei rote, also die Zensur Eins, kommen nicht vor.

Jugels Zimmer hat einen schwarzen Punkt.

«Bei uns haben sie einen Schrank umgeworfen», sagt er, «nicht meinen, den von Kahn. Beim Stubendurchgang. Als wir reinkamen, lag der ganze Krempel auf dem Fußboden ... Kahn hatte auch Stubendienst, aber der macht nichts, keinen Handschlag. Der liegt nur auf dem Bett und träumt, der Junge.»

In Jugels Stimme schwingt eine Wut mit, die ich nicht an ihm kenne.

«Kahn?» frage ich.

«Na, der Dicke aus Frankfurt. Hat in einer Molkerei gearbeitet, wahrscheinlich Käsestampfer ... langsam ist der Junge … ich habe nichts gegen ihn, aber das regt mich alles auf … Scheißtafel … Da können sie ihre Pünktchen machen und uns auf den Geist gehen …»

Wieder ist etwas hinzugekommen, das uns entzweien, das den einen vom anderen trennen soll. Kahn von Jugel, Jugel von mir und Karausche. Ein Zimmer gegen das andere. Der Stubendienst, der den blauen oder schwarzen Punkt verursacht hat, gegen den Rest des Zimmers, der mitleiden muß. Selbst Jugel, der diesen Zirkus bisher mehr gelassen und distanziert zur Kenntnis genommen hat mit schmalen, abschätzigen Augen, beschwert sich über Kahn, den «Käsestampfer aus Frankfurt», dem sie den Schrank umgeworfen haben.

«Werden die schlechten Zimmer bestraft?» frage ich.

«Daß die sich was ausgedacht haben, ist doch klar. Verstöße gegen Ordnung und Sauberkeit in den ersten Tagen, ich sehe mich schon im Nachteinsatz. Und mein Bett haben sie auch eingerissen …»

Was habe ich gesagt, die «schlechten Zimmer»? Ich übernehme also ihre Bewertung! Was soll ich sonst sagen? Die guten Zimmer, an denen der Spieß etwas auszusetzen hat? Ja, vielleicht. Aber wir werten ja nicht um. Von der Waffenkammer an die Wettbewerbstafel … wo ist das eigene Zimmer, welche Zensur? Aha, ein rotes Pünktchen, also eine Zwei … aufatmen … noch ein Blick auf die anderen Ergebnisse – wie auf den «Klassenspiegel» unter den Arbeiten in der Schule – … so ein Pech für Jugel und Bauer … etwas Mitleid für die schlechten Schüler, die mit dem Freund geteilte Wut auf eine Trantüte namens Kahn, den lahmen Kahn aus Frankfurt an der Oder, der nicht gründlich gekehrt hat hinter dem Ofen. Schon ist diese Pippifax-Tafel mit den bunten Pünktchen eine gewichtige Realität geworden, die einteilt in solche und solche … Ich kann dem nichts entgegensetzen, es überrollt mich ... Der lahme Kahn ist also auf dem Bett liegengeblieben, anstatt Stubendienst zu machen. Oder hat den Besen weggestellt, ist nicht unter die Schränke gekrochen wie Karausche und ich. Ob ihn der schwarze Punkt an Flörchingers Tafel ärgert? Was sagt er, wenn Jugel ihn anhaut und Bauer schlechte Laune hat? Erträgt er das? Steckt er sie an mit seiner Leck-mich-Stimmung? Dann hat der Käsestampfer Kahn aus Frankfurt eine kleine Verweigerung vorgeführt ... das hier hat ihn, wie es aussieht, nicht so leicht überrollt ... Kann ich es auch so sehen?

Einen Flur sehe ich, Steinfliesen, Türen ... und gehe in «mein Zimmer», so ist es schon, die Gewöhnung setzt ein. Die häßlichen Schränke und Stahlbetten werden vertraut, der trostlose Blick auf die Lagerstraße ... Die Matratzen und glattgezogenen Bettbezüge sind auch mein Lager, meine Höhle, wenn das Licht aus ist und der Schlaf kommt. Der klobige, schwarze Lichtschalter ermöglicht das Dunkel der Nacht. Der wurmstichige Holzhocker ist wie ein Bruder, der Bescheid weiß und auf mich wartet.

«Raustreten zum Abendbrot!»

Als wir vom Essen zurückkommen, ziehe ich zwei Schmalzstullen aus den Seitentaschen der Uniform. Am Abend noch etwas in Ruhe essen, das möchte ich gern. Dieser Lebensmitteltransport ist aus «hygienischen Gründen» verboten und auch nicht lebenswichtig ... aber ich sehne mich danach, unbeobachtet eine Scheibe Brot zu essen, langsam zu kauen, an «draußen» zu denken.

Flörchinger hat gerade wieder eine Rede gehalten. Er kam aus dem Offiziersspeiseraum und fand unser Einrücken «unter aller Sau»: «Was ihr wollt, weiß ich schon», rief er, als wir das Betreten des Speisesaals mehrmals geübt hatten. «Zum Essen schlendern als unansehnlicher Haufen, quatschen und schmatzen, wie es euch Spaß macht, keine Unterschiede zwischen Soldaten und Offizieren. Ihr wollt in euren anderthalb Jahren das gleiche haben wie die, die immer hier sind. Wenn das einmal einreißen sollte, würde sich keiner mehr länger verpflichten, ein bißchen besser muß er's doch haben ... Wobei das Wichtigste selbstverständlich die Verteidigung unserer Errungenschaften ist ... Wenn ich euch so ansehe, wird mir schlecht: Stillstehen und warten, bis der Unteroffizier das Hinsetzen erlaubt und guten Appetit wünscht, das kann man doch im Rahmen der Höflichkeit verlangen. Und den Mund halten beim Essen: Wenn so viele Menschen in einem Raum sind, muß Ruhe herrschen! Sonst verliert man doch den Überblick! Ihr seid doch nicht zum Vergnügen hier! Und daß ihr euch beeilt, wenn andere draußen warten, die auch Hunger haben, na, ich denke, ihr haltet zusammen ... Hier könnt ihr es doch mal unter Beweis stellen. Fressen und Saufen wie in einer schlechten Kneipe, nee, nee, nee, meine Herrschaften, daraus wird nichts.»

Das alles wollte ich abends nicht hören, nichts hören und nichts sehen, nur sitzen und eine Scheibe Brot essen. Oder ein Stück Kuchen. Kuchen natürlich am liebsten, Aprikosenkuchen. Mittags waren wir im Gelände, konnten nicht in die Kantine gehen ... Nachher muß ich noch im Unteroffizierszimmer den Ofen reinigen. Vielleicht auch Holz holen und Wege erledigen. Ob ich an Eva schreibe? Ich möchte schon. Sie soll Bilder schicken, Fotos von sich. Ob sie an mich denkt? Was soll ich ihr schreiben? Der unsichere Kasten im Flur, in den man eigentlich nichts stecken kann. Andere Wege weiß ich nicht.

Ich möchte mit jemandem sprechen, möchte mich anvertrauen. Aber wem. Jugel, ja mit Jugel würde ich gern sprechen. Aber er liegt in einem anderen Zimmer. Ich möchte mit Eva spazierengehen, an den Bahnschienen entlang … und ihr von diesem Lager erzählen. Aber wer das hier nicht erlebt, wird vielleicht gar nicht richtig zuhören, wird vielleicht lachen oder das Thema wechseln. Oder vom letzten Schultanzabend erzählen, wer sich betrunken hat, wer mit wem geht, welche Lehrer da waren, welche Gruppe spielte. Und dann soll ich von Flörchinger erzählen, von Weidauer und Karausche, von der Wettbewerbstafel und von Münchow … wie er geschrien hat.

Solche wie Flörchinger laufen überall herum, das ist es nicht. Direktor Übel ist auch ein Militär. Man könnte erklären, vergleichen, zitieren. Aber der, der von Flörchinger nicht herumkommandiert wird, der nicht zurückgeschickt wird, um seine blanken Stiefel erneut zu putzen, wird zuhören und doch nicht für möglich halten, daß es ihn selbst betreffen könnte. Eva ist ein Mädchen, sie hat keinen Armeedienst vor sich. Höchstens eine vormilitärische Ausbildung, einen «DRK-Lehrgang», eine Rote-Kreuz-Schulung, die man «überall gebrauchen kann». An Krieg denkt man ab und zu, aber er wird schon nicht kommen, das ist die heimliche Gewißheit. In diesem Sinne ist es vielleicht auch ganz gut, daß es eine Armee gibt. Verteidigung muß sein, Gleichgewicht … Ja, ja. Atombombengleichgewicht … Das sind allgemeine Überlegungen. Nach der Überlegenheit der sozialistischen Armeen kann auch im mündlichen Abitur gefragt werden …

Aber wie Flörchinger mit gespreizten Beinen, Stiefeln und Ohrenhosen vor einem steht … wie Biellau unter der Maske nach Luft schnappt … Wie Jugel aussieht, wenn er einen Unteroffizier grüßt ... Welche Reden Bauer hält, was Karausche tut mit finsterem Gesicht, wie er sein Bett glattzieht, die letzte Falte beseitigt ... das kann man sich nicht vorstellen! Das ist zu konkret, zu banal, zu dämlich. Und dabei die Wahrheit. Und mit großem Gewicht, weil es ja das ist, was einen immerzu umgibt. Und dem man nicht entfliehen kann, der Zaun ist bewacht. Soll ich jetzt lesen, mich etwas hinlegen?

In den Aufenthaltsraum gehen und die «Aktuelle Kamera» ansehen? Die Unteroffiziere im Rücken?

Als wir zu Hause einen Fernsehapparat bekamen, war es das Ereignis. 43er Bildröhre. Ich durfte ihn nicht einschalten, strenges Verbot. Wie alt war ich ... neun, zehn. Nach dem Abendessen die erste Vorführung, es kam ein italienischer Spielfilm. Die Leute hatten ein Tempo, sie sprachen, lachten, weinten, rannten weg. Meine Mutter hielt mir ab und zu die Augen zu, zweimal mußte ich in den Korridor. «Darf ich wieder reinkommen?» rief ich durch das Schlüsselloch. Ich durfte wieder reinkommen. Meine Großeltern sahen ebenfalls zu, Großvater Reinhard mit Glatze und Zigarre. «Die Italiener, ja, ja, die Italiener», sagte er.

Endlich ein Fernseher ... Nach einigen Monaten schaltete ich die Wunderkiste ein, wenn ich von der Schule kam. Die Eltern waren auf Arbeit, die Großmutter sagte nichts. Es wurden fast immer sowjetische Kriegsfilme gezeigt in der «Testsendung» um halb zwei. Sie waren mir auch die liebsten. Ich erinnere mich an das Ende einer Schlacht: Budjonnys Reiter waren vorgestürmt unter großen Verlusten. Dann Stille, Leichen liegen herum, Säbel stecken in der Erde. Ein verwundetes Pferd will sich aufrichten und bricht zuckend zusammen. Eine leise, traurige Musik setzt ein. Ich weine. Das ist der Krieg, das ist der Einsatz für die gerechte Sache ...

In der Bodenkammer lag ein dickes Fotobuch über den Ersten Weltkrieg ... die jubelnde Fahrt hinaus ins Feld und die Schützengräben, die zerfetzten Körper ... Immer denke ich an solche Sachen ... An einen grünen Strauch will ich denken, an saftige, längliche Blätter, an Kornäpfel. An eine Quelle, einen Steinbruch mit kleinen Wegen und geheimnisvollen Eingängen ... Nicht an Kriege ... An Grasbüschel will ich denken, mit denen man das Wasser von Bächen stauen kann. An Kartoffelfeuer, an den Geruch des Herbstes, an selbstgebaute Drachen. An Autoreifen, die die Abhänge der Hügel hinabrollen, an Heuböden und Kletterbäume ... Dieser Druck soll weg, diese Kasernenwelt, die auch in mir alles regieren und gleichschalten will. Wenn ich doch ein Radio hätte. Was würde ich einschalten? Schlager, Beatmusik. Nachrichten. Liszt. Wenn etwas von Jimmy Hendrix käme oder von Janis Joplin. Radio Luxemburg oder Rias II. Manchmal bringen sie neuerdings auch auf DDR-Sendern Lieder von den Beatles. Oder ich würde den «Deutschen Soldatensender» einschalten, auf Mittelwelle sendet der früh, mittags und abends. Er soll irgendwo bei Magdeburg stehen, habe ich gehört, um die Bundeswehr zu beeinflussen. Beginnt mit Paukenschlägen, ein bestimmtes Zeichen, dann der Präsentiermarsch, dann Schlager und zwischendurch die Uhrzeit. Ich habe ihn viel gehört, vor der Schule, fast jeden Tag. Es kamen auch Berichte über Schikanen in Bundeswehrkasernen. Namen von Schleifern wurden genannt. Einen kritischen Bericht über unsere Armee habe ich nicht gehört. Das übernahm die andere Seite. Eine komische Arbeitsteilung. Ob dieser Sender hier verboten ist? Kofferradios durften wir nicht mitbringen ...

Weidauers Buch ... fast sechshundert Seiten. Bestimmt eine Heldengeschichte. Die ruhmreiche Rote Armee besiegt die faschistische Deutsche Wehrmacht, schlägt sie vernichtend ... Warum behandeln wir nicht «Krieg und Frieden» von Tolstoi? Oder «Stalingrad» von Theodor Plievier ... «Die Wolokolamsker Chaussee», nachher fange ich an. Es ist eilig, hat Weidauer gesagt. Lesen ist besser als grübeln. Ich könnte zu Jugel und Bauer hinübergehen ...

Karausche kommt. Er hat eine Tüte Obst im Arm.

«Von meinem Schwager, der wohnt im Ort, hat er abgegeben. Willst du?»

Er hält mir einen Apfel hin.

«Danke.»

Karausche hat die Tür nicht zugemacht.

«Freizeit», sagt er, «können wir ruhig mal offenlassen, sonst kommt man sich ja vor wie in 'ner Zelle. Ich geh noch mal, vielleicht klappt es mit dem Telefonieren, will hören, was mit der Frau ist ...»

Weg ist er.

Ich lege eine Decke auf mein Bett, entschließe mich aber dann, zu Jugel hinüberzugehen ... ganz kurz ... nur mal gucken ...

Im Hinausgehen sehe ich Pohl und Leutnant Meier den Flur entlangkommen. Ich trete schnell ins Zimmer zurück und setze mich aufs Bett, stehe auf, ziehe die Decke glatt, gehe zum Fenster, horche ...

Ich höre einzelne Stimmen «Achtung» brüllen. Sie sehen also in die Zimmer. Was wollen sie? Nur so ein wenig herumschlendern und kontrollieren, was die Genossen Soldaten in ihrer Freizeit machen? Unangenehm ... Warum lassen sie uns nicht ein paar Minuten in Ruhe? Wieder brüllt jemand «Achtung», zwei, drei Türen weiter. Sie kommen näher. Soll ich die Tür schließen? Ich lasse sie offen. Vielleicht wollen sie ein «kameradschaftlich-offenes Gespräch» führen, das sie dann weitermelden können. Oder wollen sie nur mal reinsehen? Der Offizier, dein Freund und Helfer ... Ausgerechnet Meier ...

Ich stelle mich vor die Schränke, da kann ich etwas den Flur beobachten. Die Tür schräg gegenüber steht jetzt offen, ich sehe Kröhnke, der vor seinem Schrank sitzt und in einem zerschwarteten Abenteuerheft liest.

Meier und Pohl kommen näher, stellen sich an Kröhnkes Tür. Sie warten, nehmen wohl an, daß Kröhnke, wenn er sie bemerkt, aufspringt und «Achtung» ruft ...

Nach einer Weile blättert er eine Seite seines Abenteuerheftes um, sieht kurz zu den beiden Gestalten an der Tür und liest weiter. Erschrickt nicht, springt nicht auf, bleibt sitzen und liest weiter. Mir wird ganz heiß, soll ich ihm etwas zurufen, aber das wird den beiden auch nicht gefallen, dann sehen sie mich ... Leutnant Meier japst nach Luft, hebt seine Schultern, es ist wie im Waschraum, als er Jugel klarmachte, wen der vor sich hat. Jetzt fängt er an zu schreien:

«Was fällt Ihnen ein, wenn ein Vorgesetzter in der Tür steht», und so weiter.

Kröhnke bleibt noch immer sitzen, sieht jetzt von seiner Lektüre auf und dreht das Gesicht mit der spitzen Nase in Richtung Meier und Pohl. Dann steht er langsam auf und bleibt gekrümmt stehen, das zerfledderte Heft in beiden Händen, eine Grundstellung ist das nicht, das ist eine Katastrophe, ein Skandal, der sich gerade zu einer Disziplinlosigkeit auswächst, einer Unverschämtheit, einer Widersetzlichkeit ... Oder kapiert Kröhnke nicht, wo er ist und was von ihm erwartet wird?

Soldat Kröhnke, leg schnell deinen Krimi weg oder was das da ist, richte dich auf, spann deine Muskeln an, ruf «Achtung», wenn noch andere im Zimmer sind, was ich nicht sehen kann, das geht nicht gut aus, immerhin steht da Meier. Und mit dem ist nicht zu spaßen. Jetzt belfert er auch weiter:

«Legen Sie Ihre Schwarte weg, aber ganz schnell!»

Und Kröhnke reagiert, gar nicht langsam, ganz prompt kommt seine Reaktion, ganz ruhig, er bewegt nur die Finger ein wenig, öffnet sie, läßt das Heft auf die Holzdielen fallen, bewegt sonst nichts, sagt keinen Ton, steht weiter so da, krumm, aufsässig, abwesend, wie eine Vogelscheuche, die aus irgendwelchen Gründen keine Angst vor Meier und Pohl hat.

Die beiden werden jetzt wild, wollen fast einschlagen auf diesen komischen, hohlwangigen Soldaten, der aussieht wie ein Knochenmann, wie ein ins Kraut geschossener unterernährter Bauerntölpel, der beim Exerzieren schon Weidauer aus der Ruhe brachte ... Was wagt der!

In diesem Sinne kreischen sie ihre Kommentare in Flur und Stuben, die beiden Kontrolleure. Ich rühre mich nicht von der Stelle. Auch an anderen Türen stehen Neugierige und sehen zu.

Dieser Kröhnke! Jetzt höre ich ihn sagen, ziemlich laut, hastig, wütend:

«Es ist doch Freizeit, es ist doch Freizeit!»

Da bückt sich Pohl und wirft Kröhnkes Abenteuerheft gegen die Spindreihe, die Seiten flattern, reißen aber nicht, sind grobe Behandlung gewöhnt ... Kröhnke geht einen Schritt auf Pohl zu, ist etwas größer als der Unteroffizier, sein Blick weiß gar nicht mehr, was er tut. Vorsicht, Kröhnke, Vorsicht! Jetzt kommt Schwedt an die Reihe, das behandelt der Militärstaatsanwalt weiter ...

Jetzt dreht sich Kröhnke weg, hebt sein Heft auf, glättet die Seiten, legt es auf den Tisch, steht da, die Hände an der Hosennaht, die Finger leicht zur Faust geballt. Er baut ein Männchen.

Kröhnke, das nützt jetzt auch nicht mehr viel. Meier und Pohl sind schon weg, sie werden Meldung machen. Kröhnke steht immer noch da, rührt sich nicht. Die Tür wird von innen geschlossen, es war doch noch jemand im Zimmer.

Ich mache auch die Tür zu und lege mich aufs Bett.

Ob sie wiederkommen?

«Erster Zug, einrücken in den Clubraum! Dienstuniform!»

Wieder schnippe ich hoch, ziehe die Stiefel an, setze das Käppi auf, binde das Koppel um. Nicht das lederne, das ist bei besonderen Anlässen um die Ausgangsuniform zu tragen, das graue Dienstkoppel lege ich an. Die Hosenbeine noch entsprechend falten, daß sie straff in den Stiefeln stecken ... An der «Linie» antreten und in den Clubraum einrücken.

Dort erwarten uns diesmal keine kaffeetrinkenden Unteroffiziere, sondern Oberleutnant Patsch, der feierlich neben dem Fernsehapparat steht. Karausche kommt noch angehetzt. Ob das Telefonieren klappte? Pohl macht Meldung. Wir dürfen uns nicht setzen, Patsch will eine Rede halten:

«Genossen Soldaten, heute ist der siebente November, der 52. Jahrestag der Großen Sozialistischen Oktoberrevolution!»

Hinter mir stöhnt jemand. Patsch nimmt einen Hefter zur Hand, in dem eine Zeitung liegt.

«Das ist ein weiterer großer Tag, an dem wir die Kampfgemeinschaft UdSSR-DDR für Frieden und Sozialismus bekräftigen wollen», beginnt er abzulesen. «Unter dem Banner Lenins zu neuen Siegen! Der Genosse Nikolai Podgorny hat eine Rede gehalten auf der Festsitzung in Moskau ...» Er stockt, sieht kurz auf die

Uhr. «… aus diesem Grunde wollen wir heute gemeinsam die ‹Aktuelle Kamera› ansehen.»

Oberleutnant Patsch beugt sich über den Apparat und dreht an einem Knopf. Wir dürfen uns setzen. Ein halblautes Brummen ist zu vernehmen, dann die Stimme des Nachrichtensprechers, dann können wir ihn sehen.

Er berichtet von der «machtvollen Parade auf dem Roten Platz». Mit ernster Miene sagt er:

«Im Zeichen des Lenin-Jubiläums und des Fünfjahresplans bekundeten Hunderttausende Moskauer ihre Entschlossenheit, die Beschlüsse der Partei und Regierung beim wirtschaftlichen und sozialen Aufschwung des Sowjetlandes konsequent in die Tat umzusetzen.»

Ich weiß nicht, wer zuhört, wer einverstanden ist mit den Worten des Nachrichtensprechers und wer nicht. Wir sehen in diesen Apparat hinein und sind ein wenig erleichtert, daß die Rede von Patsch kurz ausgefallen ist und wir uns setzen durften.

Bauer liegt ausgestreckt in einem blauen Sessel, ich habe nur einen gepolsterten Stuhl erwischt. Einige müssen stehen, sie lehnen mit müden Gesichtern an der Wand. Über ihnen hängen an Bambusstäben Grünpflanzen. Dazwischen zwei Bilder, die Porträts von Walter Ulbricht und Otto Grotewohl.

«… vor der traditionellen Militärparade, die vom hohen Stand der Waffentechnik und der Gefechtsbereitschaft der Sowjetarmee Zeugnis gab, nahm Verteidigungsminister Andrej Gretschko das Wort zum feierlichen Oktoberglückwunsch. Der fröhliche Marsch der Moskauer Werktätigen über den winterlichen, feierlich geschmückten Roten Platz gestaltete sich zu einer Manifestation der Einheit von Sowjetvolk und kommunistischer Partei …»

Sattelschlepper mit großmächtigen Raketen fahren vorbei. Wir sehen die Zwiebeltürme des Kreml. Die Demonstration «der Lebensfreude und des Optimismus», so der Sprecher weiter, sehen wir nicht in Farbe. Die Fahnen sind weißlich-grau ... die vielen Porträts von Leonid Breschnew wirken klein und fern ...

«Bei denen liegt schon Schnee», höre ich Bauer sagen.

Nach der Moskau-Berichterstattung folgen noch Fotos aus Vietnam: zwei verbrannte Dörfer und das stolze Gesicht eines Jungen, der mit einem Gewehr einen amerikanischen Kampfhubschrauber abschoß ... anschließend Bilder von einer Nato-Tagung. Uniformen, Autos, ein General sieht von weitem aus wie Bataillonskommandeur Wildgrube ... Der Sprecher sagt etwas von «aggressiven Plänen» und «westdeutschem Militarismus» ... Dann folgt der Hinweis an alle Kraftfahrer, mit nächtlichem Glatteis und Schneeglätte zu rechnen.

«Paß auf», flüstert Bauer, «morgen müssen wir Schnee schippen.»

Sattelschlepper haben wir gesehen mit Raketen, die Demonstration der Lebensfreude und des Optimismus ... so ist es eben, solche Bilder kenne ich. Umschalten zur «Tagesschau» geht nicht ... die zerstörten Dörfer, das Gesicht des Jungen ... die Amerikaner sind schuld, was wollen sie in Asien ... Es soll also kälter werden und schneien.

Ich bin müde. Den ganzen Tag im Gelände.

Oktoberrevolution, Kröhnke haben sie angeschrien ... überall Kämpfe ... so ist die Welt. Müde bin ich, gleichgültig und müde, ausgelaugt. Alles ist Phrase und Muß, ist weiß und grau wie die roten Fahnen, schwärzlich wie die Triebwerke der Raketen, matt und fern wie die Gesichter von Breschnew und Oberleutnant Patsch, der jetzt den Fernsehapparat ausschaltet und ruft:

«Achtung!»

Wir springen auf.

«Es lebe die Große Sozialistische Oktoberrevolution! Sie lebe ...»

Patsch wartet, es gibt vereinzelte, halblaute Rufe. Er hebt die Arme, wir brüllen im Chor:

«Hoch, hoch, hoch!»

«Wegtreten!»

Wir verlassen den Fernsehraum.

Vor der Stubentür wartet Weidauer.

«Sachen packen, umziehen! Schrank ausräumen, auch die Bettwäsche mitnehmen!»

«Ich?»

«Gegenüber zu Schwabe und Emmrich», sagt Weidauer.

«Und Karausche?» frage ich. «Soldat ... Karausche?»

«Nicht soviel fragen, Ausführung! Das Zimmer wird geräumt.»

Die gegenüberliegende Stube hat die Zahl Vierundzwanzig. Von der Einundzwanzig in die Vierundzwanzig trage ich meine Habseligkeiten. Als ich mit geöffnetem Stahlhelm, Marschgepäck und Gasmaskentasche das neue Heim betrete, sitzt Schwabe am Tisch vor einem kleinen Spiegel und will sich gerade rasieren. Eine Gesichtshälfte ist voller Seifenschaum.

«Besuch», sagt er, «wir kriegen Besuch.»

IX

Ich habe das Zimmer wechseln müssen und bin erleichtert.

Den Spind einräumen … Ob Karausche auch umziehen muß? Natürlich wäre es interessant zu wissen, warum gerade jetzt ein Umzug erfolgt. Zufall? Warum komme ich in dieses Zimmer? Weil ein Bett frei ist? Aber jedes Nachfragen ist sinnlos. Weidauer würde grinsen und mit den Achseln zucken.

Schwabe cremt sich ein, ist mit dem Rasieren fertig. Ich liege oben, über Emmrich. Schwabe, Emmrich und Glöckner kenne ich, wir sind in einer Gruppe. Ich habe sie auch schon oft auf dem Flur gesehen, beim Raustreten. Und im Gelände, bei den Märschen, beim Kartoffelschälen im Küchengebäude …

Es ist ein Einschnitt, eine wichtige Veränderung. Nur über den Flur, aber mit anderen Leuten zusammen. Karausche hat immer alles besser gewußt. Ich kam mir schon ganz bescheuert vor. Er hat mir auch geholfen, ja. Eine Beflissenheit ging von ihm aus, er war tüchtig, «zog voll mit», wie er sagte. Ich nahm es hin, obwohl ich eigentlich anders sein wollte …

Ich bin erleichtert, bin plötzlich einer von vier Soldaten einer Stube, kann mich auch ein wenig verstecken … Glöckner ist freundlich, Schwabe und Emmrich? Abwarten, aber bestimmt nicht ganz übel.

Als ich hereingekommen bin, hat Glöckner «Tag» gesagt und: «Eine Überraschung.»

Er faßte sich dabei an die Brille, die immer noch mit Pflaster zusammengehalten wird.

«Wie geht's?»

«Danke», sagte ich.

Schwabe steht auf, dicken Seifenschaum im Gesicht, macht eine kleine Verbeugung, die freundlich und ironisch gemeint sein kann: «Peter.»

Auch Emmrich, der still auf seinem Bett liegt und jetzt beginnt, sein Schuhputzzeug hervorzukramen, sieht mich kurz an und sagt:

«Gerd.»

Sie werden schon in Ordnung sein. In einer Gruppe, jetzt wohnt man zusammen, warum nicht …

«Schöner Blick.»

Glöckner, der am Fenster steht, zeigt auf die dunklen Scheiben:

«Da drüben is 'ne Nähwerkstatt, am Tag kann man reinsehen … Ich heiße Harald …» fügt er leise, nuschelnd hinzu.

«Frauen», ergänzt Schwabe und fügt den Satz hinzu: «Bitte, warum nicht, von mir aus …»

Als er mit dem Eincremen fertig ist, trocknet er seine Hände, holt eine große, lederne Mappe aus dem Schrank und beginnt Briefe zu schreiben.

«Ich antworte auf Annoncen, viele wollen in Briefwechsel treten. Dann kommt keine Langeweile auf. Wenn du noch Adressen hast», er sieht mich an, «kannst du sie mir geben ...»

Das sagt er so hin mit seiner dunklen Stimme, ich nicke, sein Kugelschreiber füllt mühelos weiße Bögen mit einer energischen, schwungvollen Schrift.

«Und dann warte ich noch auf Pakete ... viele haben versprochen, welche zu schicken ... nun bin ich mal gespannt, ob sie sich an mich erinnern. Meistens redet man viel, und wenn einer weg ist, weit weg wie ich, bei der Armee, wird alles vergessen ... Ich werde ja sehen.»

Fremd fühle ich mich. Nein, ich bin nicht ungern hier. Ich mußte meine Sachen packen und fertig. Wieder eine neue Umgebung. Gerade habe ich mich etwas eingewöhnt. Ich verstehe auch nicht, was Schwabe meint. Er macht Andeutungen, redet so hin, ist freundlich, das ist es nicht, freundlich ist er ... aber komisch ... vielleicht schwul.

«Schwul» ist ein Schimpfwort ... Blödsinn.

Ich probiere mein Bett aus. Knarren wird es ... zu Emmrich sehe ich hinunter:

«Na, geht es? Kommen wir klar?»

«Ich denke schon, ja, ja ...» sagt er. Wie picklig sein Gesicht ist.

Einem wie Schwabe bin ich bisher nicht begegnet. Er wird auch nicht begeistert sein über das alles hier. Aber im Gegensatz zu Jugel und Bauer scheint er zu denken: «Ich kenne meine Pappenheimer, so ist die Welt, das Beste daraus machen.» Er schreibt mit großer Geschwindigkeit, klebt einen Umschlag zu, wählt eine Briefmarke aus, beleckt sie sehr sorgsam, fast zärtlich. Kuschig ist er nicht ... Was ist er nur für einer? Bestimmt schreibt er nichts, was Flörchinger stören wird. Ihm scheint egal zu sein, ob die Post kontrolliert wird. Er antwortet auf Annoncen, um sich die Zeit zu vertreiben, ist aktiv, nicht fertig wie andere. Ich bin wach, aufgedreht ...

Vorhin im Fernsehraum kam die Müdigkeit, Raketen auf dem Roten Platz ... die Fußsohlen brannten. Aber jetzt bin ich hellwach. Zu den Unteroffizieren muß ich noch reinsehen. Revierreinigen ... Was mich hier fertigmacht, scheint Schwabe kaum zu jucken. Jetzt steht er am Schrank und kämmt sich das Haar. Denkt er an seine Reisen ins Ausland? Balaton ...

Emmrich nimmt seine Stiefel und verläßt wortlos das Zimmer. Er geht vors Haus, putzen, polieren. Regnet es? Windig wird es sein, naßkalt. Glöckner steht noch immer am Fenster und späht hinaus. Was er wohl sieht? Vielleicht sieht er Glöckner, der mit seiner ramponierten Brille am Fenster steht und hinausspäht.

«Kompaniiiiie!» Das ist Känguruhn, das kann nur er sein! «Stuben- und Reviiiierreinigen!»

Ich muß auch noch meine Stiefel säubern, Lehm klebt an den Sohlen ... mit Wasser abspülen ... dann in Weidauers Zimmer gehen, vorher klopfen, wer weiß, wer noch drin ist ... lieber möchte ich Toiletten schrubben ...

Am nächsten Morgen, auf dem Weg zur Essenbaracke, erfahre ich, daß Kröhnke versetzt wurde. Noch vor dem allgemeinen Wecken mußte er seine Sachen in eine Zeltbahn packen und vor das Kompaniegebäude schleppen. Ein Lkw wartete.

«Wahrscheinlich an die polnische Grenze, dort gibt es Strafkompanien, weiß ich von meinem Bruder», sagt

Bauer und fügt hinzu: «Marschieren konnte der wirklich nicht.»

Nein, marschieren konnte er nicht. Er konnte auch nicht gleich aufstehen, als Meier und Pohl kamen, hat weitergelesen in seinem zerschwarteten Abenteuerheft ...

Kröhnke haben sie weggefahren, «versetzt».

Nach dem Frühstück müssen wir die «Auschwitzer» anziehen, die alten, halbhohen Lederschuhe. Es geht zum Polituntericht, in das Gebäude, in dem Oberleutnant Patsch etwas über Maschinenpistolen und Flugbahnen erzählte.

Der Lehrer ist ein ehemaliger Gärtner, Politleutnant Gernot, freundlich, viele Phrasen, er liest von Blättern ab, entwirft Tabellen und Tafelbilder.

«Arbeiten Sie mit», sagt er, «arbeiten Sie mit! Sie tun sich damit selbst einen Gefallen.»

Kaum einer meldet sich. Dominiak hebt ab und zu den Arm, es ist langweilig.

«Gestern war der Jahrestag der Großen Sozialistischen Oktoberrevolution, wer möchte denn darüber etwas sagen?»

Gernot sieht in die Runde. Draußen hat leichter Schneefall eingesetzt. Als er gerade wieder ein Blatt nehmen will, um eine längere Passage vorzutragen, stößt mich Bauer an:

«Na los, sag mal was. Sonst liest der sich noch den Wolf, schlimmer als Schule ...»

Ich melde mich. Gernot ist hoch erfreut, als er merkt, daß ich keine provokatorische Frage stellen will, sondern die Leninsche Revolutionstheorie in Kurzform erläutern ... Wie es uns Staatsbürgerkundelehrer Rammler beigebracht hat, «den Übergang von der bürgerlich-demokratischen zur sozialistischen Etappe, zur Diktatur des Proletariats» ...

Ich bin aufgestanden und halte ein Kurzreferat. Theorie und Schulbuchpraxis, ich rattere das herunter.

Gernot staunt.

Die Soldaten klatschen Beifall, Bauer freut sich am meisten.

«Bravo», ruft er, «bravo!»

Ich bin der King, kann am besten reden.

In der Pause klopft mir Bauer auf die Schulter:

«Große Klasse, weiter so! Du kannst gleich unterrichten. Füll dem die Taschen über die Oktoberrevolution. Wir erholen uns inzwischen. Nicht nur die, auch wir ...»

Ich schüttle den Kopf, bin beleidigt, werde rot.

Lenin habe ich gelesen, seine vierzig gesammelten Werke stehen zu Hause im Regal. Ein SED-Genosse hatte sie auf Beschluß seiner Parteigruppe kaufen müssen und auf dem Boden, in einer Kiste, abgestellt. Das hörte ich von meiner Mutter, die es in ihrem Büro erfuhr und auch mithalf, das Geschäft perfekt zu machen: ein Viertel des Ladenpreises pro Buch für den lesenden Sohn, in Einkaufsnetzen wurde der verbilligte Schatz nach Hause geschleppt. «Staat und Revolution» arbeitete ich durch, «Was tun» und «Der linke Radikalismus, die Kinderkrankheit im Kommunismus». Ich kam mir schlau und zunehmend mächtig vor. Im Staatsbürgerunterricht, der ab 11. Klasse «Philosophie» genannt wurde, stellte ich kritische Fragen und verwendete Lenin-Zitate als Autoritätsbeweise. So probte ich den aufsässigen Schüler auf der bewährten Linie der Oktoberrevolution ...

Bauer lacht und klopft dem Abiturienten noch einmal augenzwinkernd auf die Schulter:

«Ich meine es eigentlich ernst», sage ich, «das ist meine Meinung, ehrlich … Ich bin für den Sozialismus …»

Bauer nickt mir freundlich zu:

«Ganz klar, nichts anderes meine ich, weiter so, genau richtig, ganz in unserem Sinn! Ich bin auch für die Russen, Verzeihung, für die Sowjetmenschen … Nicht nur die Offiziere wissen was!»

Leutnant Gernot macht mich zu Beginn der nächsten Stunde zum «Assistenten». Ich soll künftig Bildmaterial holen, Vorträge ausarbeiten und «politisches Vorbild und Ansprechpartner sein», eine Art «Verbindungsmann», wie Gernot sagt.

Als wir in die Unterkünfte zurücktraben, fragt mich Bauer, etwas nachdenklich geworden:

«Bist du wirklich überzeugt?»

Ich nicke, muß lächeln, bin im Zwiespalt.

Er sieht mich an:

«Du bist in Ordnung, ich weiß, wie du es meinst. Ich habe auch Durchblick. Wir müssen sie clever verschaukeln, das ist die einzige Möglichkeit. Lenin hat sich das hier bestimmt nicht träumen lassen.»

Ich schüttle den Kopf.

Es ist gegen zehn. Kahn, Bauer und ich werden als «Küchendienste» abkommandiert. Die anderen haben «MKE», militärische Körperertüchtigung. Ein leichter Schneeregen fällt. Null Grad werden es sein.

Wir müssen uns beim «diensthabenden Koch» melden.

Der große, geflieste Raum mit den drei wuchtigen, blitzenden Kesseln und den anderen Küchenmaschinen gefällt mir nicht. Eine kalte Schlachthausatmosphäre geht von den Dingen aus, hier findet das massenhafte, lieblose

Abfüttern statt, das spürt man. Der Koch ist ein blöder Kerl, der mit Gummistiefeln und Fleischerjacke herumstolziert und uns kaum ansieht, als wir Meldung machen.

«Ja, ja», sagt er, «viel zu tun, ja, ja, neue Leute, immer neue Leute. Na los, nicht einschlafen, als erstes Kartoffeln holen.»

Mit Eimern ziehen wir los und betreten einen in den Hang gebauten Verschlag, in dem es säuerlich riecht, eine Mischung aus neuen Kartoffeln und Schweinetrog, halb Stall, halb nasser Keller.

Kahn setzt sich sofort auf einen Balken und will rauchen.

«Scheiße», sagt er enttäuscht, «ick hab och noch Zijaretten verjessen.»

Nicht ganz berlinerisch spricht er, mehr wie Frankfurt, aber aus der näheren Umgebung von Berlin kommt er, darauf legt er Wert.

«Seelower Höhen, wa, Zweeter Weltkrieg, wa, Kämpfe um de Hauptstadt. Janz inner Nähe bei mir, ville jehört von, wa, steht och in Büchern ...»

Kahn ist mittelgroß und rundlich, hat schwarze Haare und eine glatte, weiche Haut. Er pflegt sich offenbar, ich kann sogar einen leichten Parfümgeruch wahrnehmen, trotz Keller und Kartoffeln. Jetzt lerne ich ihn näher kennen, den «Käsestampfer», auf den Jugel gestern abend solche Wut hatte. Er gehört zu den Langsamen, hat aber eine bessere Kondition als zum Beispiel Biellau. In seinem Spind wird kein Buch stehen ... auf dem Bett liegen und mit aufgestütztem Kopf das Treiben verfolgen, das ist Kahn. Etwas Sonniges, Naives strahlt aus seinem Vollmondgesicht.

Jetzt möchte er rauchen und hat keine Zigaretten mit.

Bauer fuchtelt mit einer Gabel herum, die er in einer Ecke gefunden hat.

«Wieviel Eimer sollen wir denn holen?»

«Keine Ahnung», sage ich.

Der mürrische Koch hat nichts angeordnet. Auch nicht die jüngere, blonde Frau im weißen Kittel, die wir im Gang trafen, Salzpackungen hatte sie unter dem Arm. Bauer hat «oho» gesagt, ich habe «Tag» gemurmelt, das hörte sie wohl nicht. «Küchendienst?» fragte sie. Wir nickten. Ob sie auch einen Dienstgrad hat? Bestimmt gehört sie zu den «Zivilkräften», wohnt im Ort wie die Verkäuferin in der Kantine, geht jeden Tag zur Arbeit ins Lager ...

«Ick schätze, Badewanne voll wie neulich, dann könn wa stundenlang schleppen, wa ... wenn ick nur wat zu roochen mitjenommen hätte ...»

Bauer hat mit der Gabel einen Eimer gefüllt.

«Na los!» sagt er zu Kahn.

«Nich so hastig, jeht mir allet zu schnell hier ...»

Ich helfe Bauer. Kahn bleibt sitzen, sieht unglücklich und doch recht zufrieden aus. Als wir die Eimer nach oben tragen, setzt Kahn öfters ab, stöhnt, geht betont langsam.

Der Koch führt uns mit wütenden Augen in einen Raum, in dem zwei Schälmaschinen und zwei Badewannen stehen.

«Kartoffeln auf einen Haufen», er macht eine Handbewegung, gibt die Höhe an. «Dann wieder melden.»

Als er weg ist, jammert Kahn:

«So ville, so ville ...»

Wir traben zwischen Küche und Kartoffelkeller hin und her. Bald klettern wir mit den Stiefeln auf den Kartoffelberg im Verschlag und suchen uns die größten heraus, weil dann die Eimer schneller voll werden. Es ist uns gleichgültig, ob wir welche zerquetschen ...

Kahn setzt sich regelmäßig auf seinen Balken und gibt den Satz von sich:

«Een alter Mann is keen D-Zug.»

Bauer trampelt besonders rücksichtslos auf den Kartoffeln herum, er tritt nach ihnen …

«Wofür», sagt er vor sich hin, «wofür! Für die Scheißer, nur für die.»

Er sagt nicht, wen er meint, aber wir können es uns denken. Bestimmt sind auch die Kartoffeln dabei, die wir auf die Teller bekommen … na und … trotzdem ist alles Scheiße. So ist die Stimmung. Schnell die Eimer füllen und dann auf Kahns Balken setzen … Ich bemerke, daß ich eine Schachtel «Carmen» in der Jackentasche habe. Kahn freut sich, er hat Streichhölzer und raucht tief und genußvoll. Ich paffe, ziehe nicht auf Lunge, tue aber wie ein Kettenraucher.

«Pissies», sagt Bauer, «Kartoffelpissies sind wir …»

«Na und», sagt Kahn mit weicher, verträumter Stimme.

«Küchendienst!»

«Besser als im Gelände rumrennen bei dem Wetter», werfe ich ein.

«Auf jeden Fall.»

«Immer mit der Ruhe.»

«Klar.»

«Aber langweilig ist es.»

«Na und.»

«Du kannst ja schneller arbeiten.»

«Wieso.»

«Na also.»

So reden wir. Kahn sagt mit halb geschlossenen Augen:

«Meene Freundin hat jeschrieben.»

«Was denn, du hast 'ne Freundin?» stichelt Bauer.

«Klar.»

«Und, wie sieht sie aus?»

«Verheiratet, aus meinem Betrieb.»

«VEB Milch und Käse …»

«Molkerei, sie is inner Ausjabe … zwee Kinder … treffen uns heimlich.»

«Schon lange?»

«Klar.»

«Eh», sagt Bauer und sieht Kahn verwundert an, «dann bist du ja ein ganz Schlimmer. Stube kehren geht nur schleppend, aber solche Sachen …»

«Det is wat anderes.»

«Wie heißt sie denn?» will Bauer wissen.

«Martina.»

«Bild?»

«Im Spind.» Kahn tritt aus, was von der Zigarette übrig ist, und schiebt mit der Stiefelspitze einige Kartoffeln über die Kippe. Dann öffnet er einen Knopf der Uniformjacke und zieht aus der Innentasche einen geöffneten Brief.

«Det isser», sagt er und zieht das beschriebene Blatt aus dem Umschlag. «Und hier», er öffnet vorsichtig das gefaltete Papier, «hat se wat rinjelegt.»

Wir beugen uns über Kahns Geheimnis und erblicken am Boden des Umschlags ein hellbraunes, seltsam gekräuseltes Haar.

«Eh», stöhnt Bauer überrascht, «das ist doch …»

Ich grinse in eine Ecke des Kartoffelkellers und sehe Kahn zu, wie er zärtlich und stolz seinen Brief in den Umschlag zurücksteckt und wieder in der Innentasche der Uniformjacke verstaut.

«Det is Liebe», sagt er.

Bauer fallen offenbar gar keine Fragen und Hänseleien mehr ein. Er sieht Kahn nur ab und zu von der Seite an, greift dann nach einer großen Kartoffel und wirft sie zu Matsch an die Wand.

«Eh, eh, eh, das gibt's doch gar nicht …» stöhnt er.

Mittags beim Tellerspülen hinter dem Ausgabeschalter erzählt mir Kahn, was er seiner Freundin antworten will:

«Erst det ick se liebe, och treu bin und so weiter, det Übliche sozusagen. Und denn», er strahlt über das runde, rosige Gesicht, «und denn hab ick mir noch wat ausjedacht. Kennst du det Lied ‹Einmal weht der Südwind wieder›?» Er summt die Melodie, die von Tellerklappern und anderen Küchengeräuschen untermalt wird. «Also, ick hab mir wat ausjedacht und wollte jerne deine Meinung wissen, wa, weil du Abi hast, wa ... ick hab mir jedacht, ick dichte det um. Statt ‹Einmal weht der Südwind wieder, dann werd ich am Hafen stehn› schreibe ick meene Freundin: ‹Einmal weht der Südwind wieder, dann werd ick am Bahnhof stehn.› Urlaub, wa, so hab ick mir det ausjedacht ... wie ick ankomme, den Moment ... jeet det?»

«Ja», sage ich, «das geht.»

Kahn sieht mich dankbar an. Ich bin jetzt sein Vertrauter. Wir kratzen die Essenreste von den abgestellten Tellern und füllen sie in bereitstehende Kübel, die für die Schweinemästerei bestimmt sind.

Bauer muß im Offiziersspeiseraum bedienen. Der Koch sagte sogar etwas von einem «Kleinen Offiziersspeiseraum», in den Bauer gehen soll. Sitzen dort die ganz Hohen?

Gegen halb zwei, Kahn und ich schrubben gerade den Badewannenraum, in den wir die bereits mit der Maschine geschälten und für morgen bestimmten Kartoffeln gekippt haben, kommt Glöckner an, Soldat Glöckner aus meiner Gruppe, und ruft:

«In deinem Schrank hat es gerummst ... irgendwas ist zu Bruch gegangen ... das wollte ich dir sagen ...»

Ich lasse den Schrubber fallen und renne los.

Was ist geschehen? Im Schrank liegt Unterwäsche, wenn da was versaut ist, die Kragenbinden ... das Buch, das Schreibzeug ... vielleicht die Limonadenflasche explodiert ...

Ich renne Richtung Kompaniegebäude, will wissen, was passiert ist. An das Lager mit seinen Diensten, Regeln und Uniformen denke ich nicht. Ich muß ins Zimmer und nachsehen, was los ist.

Ich denke weder an den diensthabenden Koch noch an das Käppi, das in den Küchenräumen zurückgeblieben ist. Ich renne am Stabsgebäude vorbei und nehme die Abkürzung über die Treppen.

Wenige Meter vor der Außentür der 3. Kompanie kommt mir Stabsfeldwebel Flörchinger entgegen. Er trägt einen Schnellhefter in der Hand. Ich bremse nicht ab, mache Zeichen mit den Händen, «es ist etwas passiert», soll das heißen, «laß mich durch, jetzt nichts sagen, später, jetzt nicht ...»

Flörchinger sieht mich verwundert und unentschlossen an. Ich bin in Fahrt und habe ein wichtiges Ziel. Ich drücke schon die Türklinke, da brüllt er:

«Zurück! Zu mir!»

Ich höre die Stimme des Herrn, will sie überhören, will weiter, es ist etwas passiert ... Aber da reißt es an den Zügeln, macht «Brrr» ... Ich bleibe stehen, drehe mich um, gehe langsam auf Flörchinger zu, bin außer Atem, ohne Käppi, in schlechter Haltung stehe ich vor ihm, sage:

«Es ist etwas passiert, in meinem Schrank ...»

Er unterbricht mich, will das gar nicht wissen, seine Stirn liegt in Falten, die Augen sind klein und hell, das Gesicht spitz, wächsern, er sagt:

«Grundstellung!»

Ich ziehe den Kopf ein, richte die Stiefel aus, krümme die Finger zur Faust, hebe jetzt den Kopf und halte still ... Flörchinger, du verdammtes Schwein!

«Wo ist Ihr Käppi? Wie sehen Sie aus?»

«Ich ... in meinem Schrank ...»

«Ich will wissen, wo Ihr Käppi ist, warum Sie so herumlaufen! Haben Sie mich verstanden?»

«Jawoll, Genosse Stabsfeldwebel. Mein Käppi ist in der Küche. Ich ...»

«Sofort holen! Wir sind hier kein Sauhaufen! Wir sind ein Ausbildungslager der Grenztruppen, verstanden? Ob Sie verstanden haben!»

«Zu Befehl, Genosse Stabsfeldwebel.»

«Ab!»

Ich renne los, hole mein Käppi. Ausgerechnet dem muß ich in die Arme laufen! Gründe interessieren ihn nicht. Er sieht einen Soldaten ohne Käppi und Grußerweisung vorbeirennen, das kann er nicht dulden als Spieß ... so ein Schwein!

Als ich wenig später mit Käppi und Koppel unser Zimmer betrete, hat Karausche schon die Schranktür geöffnet und mit dem Scheuerhader aufgewischt, was ausgelaufen war.

«Alter Trick», sagt Karausche, «Stahlhelm wie 'ne Schüssel auf den Boden legen, unten an der Tür ansetzen, Hebelwirkung ausnutzen, schon hüpfen die Gelenke aus den Pfannen, auch wenn zugeschlossen ist.»

Die Limonadenflasche liegt zertrümmert im Essenfach. Sie war voll und verschlossen. Wahrscheinlich hat sie das Hinlegen nicht vertragen. Oder ich habe vorher geschüttelt ... Ich bringe die Scherben weg, wische die Schrankfächer aus.

«Ich haue ab», sagt Karausche an der Tür, «habe zufällig vom Knall erfahren, dann war es auch noch dein

Schrank … neues Zimmer, ich auch … Abwechslung … Ich muß zum Unterricht …»

«Danke», rufe ich ihm nach.

Weg ist er.

Als mich Flörchinger an der Eingangstür zurückrief, fühlte ich zum erstenmal in diesem Lager wirkliche Wut. Ein kurzer Impuls war da, ein Zuschnappen, noch vor dem Umdrehen, eine Bewegung auf den Feind zu, auf diesen dünnen Kerl, diesen geschniegelten Militärarsch, der sich sonstwas einbildet … Dann erschrak ich, drehte mich um und versuchte ihm zu erklären, warum ich dringend aufs Zimmer muß … Dennoch zerriß ein Band, als Flörchinger rief … Hätte er mich laufen lassen, hätte er «ein Auge zugedrückt», wäre das anders gewesen. Dann hätte er mich fester an die Leine gelegt, ich hätte sagen müssen: «Flörchinger ist nicht so … Er hat mich durchgelassen, als das mit meinem Schrank war … ohne Käppi …»

Als ich zur Küche zurückgehe, habe ich Flüche und Schimpfworte auf der Zunge. Ich spucke aus. Ein Traktor mit Anhänger kommt, er holt die Abfälle für die Schweinemästerei. Der Fahrer trägt keine Uniform, er lächelt, hat eine dünne Zigarre im Mund.

Kurz vor dem Abendessen ist unser Dienst beendet. Wir warten vor den Schaltern auf unsere Kompanie, setzen uns an einen Tisch in Türnähe.

Bauer kramt zwei Äpfel und ein in Butterbrotpapier gewickeltes Bratenstück aus den Taschen.

«Wunderbar», sagt er und zerschneidet das Fleisch. «Wollt ihr?»

Kahn nickt.

Hinter vorgehaltener Hand reicht er jedem von uns eine Kostprobe.

«Die hatten erstklassiges Essen, Rinderbraten, Rotkraut, Klöße und Pfirsichkompott ... Ich hab mir was eingewickelt ... feine Tischdecken, Blumenvasen ...» Er ist begeistert.

«Nur für Offiziere?»

«Also, es ist so: Ein größerer Raum für Unteroffiziere, einige Tische sind abgetrennt für Offiziere und Zehnender, solche wie Flörchinger, die haben weiße Tischdecken, Sonderbedienung ... Und dann gibt es noch einen kleinen Raum, in dem nur die Kompaniechefs und Politniks sitzen ...»

«Und da hast du bedient?» fragt Kahn, der auf den Rest vom Braten schielt.

«Ja, ich.»

Bauer, der sonst nur flucht, sagt das fast stolz. Ich frage ihn:

«Haben sie dich in Ruhe gelassen?»

«Klar, vollkommen. Sie bedankten sich sogar. Nur der Küchenheini», jetzt hat Bauer wieder sein finsteres Gesicht, «stänkerte rum. Ich sollte mir die Haare kämmen und die Fingernägel saubermachen.»

«Hast du?»

«Na ja ...»

Zwei Gefreite kommen durch die Tür, sehen uns, verziehen die Gesichter: «Was ist denn das?» ... «Buntes Laub auf unseren Plätzen» ... Solche Bemerkungen machen sie, gehen zum Schalter, holen sich Essen und sagen zu uns:

«Hier sitzen wir!»

Kahn steht auf, ich sehe auf Bauer, der wird dunkelrot:

«Ihr habt doch Platz, zwanzig Leute können sich hier ransetzen ...»

«Aber keine Rotärsche», sagt ein etwa dreißigjähriger

Gefreiter, der wie ein Lehrer aussieht und es wahrscheinlich auch draußen ist. «Daran müßt ihr euch gewöhnen am Anfang ...» fügt er fordernd und leicht beschwichtigend hinzu.

Bauer und ich stehen auf, gehen in den hinteren Teil des Raumes, zum Tisch des 3. Zuges der 3. Kompanie. Bauer dreht sich noch einmal um, geht ein paar Schritte auf den «reservierten» Tisch zu, an dem weitere «EKs» und «Vize» Platz genommen haben, wahrscheinlich Kraftfahrer und Schreiber, und ruft ihnen halblaut zu:

«Es ist nur eine Frage der Zeit, merkt euch das!»

Einige lachen, rufen:

«Eben, genau so ist es ... wenn ich deine Tage hätte, würde ich den Kopf zumachen ...»

Bauer droht mit der Faust, schüttelt den Kopf, ist ratlos. Soll er sich prügeln? Ich ziehe ihn weg, er ist beleidigt.

«Warte nur, bald sind wir auch so weit, dann können die was erleben!» droht Bauer.

«Dann sind die schon zu Hause», sage ich.

«Na warte», Bauer kann sich gar nicht beruhigen. Es kränkt ihn, kein «EK» zu sein. Was wird er in einem Jahr zu den «Rotärschen» sagen, wenn sie aus Versehen an seinem Tisch sitzen?

Die 3. Kompanie rückt ein. Riedel ist mit, er sagt nur «Guten Appetit», wir können uns setzen, er entfernt sich.

Jugel gibt mir die Hand.

«Küchendienst überstanden? Wir waren in der Turnhalle, Kraftübungen. Nachher wird ein Film gezeigt.»

«Was für einer?»

«Keine Ahnung. Wahrscheinlich Propaganda.»

«Und wo?»

«Im Stabsgebäude.»

Wenig später rücken wir in den Saal ein, den wir am ersten Tag durchqueren mußten auf dem Weg zur Untersuchung. An der Bühne stand neben den eingesammelten Schnaps- und Bierflaschen Klammer aus Karl-Marx-Stadt, der jetzt kurze Haare hat. Ich habe ihn vorhin beim Einrücken gesehen, er ist in der 2. Kompanie.

Nach der Meldung dürfen wir uns setzen, das Licht geht aus. Einige beginnen laut zu husten, einer ruft «bravo». Ein Offizier, der an der Tür steht, herrscht in das Halbdunkel hinein:

«Ruhe!»

Ein Filmgerät beginnt zu laufen, auf der provisorisch gespannten Leinwand sieht man eine Panzerkolonne durch Wüstengebiet fahren. Schwarzweiß, eine alte Aufnahme, offenbar Zweiter Weltkrieg. Jetzt kann man einige Soldaten und Offiziere sehen, sie trinken Wasser und klopfen sich auf die Schulter. Von «deutschen Erfolgen» ist die Rede, von «Rommel» und dem «Afrikafeldzug». Wieder fahren Panzer, Geschütze sind zu sehen, dazu hört man ein Lied:

> «Ob's stürmt oder schneit, ob die Sonne uns lacht, /
> der Tag glühendheiß oder eiskalt die Nacht, /
> verstaubt sind die Gesichter, /
> doch froh ist unser Sinn – /
> es braust unser Panzer im Sturmwind dahin.» /

Es ist noch von «Sperren und Minen» die Rede, auf die man «nicht drauffährt» und über die man lacht, von «drohenden Geschützen», von gelbem Sand, vom «treulosen Glück» …

«und kehren wir nie mehr zur Heimat zurück, /
trifft uns die Todeskugel, ruft uns das Schicksal ab, /
dann wird unser Panzer ein ehernes Grab.»

Bilder aus Stalingrad folgen, zerstörte Häuser, erfrorene deutsche Soldaten, lange Gefangenenzüge zu Fuß, große, starrende Augen ...

Ein Sprecher nimmt jetzt Teile des gesungenen Liedes auf und setzt sie in Beziehung zur Niederlage der Deutschen Wehrmacht.

«Der faschistische Angriff scheitert, der Griff nach der Weltherrschaft wird vereitelt, die imperialistischen Ziele der Kapitalgeber werden von der heldenhaft kämpfenden Roten Armee unter großen Opfern gebührend beantwortet ...»

Karten zeigen das Vorrücken der sowjetischen Truppen auf Berlin, ein Rotarmist hißt die Fahne seines Landes in der Hauptstadt des Gegners. Der Sprecher sagt:

«Denken wir daran: Als Hitlers Kriegsmaschinerie mit brutaler Gewalt friedfertige Völker überfiel, kämpften auch hervorragende Söhne des deutschen Volkes an der Seite der Sowjetarmee, in polnischen, tschechoslowakischen und sowjetischen Partisaneneinheiten sowie in der Widerstandsbewegung vieler anderer Länder gegen die Hitlertyrannei. In diesen und anderen Klassenschlachten erwuchs dank dem Sieg der Sowjetunion im Großen Vaterländischen Krieg über den Hitlerfaschismus der Arbeiterklasse die Kraft, im Bündnis mit den Werktätigen die Arbeiter- und Bauern-Macht zu errichten ...»

Neubauten werden gezeigt, lachende Kinder, Arbeiter, die mit langen Stangen an einem glühenden Hochofen stehen. Dann wieder Panzer, das Nato-Hauptquartier, Jagdflugzeuge.

«Wer ist der Feind, der uns bedroht?» fragt der Sprecher. «Es sind die gleichen Kräfte, die schon zweimal von deutschem Boden aus das Feuer eines Weltkrieges gelegt haben. Sie haben ihre Niederlagen nicht verwinden können, und sie versuchen seit Jahren, die Flammen eines neuen Krieges anzublasen. Es sind die Machthaber in Bonn. Sie verkörpern auf deutschem Boden das überlebte System der Ausbeutung, der Unterdrückung und des Krieges. Sie wollen sich um keinen Preis mit der Existenz eines sozialistischen Staates auf deutschem Boden abfinden. Sie wollen ihr staatsmonopolistisches Herrschaftssystem wieder über ganz Deutschland errichten, um sich an den Reichtümern der Deutschen Demokratischen Republik gesundzustoßen, um aus unseres Volkes Arbeit klingenden Profit zu pressen, um von hier aus auf ihrem Ritt gen Osten weitermarschieren zu können. Deshalb rühren sie die Kriegstrommel gegen unseren sozialistischen Staat, für neue militärische Abenteuer in Europa. Deshalb sind sie überall in der Welt mit von der Partie, wo die amerikanischen Globalstrategen Kriegsbrände legen. Bei alledem beteuert die westdeutsche Regierung Tag für Tag ihren Wunsch nach Frieden!»

Gezeigt werden Aufnahmen von Regierungsempfängen, die Gesichter von Adenauer, Erhard und Kiesinger ... Der Sprecher fährt fort:

«Aber hat nicht auch Hitler jedesmal lauthals seine Friedensliebe beteuert, bevor er Vernichtung und Tod über andere Völker brachte? Sicher, die meisten Bundeswehrsoldaten sind Söhne von Arbeitern und Bauern. Wurden sie jedoch dazu erzogen, als Soldaten im Interesse der Werktätigen zu handeln? Wo sollten sie gelernt haben, dem werktätigen Volk, dem gesellschaftlichen

Fortschritt, der deutschen Nation mit der Waffe zu dienen?» Bilder von Filmplakaten, Kriegsromanen und Landkarten folgen. «In der Schule wurden ihnen das ‹Deutschland, Deutschland über alles›, das ‹Nach Ostland wollen wir reiten› eingeimpft. In Filmen werden ihnen perfekte Mörder als Idol hingestellt, in Büchern Kriegsverbrecher als Helden angepriesen. Auf Revanchistentreffen werden sie zum Krieg für eine Heimat aufgeputscht, die niemals ihre Heimat war. So wird der westdeutsche Junge von Kind an zum Söldner erzogen, zu einem Söldner, wie ihn Bundeswehrgenerale brauchen: antikommunistisch verhetzt, revanchistisch aufgeputscht, darauf brennend, loszuschlagen. Er würde unsere Städte bombardieren, in unser Land einfallen, um es für Flick und Abs zu besetzen und auszuplündern. Deshalb ist auch der von diesem verbrecherischen System als Söldner abgerichtete Bundeswehrsoldat unser Feind. Wer es wagt, den Sozialismus anzutasten, unser Land zu überfallen, der wird ohne Gnade auf seinem eigenen Territorium vernichtet!»

Eine «Vereidigung» wird gezeigt unter dem Glockenturm des KZs Buchenwald. Ein Offizier oder ein Soldat, ich kann es nicht genau erkennen, sagt über Mikrofon:

«Wir schwören, nie und nimmer den Henkern von gestern, den Atomkriegstreibern von heute eine Chance zu lassen und jeden Aggressor unter Einsatz unseres Lebens in seiner eigenen Brutstätte unbarmherzig zu vernichten!»

Das Licht geht an, der Offizier an der Tür ruft:

«Achtung! Vor dem Mehrzweckraum antreten!»

Die Vorführung war kurz, sie dauerte vielleicht zwanzig Minuten. Mit zusammengekniffenen Augen rücken wir aus, es wird kaum gesprochen.

Ich höre noch die Stimme des Sprechers, seinen harten, unduldsamen Ton: «In seiner eigenen Brutstätte unbarmherzig vernichten.» Was heißt denn das? Angriff? Ich erinnere mich an eine Bemerkung von Leutnant Gernot im Politunterricht. Er sprach davon, daß «unsere Kundschafter genau erfahren, wann ein Angriff geplant ist. Dem werden wir zuvorkommen ...» An dieser Bühne stand Klammer, mit langen blonden Haaren und Gitarre, daneben die eingesammelten Flaschen. Über ihm die schwarzrotgoldene Fahne mit Hammer, Zirkel und Ährenkranz. Und wir in einer langen Schlange, in Turnhosen, gaffend und ängstlich, am ersten Tag.

Draußen ist es dunkel.

Als wir abmarschieren, denke ich an das Panzerlied, das zu Anfang im Originalton gesungen wurde. Da sehe ich meinen Vater, verstaubt das Gesicht, im Sturmwind dahinbrausen. Und meinen Onkel Rudi sehe ich, den ich nie gesehen habe, nur als Foto, als Bild an der Wand, der in Tunesien liegt und mit achtzehn Jahren, in meinem Alter, unter einem Geschütz lag, als ein englischer Tiefflieger kam. Von Engländern und Amerikanern im Kampf gegen Hitler wurde im Film nicht gesprochen ... Da denke ich an Rudi, den im Stich ließ das treulose Glück, den die Todeskugel traf, den das Schicksal abrief, der aber kein ehernes Grab fand, nur eine Grube im Sand, eine Nummer, die meiner Großmutter übermittelt wurde, Nummer soundso auf einem Soldatenfriedhof bei Tunis. «Der Dank des Vaterlandes ist dir gewiß», sagte einer von der Partei zu meiner Großmutter, als die Todesnachricht kam.

An diese schrecklichen Phrasen denke ich auf dem kurzen Marsch vom Stabsgebäude in die Kompanie. An Major Übel, an seinen Blick. An Münchow, wie er schrie. An Evas lange Haare, an ihr schönes, kindliches

Gesicht. An Solschenizyn denke ich, von dem ich im Radio hörte, daß er Offizier der Roten Armee war, bevor er ins Lager kam. An meinen Schwager, der vor einem halben Jahr nach Hause ging als Gefreiter, als «EK», und dessen Familie in Moskau und Alma-Ata wohnt. An den deutsch-sowjetischen Vertrag denke ich, an das geheime Zusatzprotokoll, das nachts in einer Sendung des «Deutschlandfunks» verlesen wurde: Hitlerdeutschland und die Sowjetunion einigten sich auf eine Teilung Polens, der eine ein Stück, der andere den Rest ... Zwei große Mächte reichen sich die Hände und fallen über kleinere her, streiten sich dann, werden kämpfende Rivalen. War es so? Was war unversöhnlich, so ganz und gar anders? Das System? Die Idee? Das Leiden, die Schreie im Minenfeld, der Augenblick, als der Postbote einer Mutter die Nachricht brachte? Hat der eine angefangen? Und der andere? Gibt es Unterschiede zwischen Buchenwald und dem Lager, das Solschenizyn beschreibt?

Panzer fuhren, «ob's stürmt oder schneit» ... «Grün ist meine Waffenfarbe, die so stolz ich trag.» Was ist mit dem Lied, das der Lange Karl immer sang? Das mit den Haubitzen? An diese schrecklichen Lieder denke ich.

Und an die Filme von John Wayne, an die Prügeleien, an die ersten und letzten Schüsse unserer Wildwesthelden, die abgegeben wurden in der flimmernden Kiste. Wir haben auch gezielt und geschossen in den Wohnzimmern, auf den Weltmeeren, «am Fuße der blauen Berge» oder im Partisaneneinsatz bei Odessa. Wir haben es auch getan, wir übten lange ... Was ist ein Gegner, was ein Feind? Ich denke an die Losung «Proletarier aller Länder, vereinigt euch!». Und jetzt ist der Arbeiterjunge als Bundeswehrsoldat der Feind? Drüben gibt es doch auch Gewerkschaften und Friedenskämpfer, Sozialdemokraten saßen in KZs, auch in Buchenwald ... Was ist denn mit ihren Söhnen?

«Gleichschritt halten! Was ist denn los!» Meier hat das Kommando übernommen. «Noch eine Runde ums Stabsgebäude, aber tipptopp!»

Was meint er mit «tipptopp»? Pohl hat eine Trillerpfeife hervorgeholt und gibt den Takt an.

Ich bin ein Sohn, ein Nachgeborener, der froh ist, daß sein Vater noch lebt, daß er nicht in Sperren und Minen liegenblieb. Wäre der Panzer sein ehernes Grab geworden, gäbe es mich nicht. Er trug die Wehrmachtsuniform, er verweigerte nicht, er hoffte auf einen Sieg. Aber ich bin froh, daß er lebt und daß er den Offizier Solschenizyn nicht erschossen hat. Hat er geschossen? Diese Frage muß ich aushalten, dieses Töten, dieses Verbrechen. Wenn ich an die Grenze komme, werde ich schießen? Ist das etwas ganz anderes? Und wenn nicht? Ich bin froh, daß mein Vater lebt, daß er den Krieg überstanden hat. Ich will ihn nicht hassen, ich will nicht «Faschist» sagen. Ich will diesen Krieg ablehnen, diese Hitlerei, die Uniformen, die Lager, die erhobenen Arme, die Öfen, die Schützengräben, die Unterhaltungsfilme, die unschuldigen, kindlich sprechenden Schauspielerinnen mit den affektierten Mündern im Montagsfilm 20 Uhr ... Aber ich bin froh, daß mein Vater lebt, daß er nicht unbarmherzig vernichtet wurde. Ich weiß, er lachte nicht, als er an die Front versetzt wurde mit seinem tragbaren Funkgerät und den kurzen, runden Beinen. Sein Sinn war nicht froh, ob's stürmt oder schneit, ob die Sonne uns lacht, als er auf dem Rückzug einen Verwundeten im Straßengraben rufen hörte: «Nehmt mich mit, ich kann nicht mehr laufen, nehmt mich mit, ihr Verbrecher ...»

Er lachte nicht, als er auf Krücken das Lazarett verließ

in Gotha und nach Hause wollte mit Binden, Bandagen und Stützapparaten. Was wollte er in Rußland? Was wollte mein Onkel Rudi in Afrika? Im Sturmwind dahinbrausen? Dieses schneidige Lied singen? Vielleicht hat er es gesungen. Aber dann konnte er nicht mehr singen. Dann war Sand in seinem Mund, glühendheiß der Tag und eiskalt die Nacht. Gelacht wird er nicht mehr haben. Aber vielleicht sah sein Gesicht aus, als ob es lacht. Vielleicht stand der Mund offen wie mein Mund, wie der von Dominiak und Bauer beim Marschgesang auf der wunderschönen Waldstraße ...

«Links schwenkt! Marsch ... gerade ... aus!»

Pohl hat fast vergessen, dieses Kommando zu geben. Wir sind schon kurz vor dem Zaun, auf der Wiese, jetzt biegen wir ab, Pohl schreit, wir sind weitergetrampelt, obwohl es um die Kurve geht.

Wenn keine Weisung kommt ...

Und wenn eine kommt? Nach Prag zu marschieren und die Konterrevolution in ihren eigenen Brutstätten unbarmherzig zu vernichten? Was dann? Nach Prag wurde schon marschiert, gefahren, geflogen. Mit Panzern und Flugzeugen kamen die brüderlichen Armeen vor einem Jahr an. Da werden wir es nicht noch einmal tun müssen ein Jahr später. Sie sind ja auch geblieben, schützen die Errungenschaften, sind nicht weggefahren nach dem Sieg. Haben wohl noch nicht ganz gewonnen ...

Pohl pustet in seine Pfeife. Es beginnt wieder leicht zu schneien. Die Flocken bleiben nicht liegen. Vor den hohen, gebogenen Lampen führen sie wilde Tänze auf. So, als wollten sie nicht zu Boden fallen, als wollten sie wieder Höhe gewinnen, nicht liegenbleiben, nicht zu Nichts werden auf diesem umzäunten, bewachten Stück Erde.

X

Kurz vor dem Stuben- und Revierreinigen sieht Weidauer ins Zimmer:

«Schon was gelesen?»

Ich springe auf, nicke, ja, ich habe schon was gelesen.

Gerade las ich in der «Wolokolamsker Chaussee» von Alexander Bek, erschienen 1968 im Militärverlag, daß «der Feind nur so lange Schrecken einjagt, bis ich sein Blut gekostet habe». Dieses kasachische Sprichwort verwendet der Kommandeur in seiner Rede vor dem ersten Gefecht auf Seite 89. Ich las, daß Versprengte und Gefangene «Feiglinge sind, die eigentlich erschossen werden müssen». Ich las, daß «krankes Fleisch mit einem Messer aus dem gesunden Körper herausgeschnitten werden muß; keine Nachsicht mit diesen ängstlichen, verweichlichten Volksschädlingen, die der Heimat nicht alles geben …» Daran denke ich bei Weidauers Frage … «die Heimat», wer ist das? Im Buch steht: «Die Heimat, das ist der Kreml, das ist Moskau, das ist die ruhmreiche Führung.»

Weidauer blättert im Buch.

Ich las, daß «ein Vorgesetzter durchgreifen, strafen muß». Daß er niemals lockerlassen darf. Daß «der wahre Soldat muskulös und kriegerisch schön ist», daß der Offizier der Roten Armee, der Armenier Baurdshan Momysch-Uly, «an den großen Feldherrn Dschingis-Khan erinnert und an die edlen Gesichter von Indianerhäuptlingen». Ich las, daß «Ehre und Pflicht die wichtigsten Begriffe sind im Leben eines Soldaten, eines sowjetischen Menschen» … Was für ein Drücken und Zwingen auf jeder Seite, was für ein Blutvergießen, was für eine Verherrlichung des Krieges!

Ich hatte beim Lesen das Gefühl: So ähnlich wird es schon gewesen sein, Landserhefte und Wildwestromane mögen vereinfachen und lügen, aber dieser Kommandeur hat wahrscheinlich so gedacht und gehandelt. Das ist das Niveau, so wird befohlen und gestorben, für die Heimat, für die Freiheit, für das Vaterland, das ist der «Kampf», in welcher Sprache auch immer …

Das kann ich Weidauer nicht sagen.

Am Telefon sagt im Buch der zweitgrößte Feldherr aller Zeiten: «‹Verluste?› ‹Nicht bedeutend.› ‹Präziser!› ‹Zwanzig Mann, Tote und Verwundete.›» Wo? Auf Seite 501, beim Durchblättern gefunden. Ich dachte an Borchert: «‹Wieviel haben Sie noch?› ‹Wenn es gut geht: viertausend.› ‹Wieviel können Sie mir geben?› ‹Höchstens achthundert.› ‹Die gehen drauf.› ‹Also tausend.› ‹Danke.› Die beiden Männer gingen auseinander. Sie sprachen von Menschen. Es waren Generäle. Es war Krieg.» Diese Stelle kann ich auswendig …

Vorhin las ich in einem Buch auf Weisung von Weidauer und fand solche Dialoge …

«Schon so weit?» fragt Weidauer.

«Jawoll, Genosse Unterfeldwebel. Den ersten Teil gerade beendet.»

«Das ging aber schnell», sagt Weidauer staunend und erleichtert. «Dann können Sie ja morgen loslegen zur Gruppenversammlung.»

«Zu Befehl, Genosse Unterfeldwebel.»

«Dann lesen Sie mal weiter, unser Zimmer saubermachen müssen Sie heute nicht, morgen früh Holz und Kohlen holen …»

«Zu Befehl, Genosse Unterfeldwebel.»

Also lese ich weiter. Schwabe schreibt wieder Briefe, ab und zu steht er auf und geht zum Schrank, kämmt sich, zupft an der Uniformjacke. Glöckner wartet am Fenster, hat die Stirn an die Scheibe gelegt, hält die Brille in der Hand.

«Heimweh?» fragt Schwabe.

«Quatsch», sagt Harald Glöckner hastig und erschrocken.

Weint er? Warum hält er seine Hand vor die Augen? Ich weiß fast nichts von ihm …

«Dieser Haarwuchs …» Schwabe betrachtet sich wieder im Spiegel, «wer kann mir denn mal am Hals was wegrasieren, diese Borsten, man fühlt sich ja gar nicht mehr wohl.»

«Wozu denn?» Glöckner hat sich umgedreht, setzt seine Brille wieder auf. «Sieht ja doch keiner.»

«Na hör mal, und ihr? Ich denke nicht an Frauen!»

Glöckner sieht Schwabe erstaunt an und verläßt das Zimmer.

«Machst du es?» Schwabe wendet sich an mich.

«Was denn?»

«Am Hals wegrasieren ...»

«Später, erst mal lesen. Morgen muß ich berichten.»

«Na, na, ist das so wichtig? Wie heißt das Buch, ach, genügt ja, wenn du es liest. Interessiert mich weniger. Reisebeschreibungen, so was ja, oder das ‹Magazin›. Ob man das hier bestellen kann?»

«Keine Ahnung.»

«Nicht was du denkst, Aktfotos habe ich genug zu Hause, das sind ja Kindereien.» Er winkt ab, nimmt mir wohl übel, daß ich meine Lektüre fortsetze, und verläßt das Zimmer.

Rasieren soll ich ihn ... Weiterlesen. Auf Seite 124 läßt der Kommandeur auf eine einzeln stehende Tanne feuern: «Stillgestanden! Halblinks um! Laden! Auf die Spitze der Tanne – Salve! Der ganze Zug ...» Und dann steht da: «Leise, bedrohlich knackten fünfzig gutgeölte Gewehrschlösser. Die Karabiner wurden an die Schulter gerissen. Auf der Uferböschung hob sich am Abendhimmel als schwarzgeschnittene Silhouette die hohe, kräftige Tanne ab. Die Soldaten warteten auf mein Kommando. ‹Feuer!› ‹R-r-r-r ...› hallte es. Für einen Augenblick zeigte sich eine Linie rötlicher Feuerzungen. Dann splitterten Zweige. Wieder knackten die Gewehrschlösser. Die Tanne war bereits gelichtet. ‹Feuer!› Wieder blinkten rötliche Zünglein auf, wieder krachte eine Salve, wieder fielen Äste zu Boden. ‹Feuer!› Nach der dritten Salve neigte sich die Baumkrone langsam zu einem Winkel, hing sekundenlang in der Schwebe und stürzte dann, untere Zweige und Äste mit sich reißend, hernieder. Vom Himmel hob sich ein gezackter, stumpfer Kegel ab. ‹Gewehr ab!› Ich sagte: ‹Ihr schießt gut!› Die Soldaten antworteten ebenso einmütig, wie sie geschossen hatten: ‹Wir dienen der Sowjetunion!›»

Emmrich kommt herein. Er hält seine Stiefel in der Hand, geht zum Schrank, bearbeitet sie mit einem Lappen. Sie beginnen zu glänzen. Dazu summt er leise ein Lied, keinen Schlager, etwas anderes: «Durch das kleine Dorf marschiert unsre Kompanie ...» Es ist wie im Buch: Emmrich ist ein vorbildlicher Soldat. Er hat schon seine Stiefel gereinigt und eingecremt, beim Blankreiben summt er ein Marschlied ...

Auf eine Tanne hat der Kommandeur schießen lassen. So lange, bis sie umknickte. So bereitete er Rotarmisten auf das Gefecht mit den Deutschen vor. Auf einen Baum ließ er schießen ... Wir haben auch auf junge Birken gezielt, ohne Patronen, aber gezielt und abgedrückt. «Klick» hat es gemacht, als ich den Abzug bediente, «klick». Im Wald, auf der Lichtung, auf dem Übungsgelände. Danach verunglückte Münchow.

Emmrich packt das Schuhputzzeug weg, verschließt den Schrank, zieht den Schlüssel ab, prüft das Schloß, legt sich aufs Bett.

Die deutschen Panzer im Film, dazu ein Lied. Auch im Buch werden Lieder gesungen ...

Die Beatles, Jimmy Hendrix, die Rolling Stones ... Täglich und laut kamen sie zu Hause aus dem Radio. «Satisfaction» und «Nowhereman». Das legte sich quer und schubste aus dem deutschen demokratischen Gleichschritt. Nach diesen Liedern konnte man nicht marschieren, konnte man keinen 1.-Mai-Vorbeimarsch proben auf dem Sportplatz am Wasserturm unter Leitung von Major der Reserve Übel. Danach konnte man auch keine in der «Tanzstunde» bei Fräulein Büttner eingeübten Schrittkombinationen vollführen. Diese Lieder waren freier, aufreizender, böser, verrückter ... Waren schön, kitschig, unverständlich, verführerisch, kamen von weit her. «Paint it black», dagegen kam kein Gedicht an von Becher oder Majakowski, von Preißler oder Deike, kein Spruch, kein Panzerlied und keine Nationalhymne, kein Fahnenappell und kein Stillgestanden. Das riß uns hoch und weg vom dummen Trott. Ja, die sangen für Geld und machten Umsätze mit ihren Platten. Na und, das betraf uns nicht. Der Beat, die Rockmusik, Jagger, Dylan, Janis Joplin, Hendrix, die Elektrogitarren und Verstärker aus Liverpool und Chicago, aus den Drecklöchern und Glitzerstraßen dieser Welt, haben uns gerettet ... Ob es eine Rettung gibt nach dieser Lagerzeit, nach dieser Lektüre? ... Sie brüllten in ihre Mikrofone, das hat uns gefallen. Da begann es zu dämmern, da wollten wir keine allzu braven Idioten mehr sein, da wollten wir aufmucken und ein eigenes Leben haben. Da war es vorbei mit den Pioniernachmittagen, da vergaßen wir unseren Herrn Zaradnik. Da wollten wir frei sein und nicht mehr mitmarschieren. Und? Marschieren wir nicht mehr mit? Haben die Schalmeienkapelle und der Fanfarenzug gereicht? Treten wir nie mehr an auf einen Pfiff hin? Was ist los mit uns? Jugel hat «Lied durch» geschrien als letzter Mann. Und die zweite Reihe, allen voran Dominiak, hat zu singen begonnen. «Durch das kleine Dorf marschiert unsre Kompanie ...» Und doch wußten viele von uns, als wir auf der wunderschönen Waldstraße gegrölt haben auf Befehl, daß es noch etwas anderes gibt. Daß «Je t'aime» und «Purple Haze» besser sind als Weidauers Befehle und Fickels Geschrei. Und besser als unser trauriger Gesang.

«Stuben- und Revierreinigen!»

Kein Radio, kein «Lady Jane». Dort stehen zwei Doppelstockbetten, vier Schränke und vier Hocker. Emmrich ist hinausgegangen, den Flur, «sein Revier», kehren. Auf dem Tisch liegt ein Buch.

Es ist schon nach zehn. Wir erwarten den Stubendurchgang, sitzen in Schlafanzügen auf den Betten. Kompanieschreiber Fröhlich öffnet die Tür, zeigt auf mich:

«Zum Kompaniechef!»

Ich springe vom Bett.

«Ich?»

Er nickt. Ich frage verwirrt:

«Was muß ich da anziehen?»

«Trainingsanzug genügt», sagt er, «Beeilung!»

Ich renne durch das Treppenhaus, klopfe im Erdgeschoß an das Dienstzimmer von Oberleutnant Patsch.

«Herein!»

Im Zimmer ist nicht Patsch, sondern ein Leutnant, der zum 4. Zug gehört. Ich kenne ihn vom Sehen. Er sitzt salopp hinter dem Schreibtisch, raucht, nickt mir zu:

«Guten Abend, Genosse Fuchs, nehmen Sie bitte Platz. Nichts Unangenehmes, ich weiß ja, wenn man so spät gerufen wird, erschrickt man. Ich will mich nur kurz mit Ihnen unterhalten. Das ist alles. Ich habe viel Gutes von Ihnen gehört.»

«Von mir?»

«Ja, im Politunterricht sind Sie sehr positiv aufgefallen.»

Ich werde verlegen, rot, muß grinsen, fühle mich geehrt: Ein Lob! Ein gutes Wort!

«Na ja ...»

«Doch, sehr positiv», wiederholt der Leutnant. «Man kann sich offenbar auf Sie verlassen.»

Er steht auf, geht zum Fenster. Mittelgroß ist er, Ende Zwanzig, Rundschnitt, ziemlich lange Haare für militärische Verhältnisse ... Er spricht ohne Herablassung, ganz anders als Meier, der Jugel im Waschraum gepiesackt hat.

«Wie ist die Stimmung? Der erste Schreck ist vorbei, langsam kehrt Ruhe ein, man hat sich umgestellt auf Kasernenhof.» Er lächelt. «Gibt es Beschwerden?»

«Beschwerden?» frage ich.

«Es kommt doch immer wieder zu Fehlern», sagt er, «einzelne Genossen werden zu hart behandelt, zu grob ... Das können Sie mir sagen, Ehrlichkeit schätze ich. Ich habe weitergehende Aufgaben und Kompetenzen, kann auch Unteroffiziere zur Rechenschaft ziehen. Die sind ja sehr verschieden, das werden Sie gemerkt haben ...»

Ich antworte nicht gleich, überlege, bin überrascht.

«Verstehen Sie unser Gespräch nicht falsch», er lehnt sich an den Fenstersims, «ich möchte Sie nicht aushorchen ... Sie interessieren sich für Literatur?»

«Ja.»

«Sie lesen Gedichte ...»

Ich zögere, sehe ihn an, muß wieder lächeln, er fragt mich nach Gedichten ...

«Sie werden sich fragen, woher ich das weiß.»

Ich nicke.

«Es gibt Stubendurchgänge. In Ihrem Schrank steht ein Lyrikband von Johannes Bobrowski. Kennen Sie die Sprechplatten mit ihm?»

«Ja.»

«Erschienen im Unionverlag ... ein toller Mann ... ganz selten, daß Soldaten so etwas mitbringen ... Aber zurück zu unserem Thema, es ist spät: Gibt es Genossen, die Probleme haben? Denen wir helfen müssen? Das wollte ich Sie fragen.»

Ich sitze da in Trainingssachen, habe den Schlafanzug darunter, draußen ist es dunkel, oben auf den Zimmern läuft der Stubendurchgang. Ich werde gelobt, der Mann hinter dem Schreibtisch ist nicht unsympathisch, ein ganz anderer Typ als Meier oder Weidauer. Er weiß Bescheid, kennt sogar Bobrowski, spricht von Schikanen und Fehlern der Unteroffiziere ... Zwodreivier fällt mir ein, sein plärrendes Genöle. Was Münchow tat auf der wunderschönen Waldstraße. Aber dafür hat er die Strafe bekommen. Pohl und die Gasmasken ...

Ich höre mich sagen:

«Ja, bei einem muß noch Überzeugungsarbeit geleistet werden. Der nimmt im Polituntericht nichts ernst.»

«Wer?»

«Bauer ... Soldat Bauer.»

Der Leutnant mit den weitergehenden Aufgaben lächelt kurz, nimmt einen kleinen Bleistift und macht sich Notizen.

«In welche Richtung gehen seine Probleme?»

«Nichts weiter ... nur ... er ... also, Soldat Bauer nimmt nichts ernst ...»

«Ich verstehe», sagt der sympathische Leutnant, «wir werden sehen, werden die notwendigen Schritte einleiten, wenn er Hilfe braucht. Machen Sie sich keine Sorgen, es ist nur zu seinem Vorteil, wir tun ihm nichts. Wir wollen helfen.»

«Nichts weiter ...» stammle ich, plötzlich beunruhigt und beschämt über meine Worte.

Der verständnisvolle Vorgesetzte fühlt den Konflikt, drängt nicht, entläßt mich:

«Gehen Sie jetzt nach oben, Sie haben Nachtruhe. Und die haben Sie verdient. Heute war volles Programm. Schlafen Sie gut, Genosse Fuchs. Sie haben uns geholfen.»

Ich stehe auf, sage «Auf Wiedersehen», verlasse das Zimmer mit einem heißen, hellen Gefühl in der Stirn, einem Brennen, das nicht nachläßt. Was geschieht jetzt mit Bauer? Warum nannte ich seinen Namen? Ich weiß nicht ... Es war eine so merkwürdige Situation. Ich werde in ein Zimmer geholt und gelobt ... Nein, ich wollte ihn nicht melden. Ich hatte mich über Bauer geärgert ... Ich wollte antworten, hatte plötzlich das Gefühl: Du mußt einen Namen nennen, das erwartet er.

Ich gehe aufs Klo, schließe mich in eine Kabine ein. Beginne zu ahnen, was geschehen ist, was er wollte, was ich getan habe. Er hat mich eingewickelt ... Als er mich fragte, als ich so dasaß, sah ich plötzlich keine Veranlassung mehr, nichts zu sagen. Ich gab nach, es ging ganz schnell. Ich begann zu reden ... Er hat mich gelobt ... Ich war allein mit diesem Leutnant, er drängte nicht ...

Scheiße, Scheiße ... Er redete von «Schikanen der Unteroffiziere» ... Ich muß es Bauer sagen.

Morgen früh, denke ich auf dem Flur, jetzt nicht, morgen früh. Wie grell die Flurbeleuchtung ist. Was habe ich denn gemacht? Was bin ich denn für einer?

«War was?» fragt Schwabe im Zimmer.

«Nichts weiter», sage ich.

Aufs Bett legen, die Augen schließen. Umzug. Oktoberrevolution, Bauer ... Es ist wie Morast, wie ein Loch ... Emmrich löscht das Licht. Das Bett quietscht. So war es im Ferienlager, in der Jugendherberge Schneidenbach, als wir über das Lagerfeuer sprangen. Da lag ich auch oben. Aber es waren Holzbetten. Die hier sind aus Eisen.

Er hat mich gelobt ...

Als wir geweckt werden, ist es bereits sieben Uhr. Glöckner, der als erstes aus dem Fenster sieht, teilt uns mit:

«Es liegt Schnee.»

Eine neue Landschaft, noch halb dunkel und grau, aber wahrscheinlich doch weiß wie der Hügel vor dem

Fenster zu Hause, von dem wir Schlitten fuhren, wenn dieser ersehnte Tag gekommen war. Zehn Zentimeter werden es sein. Auf dem Dach der Nähwerkstatt, den Zäunen und dem kleinen Stück Wiese vor dem Kompaniegebäude liegt er, der Freund der Kindheit, schon Mitte November hier oben im Gebirge.

Und was jetzt? «Schneeschippen», hatte Bauer geflüstert, als er im Fernsehraum die Bilder vom Roten Platz sah. Bauer ... Wieder beginnt dieses Brennen hinter den Augen. Ich muß mit ihm sprechen ...

In Zweierreihen geht es zum Speisesaal, kein Frühsport, kein Antreten der ganzen Kompanie. Zugweise, beinahe locker, stapfen wir durch den Schnee.

Zwei Stück Kuchen gibt es heute und eine Flüssigkeit, die nach Bohnenkaffee riecht. Was ist los? Sonntag! Heute ist Sonntag! Zwei Stück Kuchen und dünnen Bohnenkaffee. Ich habe nicht auf die Wochentage geachtet, keine Berechnungen angestellt wie andere. Auch ein Taschenkalender fehlt mir. Der blaue Himmel, die strahlende Sonne neulich kamen mir schon komisch vor, unpassend. Ich bin doch in einem Lager, werde Soldat. Und jetzt Schnee, Kuchen, Bohnenkaffee und Sonntag. Was soll ich davon halten? Sind das die «angenehmen Seiten»?

Dominiak muß immerzu kichern, er fragt den Tischdienst nach der Kaffeesahne. Siegfried Biellaus Teller ist fast schon wieder leer. Bauer will anschließend «zum Frühschoppen gehen». Beinahe ausgelassen ist die Stimmung.

Nach dem Kaffeetrinken werden Schaufeln verteilt, das von Bauer prophezeite Schneeschippen beginnt. Pulverschnee. Zuerst müssen wir den Platz vor dem Stabsgebäude räumen, dann den Zugang zum Tor, die Garagen, die Lagerstraße vor den Kompanien. Wir tragen Dienstuniform. Bald sehen wir wie Schneemänner aus, immer wieder ändert eine Schaufel die Richtung und füllt benachbarte Stiefel- und Kragenöffnungen.

Mit Schaufeln und einem Eimer Wasser bauten wir jedes Jahr die kleine Sprungschanze auf der Hohle. Der Lange Karl fuhr die Spur ein vom ersten Abhang. Ein, zwei Meter flogen wir durch die Luft, landeten breitbeinig oder mit einem «Telemark-Aufsprung», wir sagten «Dänemark», und mußten aufpassen, daß wir im Tal nicht an Starks Gartenzaun preschten vor lauter Skikünsten. Schneeballschlachten gab es nach der Schule, wenn es taute und die Bälle eisig wurden.

Es ist Sonntag im Ausbildungslager Johanngeorgenstadt. Wie Kinder bewerfen wir uns. Alles sieht heute anders aus, heller, freundlicher. Jetzt müßten noch die Schneeschuhe vom Boden geholt und gewachst werden …

Erst als Känguruhn das Kommando übernimmt, weiß ich wieder genau, wo ich bin.

«Genosse, Sie haben das Buch gelesen … von … äh … Bek … wie heißt der Kommandeur?»

Weidauer hat uns zu einer Gruppenversammlung zusammengerufen und sieht auf mich. Ich antworte sicher, es fällt mir leicht, den Namen auszusprechen:

«Baurdshan Momysch-Uly, Genosse Unterfeldwebel.»

«Gut …» Weidauer hat wieder sein Grinsen, halb kumpelhaft, halb ärgerlich, «also, dieser Kommandeur der Roten Armee leistete im Kampf gegen die Faschisten Vorbildliches. Genosse Fuchs hat das Buch gelesen und wird jetzt einiges vortragen.»

«Ich wollte noch fragen: Soll ich etwas Bestimmtes vorlesen?»

«Och …» Weidauer macht eine unentschiedene Bewegung. «Sehen Sie mal ... was von der Ausbildung, vom Krieg ... was er, wie heißt er ...»

«Baurdshan Momysch-Uly.»

Einige lachen, Bauer zwinkert mir zu. Glöckner reibt an seiner Brille, nur Emmrich sitzt kerzengerade und ernst vor seinem Schrank. Die Versammlung findet in unserem Zimmer statt.

Bauer fragte im Hereinkommen: «Findet hier der Gottesdienst statt?»

«Also weiter. Ich meine ...» stottert Weidauer, «was er den Soldaten beibrachte, der Kommandeur, das wollen wir hören.»

Ich blättere und beginne zu lesen, sage, daß das Kapitel die Überschrift trägt «Nicht sterben, sondern leben!», daß der Kommandeur seinen Abschnitt kontrolliert und die jungen Soldaten noch kein Gefecht erlebt haben:

«‹Wie gestern schaufelten sie auch heute Schützengräben. Doch waren sie traurig. Nirgendwo konnte das Ohr Gelächter wahrnehmen, dem Blick begegnete kein Frohsinn. Es ist schwer, Kommandeur von Soldaten zu sein, die nicht heiter sind. Ich näherte mich einem Deckungsgraben und sah: Der Rotarmist hatte dünne Stangen darübergelegt und sie mit Erde bedeckt.

‚Was hast du gemacht?'

‚Einen Graben, Genosse Bataillonskommandeur.'

‚Und was ist das?'

‚Holz, Genosse Bataillonskommandeur.'

‚Komm mal da raus! Gleich werde ich dir zeigen, was für Holz das ist.'

Der Rotarmist kletterte heraus. Ich zog meine Pistole und schoß mehrere Male auf die Grabendecke.

‚Geh hinein, sieh nach, ob es durchgeschlagen hat.'

Nach einer halben Minute rief er eifrig: ‚Hat durchgeschlagen, Genosse Bataillonskommandeur!'

‚Was hast du also gemacht? Eine Hütte für einen Feldhüter von Melonen in Mittelasien. Willst du dich im Schützengraben vor der Sonne schützen? Warum antwortest du nicht?'

Der Rotarmist erwiderte verdrossen: ‚Es trifft einen überall ...'

‚Wer ist es?'

Er antwortete nicht.

Ich begriff: Er fürchtet den Tod. Ich fragte: ‚Was denn, willst du nicht leben?'

‚Ich will, Genosse Bataillonskommandeur.'

‚Dann nimm alles auseinander, schmeiß dieses Stück fort! Nimm Stämme, so dick wie Telegrafenstangen, lege fünf Reihen auf, damit kein Geschoß durchschlagen kann.'

Der Rotarmist blickte traurig bald auf den Graben, bald in den Wald. Die schweren Stämme mußte man im Forst, weit entfernt vom Waldessaum, fällen und hierherschleppen.

‚Vielleicht trifft's nicht', meinte er.

Auch hier, wo es kaum irgendwen erfreute, lebte dieses Wörtchen vielleicht. Das war kein Wort für einen auf Kampf eingestellten Soldaten.

‚Schmeiß das alles sofort auseinander!' brüllte ich. ‚Und wenn du nicht fünf Reihen baust, wirst du's noch mal auseinandernehmen!'

Mit einem Seufzer nahm er eine Schaufel und schippte die Erde hinunter.

Ich sah schweigend zu. Nein, er kann es noch nicht glauben, daß er, gefeit gegen den Widersacher, aus diesem Graben die Deutschen schlagen wird. Er kann es nicht glauben, daß sie unter seinen Kugeln fallen werden. Etwas anderes beherrscht sein Gemüt.›»

«Halt», Weidauer macht mir ein Zeichen, «Moment. Wie findet ihr denn das?»

Schweigen. Bauer schlägt sich mit der flachen Hand auf den Oberschenkel.

«Was hättet ihr denn gemacht? Findet ihr das richtig, was der Kommandeur sagt?»

«Im Prinzip ja», sagt Schwabe, «hart, aber gerecht. Er will, daß seine Truppe überlebt, daß die Deutschen besiegt werden ... In Filmen sieht man das immer wieder ... ohne Härte geht es nicht.»

Weidauer nickt.

Emmrich sagt:

«Krieg ... äh ... Krieg ist kein Pappenstiel ... da muß man durchgreifen.»

«Weiterlesen!» Weidauer nickt mir zu.

Warum habe ich gerade diese Stelle ausgesucht? Sie handelt von der Vorbereitung auf den Kampf, von der Ausbildung, die auch wir absolvieren ... Einige Passagen habe ich gefunden, die mir schlimm vorkommen, blutrünstig, brutal. «Willst du leben, dann bringe den Tod» oder «Den Soldaten niemals etwas durchgehen lassen» ... solche Sätze. Aber bei dem, was ich gerade vorgelesen habe, bin ich unentschieden. Hat der Kommandeur nicht recht? Er zwingt zu Dingen, die notwendig sind zum Überleben. Solche Härte kenne ich auch aus Indianerbüchern.

«An einer anderen Stelle kritisiert er einen Politoffizier», sage ich laut, «der zuviel vom Sterben spricht, von den Opfern des Krieges. Der Kommandeur hält ihm vor: ‹Nicht darin, nicht in dieser rauhen Wirklichkeit liegt die Wahrheit des Krieges.›»

«Worin denn?» ruft Bauer dazwischen.

«Das kommt noch», sage ich und lese:

«‹Einen Soldaten fragt er:

,Willst du nach Hause zurückkehren, deine Frau und Kinder umarmen?'

,Jetzt ist nicht die Zeit für zu Hause, jetzt heißt es kämpfen.'

,Und nach dem Krieg, willst du da?'

,Wer will das nicht?'

,Du willst es nicht!'

,Wieso will ich nicht?'

,Von dir hängt es ab, zurückzukommen oder nicht. Das liegt in deinen Händen. Du willst am Leben bleiben. Das heißt, du mußt denjenigen töten, der es auf dein Leben abgesehen hat.'›»

Ich füge hinzu:

«Die rauhe Wirklichkeit des Krieges», so sagte dieser Kommandeur, «liegt nicht im Wort ‹stirb›, sondern im Wort ‹töte›! Er erläutert: ‹Ich gebrauchte den Ausdruck ,Instinkt' nicht, doch wandte ich mich an ihn, an den mächtigen Instinkt der Selbsterhaltung. Ich wollte ihn wecken und ihn auf den Sieg im Kampf lenken ...›»

Und wem gehört dieser Sieg? denke ich. Dem Soldaten, der im Graben überlebt oder verreckt oder verwundet wird? Dem strengen Kommandeur, der Versprengte erschießen läßt? Oder dem «Größten Feldherrn aller Zeiten», Stalin, dessen Namen ich bisher nicht ein einziges Mal im Buch begegnet bin, obwohl das Jahr 1941 beschrieben wird?

Weidauer nickt:

«Selbsterhaltung, das ist wichtig! Auch an der Grenze! Der Grenzverletzer kann Waffen tragen. Er oder ich, so steht es dann ... das kann ich aus eigener Erfahrung sagen ... Weiterlesen!»

«Da hätte ich mal eine Frage», Bauer meldet sich. «Das war im Zweiten Weltkrieg. Aber heute gibt es Atombomben.»

«Na und?» Weidauer zuckt mit den Schultern, sieht Bauer verständnislos an.

«Das ist meine Frage, was heute ist ...»

«Genosse Bauer, heute ist es genauso wichtig, einen vernünftigen Graben zu bauen. Und dem Vorgesetzten zu gehorchen ...»

«Gehorchen, na ja ...»

«Befehle müssen ausgeführt werden.»

«Schon, schon. Mein Bruder ...»

«Das interessiert mich nicht, Genosse Bauer!»

«Und was ist mit Nagasaki?»

«Was soll sein?» Weidauer sieht sich um, zeigt auf Schwabe:

«Genosse Schwabe, was sagen Sie dazu?»

Schwabe hebt das Kinn, streicht sich über die Lippen:

«So genau weiß ich das auch nicht. Darf man rauchen?»

Weidauer nickt.

«Weiterlesen!»

Ich blättere, weiß nicht, was ich noch vortragen soll.

Bauer räuspert sich.

«Genosse Unterfeldwebel, noch eine kurze Frage: Waren eigentlich bloß die Russen gute Soldaten?»

Weidauer verzieht das Gesicht:

«Die Russen ...»

«Wie soll ich sagen ...» Bauer will sich korrigieren, «die Soldaten, die, wie soll ich sagen, Sowjetmenschen ...»

Glöckner beginnt hüstelnd zu lachen.

«Die Rote Armee führte einen gerechten Krieg, darum geht es!» Weidauer will das Thema wechseln.

«Mein Vater», sagt Bauer und streckt seinen Kopf vor, «der war auch an der Front.»

Weidauer zuckt unwillig mit den Schultern, will nicht weitersprechen:

«Und? Was soll das?»

«Ich meine nur», stottert Bauer, «weil auf Deutsche geschossen wird im Buch ...»

«Gottseidank», sagt Emmrich plötzlich, «gottseidank!»

«Wieso denn?» fragt Bauer und dreht sich zu ihm um.

«Also Hitler», erwidert Emmrich, «also Hitler, der ... also ... die Deutschen haben den Krieg begonnen, die Deutsche Wehrmacht ...»

«Richtig, Genosse Emmrich!»

Eine merkwürdige Stimmung ist im Raum. Bauer winkt ab:

«Ich will nichts gesagt haben. Zum Schluß heißt es noch, ich bin für Hitler, nee, bin ich nicht. Aber ich mußte daran denken, weil von Töten die Rede war. Da wollte ich fragen ...»

«Weiterlesen!» Weidauer gibt sich einen Ruck, «keine schiefen Diskussionen! Wir müssen von unserem Standpunkt ausgehen. Die Rote Armee ist der Sieger der Geschichte, da gibt's nichts zu fackeln. Weiterlesen!»

Ich blättere, was soll ich bloß lesen? Was Bauer meint, weiß ich: Wir sind die Söhne des Feindes. Alles ist doppelt verrückt und verdreht: gegen Hitler und für Stalin, obwohl er im Buch gar nicht vorkommt ... Ist es das? Der eigene Vater war ein Deutscher, auf den geschossen wurde. Und der auf andere schoß. Der die falsche Uniform trug mit einem Funkgerät auf dem Rücken. Volltreffer, aus! Sollen wir uns freuen, wenn unsere Väter von diesem Kommandeur und seinen Soldaten getötet werden? Tod dem Faschismus, Scheißhitler, Scheißkrieg, ja, aber was ist mit unseren Vätern?

«Weiterlesen!»

«‹An einem sonnigen Augusttag war das Bataillon zum Schießplatz in die Steppe gezogen›», setzte ich fort.

«‹Es ist leicht und bequem, zwei, drei Kilometer über solch glatten Boden zu gehen, eben wie ein Plättbrett, zu schießen und zurückzukehren. Ich aber bildete Soldaten für den Krieg aus. Leicht? Bequem? Also weg mit dem idealen Schießplatz. Ich führte die Truppe in die Berge. Wir erklommen die erste Terrasse, gerieten in trockenes, dorniges Gestrüpp. Nein, hier war an Schießen nicht zu denken. Ein steiler, steiniger Weg führte in die Höhe. Wir kletterten auf den Berg. Unter den Soldatenstiefeln rollten raschelnd Steine hinab. Endlich erreichten wir einen breiten Raum. Hol's der Teufel, auch hier war an Schießen nicht zu denken! Hier stand fast in Mannshöhe saftiges Gras. Wohin jetzt? Am Steilhang weiter oben schimmerte das dunkle Grün eines Eichenwaldes. Wo sollten wir schießen? Ich ließ das Bataillon in vier Reihen aufstellen und führte diese Mauer gegen jene des Grases. Wir gingen einige Male hin und zurück; die schweren Soldatenstiefel zerdrückten, zerbrachen, zerstampften das Gras. Zum Schluß zupften wir mit der Hand übriggebliebene Stengel aus. Ich stand abseits, freute mich und hatte Minuten unvergeßlichen Glücks. Was für eine Kraft das ist – ein Bataillon! Mit solch einem disziplinierten, abgehärteten, zum Kampf bereiten Bataillon schiebe ich mich wie ein Keil in die feindliche Front und stampfe sie in die Erde, ins Grab.›»

Bauer stöhnt, schüttelt den Kopf. Jugel hat seine schmalen Augen. Emmrich sitzt unverändert steif auf seinem Hocker, die Pickel im Gesicht leuchten, um den Mund ist ein dienendes Lächeln. Strempel, aus dem Zimmer neben dem Fernsehraum, mittelgroß, mit glatten, nach hinten gekämmten Haaren, von Beruf Verkäufer, dreht Däumchen. Schwabe raucht, holt sich jetzt einen Aschenbecher. Harald Glöckner hantiert an seinem Brillengestell.

«Gibt es Fragen?»

Es gibt keine Fragen.

«Danke für das Vorlesen, Genosse Fuchs, ich denke, das genügt.»

«Denke ich auch», platzt Bauer dazwischen.

Weidauer reagiert nicht, wendet sich dafür an Emmrich:

«Ist der Kommandeur ein Vorbild? Was meinen Sie, Genosse Emmrich?»

«Jawoll, Genosse Unteroffizier, ein Vorbild!»

«Weitere Fragen? Sie, Genosse Fuchs?» Weidauer sieht mich prüfend, fast skeptisch an.

Ich schüttle den Kopf.

Nach dem Mittagessen, es gab Rouladen, Salzkartoffeln, Rotkraut und Pfirsichkompott, werden Zettel ausgegeben. Wir sollen «persönliche Verpflichtungen» schreiben und innen an der Spindtür befestigen. In der eigenen Handschrift soll zu lesen sein, was auf einem ebenfalls hereingereichten Blatt steht, in einer anderen Handschrift:

> «Im sozialistischen Wettbewerb der bewaffneten Organe ‹Operation 70› zu Ehren des 100. Geburtstages von W. I. Lenin verpflichte ich mich:
> 1. Ein Höchstmaß an militärischen Kenntnissen zu erwerben.
> 2. Die Gefechtsbereitschaft ständig zu erhöhen.
> 3. Militärische Sauberkeit und Ordnung stets zu gewährleisten.
> 4. In meiner Freizeit die Werke Lenins und die Materialien der Partei der Arbeiterklasse, der SED, zu studieren.

5. Hervorragende Schießergebnisse zu erzielen.
6. Die Grundausbildung und die bevorstehende Abschlußübung mit ausgezeichneten Ergebnissen zu absolvieren.»

Dazu Datum und Unterschrift.

«Aufpassen», sagt Weidauer, «nicht die Unterschrift von der Vorlage verwenden, sondern die eigene. Wer noch eine Verpflichtung hinzufügen will, kann das tun.» Sein undefinierbares Lächeln blitzt auf.

Glöckner handelt sich mit der Frage «Warum denn das?» strafende Blicke von Weidauer und Emmrich ein.

Ich schreibe auf kariertes Papier in «meiner Schrift» einen vorgeschriebenen Text und befestige ihn dort, wo er befestigt werden soll: an der Innenseite der Spindtür, in Augenhöhe.

Glöckner will seine «Verpflichtung» unten am Stiefelfach anheften.

«Laß», sagt Schwabe, «das gibt nur Ärger.»

Und Harald Glöckner läßt es.

Bauer, die Wolokolamsker Chaussee, die Verpflichtung im Spind, alles wird immer enger … Ich liege auf dem Bett, bin nicht mehr unschuldig, bin «drin», bin ein Teil dieses Lagers. Mit der Hand kann ich die Zimmerdecke berühren. Die Wände sind dünn, schnell hochgezogene Häuser für die Wismut-Kumpels, die aus allen Städten kamen und nach der Arbeit einschliefen wie Tote. Und vorher noch einen Schluck nahmen aus der Flasche … So wird es gewesen sein … Auch aus dem Fenster kann ich sehen, wenn ich den Kopf etwas hebe. Der Zaun … Es taut, kurz nach dem Mittagessen begann es von den Dächern zu tropfen. Noch kein Brief von Eva …

Schwabe hat sich eine Tasse Tee aufgebrüht.

«Woher hast du das heiße Wasser?» frage ich.

«Aus dem Fernsehraum, hab gefragt, anstandslos haben die mir was gegeben. Nachher bestelle ich mir einen Kaffee.»

«Geht denn das?»

«Probieren.»

Mit dem Löffelstiel bewegt er den Teebeutel hin und her. Aus dem Schrank holt er einen Weihnachtsstollen, schneidet ein großes Stück ab, teilt es, gibt mir eine Hälfte. Ich bedanke mich, springe vom Bett, setze mich an den Tisch. Emmrich und Glöckner kommen ins Zimmer.

«Oho», sagt Glöckner.

Schwabe versorgt die beiden ebenfalls mit Stollen.

«Paket bekommen?» frage ich.

Schwabe nickt.

«Schwarzer Tee?»

«Ja. Willst du einen Beutel?»

Ich winke ab, Schwabe hat mir schon Stollen gegeben.

Ein Soldat kommt ins Zimmer, den ich nicht kenne.

Er hat breite Schultern und trägt eine Hornbrille. Glöckner kennt ihn, sie begrüßen sich.

Der Gast läßt sich auf einen Hocker fallen, hält uns seine Zigarettenschachtel hin, beginnt hastig zu rauchen, stöhnt, schüttelt den Kopf, redet auf Glöckner ein:

«Stell dir vor, sie wollen mich nicht fahren lassen. Du kennst mich, Harald, ich bin immer auf den großen Brummern gefahren, acht Jahre unfallfrei, toitoitoi, und jetzt wollen sie mich nicht ranlassen. Sattelschlepper, Kipper, die schweren Lastzüge, alles kein Problem. Du weißt, die haben den ganzen Fuhrpark auf ‹W 50› umgestellt. Bus bin ich ja auch gefahren, kann Personen befördern. ‹Ikarus›. Die schweren Dinger, bei jedem Wetter, auf Heinz war Verlaß. Stimmt doch, Harald?»

Glöckner klopft ihm freundschaftlich auf die Schulter: «Klarer Fall, Heinz, auf dich ist Verlaß.»

«Ihr habt das vielleicht gar nicht so gemerkt in eurem Büro, aber bei jedem Wetter ... Und jetzt wollen die mich nicht ans Lenkrad lassen. Stecken mich in eine Latscher-Kompanie, den Wolf soll ich mir laufen. Bei meiner Berufserfahrung ... Ganz junge Spunde lassen sie hier die Fahrerlaubnis machen. Die verplempern ein halbes Jahr ... Bei mir ist alles da, alle Scheine, und was ist? Abgelehnt, obwohl ich für Transport gemustert bin. Nicht geeignet für Kfz ...»

«Warum wollen sie dich nicht?» fragt Schwabe.

«Wegen der Brille!»

Glöckners Freund zieht den Kopf ein, ist dem Weinen nahe. Die dunkelbraune Hornbrille hockt wie ein Feind auf seiner Nase. Er nimmt sie ab, hält sie gegen das Licht, nimmt ein Taschentuch, beginnt an ihr zu reiben, setzt sie wieder auf.

«Was sagst du, Harald, ist das gerecht? Im Gelände soll ich herumkriechen, achtzehn Monate ... bei meiner Berufserfahrung ...»

«Das ist die Grundausbildung», wirft Glöckner sanft ein.

«Bei dir ist das was anderes, Harald, du bist kein Kraftfahrer, hast nicht mal einen Mopedschein. Aber ich ...»

Er sieht sich hilfesuchend um. Wir nicken, können gar nicht anders, als ihm zustimmen.

«Schweinerei», sagt Schwabe.

Glöckner nickt.

«Was soll ich nur machen», setzt Glöckners Freund

seine Klage fort, «sämtliche Klassen … Da müssen sie mir eben eine Sportbrille verpassen mit Gummizug, so was gibt's, ich weiß das. Wie die Taucher haben. Kann man auch unter der Gasmaske tragen. Und die Geländeprüfungen, die mache ich doch spielend, mit geschlossenen Augen. Sofort würde ich die machen. Mit und ohne Brille … wegen der …»

Wieder nimmt er seine Brille ab, hält sie gegen das Fenster, holt sein Taschentuch hervor.

«Sag selbst, Harald, ist das gerecht? Du kennst mich doch!»

Und Glöckner, einen Kopf kleiner als der Freund, tröstet ihn, wie er mich beim Friseur getröstet hat:

«Das wird sich schon einrenken. Die werden dich schon holen. Gute Kraftfahrer sind selten …»

«Sattelschlepper, Zehntonner, alles gefahren, acht Jahre unfallfrei, bei jedem Wetter … und jetzt das …»

Jugel sieht herein.

«Wer geht mit Volleyball spielen in die Turnhalle am Stabsgebäude?»

«Kann jeder hin?» frage ich.

Jugel nickt: «Freizeit, hat Pohl gesagt. Sportsachen anziehen.»

«Jetzt gleich?»

«Ja.»

Ich ziehe mich schnell um. Schwabe überlegt offenbar, ob er mitkommen soll. Aber dann bleibt er doch sitzen, will wohl versuchen, im Fernsehraum eine Tasse Kaffee zu ergattern …

Glöckners Freund hat sich eine neue Zigarette angezündet:

«Harald, ganz ehrlich, wo gibt's denn so was, einen wie mich nicht ans Steuer zu lassen …»

Jugel und ich gehen los. Bauer kommt aus der Toilette,

auch in Sportsachen, schließt sich uns an. Mit den Fingern vollführt er Pritschbewegungen.

«Na, dann wollen wir mal sehen ...»

Auf der Lagerstraße stapfen wir durch nassen Schnee. Ich muß es Bauer sagen.

«Hartmut», zum erstenmal nenne ich seinen Vornamen, er sieht mich verwundert an, «ich muß dir was sagen ...»

«Was denn?»

«Ein Offizier hat sich nach dir erkundigt. Gestern abend wurde ich gerufen, der Stubendurchgang lief schon ... ins Zimmer des Kompaniechefs. Er fragte nach dir.»

Bauer bleibt stehen: «Nach mir?»

«Ja, wahrscheinlich wegen deiner Äußerungen im Politunterricht ...»

«Was denn für Äußerungen? Ich hab doch gar nichts gesagt, nur was gefragt ...»

«Ich weiß auch nicht, jedenfalls hat er nach dir gefragt. Ich habe nichts weiter gesagt. Hinterher habe ich mich geärgert, daß ich überhaupt mit ihm sprach ... die verwenden ja alles ...»

«Stasi, klarer Fall.» Bauer sieht vor sich hin, bückt sich dann, formt einen Schneeball, wirft ihn auf das Dach des Stabsgebäudes. «Die horchen jeden aus. Weiß ich von meinem Bruder. Mit denen gutstellen und nicht viel sagen, das ist das beste. Keine Namen. Danke, daß du es mir gesagt hast. Finde ich große Klasse. Dagegen sind sie machtlos. Meine Meinung vertrete ich überall ... Wer war es denn?»

«Ein Leutnant vom 4. Zug. Ziemlich freundlich ...»

«Schwarze Haare, Ende Zwanzig?»

«Ja.»

«Kann mir schon denken, habe ihn in der Kantine gesehen. So ein Hübscher, hat mit Jutta geflirtet.»

«Kann sein.»

Ich habe gelogen und bin erleichtert.

Bauer ist gewarnt.

Vor der Halle putzen wir unsere Lederturnschuhe ab. Durch die angelehnte Tür höre ich Rufe und das Aufschlagen eines Balls.

Ein Volleyballnetz ist gespannt. Etwa zehn, zwölf Spieler beteiligen sich. Fast alle tragen Trainingsanzüge, nur einige gelbe Turnhemden und kurze, rote Hosen. Ein langer, dünner Oberleutnant hat seine graue Bluse mit den Schulterstücken anbehalten und schlägt gerade einen Schmetterball. Am Rand der Halle hantiert ein stämmiger, untersetzter Mann mit nacktem Oberkörper an Gewichten. Er reibt sich die Hände, macht Lockerungsübungen. Über ihm baumeln zwei Seile, an denen Holzringe befestigt sind. Wir werden herangewinkt.

Sind die Mitspieler Soldaten? Unteroffiziere? Pfeffis? Einen kenne ich vom Sehen, der ist vom 1. Zug. Aber die anderen ... Der Ball kommt, ich nehme ihn an, spiele ihn aus hinterer Position hoch ans Netz. Jugel bleibt auf meiner Seite, Bauer muß zur gegnerischen Mannschaft.

Wir spielen Volleyball. Plötzlich ist die militärische Hierarchie außer Kraft gesetzt. Der Oberleutnant ist ein Spieler unter anderen. Der Ball nimmt keine Befehle entgegen. Der einfache Soldat Jugel, der Rotarsch, der aufsässige Rekrut, der gerade eingezogen wurde, kann einen Offizier am Netz austricksen, wenn es ihm gelingt.

Es gelingt ihm nicht, der Oberleutnant ist schneller und kann höher springen! Kommt da nicht Känguruhn durch die Tür? Tatsächlich! Mit Trainingsanzug und grün-weißen Einlaufschuhen. Er geht auf die andere Seite, zu Bauer. Muß ich mich jetzt weigern weiterzuspielen? Känguruhn macht Angabe, zieht den Ball scharf übers Netz. Ich werfe mich aufs Parkett, will ihn abfangen, vergebens. Ein Punkt für Känguruhn. Bauer lacht.

XI

Am nächsten Morgen trillert die Pfeife schon gegen fünf. Mit Marschgepäck und Kalaschnikow werden wir auf dunkelgrüne «W 50» gesetzt, und ab geht die Fahrt. Die Maschinenpistolen stellen wir auf den Boden und halten sie mit den Knien fest. Die Plane wird heruntergelassen, Weidauer hat sich am Ausstieg postiert. Er wickelt sich in eine Decke und schließt die Augen.

Es ist eine Fahrt ins Ungewisse. Keiner von uns Soldaten weiß, wohin es geht. Und Weidauer? Er sagt nichts, döst. Man kann nur warten. Wir unterhalten uns kaum, das Motorengeräusch ist zu laut. Der Fahrer muß ein Ziel haben, bestimmt sitzt ein Offizier neben ihm, der muß Bescheid wissen. Karausches Vermutung ist «Schießen». Er will Munitionskisten gesehen haben, die in einen anderen Lkw geladen wurden. Nach etwa einer Stunde halten wir an, fahren wieder los, wenden, bleiben erneut stehen.

Weidauer fährt hoch, öffnet gähnend die Plane. Es ist kurz nach halb sieben.

Eine matte, gelbe Straßenbeleuchtung, parkende Autos und einige Häuserwände, abbröckelnde, weißlichgraue Fassaden sind zu sehen. Das schwarze, glänzende Geländer einer Brücke ... Jeder beugt sich vor, will erfahren, was los ist und wo man sich befindet. Die kutschierte Fuhre, die irgendwohin gekarrt wird, sucht Sinn und Orientierung. Manche fanden sich schon in anderen Ländern wieder ... «Das hier ist eine Stadt und kein Schießplatz, Karausche! Du mit deinen Prognosen!» «Wartet's doch ab!» Sind wir etwa die nachrückende Truppe, die eine Gegend vor dem Klassenfeind schützen soll, wie es denen vor einem Jahr erging? Die dachten vielleicht auch, sie fahren zum Schießplatz ...

Aber diese Straße kennst du doch! Ist denn das möglich? Das ist die Burgstraße in der Nähe des Unteren Bahnhofs! Das ist Reichenbach im Vogtland!

«Das ist Reichenbach, hier komme ich her, paar Straßen weiter, stell dir das vor ...» sage ich zu Jugel, der mich ungläubig ansieht. «Wirklich! Auf der anderen Seite steht ein großes Bürogebäude, die HO-Verwaltung, da arbeitet meine Mutter ...»

Ich beuge mich vor, halte die Maschinenpistole fest ... Habe ich nicht das Recht auszusteigen? Ich wohne doch hier! Auf völlig unerwartete Weise bin ich nach Hause zurückgekehrt. Aber unpassend, vor der Zeit, das fühle ich. Dieser Aufenthalt hat nichts mit mir zu tun.

Jetzt hören wir Patsch reden, zwei Türen schlagen, der

Motor wird gestartet, schnell fahren wir an. Zu Jugel, der angestrengt nach draußen späht, sage ich:

«Das ist Reichenbach, hier komme ich her ... Da drüben arbeitet meine Mutter. Vielleicht sehe ich sie, halb sieben, da ist sie unterwegs ...»

Er rät mir, den Platz zu wechseln, näher an den Ausstieg zu rücken. Die Plane ist noch nach oben geschlagen. Weidauer wickelt sich gerade wieder in seine Decke ein. Wir fahren die Robert-Wilke-Straße entlang, sind in der Altstadt, drei Minuten vom Mühlgraben entfernt, in meinem Viertel ... Ich verrenke mir den Hals. Wenn ich nun meine Mutter sehe? Sie wird nicht achtgeben, wenn ein dunkelgrüner Lkw vorbeifährt. Immer fahren dunkelgrüne Lkws vorbei. Militär, das kennt man. Soll ich «Mutti» rufen, wenn ich sie sehe? Die anderen werden lachen ...

Weidauer zerrt die Plane vom Wagendach, es ist wieder dunkel.

«Verfahren», ruft er uns zu.

Jugel sagt:

«Laß doch den mal rausgucken, der wohnt hier.»

Aber Weidauer reagiert nicht.

«Na los», sagt Jugel zu mir.

«Laß, ich will gar nicht ...»

Jugel ist ärgerlich: «Wenn ich zu Hause wäre ...»

Er zieht den Kopf ein und fummelt an seinem Koppel herum. Nach etwa einer halben Stunde müssen wir absitzen.

«Plauen», weiß Karausche, «was ich gesagt habe. Den Schießplatz kenne ich. Wird auch von den Freunden benutzt.»

Es wird langsam hell. Wir dürfen eine Zigarette rauchen. Vier andere Lkws sind schon vor uns eingetroffen. Zu sehen sind Bäume und lange Holzwände, dicke

Stämme, nebeneinander in die Erde gesetzt. Überall liegen Patronenhülsen.

«Gehst du mit zum Schießplatz?» war eine oft gehörte Frage in Gotha, während der Ferien. Lange hatte ich Angst und ging nicht mit. An einem Nachmittag im August ging ich mit. Unser Anführer hieß Paul, vierzehnjährig, groß, kräftig, «der Stärkste» in unserer Runde. Sein Vater war Betriebsleiter, seine Mutter machte den Haushalt und sprach russisch. Für uns war Paul «ein Russe» mit deutschem Namen. In Leningrad geboren, kam er vor zwei Jahren in die Siedlung, scheu und wütend, immer zu Prügeleien bereit. Nachmittags saß er zu Hause und mußte Gedichte von Goethe abschreiben auf Weisung seines Vaters. Das tat er nicht gern. Lieber kam er auf die Straße und zeigte uns seine Schätze: ein Kofferradio, ein Bajonett, Uniformmützen und eine «richtige Pistole», die «innen leer ist», wie er versicherte. Wir nickten, starrten fasziniert auf das dunkel-schimmernde Metall des Laufs und befürchteten, erschossen zu werden. Pauls Bruder hieß Serjoscha und war zwei Jahre jünger. An diesem Nachmittag gingen wir also die Lessingstraße hoch, über die Reinhardsbrunner, an der Wagenhalle vorbei. Wir kamen an einen Zaun, dahinter sollte der Schießplatz sein. Ich sah eine Bude und mehrere Bretterwände. Wenn man durch die Zaunlatten schielte und im Gras suchte, konnte man Patronenhülsen entdecken. Kleine, kurze, «von Pistolen», wie Paul wußte. Er stieg als erster über den Zaun, wir anderen folgten. Ich hatte wieder Angst. Wir grapschten nach den Hülsen, stopften sie in die Taschen der Lederhosen. Dann hörten wir Schritte. Paul stand schon auf dem Zaun, rief «los!» und war verschwunden. Bei uns dauerte es länger, ich blieb an einer Lattenspitze hängen, fiel zurück, wollte mich wieder hochziehen, die Armkräfte versagten ... Da wurde ich von hinten gepackt. Ein Mann, an dessen Gesicht ich mich nicht erinnern kann, hielt mich am Oberarm fest und führte mich wortlos ins Innere der Bude. Ich trabte mit, wehrte mich nicht. Mit einer hellen Stimme fragte er in gebrochenem Deutsch: «Was du machen hier?» Ich zuckte mit den Schultern, griff dann in meine Taschen und zeigte ihm die Patronenhülsen. Er lächelte kurz, schüttelte den Kopf, holte ein Blatt Papier und einen Stift. «Hier nix für Deutsche!» sagte er, «du mir Namen sagen, deinen und andere, Zaun kaputt, bezahlen. Ihr schon öfters hier, jetzt Strafe!» Ich zögerte, sagte dann meinen Namen. «Und andere, dawai!» Der Mann vom Schießplatz sah mich streng an. War er ein Soldat, ein sowjetischer Offizier? Ohne große Überlegung nannte ich Namen von welchen aus meiner Klasse. Sie wohnten nicht in dieser Stadt, ich war ja nur in den Ferien hier, damit konnte man wenig anfangen. «Und Haus von dir?» Die falschen Namen hatte er notiert, ich wurde mutiger und änderte noch den Wohnort und die Straße meiner Großeltern, gab «Sundhausen» an, wo die Panzerspuren waren, und eine «Kirchstraße 20». Er nickte, sah mich noch einmal prüfend an. Ich zitterte. Er führte mich zum Zaun zurück, an die Stelle unseres Einstiegs. «Wo du herkommen, jetzt auch gehen.» Ich kletterte hoch, er schob von hinten. Ich sprang ins Freie und rannte weg. Meine Freunde warteten an unserem Treffpunkt in der Siedlung, unter der Leina-Brücke. Sie fragten, machten mir Vorwürfe, weil ich mich «schnappen ließ». Ich erzählte ihnen, was geschehen war. Paul schüttelte den Kopf und fuchtelte mit seiner Pistole: «Von wegen andere Namen, wir werden sehen, wir werden ja sehen ...»

Gegen neun ist unsere Gruppe an der Reihe: Wir erhalten zehn Schuß scharfe Munition und den Auftrag, sie ins Magazin zu füllen. Als ich die Patronen in den Händen halte, bewege ich mich ganz vorsichtig. Sie teilen die einfach aus ... Ich schiele zu Karausche, er drückt gerade die letzte Patrone ins Blechgehäuse seines Magazins. Ich vergleiche, wie er das Magazin hält, wohin die Geschoßspitzen zeigen ...

In einem kleinen Tal, das von Holzstämmen und -brettern begrenzt wird, müssen wir «im Anschlag liegend aufgelegt» auf schwarze, menschenähnliche Umrisse zielen, auf «Pappkameraden». Kreise sind aufgezeichnet, die höchste Zahl liegt in der Herzgegend. Oberleutnant Patsch führt das Kommando. Er geht zu jedem einzelnen und überprüft die Waffe, läßt durchladen ohne Magazin und befiehlt dann, zur Seite tretend, «Magazine einlegen! Durchladen! Feuer frei!» Etwas Ernstes, Stolzes ist in seiner Stimme, als er «Feuer frei» sagt. Auch eine verdrehte Verbundenheit, der ich mich nicht entziehen kann: «Ich vertraue euch. Ihr schießt jetzt auf diese Scheiben und nicht auf mich.» Etwas davon ist in seiner Stimme, ein wenig Angst und ein wenig Mut. Ich ziele auf die «Pappkameraden» ...

Wir sollen drei einzelne Schüsse abgeben.

Ich ziele und denke an die Pioniernachmittage im Werkraum, Luftgewehrschießen, Kimme und Korn, lang lagen wir auf zusammengerückten Schulbänken und wollten alle immer nur die Zehn treffen.

Abdrücken ist ganz leicht. Die Kalaschnikow schlägt an die Schulter, man muß sie richtig festhalten. Gar nichts Besonderes, es geht auch sehr schnell. Patsch befiehlt, die Waffen zu sichern, aufzustehen und die Läufe nach oben zu halten. Drei Unteroffiziere rennen an die Scheiben und prüfen die Ergebnisse. Anschließend erteilen sie kurze Ratschläge: «nicht verkanten», «höher halten» oder «mehr nach links unten zielen». Patsch sagt:

«Jede Waffe ist anders. Man muß sie kennenlernen, auch ihre Macken. Dann trifft jeder Schuß ins Schwarze.»

Wieder müssen wir uns hinlegen, zielen und drei weitere Schüsse abgeben. Ist es auch so, wenn man auf Menschen schießt? Die «Pappkameraden» scheinen zu wachsen und noch schwärzer zu werden. Ihre Köpfe bewegen sich, wenn ein Schuß sie trifft. Allein, daß sie nicht umkippen, beweist, daß es sich um Schießscheiben, um Attrappen handelt.

«Drei Schuß Einzelfeuer, danach umstellen auf Dauerfeuer. Einen Feuerstoß abgeben ...» ordnet Patsch an. «Alles rausrotzen» nennt es Weidauer, der hinter mir steht.

Ich habe getroffen.

Es sind Zehnerscheiben, gezählt werden die letzten sieben Schüsse, die ersten drei wurden von den Unteroffizieren bereits mit schwarzer Folie überklebt ... Auf den kleinen runden Löchern klebt schwarze Folie ... Ich habe 42 Ringe, einer aus dem 1. Zug hat 49. Er soll Sonderurlaub bekommen.

Ich habe gut gezielt.

Bauer hat 40 Ringe. Als wir vorhin warteten, sagte er noch zu mir und Bauer: «Keine Lorbeeren, denkt an die Grenze. Hat mir mein Bruder geraten ...»

Jugel hat 41, Karausche 43. Biellau 18. Dominiak 22. Er schüttelt den Kopf, reibt sich die Augen:

«Ich brauche eine Brille, war alles verschwommen vorn, alles verschwommen.»

Wir haben gut gezielt. Vielleicht ist es auch nicht leicht, schlecht zu zielen. Heimlich denkt man: «Ich will nicht weniger Ringe haben als der und der.» Eine Leistung soll erbracht werden, die Ringe werden gezählt. Habe ich ein schlechtes Gewissen? Ja. Aber das macht jetzt keinen Unterschied mehr. Ich bin hier. Was soll ich tun?

Bauer redet von der «Schützenschnur», die «eigentlich gar nicht schlecht ist». Ich frage ihn, was das ist. Er erklärt mir, wie sie aussieht: eine silberne, geflochtene Kordel, die man über der linken Brusttasche der Ausgangsuniform trägt. Es gibt auch «Eicheln», sagt er, «zusätzlich».

«Die ‹Schützenschnur› ist 'ne Auszeichnung für gute Schießergebnisse. Sieht gar nicht schlecht aus. Habe ich bei meinem Bruder gesehen. Trotzdem muß man aufpassen, lieber nicht ganz so gut sein. ‹Schützenschnur› geht noch, auch ‹Qualispange› für fachliche Sachen, Autofahren, Funken und so was. Da gibt's drei Stufen. Wer die Geländeprüfung besteht mit dem Lkw, so was. Auch nicht schlecht. Ist ja nicht für Dienstgeilheit, sondern für Leistungen. Scheiße ist nur die ‹Panzerplatte›, Belobigung für den ‹Besten Soldaten›. Kannst du sofort vergessen. Hoffentlich bleibe ich verschont. Die wird manchmal ausgeteilt an Festtagen. Auszeichnungen muß man nämlich tragen. Sonst lassen die einen nicht in Urlaub, kann vorkommen. Da wird kontrolliert. Auf der ‹Panzerplatte› ist so ein braves Jüngelchen abgebildet mit Stahlhelm, langes Kinn und so weiter. Ja nicht. Aber eine ‹Schützenschnur› ... Verkaufen manche vorm Heimgang, auch ‹Qualispangen›, für eine Flasche Kräuterbitter. Kommt vor, hat mir mein Bruder erzählt. Da sind manche scharf drauf ...»

«Du», sagt Jugel.

Bauer schüttelt den Kopf: «Ich doch nicht! Wie kommst du denn darauf. Weiß ich von meinem Bruder. Der hat das hinter sich. Was hat denn das mit mir zu tun?»

Jugel winkt ab und hält uns eine Schachtel Zigaretten hin, «Salem», die rote Packung. Bauer greift zu, ich lehne ab. Kurze Zeit später kommt das Zeichen:

«Aufsitzen!»

Die Motoren der Lkws werden gestartet.

Kaum sind wir ins Lager zurückgekehrt, wird unsere Gruppe zur Wache abkommandiert.

«Waffenreinigen, dann in voller Ausrüstung fertigmachen!» ordnet Pohl an.

In einem Nebengebäude erhalten wir Winterbekleidung, eine dick gefütterte graue Uniformjacke, an der wir noch Schulterstücke befestigen müssen, eine ebensolche Hose, dazu Filzstiefel, Handschuhe, eine Pelzmütze mit schwarzrotgoldenem DDR-Emblem und einen «Strumpf», der sich unter den Stahlhelm ziehen läßt und die Ohren warm halten soll.

Es ist wieder kälter geworden und schneit.

Wir sprechen kaum, stürzen von einem Ereignis zum anderen. Post gekommen? Nein, nicht. Schwabe hat zwei Briefe, Emmrich ein Päckchen, das er sofort im Schrank verstaut. In Flörchingers Zimmer mußte er es öffnen. Auf dem Tisch liegt ein «Neues Deutschland», ich überfliege die Seiten, Glöckner die Sportergebnisse. Am letzten Wochenende, erfahre ich von ihm, fand ein Länderspiel gegen Italien statt, Qualifikation zur Fußballweltmeisterschaft, 0 : 3 verloren.

«Zu Hause», sagt Glöckner, «hätte ich mir das angesehen, dazu ein Fläschchen Bier. Aber hier ...»

Dreiviertel fünf stehen zwölf Soldaten des 3. Zuges in voller Montur vor dem Stabsgebäude zur «Vergatterung». Schwer hängt die Munitionstasche am Koppel, drei volle Magazine, in jedem 30 Schuß. Der «Offizier vom Dienst», ein Oberleutnant, den ich bisher nie gesehen habe, belehrt uns. Ich höre nicht zu, sehe die erleuchteten Fenster des Gebäudes, die Schneeflocken unter den Lampen. An Weihnachten muß ich denken, an die Schulzeit, die Abende, an das warme Gelb von Kirchenfenstern, an den Stadtrand, den Eichelweg, der zur Randsiedlung führt.

«Es ist eine Auszeichnung und eine besondere Verantwortung, als Wachmannschaft eingeteilt zu werden noch vor der Vereidigung», höre ich den Oberleutnant sagen.

Neben uns stehen vier Soldaten des 2. Zuges, die als «Feuerwache» vorgesehen sind. Unteroffizier Pohl ist der «Wachhabende», Dominiak sein Stellvertreter, der auch als «Aufführender» fungieren soll.

Wir wissen nicht, was gemeint ist, hören das strenge, vom Oberleutnant gerufene Wort «Vergatterung!» und stapfen ab Richtung Tor. Bauer redet etwas von «Verpflegung» und daß er Hunger hat.

Vor dem «Wachlokal», einem Gebäudeteil, der über eine Außentreppe zu erreichen ist, finden «Ablösung» und «Übergabe» statt. Einige müde Gefreite, die offenbar sehnsüchtig auf uns gewartet haben, stehen vor der Treppe, formieren sich jetzt und übergeben das Revier an Pohl, der nur abwinkt, dann aber doch eine Meldung verlangt und uns anschließend die Räumlichkeiten zeigt: Zum Tor hin gibt es ein Fensterchen, das sich von innen öffnen läßt, ein Gewehrständer steht in der Ecke, ein Schreibtisch mit «Wachbuch» und Telefon. «Äußerst wichtig!» sagt Pohl, «immer rangehen, es könnte der OvD sein.» An der Wand einige Stühle und Hocker, im Nebenraum Pritschen mit sich feucht anfassenden alten Decken, das ist der «Ruheraum». «Geschlafen werden darf im Prinzip nicht», erläutert Pohl. An der Decke eine Glühbirne, höchstens 25 Watt. In beiden Zimmern stehen Kanonenöfen, Holz und Kohlen sind vorhanden.

«Mal herhören!» Pohl schließt die Außentür. «Jeder ist für seine Waffe und die ausgegebene Munition selbst verantwortlich. Zu beachten sind die Sicherheitsbestimmungen. Daß mir kein Unfall gebaut wird! Sind schon die dümmsten Dinger passiert! Ist das klar? Auch auf den Pritschen nichts liegenlassen, keine Koppel ablegen ... verstanden? Es gibt Kontrollen und vielleicht auch Alarm. Mit dem Telefon, das habe ich schon gesagt. Auf Posten nicht rumhängen, nicht hinsetzen und so weiter. Das ist streng verboten! Wachvergehen werden mit am härtesten bestraft. Wenn einer kommt, anrufen: ‹Wer da?› Dann hat der sich auszuweisen. Mit der Parole, wenn eine ausgegeben wurde. Und mit der Taschenlampe ins Gesicht leuchten. Lampen hängen dort drüben, wer rausgeht, eine mitnehmen. Im Postenbereich hat nur der Posten was zu sagen, solange Unklarheiten bestehen. Auch der OvD muß erst erkannt werden. Lieber Fremde in Stellung gehen lassen. Kommt einem was verdächtig vor, Waffe schußbereit machen, ruhig bleiben, anrufen. Nicht unnötig Hektik machen, ist das klar? Heute beim Schießen habt ihr gesehen, wie das geht. Wachsam sein, aber nicht bei jedem Pieps durchdrehen. Klar?»

Wir nicken.

«Ach so, bei Alarm oder Gefahr mit dem OvD telefonisch in Verbindung treten, wenn ich zufällig nicht da sein sollte. Ich bin ja ansonsten da. Das hier ...» Er tritt zur Wand, zeigt auf eine Vorrichtung aus Pappe oder Kunststoff. «Das ist eine Art Winkelmesser. Wenn jemand eine helle Erscheinung sieht, keine Sternschnuppe, was richtig Helles, Grelles, was nach Atomexplosion aussieht, diesen Winkelmesser von der Wand nehmen, so anfassen und anlegen», er macht es vor, «es funktioniert wie ein Gradmesser, wie ein Zirkel, Arm ausstrecken. Atompilz der Höhe nach erfassen und hier unten die Zahl ablesen. Die dem OvD durchgeben. Schnell natürlich, da zählen Sekunden. Der weiß dann, was er zu tun hat. Hängt mit der Entfernungsberechnung beim Einsatz von Kernwaffen zusammen. Genauer weiß ich es auch nicht ...»

Wir sehen Pohl verdutzt an, einige wohl auch mit aufkommendem Entsetzen. Bauer platzt heraus:

«Wie bitte? Das kann doch nicht wahr sein ...»

Pohl fragt zurück: «Was denn?»

«Atompilz? Winkelmesser?»

«Kann doch vorkommen.» Pohl lächelt jetzt. «Das gehört zur Ausbildung. Genauer kann ich es auch nicht sagen ... Man darf eben nicht die Nerven verlieren ... Bevor die Strahlen kommen, bleibt noch Zeit ... wurde uns so gesagt ... Wir haben außerdem die Schutzausrüstung. Das hier», er hängt das wundersame Gerät an die Wand zurück, «gehört zur Ausstattung. Es soll die Entfernung berechnen ...»

«Ob da noch Zeit ist ... Mann ... wenn ich mir das vorstelle ...»

«Soldat Bauer», Pohl wird wütend, «so sind die Vorschriften! Was soll denn das? Wolln Sie hier ...» er sucht nach Worten, «stänkern oder wie?»

Bauer wehrt mit beiden Händen ab, schüttelt den Kopf.

«Keineswegs, ich wollte mich nur erkundigen. Damit ich alles richtig mache im E-Fall ...»

Wir grinsen. Bauer fingert an seiner MPi herum und sagt dann noch:

«Alles klar, Genosse Unteroffizier!»

Pohl faltet einen Zettel auf.

«So, die Einteilung.»

Drei von uns sind zuerst an der Reihe. Ich soll zwei Stunden als Posten am Tor stehen, zwei andere an verschiedenen Abschnitten des Zauns.

«Und was ist mit dem Essen?» fragt Bauer.

«Wird gleich geholt. Wir müssen erst mal raus. Die

warten schon.» Pohl geht zur Tür, dreht sich dann noch einmal zu Bauer um und sagt:

«Halten Sie sich mal etwas zurück, sonst werde ich eklig.»

Bauer steht stramm:

«Zu Befehl, Genosse Unteroffizier!»

Wir drei ersten Wachen müssen draußen antreten, ein volles Magazin einlegen und werden von Pohl und Dominiak «aufgeführt».

Der Gefreite, der unter dem Postenpilz in Tornähe steht, stöhnt, als wir kommen:

«Wird Zeit ...» Dann macht er Meldung: «Posten am Tor ohne besondere Vorkommnisse zur Übergabe bereit ...»

Er geht an mir vorbei und verschwindet mit den vier anderen. Weg sind sie.

Ich bin allein, bin Posten am Tor und habe scharfe Munition bei mir. Zum erstenmal seit acht Tagen bin ich allein. Es schneit, zwei Grad minus werden sein. Ich atme tief, sehe auf meine Spuren im Schnee und warte. Ob die zwei Stunden schnell vergehen? Die Straße draußen ist leer, auch keine Autos sind zu sehen. Die Filzstiefel halten warm, ich trage Handschuhe. Die Taschenlampe habe ich vergessen ... Aber ich brauche sie auch nicht, da drüben steht eine Lampe, eine Peitschenlampe, es ist sehr hell ... Ich bin allein und überrascht von dieser Stille ... Singen könnte ich plötzlich und weinen. Was ist los mit mir? Als Posten am Tor, mit Stahlhelm und Kalaschnikow, will ich singen und weinen? Weil ich allein bin? Weil sich das Tor öffnen läßt? Weil ich es nicht öffnen werde? Weil draußen eine Straße ist, die wegführt, weg von hier? Was ist denn ... ich bleibe doch. Ich bin doch die Wache. Ich weiß doch gar nicht, was ich fühle. Ich bin doch eingeteilt zum Wachdienst, was eine Ehre ist, und vergattert ...

Starker Schneefall hat eingesetzt. Ich stehe unter dem Postenpilz. Meine Stiefelspuren wachsen zu. Acht bis zehn Zentimeter sind es schon. Viertel nach sieben. Noch fünfzehn Minuten, wenn die Ablösung pünktlich kommt und meine Uhr richtig geht. Ich habe großen Hunger. Ob in der Küche noch was zu bekommen ist so spät?

Geräusche von der Straßenseite, eine Kolonne nähert sich, vornweg ein Unteroffizier. Er gibt mir Zeichen, ich öffne das Tor. Es sind die Unteroffiziersschüler. Sie atmen schwer, halten sich an den eigenen Waffen fest, die um den Hals hängen. Einen Marsch haben sie hinter sich, vielleicht sogar eine Übung. Schießen waren sie heute nicht mit. Erschöpft stapfen sie an mir vorbei, sehen nicht her. Leise geht das, wie schallgedämpft. Einer rutscht aus, es scheppert, Metall stößt an Metall ...

Ich schließe das Tor.

Was ist denn jetzt? Kommen Nachzügler? Sind noch andere draußen? Rufe höre ich, Geschrei. Was ist denn los? Meinen sie mich? Nein. Drei kommen nach, von der Halde her, zwei Unteroffiziere und einer mit Gasmaske in der Mitte, ein kleiner Soldat, offenbar auch ein Unteroffiziersschüler mit Sturmgepäck und Stahlhelm. Er stolpert, greift mit den Händen nach der Maske. Die Unteroffiziere schreien wieder los. Jetzt läßt er sich fallen, sie zerren ihn hoch ... er darf die Maske nicht abnehmen.

Ich reiße das Tor auf.

«Was ist denn», frage ich, «was ist denn los?» Leise frage ich, ziemlich leise. Als ob nicht klar wäre, was los ist. Als ob ich nicht sehen würde, was geschieht.

Die beachten mich gar nicht, haben etwas miteinander zu tun, zwei quälen einen dritten ... Jetzt fällt er lang hin, in den Neuschnee. Ein Schneemann mit Truppenschutzmaske ist er jetzt, dazu zwei schreiende Männer:

«Hoch! Los jetzt! Hoch! Keine Müdigkeit! Aber bißchen plötzlich!»

Die Maske ziehen sie ihm vom Gesicht, schreien weiter, wollen, daß er aufsteht. Aber er steht nicht auf, sackt immer wieder zusammen. Wie das Pferd, das ich als Kind sah in Sundhausen, das zusammenbrach und den Wagen mitzerrte in den Straßengraben. Der Kutscher hat geschrien und an den Zügeln gerissen. Das große Tier bewegte sich, hob den Kopf, wollte hoch, rollte aber wieder zurück, schaffte es nicht. Da hat der Kutscher angefangen, in den Bauch des Pferdes zu treten. Nach einer Stunde bewegte es sich nicht mehr. Das eine Auge, das ich sehen konnte, stand offen und war auf den Himmel gerichtet, auf die weißen, aufgetürmten Wolken dieses Sommertages. Dann kam ein Lastauto mit einer Seilwinde. Das Pferd wurde abtransportiert.

An der Tür des Wachlokals stehen jetzt welche. Bauer ist da, er hält ein großes Tablett, eine Teekanne darauf, wahrscheinlich hat er Essen geholt ... Er stellt das Tablett auf die Treppe, rennt mit langen Schritten zu den drei Männern hin, ruft:

«He, he, he, was ist denn los?»

Die Unteroffiziere sehen ihn an, packen den kleinen Soldaten, der sich wieder bewegt, und zerren ihn weiter. Ein Husten ist zu hören. Sie lassen Bauer stehen.

«Was ist denn los?» sagt der mit Empörung in der Stimme, geht ein paar Schritte mit, bleibt dann zurück.

«Schikane oder wie?»

Die drei entfernen sich. Die Unteroffiziere reagieren nicht auf Bauer. Das Wort «Schikane» müssen sie gehört haben. Ich stehe etwa zwanzig Meter von Bauer entfernt, darf meinen Postenbereich nicht verlassen ...

Er fragt mich:

«Was war denn los?»

«Weiß auch nicht!» sage ich.

Die drei sind verschwunden, ich schließe das Tor. Bauer geht ins Gebäude zurück.

Dominiak und Glöckner kommen. Ich werde abgelöst. Glöckner hat den Kopfschützer, den «Strumpf», unter den Stahlhelm gezogen. Es schneit immer noch.

Im Wachlokal steht Essen, Bauer hat es geholt. Er schüttelt den Kopf, flucht:

«Hast du das gesehen? War zwar ein Pfeffie und ist eigentlich selber schuld. Aber der hat ja schon geröchelt, der war ja am Abkratzen ...»

«Wenn Schnee in den Filter kommt, der verschließt alles», sagt Jugel, der es auch gesehen haben muß. Sie fragen mich, was vorher gewesen ist. Ich erzähle ihnen, was ich gesehen habe. Viel mehr als sie habe ich auch nicht gesehen. Ich schenke mir Tee ein, er ist lauwarm. Pohl ist nicht im Zimmer. Bauer kann sich gar nicht beruhigen.

Die Tür geht auf, es ist einer der Unteroffiziere von vorhin.

«Genossen!» sagt er ganz freundlich und mit roten Backen, jung, nicht älter als wir, ein Kind noch, ein Kind in Uniform wie wir auch: «Keine Sorge, Genossen. Wir wissen schon, wie weit wir gehen können. Die Leistungsgrenze war noch lange nicht erreicht. Wir kennen uns da aus. Alles klar? Noch Fragen?»

Er sieht Bauer an, der kopfschüttelnd sagt:

«So rumzuscheuchen, der ist doch bald abgekratzt. Ist er besinnungslos?»

«I wo!» Der Unteroffizier lacht. «Der ist schon wieder quietschvergnügt. Man kann sich auch gehenlassen ...»

Bauer zuckt mit den Schultern.

«Alles klar», sagt der Unteroffizier, geht zur Tür, «Wiedersehen, Genossen.»

Wir hören ihn die Außentreppe hinunterspringen, er rennt. Bauer sieht aus dem Fenster.

«Schweine», sagt er, «wenn der schon wieder quietschvergnügt ist, fresse ich einen Besen. Wie Markieren sah das nicht aus. Warum kommt der an und quatscht mit uns? Schlechtes Gewissen? Fertiggemacht haben sie ihn. Vielleicht hat er aufgemuckt ...» Nach einer Weile fügt er hinzu, ich esse gerade ein Leberwurstbrot: «Obwohl er selber schuld ist, der Pfeffie. Erst länger verpflichten und dann aufmucken, das geht nicht. Das ist klar.»

Ich nicke.

Wie er im Schnee lag ...

Zwei Stunden kann ich mich jetzt ausruhen, dann zwei Stunden «Bereitschaft», danach wieder raus. Halb zehn, rechne ich, halb zwölf ... Pohl kommt. Ich gehe in den Ruheraum. Dort ist es jetzt warm. Der Kanonenofen glüht. Meine Waffe nehme ich mit. Müde bin ich nicht.

Am nächsten Morgen bin ich müde. Mitternacht stand ich am Tor und früh von halb sechs bis halb acht.

Ab halb sechs kamen «Zivilkräfte» und Offiziere von zu Hause, meist mit verschlossenen, mürrischen Gesichtern. Sie zeigten kaum ihre Ausweise, blieben nicht stehen. Ich ließ sie passieren. Einer kam zurück und fragte unvermittelt und scharf: «Wie heiße ich?» Ich wußte es nicht. «Sie müssen hinsehen, Genosse Soldat, was im Ausweis steht! Sonst kann hier ja jeder reinkommen! Merken Sie sich das!» Er ging, sagte nicht seinen Namen.

Auch der OvD kontrollierte nachts. Ich meldete «keine besonderen Vorkommnisse». Er nickte, schlenderte zum Wachgebäude, brüllte plötzlich: «Wache zu den Waffen!» Wie aufgeschreckte Hühner rannten kurze Zeit später Bauer, Jugel und die anderen aus der Tür. Pohl kam zuletzt. Der Oberleutnant sah auf die Uhr und verordnete «Üben». Nach zwei nächtlichen Probeläufen war er zufrieden. Ich beobachtete das Treiben und war froh, am Tor zu stehen.

Jetzt ist es kurz vor acht, ich habe ein Brötchen gegessen, etwas Malzkaffee getrunken und liege auf einer Pritsche, will ruhen. Kalt ist es im Raum, die Wolldecken sind klamm. Kein Holz mehr da. Ich drehe mich zur Wand.

Pohl poltert herein:

«Aufstehen, sofort ans Tor!»

Ich fahre hoch, sehe auf die Uhr und sage ihm, daß ich nicht dran bin, es ist erst kurz nach neun ...

«Doch, Wachablösung, außerplanmäßig. Welche vom Regiment kommen. Wenn der Bus da ist, machen Sie 'ne anständige Meldung!»

«Zu Befehl, Genosse Unteroffizier.»

Verschlafen trabe ich mit Pohl ans Tor. Der Schnee blendet mich. Soldat Strempel aus meiner Gruppe wird abgelöst. Er sieht mich erstaunt an, hat aber nichts dagegen, daß ich an seine Stelle trete. Eine «anständige Meldung» soll ich machen ... Strempel hätte vielleicht vor Aufregung nichts rausgebracht. Ich soll die Papiere kontrollieren, «nicht einfach reinlassen», sagte Pohl.

Dreiviertel zehn kommt ein kleiner grüner Bus die Straße hoch. Er fährt langsam, es ist glatt. Etwa zehn Personen sitzen drin, Männer, ihre Schulterstücke blinken. Offiziere. Einer mit vier goldenen Sternen steigt aus. Was ist das, ein Major? Nein, Hauptmann.

Ich stehe stramm, mache Meldung, bezeuge wieder, daß es «keine besonderen Vorkommnisse gab», obwohl gerade ein besonderes Vorkommnis stattfindet. Kontrollieren soll ich ... aber wie und was ... Der Hauptmann hält mir ein Schreiben vor die Nase.

«Das ist der Einsatzbefehl», sagt er.

Ich nicke und öffne das Tor. Der Hauptmann sieht mich prüfend an:

«Wissen Sie, wer wir sind?»

«Jawoll, Genosse Hauptmann. Der Bus vom Regiment.»

Er sieht mich erstaunt und unwillig an.

«Ach, das wissen Sie?»

«Jawoll!»

«Woher? Von wem?»

«Der OvD», sage ich stotternd, «der Genosse Unteroffizier ...»

«So, so.»

Der Hauptmann dreht sich um und steigt ein. Der Bus fährt langsam an und hält vor dem Stabsgebäude. Er hinterläßt eine gerade Spur.

Ist das eine Inspektion? Eine Überprüfung? Es sieht so aus. Wahrscheinlich sollte keiner wissen, daß sie kommt. Habe ich mich verplappert? Ach was, sage ich mir dann, ich bin bloß der Posten am Tor. Wenn mir Pohl solche Mitteilungen macht ... Ich schiebe es weg, auf den Vorgesetzten. Er trägt die Verantwortung. Ich habe nur einen Befehl ausgeführt, habe nur einem Offizier, noch dazu einem Hauptmann, wahrheitsgemäß geantwortet.

Kurz darauf kommen Dominiak und Emmrich. Ich muß meinen «Postenbereich übergeben», Emmrich löst mich ab. Das geht ja schnell. Dominiak als «Aufführender» achtet diesmal auf eine korrekte Meldung. Er führt mich zum Wachgebäude zurück. Vor der Tür muß ich die Waffe sichern.

«Alles genau nach Vorschrift», sagt Dominiak eifrig, «welche vom Regiment sind da. Es kann Alarm geben.» Sein Koppel ist nach oben gerutscht, das Tragegestell ist verstellt. Der große Stahlhelm, Dominiaks schmales, kindliches Gesicht mit der großen Nase, das verrutschte Koppel, der befehlende Ernst seiner hellen Stimme ... wie er den Unteroffizier spielt, den «Aufführenden» ... «Dominiak», denke ich, «ist doch ein Arsch.»

Pohl bringt vom Stabsgebäude einige Briefe mit. Ich habe Post! Von Eva! Und von meinen Eltern ein dicker Umschlag, den ich zuerst öffne.

Bilder, postkartengroße Fotos von mir! Ich bin darauf zu sehen! Lange sehe ich hin, sehe mich an. Davor, das war davor ... Kein Fassonschnitt, sogar über die Ohrenspitzen ... Die schwarze, glänzende Kutte, ihr Kragen ... Das bin ich ... das war ich.

Auf der Rückseite ein großer Stempel: «Fotoatelier Frohs». Natürlich! Wenige Tage vor der Einberufung habe ich mich ja noch fotografieren lassen. Daran habe ich gar nicht mehr gedacht. Jugel sieht herüber, beugt sich vor.

«Eh, wer ist denn das ...»

Es klingt erstaunt.

«Ich.»

Er sieht mich an, dann auf die Fotos. Dreimal ich, vor der Armee. Ernst, zu irgend etwas entschlossen, fast abweisend. Aber auch ahnungslos.

«Älter siehst du auf den Bildern aus. Nicht schlecht, muß ich sagen. Habe ich gar nicht gedacht.»

«Was hast du denn gedacht?» frage ich.

«Nichts weiter ... Wenn man uns hier so sieht ... Ich sah auch anders aus.»

Bauer sieht mir über die Schulter.

«Das bist du? Wirklich? Einwandfrei. Ziemlichen Kanten. Wie man sich doch verändert.»

Jugel und Bauer sehen mich mitleidig an, scheint mir. Ich bin verwirrt.

«Fotoatelier Frohs» in der Bahnhofstraße, eine Treppe. Er wollte, daß ich lächle, hielt eine Puppe hoch. Ich lehnte ab, sagte: «Ich komme zur Armee, da wollte ich mich vorher noch mal knipsen lassen. Zur Erinnerung. Lächeln muß ich da nicht.» «Bitte, wie Sie wollen.» Er verzog das Gesicht, war beleidigt, bediente schnell seinen Apparat ... «In fünf Tagen.» Meine Eltern holten die Bilder ab. Jetzt liegen sie auf dem Tisch der Wache im Ausbildungslager Johanngeorgenstadt, neben dem Wachbuch und dem Telefon.

Ich packe sie weg. Gehe in den Ruheraum, setze mich auf eine Pritsche und öffne Evas Brief. «Mein lieber Jürgen», schreibt sie und schildert den letzten Schultanzabend, «der ganz toll war.»

Zwei-, dreimal lese ich ihren Brief, betrachte ihre Schrift, will mich freuen und werde plötzlich traurig, leer. Nein, kein Schluchzen kommt. Gar nichts kommt. Hohl bin ich, spröde, zersprungen, matt. Schwer hängen die Filzstiefel an den Füßen. Das Koppel drückt. Diese verfluchte Patronentasche! Ich sehe zur Tür, auf ihre grobe, unregelmäßige Musterung, die unter dem Lack hervorkommt an einigen Stellen. Auf Zahlen, die eingeritzt sind, «501», «506» ... Auf ein Herz mit den Buchstaben «B. K». Wer ist gemeint? Beate König? Barbara Kaufmann? Bernd Kreißig? Was weiß ich. Namen schwirren mir durch den Kopf. Fremde Buchstaben und fremde Namen ...

Der Raum hat keine Fenster. Ich ersticke, gleich ersticke ich.

Kohlen und Holz holen. Etwas tun, bewegen, nicht hocken bleiben.

Im Keller der Kompanie treffe ich Kannengießer.

«Was machst du hier?» frage ich.

«Heizer», sagt er, «einwandfreier Job.»

Er winkt mich in einen Raum. Ich sehe Rohre, einen Kokshaufen, Schaufeln und Kohlengabeln in der Ecke. Kannengießer hat kurze Haare. Noch immer wirft er seinen Kopf ab und zu nach hinten, um die langen, fettigen Strähnen, die nicht mehr da sind, von der Stirn zu entfernen.

«Früh muß ich anfeuern», sagt er, «um fünf. Ganz schön früh. Na ja, die Diensträume haben Dampfheizung. Auch das Stabsgebäude. Die Leitungen gehen überallhin. Neben der Küche ist noch 'ne Heizung. Tja, Feuer halten, Druck kontrollieren. Und hier», er zieht einen Vorhang beiseite, «kann man abruhen. Einwandfreier Job, kann ich dir sagen ...»

Aus Briketts, Holzstücken und Säcken hat sich Kannengießer ein Lager gebaut.

«Die Tür kann ich abschließen, habe einen eigenen Schlüssel. Wenn ich will, liege ich hier flach und bin nicht da. Ein Leben, sage ich dir. Himmlische Ruhe. Kein Stänkern mehr ...»

«Mußt du keine Ausbildung mitmachen?»

«Doch, ab und zu. Aber wenn ich mich abseilen will, kann ich das. ‹Materialbeschaffung› sage ich dann, oder ‹Reparaturarbeiten›. Die wollen es ja warm haben. Und hier», geheimnisvoll lüftet er eine Pappe, «noch was Erfrischendes.»

Eine Seite aus dem «Magazin» ist mit zwei krummen Nägeln an die Ziegelwand gepinnt: junge nackte Frau mit langen Haaren lehnt an einer Birke und hält in der Hand einen kleinen Blumenstrauß. Kannengießer lacht.

«Das ist wichtig. Mal 'ne andere Perspektive. Nicht

immer nur eine Garnitur, da wird man ja meschugge. Habe ich von meinem Vorgänger übernommen.»

Sorgsam verhängt er sein Keller-Traumbild wieder und zieht den Vorhang zu.

«Das wär's. Was meinst du?»

«Klasse», sage ich.

Mit zwei Eimern Briketts und etwas Holz, viel habe ich nicht gefunden, gehe ich zum Wachgebäude zurück.

Meine MPi steht bei Dominiak im Ständer. Er als Aufführender, der gerade Telefondienst hat, darf das ausnahmsweise machen, wie Pohl meinte.

Neu ist auch: am Vormittag nur «Bereitschaft» zu haben, nicht voll verplant zu sein, ohne ausdrücklichen Befehl mit zwei Eimern zum Kompaniekeller schlendern zu können, wenn man es im Ruheraum nicht mehr aushält ... Und mit Kannengießer zu plaudern, dem neuen Heizer ...

Von halb zwölf bis kurz vor zwei stehe ich wieder am Tor. Als ich abgelöst werde, marschieren die Kompanien vor dem Stabsgebäude auf. Sie stehen mit dem Blick zur Tür, zur kleinen Veranda, die von zwei Säulen begrenzt wird.

Ist das ein Appell?

Die abgelösten Wachen müssen sich auf Weisung des OvDs ebenfalls einfinden. In Zweierreihen marschieren wir los, die Waffen bleiben im Zimmer des Wachhabenden.

«Auch das noch!» Jugel sieht blaß und übermüdet aus, er hat sich erkältet. Dichte Bartstoppeln schwärzen sein Gesicht. «Ganz schön viele», sagt er mit Blick auf das versammelte Bataillon.

«Stillgestanden! Richtet euch!»

Major Wildgrube kommt aus der Tür und nimmt die Meldung entgegen. Mehrere Offiziere begleiten ihn. Ich erkenne auch den Hauptmann vom Regimentsbus, der mich am Tor ausgefragt hat. Vier ältere Männer in Kampfgruppenuniformen und mit Maschinenpistolen stehen neben der Treppe. Einer von ihnen tritt vor und sagt:

«Genossen Soldaten! Ihr habt vor einigen Tagen den Ehrendienst bei der Nationalen Volksarmee angetreten. Bereits an eurem Arbeitsplatz habt ihr durch eure Taten das neue Leben in unserer Deutschen Demokratischen Republik mitgestaltet. Jetzt steht ihr euren Mann bei der Landesverteidigung, beim Schutz des Sozialismus. Gebt dem Imperialismus keine Chance! Aus den Händen der Arbeiterklasse sollt ihr heute eure Waffen erhalten. Wir haben sie getragen beim Schutz der Staatsgrenze, beim Errichten des antifaschistischen Schutzwalls. Haltet sie in Ehren! Seid ehrliche, tapfere, disziplinierte und wachsame Soldaten, die allzeit treu unserer Deutschen Demokratischen Republik dienen! Merkt euch die Worte: Das Vaterland darf jedes Opfer fordern! Nichts ist zu kostbar für das Vaterland! In diesem Sinne übergeben wir euch die Waffen!»

Vier Soldaten treten vor und nehmen die Maschinenpistolen in Empfang, die ihnen von den vier Kampfvertretern überreicht werden. Sie machen zackige Bewegungen, man merkt, daß diese Zeremonie geübt wurde.

Die älteren Männer von der Kampfgruppe sehen ganz sympathisch aus. Zwei haben Bäuche, die vom Schnitt ihrer Uniformen und den straffgezogenen Koppeln besonders betont werden. Drei haben graue Haare und ähneln sich wie Brüder. Selbst der Redner mit seinen Phrasen hatte etwas Gewinnendes, Beschwichtigendes, beinahe Tröstendes in der Stimme.

Sie werden bis Mittag gearbeitet haben in ihren Betrieben. Als Einrichter, als Meister. Zu den Lehrlingen werden sie nicht schlecht sein. Sie werden ein Auge zudrükken, wenn einer zu spät kommt. In ruhigem, mahnendem Ton werden sie in der Frühstückspause sagen: «Morgen früh pünktlich sein. Etwas mehr ranklotzen. Anders geht es nicht.» So etwas werden sie sagen, so sehen die da vorn aus, die vier von der Betriebskampfgruppe. Sie stolzieren nicht herum wie die Offiziere mit ihren Schirmmützen auf der Veranda des Stabsgebäudes. Sie tragen Stahlhelme wie wir. Aber sie sagen bestimmt auch: «Was sein muß, muß sein. »Diszipliniert sind sie. Und brav. Diese Väter, diese Kollegen in ihrer militärischen Verkleidung.

Jetzt hält Major Wildgrube noch eine Rede, wie es aussieht.

Er ist groß. Ich überlege, ob er größer als zwei Meter ist. Am ersten Tag, als sie uns abführten im Stabsgebäude, hat er uns nur kurz befragt und dann angeordnet, daß wir unser Abendessen bekommen. Das gefiel dem wütigen Stabsgefreiten gar nicht, der uns zu bewachen hatte.

Jetzt erläutert er, daß wir die Waffentechnik erlernen müssen. Und wie wichtig politisches Bewußtsein ist. Und daß der Feind nicht zögert, in jede Lücke einzudringen. «Schließen wir die Reihen fester, Genossen Soldaten, Unteroffiziere und Offiziere!» Das ist sein Schlußsatz. Als er sich umdreht und auf die Veranda zurückgehen will, rutscht er aus, kann sich aber noch halten. Seine langen Beine wirken für einen Moment dünn und klapprig trotz glänzender Stiefel und ausgestellter «Ohrenhose». Beinahe wäre er hingefallen. Kichern ist zu hören.

Ein hagerer Politoffizier mit stechenden, tiefliegenden Augen hat das Kommando übernommen. Er wartet. Als es ganz still ist, beginnt er leise zu sprechen:

«Genossen Soldaten! Nachdem ihr die Waffen aus den Händen der Arbeiterklasse erhalten habt, komme ich noch zu einem anderen Ereignis. Es ist traurig und schändlich.»

Wieder macht er eine Pause.

Ein Soldat wird vor die Front geführt. Zwei Unteroffiziere stehen rechts und links neben ihm, sie tragen Pistolentaschen.

Der Politoffizier zeigt auf den Soldaten:

«Dieser hat es gewagt», sagt er mit jetzt lauter, schriller Stimme, «einen Vorgesetzten anzugreifen! Er hat damit an den Grundfesten unseres Staates gerührt, er hat sich gegen die Arbeiterklasse, gegen das ganze werktätige Volk und unsere Regierung, unsere Partei gestellt! Das ist ein äußerst schweres Vergehen! Möge ihn die harte Strafe der Gesetze unserer Republik und die Verachtung des werktätigen Volkes treffen!»

Er tritt einen Schritt auf den Soldaten zu, der grau, den Kopf eingezogen, dasteht. Mit einer energischen, schnellen Bewegung faßt er nach seinen Schulterstücken und reißt sie ab. An einer Seite muß er zerren und drehen, bis sich die Schnüre lösen.

Ein erschrockenes Raunen geht durch die Reihen, die Köpfe bewegen sich, wollen alles sehen. Wenige Augenblicke später starren wir wieder mit aufgerissenen Augen geradeaus. Der Leutnant hat es befohlen. Die beiden Unteroffiziere führen den Übeltäter ab, sie verschwinden im Stabsgebäude.

Im Weggehen, an seinem Gang erkenne ich ihn: Es ist der kleine Soldat! Der Pfeffie von gestern abend, der mit Gasmaske durchs Tor geschleift wurde und in den Neuschnee fiel! Er ist es! Glatte Soldatenschulterstücke hat er, ohne grüne Streifen. Die werden sie ihm schon vorher abgenommen haben. Er wollte nicht mehr ... hat einen Vorgesetzten angegriffen ... wahrscheinlich einen von den Unteroffizieren, die ihn dann geschleift haben ... oder sie haben es hinterher so gedreht ...

«Was wird mit ihm?» frage ich Jugel.

«Militärstaatsanwalt. Knast. Schwedt. Kann sich auf was gefaßt machen.»

Jugel hustet, schnaubt sich die Nase.

Die Kompanien marschieren ab. Wir stapfen mit unseren Filzstiefeln in die Wachräume zurück. Noch zwei Stunden, dann kommt die Ablösung.

XII

Es hat getaut. In der Nähwerkstatt gegenüber brennt Licht, als wir vom Frühsport zurückkommen. Mittwoch ist heute, der neunte Tag.

Gestern nach der Wachablösung, nach dem Abendessen, sollten wir Trainingsanzüge anziehen. «Duschen, zugweise», sagte Pohl. «Frische Unterwäsche mitnehmen. Eigentlich selbstverständlich, aber manchen muß man das sagen. Handtücher und Seife dazu.» Duschen, nackt ausziehen ... Wo wird es sein? Im Stabsgebäude? Sind die Unteroffiziere dabei? fragte ich mich. Pohl, Weidauer? Ohne Badehose ... Ich fürchtete mich, dachte an die ärztliche Untersuchung, an Schwabe, der früh im Zimmer herumstolzierte mit seinem langen

Schwanz ... Vergleiche wird es geben, sagte ich mir, Besichtigungen ... Du mit deinem Pimmel, Rippen zum Klavierspielen, Biellaus fetter Arsch und seine kurzen Beine ... solche Reden ahnte ich. Noch schnell aufs Klo gehen, kurze Massage, an Kannengießers Wandbild denken im Heizungskeller, nein, nicht an Eva ... gar nichts denken ... fühlen? Kann ich was fühlen? Ganz schnell, unten sind die Füße zu sehen. Einen haben sie schon beim Onanieren erwischt. Welche aus seinem Zimmer schlichen sich an, spritzten mit dem langen Wasserschlauch die Filzlatschen naß und kletterten außen hoch, sahen von oben in die Kabine. «Nicht mal in Ruhe scheißen kann man!» Das war sein Ruf, seine schrille, hilflose Antwort. Aufs Klo setzen, die Beine anziehen und die Tür zuhalten. Das ist schwer, fast eine akrobatische Leistung. Leise sein, nicht lachen, nicht stöhnen, nicht jammern. Besser nachts, aber da ist man müde. Und auch nicht sicher vor Störungen. Bin ich ein Schwein? Ein Wichser? Ein Schwuler? So hockte ich da vor dem Duschen. Schwabe legte sich Sonntag abend in Emmrichs Bett, als der nach dem Stubendurchgang noch einmal auf den Flur ging. Das Licht war schon aus. «Gerd», flüsterte Schwabe mit verstellter Stimme, «Gerd», und streckte die Arme aus, als Emmrich zurückkam im Schlafanzug und in sein Bett steigen wollte. Emmrich erschrak, machte einen Satz zum Lichtschalter. Wir johlten, lachten, die Stahlbetten bogen sich und kreischten mit. Schnell, schnell, mit Klopapier abwischen ... Es ging zum Duschen ... Das ist geheim und nicht die Liebe. Aber schön, einen Augenblick lang schön. «Hände auf die Bettdecke.» Auf den Flur raus mit Handtuch und Seife. Es ging in ein Haus gegenüber dem Küchengebäude, zehn Minuten duschen, abtrocknen, anziehen. Viel Dampf, schlechte Sicht, Jugels Rükken waschen, Witze, Bemerkungen, aber doch eher freundliche, unter heißem Wasser, nackt waren wir alle, im Laufschritt zurück. Stuben- und Revierreinigen. Schlafen …

Das war gestern abend. Das Zimmer ist kalt. Verschnupft bin ich, hätte die Haare trockenreiben müssen. Aber ich war zu müde nach dem Wachestehen.

Der Schnee ist weg. Mild ist es draußen, windig, schwarz. Eine nasse Dunkelheit. In der Nähwerkstatt brennt Licht. Glöckner kommt ans Fenster und lehnt seine Stirn gegen die Scheibe. So kann er lange stehen, wenn kein Befehl kommt.

Ein Pfiff.

Wieder raustreten, vorher Koppel umbinden, Käppi aufsetzen, Stiefel an, alle Jackenknöpfe schließen, Hose straff in die Stiefel ziehen …

Oberleutnant Patsch und Flörchinger kontrollieren die Kragenbinden. Etwa die Hälfte des Zuges muß in die Zimmer zurück und neue einknöpfen. Auch Kahn wird zurückgeschickt. Als er wieder auf dem Flur steht, bemerkt Flörchinger, daß er ohne Kragenbinde zurückgekommen ist. Flörchinger stellt ihn zur Rede. Kahn sagt:

«Ick habe keene andere, allet dreckig.»

Flörchinger schiebt Kahn ins Zimmer. Nach kurzer Zeit rennt Soldat Kahn an uns vorbei in den Waschraum, Seife, eine kleine Handbürste und eine Kragenbinde in der Hand.

Flörchinger sieht ihm nach und ruft:

«Schrubben, aber dalli! Mit sauberer Kragenbinde kommen Sie zurück!»

Wir müssen stehen und warten.

Nach etwa fünf Minuten kommt Kahn aus dem Waschraum. Seinen Kopf hält er sehr gerade. Flörchinger kontrolliert noch einmal und nickt:

«Kleine Kühlung kann nicht schaden im Sommer.»

Kahn hat die nasse Kragenbinde eingeknöpft.

Nach dem Frühstück befiehlt Flörchinger «das Reinigen der Außenreviere». Die Unteroffiziere teilen ein. Pohl fragt:

«Wer hat die Fahrerlaubnis?»

Einige melden sich. Er winkt sie aus der Reihe.

«Hierher ... Wer hat die Eins? Ein Schritt zurück. Und wer die Vier? Zwei Schritte zurück ... Wer hat Abitur? Biellau, aha, gut, sehr gut ... Fuchs, Dominiak ... So.»

Er sieht uns bedeutungsvoll an.

«Klasse Eins schrubbt Klo und Waschraum. Vier wischt den Flur, aber gründlich. Und unsere Herren Oberschüler, die besonders Schlauen, heben die Kippen auf am Zaun! So! Je zwei einen Eimer ... ach so, da fehlt einer. Na, sagen wir mal ... Jugel! Sie sind doch auch nicht dumm. Gehen Sie mal noch zu den Oberschlauen. Erstklassige Sauerei, sieht man erst, wenn der Schnee weg ist: Alles wird aus den Fenstern geschmissen. Das unterbleibt ab sofort! Zigaretten, Streichhölzer, Papier, schwupp, aus dem Fenster ... Keinen Krümel will ich nachher mehr sehen ... Vor allem vorn an der Straße, wo die Zivilisten vorbeigehen! Der Spieß kommt da immer vorbei, der sieht alles. Ab!»

Mit Eimern ziehen wir los. Jugel und ich gehen zum Zaun an die Straßenseite, unter unsere Fenster.

«Da sieht uns keiner», sagt Jugel.

«Und durch die Fenster?»

«Sind doch alle unterwegs ... die Dienstzimmer sind auf der anderen Seite.»

Zuerst versuchen wir die Kippen und Papierfetzen mit Stöckchen aufzuspießen. Aber das ist sehr umständlich. Also nehmen wir doch die Hände. Abgebrannte Streichhölzer finden wir, Flaschenverschlüsse. Sogar einen Briefumschlag, auf dem nur eine Adresse steht, die durchgestrichen wurde.

«Sollte vielleicht ein Liebesbrief werden», sagt Jugel.

«Hast du Kinder?» frage ich ihn.

«Nein, aber meine Frau ist schwanger. Im März ist es soweit, wenn alles klar geht ... Ich weg ... Das paßt ihr gar nicht, kannst du dir denken. Man möchte doch dabeisein. Hat sowieso Schwierigkeiten mit ihren Eltern. Wohnt bei meinen, eigene Wohnung haben wir nicht ... Alles zum Kotzen hier», sagt Jugel. Er sieht mich an:

«Und du?»

«Na ja», sage ich, «geht mir auch so. Familie habe ich nicht, das ist bei mir etwas anders ... Eine Freundin ...»

«Ist klar, auch nicht viel besser. Für keinen. Ob ledig oder verheiratet. Wie man sich länger verpflichten kann, kapiere ich nicht. Die werden überredet ... oder das Geld lockt sie ...»

«Ist das eigentlich viel?»

«Vier-, fünfhundert werden's schon sein. Später mehr.»

«Mich haben sie vor der Musterung gefragt, im Wehrkreiskommando. Ein älterer Offizier. Ich hab nein gesagt, dann hatte sich's auch. Bei anderen ging es stundenlang. Dafür in der Schule ... Der Direktor wollte jeden rumkriegen.»

Ich finde einen Kugelschreiber ohne Mine, die Feder ist noch drin. Soll ich ihn aufheben? Ach, wozu ...

«Wenn ich das hier sehe», Jugel zeigt auf das Kompaniegebäude und den Zaun, vor dem wir stehen, «kann ich eigentlich nur sagen: Es gibt Atombomben! Und wir turnen rum und tun so, als könnten wir den Krieg gewinnen! Die Kapos spielen sich auf, machen Witze.

Das vorhin mit dem Abitur und der Fahrerlaubnis ... Pohl, dieser Pisser, dieser jungsche Kerl! Was bildet der sich ein! Pisser! Bei Fickel habe ich es auch verschissen. Der kann mich nicht ausstehen. Kam neulich in unser Zimmer, abends, wollte 'ne Meldung. Ich habe mir Zeit gelassen, Hartmut auch ... Bauer meine ich ...»

«Weiß schon.»

«Aber was soll man machen. Der Einberufungsbefehl flatterte ins Haus. Im Betrieb die Verabschiedung, die Frau heult, schon ist man hier ...»

«Stimmt. Und verweigern ...»

«Bedeutet Knast.»

«Genau weiß ich es auch nicht. Aber es gibt einen Dienst ohne Waffe. Hab ich in der Kirche gehört. Ich kenne keinen, aber es muß so was geben. ‹Spatentruppe› ...»

«Ich geh nicht in die Kirche», sagt Jugel, «aber hab auch nichts gegen Christen, ganz und gar nicht.»

«Ich war manchmal in der ‹Jungen Gemeinde›.»

«Na ja, wer dran glaubt. Da wird auch getanzt, habe ich gehört.»

«Und diskutiert auch viel. Ein Pfarrer war in Ordnung.»

«In der 2. Kompanie soll's einen geben, der hat beantragt, sonntags zur Kirche zu gehen. Haben sie abgelehnt, weil noch keiner in Ausgang darf.»

«Wann kann man eigentlich raus?» frage ich.

«Na bald, denke ich, nach vier Wochen. Ich hab was von ‹Gruppenausgang› gehört. Mit Unteroffizier. Na, prost Mahlzeit. Mit Weidauer oder Pohl in die Kneipe, das kann was werden ...»

«So übel ist Weidauer nicht.»

«Na ja, übel. Aber Pohl! Ich meine nur: Hier die Gesichter den ganzen Tag. Und dann draußen auch noch.

«Die werden überredet…

...oder das Geld lockt sie.» Ob es sich um eine Karriere beim Militär handelt oder anderswo: Geld spielt immer eine wichtige Rolle! Wer keins hat, der muß oft daran denken und ist in vielen Entscheidungen unfrei; wer aber welches hat und damit umgehen kann, der braucht sich zu nichts mehr überreden zu lassen...

Das meine ich. Wenn wir allein rauskönnen, sage ich meiner Frau Bescheid, die soll kommen. Meine Eltern haben ein Auto, die sollen sie fahren.»

Wir reden und fingern nach nassen Kippen. Es sind wirklich viele. Wahrscheinlich wurden sie abends geraucht, wenn der Eimer schon ausgeleert war vor dem Stubendurchgang. Dann sollte alles sauber bleiben im Spind.

Ich sehe auf die Straße, luge durch die Latten. Die Fenster der Nähwerkstatt liegen zu hoch ... von oben kann man besser beobachten.

«Eine Hübsche haben sie», sagt Jugel, «Bauer hat sie gesehen. Sitzt immer nur an der Maschine. Darf wahrscheinlich nicht ans Fenster kommen.»

«Wieso?»

«Vermute ich. Weil man kaum jemand sieht. Vielleicht spinnt Bauer auch bloß rum. Der redet manchmal kariert ... ‹Salem›.» Jugel bückt sich. «Die ist von mir. Ich bin der einzige im Zimmer, der die raucht. Oder von Bauer, der schlaucht immer. Na ja, ich will nichts sagen, er gibt auch, wenn er hat ... Sag mal, mit dem Buch neulich, wie hieß das, ‹Wolkolamsker Straße›» ...

«Die Wolokolamsker Chaussee!»

«Ja, richtig. Was du vorgelesen hast ... Wie findest du denn das?»

«Kriegsbeschreibung. Nicht sehr gut. Einige Stellen besonders.»

Jugel nickt.

«Und im Politunterricht, da hast du einwandfrei gesprochen. Könnte ich gar nicht. Ich wollte dich fragen: Wie ist denn deine Meinung, politisch, also allgemein?»

«Wie meinst du das?»

«Na, du bist doch kein Hundertprozentiger?»

«Nein.»

«Gut, klar, so siehst du auch nicht aus ... aber bist du dafür?»

«Wofür?»

«Na, für den Staat, für den Sozialismus.»

«Für den Sozialismus bin ich. Das ist kompliziert ... für den richtigen.»

Jugel sieht mich an. Wir stehen am Zaun. Dicke, dichtgereihte Holzlatten, über zwei Meter hoch, oben noch mit Stacheldraht umwickelt, überragen uns. Auf der Straße fährt ein gelber «Wartburg» vorbei.

«Und was ist der richtige Sozialismus?» fragt Jugel.

«Das ist schwer zu sagen ...» Jugels direkte Art zu fragen, das ging mir schon bei Bauer so, verunsichert mich. Ich möchte mich lieber nicht festlegen.

«Der Staat hier?» Jugel bohrt weiter. «Ulbricht?»

«Das kommt darauf an ...» sage ich, «wie man es betrachtet.»

Wir sind allein, kann ich ihm trauen? Wir haben noch nie länger zusammen gesprochen ...

«Das in Prag ist schiefgegangen», sagt er. «Ich war zweimal da, 67 und 68, im Mai. Hat mir gefallen. Irgendwie offener war es, freier. Die Leute haben geredet. Nicht soviel Angst ... Jetzt sind die Panzer da.»

«Ja.»

Jugel stößt mit der Stiefelspitze an ein völlig lädiertes Tempotaschentuch, nimmt ein Stöckchen und hievt es in den Eimer.

«Meine Meinung», sagt er plötzlich und lehnt sich mit einer Schulter an den Zaun, «ist die: Beschissener geht's nicht mehr. Ich sehe das im Betrieb, wo ich war. Keine Rechte, nur ‹rabotschie›. Gewerkschaft ist Blabla, die taugt gar nichts, plappert alles nach, was von oben kommt. Das kannst du alles vergessen. Gut, wir machen auch was, arbeiten muß sein. Organisieren geht auch hin und wieder, sonst käme man nie an bestimmte Sachen ran, Kleinigkeiten, meine ich. Aber von wegen ‹volkseigener Betrieb›! Wir haben doch nichts zu melden. Ist doch alles Lug und Trug. Nach dem Westen schielen die Funktionäre. Und lassen uns nicht mal reisen. Ich habe Verwandte drüben. Denen darf ich jetzt nicht mal schreiben. Reisen können wir bis zum Rentenalter vergessen. Und auch dann noch Kann-Bestimmung! Nee, nee. Ich dachte, ich muß ausrasten, als ich mitbekam, wo wir uns befinden. Jetzt soll ich auch noch an die Grenze ...»

Jugel pocht mit der Stiefelsohle an den Eimer.

«Diese ganze Scheiße hier. Müller, Leutnant Müller, hat mich im Waschraum angegiftet ...»

«Ich weiß, war dabei.»

«Fickel, Pohl, Känguruhn, Münchow ... hoffentlich liegt der noch im Krankenhaus und winselt ... so ein Pack!»

Jugel schlägt mit der Faust an den Zaun.

«Einen Haß habe ich», sagt er, «einen Haß ...»

Er brennt sich eine Zigarette an, reicht mir die Schachtel. Ich greife zu, er gibt mir Feuer, wirft das Holz in den Eimer.

«Können wir gleich wieder wegwerfen», sagt er und lacht. «Die wollen uns hier kleinkriegen, alle einen Kopf kleiner machen, mindestens. Marschieren, rotieren, Betten glattziehen, im Gelände rumspringen. Wer weiß, was sie sich heute noch ausgedacht haben. Diese Woche Vereidigung in Saalfeld ...»

«Diese Woche? In Saalfeld? Da wohnt meine Schwester. Das ist ziemlich weit. Wie kommen wir da hin?»

«Keine Ahnung ... dauernd Überraschungen. Das macht mich fertig. Schlimmer als Knast. Klammer, den hast du doch auch gesehen am ersten Tag, der Blonde, lange Haare, mit Gitarre, der ist aus meiner Gegend ...»

Ich nicke.

«... den lassen sie hier nur auflaufen. Wahrscheinlich, weil er so ankam. Hätte ich auch nicht gemacht. Provozieren ist sinnlos, ich war auch vorher beim Friseur. Sonst schnippeln die einem noch alles ab ... Warst du vorher?»

«Ja, hier noch mal.»

«Ich weiß ... Klammer ist Christ, der glaubt dran, echt. Das achte ich. Und zu dem sagen sie, er hetzt die Leute auf ... Der läßt sich eben nichts gefallen, diskutiert rum. Na und? Ist das verboten? In der Verfassung steht, jeder Bürger hat das Recht auf freie Meinungsäußerung. Und? Pustekuchen. Klammer wird nur rumgescheucht. Obwohl er schon ruhiger geworden sein soll, wie ich hörte ... Die machen, was sie wollen, diese Arschlöcher ... das stört mich.» Mit zwei Fingern schnipst er die Zigarette durch den Zaun auf die Straße. «Im Zimmer kann man nicht reden. Nur mit Bauer. Bei Kahn bin ich unsicher. Wenn sie den fragen, quatscht der los, vielleicht nur aus Bequemlichkeit. Na, weiß man nicht ... Jedenfalls platze ich bald ... In meiner Abteilung haben alle gedacht wie ich. Einer war in der Partei, aber nicht verkehrt ... Hier kennt man keinen. Immerzu die Schnauze halten, das geht auch nicht.»

Ich nicke, will etwas sagen. Bin erschrocken und erleichtert über Jugels Reden. Er vertraut mir.

«Wir müssen eben sehen, wie wir durchkommen.»

Er nimmt den Eimer, wir gehen langsam zu den Mülltonnen.

Im Flur treffen wir Dominiak. Er hat Kehrschaufel und Besen in der Hand und weint.

Ich frage ihn, was los ist. Mit der Schaufel fuchtelt er herum:

«Ein Drückeberger soll ich sein! Hinter dem Ofen soll ich mich versteckt haben! Aber das stimmt nicht, wirklich, ich lüge nicht, das war anders ...»

Wir erfahren, daß er beim Kippenauflesen von Weidauer ins Haus gerufen wurde, er bekam einen Schlüssel und sollte Feuer machen in der Kantine, die erst gegen zehn öffnet. Er ging hin, kramte hinter dem Ofen, suchte Holz. Plötzlich stand Leutnant Meier neben ihm und brüllte: «Statt Außenreviere zu reinigen, verstecken Sie sich hier! Eine Frechheit, das wird Folgen haben», und so weiter. Dominiak kam nicht zu Wort, wurde ins Kompaniegebäude gescheucht, landete wieder bei Weidauer, der grinste und schickte ihn in die Kantine zurück. Jetzt weiß Dominiak nicht, was er machen soll: «Gehe ich zurück, lauert vielleicht Meier auf mich ...» Er hat Angst, die Tränen laufen, zwischen Befehl und Befürchtung schwankt er, Kehrschaufel und Besen in der Hand, das Käppi tief in die Stirn gezogen.

Jugel rät ihm, zur Kantine zu gehen und die Tür von innen zu verschließen:

«Du hast doch einen Schlüssel. Dann machst du in Ruhe Feuer, nimmst dir gleich Holz und Papier mit ... Und wenn du fertig bist, hockst du dich wirklich 'ne halbe Stunde hinter den Ofen. Das hast du voll verdient. Beobachten des Feuers, Brandschutz und so weiter ... Wenn Jutta kommt, um so besser, dann hast du sogar nette Unterhaltung als Drückeberger ...»

Dominiak schüttelt den Kopf, lächelt kurz, nickt, zögert noch, geht aber dann los.

Kurz vor zehn müssen wir die Uniformjacken wechseln. Diensthose und Käppi anlassen, aber die «bessere Jacke anziehen», lautet die Weisung.

Es geht in die Turnhalle des Stabsgebäudes, wo ich am Sonntag Volleyball spielte, zum Fotografieren. Paßbilder sollen gemacht werden für den «Dienstausweis». Mein Personalausweis wird irgendwo bei den Akten liegen.

Mit vierzehn zum «Volkspolizeikreisamt» zu gehen und einen Ausweis zu beantragen, das war etwas! Schon die Ankündigung dieses Gangs und der Bericht über das Ausfüllen der Formulare löste Bewunderung bei den jüngeren Kindern der Straße aus. Endlich erwachsen! Endlich ein amtliches Papier mit Stempel und Schutzhülle! Und die eigene Schrift unter dem Paßbild! So wichtig war man geworden ... «Zeig mal deinen Ausweis ... Mensch, wie siehst du denn aus ... soll ich dir mal meinen zeigen? Der wurde zehn Tage eher ausgestellt! Ätsch!» Solche Gespräche fanden statt in Fluren und auf Parkbänken ... Vorher, in der vierten Klasse, erhielten wir neue «Pionierausweise». Ein Fotograf kam in die Schule, einzeln wurden wir zur Tafel gerufen und mußten uns auf einen Stuhl setzen mit Blick zur Kamera. Das war ein Theater! Jedes Blitzlicht löste Geheul und Lachen aus, Zurufe ... auch die Pionierleiterin konnte uns nicht beruhigen. Nach vierzehn Tagen wurden kleine Tüten verteilt. Die Paßbilder! Erwartungsvoll zog ich meine heraus und erstarrte. Schnell unter die Bank, in den Ranzen! Wegstecken! «Was ist denn?» wurde ich gefragt. «Ach nichts», sagte ich. Auf den Bildern war ein «Junger Pionier» zu sehen, ohne Zweifel war ich das, mit Halstuch, aufgerissenen Augen und offenem Mund. Sehr rund, sehr offen gähnte dieses Loch, umgeben von Lippen und gekrönt von zwei ziemlich großen, gerade gewachsenen Schneidezähnen ... Das sollte ich anderen zeigen und in den Pionierausweis kleben? Nein, das konnte ich nur schnell wegstecken. Als meine Eltern die Blitzlichtporträts in meiner Schultasche fanden, lachten sie und erinnerten mich beim Abendessen: «Denk daran:

Mund zu!» Ein Pech und eine Schande. Ich war sehr unglücklich. Am nächsten Tag erhielt ich Geld und ging mit meiner älteren Schwester zum Fotografen Dembitzky am Karl-Marx-Platz. Fest preßte ich meine Lippen zusammen, als wir die Treppe hochgingen. Mund zu! Ja nicht vergessen: Mund zu!

Die Aufnahmen in dieser Turnhalle gehen schnell und ohne Blitzlicht. Helle Lampen sind aufgestellt, die Blickrichtung wird angegeben, Käppi abnehmen, auf den Stuhl setzen, stillhalten, «klick» ... «der nächste ...»

«Bitte» wird nicht gesagt, «der nächste» wird gesagt. Wir sind beim Militär und nicht beim Fotografen Dembitzky oder im Fotoatelier Frohs. Es werden Fotos für den «Dienstausweis» gemacht. Aus dem Pionier, dem Schüler, ist ein Soldat geworden. Ein schmucker Soldat mit kurzen Haaren, so kurz, daß er sie nicht mehr zu kämmen braucht. Andere kämmen sich jetzt. Ich muß mich nicht kämmen. Dem Friseur mit den Siegelringen an den Fingern habe ich gesagt: «Oben so kurz wie hinten.» Also habe ich fast «Igel», nicht ganz, aber fast. Mein Lehrer Hawel hatte solche kurzen Haare. Freiwillig, er wollte das so. Ich wollte beim letzten Friseuraufenthalt wohl auch noch etwas mitbestimmen, als ich die Anweisung gab «oben so kurz wie hinten». «Freiwillig» sagte ich das, obwohl ich eigentlich nichts mehr zu sagen hatte in diesem Stuhl, mit dem gelben Wachstuchcape um den Hals. Der Anschnitt, der Bereich Hals-Hinterkopf und die Zonen um beide Ohren, das waren Gebiete, über die bestimmt wurde von militärischer und friseurmeisterlicher Seite. Das waren besetzte, verlorene Gebiete. Aber oben, um Wirbel und Scheitel, da hatte ich offenbar noch ein Wörtchen mitzureden. Glöckner, der mich hinterher tröstete mit den Worten «steht dir», diesen mitfühlenden, gutherzigen, hingesagten Worten, ließ seine Wirbel- und Scheitelpartie unangetastet. «Oben lassen», sagte er. Und so geschah es. Glöckner kämmt sich jetzt, auch Dominiak und Biellau, der neben mir steht und vorhin zuwinkend «na» sagte, als wir in die Halle kamen.

«Für den privaten Bedarf» können wir eine Bestellung aufgeben und uns in eine Liste eintragen mit Namen und Zahl. Ich bestelle vier Fotos. Eva werde ich keines davon schicken ... Aber meinen Eltern und meiner Schwester ... Eva werde ich eines von den anderen schicken, von denen «davor», die im Spind liegen ...

Wir marschieren zurück und wechseln die Uniformjacken. Schwabe will gehört haben, daß man sofort Sonderurlaub bekommt und eine größere Summe, wenn man «in Uniform heiratet».

«Habe ich gehört, ehrlich ... Die richten dann die Hochzeit aus, Essen, Getränke ... bei Offizieren weiß ich das genau, da habe ich selbst schon bedient ... Bedingung ist, daß sie in Uniform feiern und zum Standesamt gehen in voller Montur. Auch zum Fotografen ...»

«Offiziere», wirft Glöckner ein, «müssen bestimmt Uniform tragen ...»

«Müssen nicht», sagt Emmrich.

«Habe ich so gehört mit der Hochzeit.» Schwabe beharrt auf seiner Auskunft. «Das soll auch für Soldaten gelten. Man muß sich beim Kompaniechef melden, Angaben machen. Dann wird alles veranlaßt ...»

«Willst du wohl machen ...» sagt Glöckner.

«Ich?» Schwabe winkt ab. «Ich doch nicht! Wie komme ich denn dazu? Heiraten ... Aber wer kein Geld hat oder gerne mit Uniform rumläuft ... Es gibt ja auch Frauen, denen das gefällt ...»

Emmrich nickt.

Ein Pfiff im Flur.

«1. Zug in den Fernsehraum! FDJ-Versammlung!»

Die Unteroffiziere unseres Zuges, auch Patsch und zwei Offiziere, die ich nicht kenne, sind da. Das letzte Mal sahen wir die «Aktuelle Kamera», Demonstration und Militärparade auf dem Roten Platz ...

Es sind Stühle und Hocker herbeigeschafft worden, alle haben Platz. In einem Ständer stehen drei große Fahnen: die schwarzrotgoldene mit Hammer, Zirkel und Ährenkranz, die rote und eine blaue mit Emblem, die des Jugendverbandes.

Ein Unteroffizier als «Vertreter der Bataillons-FDJ-Leitung» hält eine Ansprache. Er trägt «Ohrenhosen», seine Uniform ist aus besserem Material. Ein «Zehnender», er hat sich länger als drei Jahre verpflichtet. Er redet vom «sozialistischen Wettbewerb Operation 70», erwähnt den «ehrenvollen Kampfauftrag der Soldaten der Nationalen Volksarmee» und preist die «historische Verbundenheit mit den anderen Bruderarmeen, vor allem mit der Roten Armee der Union der Sozialistischen Sowjetrepubliken». Nach dem Hinweis auf den 100. Geburtstag Lenins sagt er:

«Heute, liebe Jugendfreunde, findet die Wahl der FDJ-Leitung eures Zuges statt. Wahlen waren und sind stets Höhepunkte im Leben unseres Verbandes, der Freien Deutschen Jugend.» Mit der Hand faßt er sich ans Kinn. Sicher, routiniert spricht er. Er trägt eine randlose Brille mit einem goldenen, zierlichen Gestell. «Ihr habt euch schon einigermaßen kennengelernt und seid in der Lage, diese verantwortungsvolle Aufgabe zu lösen. Als FDJ-Sekretär des Zuges schlagen wir», er sieht auf einen Zettel, «den Genossen Kranz vor.»

Ein kleiner, dunkelhaariger Soldat springt auf. Er lächelt verlegen, macht den Ansatz einer Verbeugung ...

Der Abgesandte der FDJ-Bataillonsleitung sagt:

«Genosse Kranz, vielleicht sagst du selbst einige

Worte ... man kann sich immer am besten selber vorstellen. Einverstanden?»

«Jawoll, Genosse Unteroffizier! Ich, wie schon gesagt, bin der Genosse Kranz. 22 Jahre, von Beruf Schlosser. Meine Arbeitsstelle ist das Bahnbetriebswerk Zwickau. Ich bin Kandidat der Partei. So ...» Er sieht sich um, nickt dann dem Unteroffizier zu. «So, Genosse Unteroffizier, das wär's. Reicht das?»

«Danke, Genosse Kranz. Wenn jemand noch Fragen hat, kann er sich melden.»

Kranz sitzt wieder auf seinem Stuhl. Er sieht gar nicht aus, wie seine Stimme klingt. Fest klingt sie, sicher, sächsisch. Der Unteroffizier sieht wieder auf seinen Zettel:

«Dann lese ich jetzt die anderen Kandidaten vor: Als stellvertretender FDJ-Sekretär Jugendfreund ...» Er stutzt. «Dom ... jak ... Dominiak, ja, richtig. Agitation Jugendfreund Emmrich. Kultur Jugendfreund Fuchs. Als Kassierer Jugendfreund Karausche ... Bitte steht doch mal auf, daß wir euch sehen können ... danke ... so ist gut ...»

Mein Name wurde genannt, also stehe ich auf. Kultur, das geht schon. Auch in der Schule war ich zwei Jahre Wandzeitungsredakteur. Nicht nur Ulbricht- und Leninehrungen gestaltete ich, da konnte man kostenlos Bildmappen aus dem Sekretariat abholen ... auch Gedichte, Brecht, Volker Braun, Sarah Kirsch, Enzensberger, ausgewählt zum Friedensthema, heftete ich an ... eine Wandzeitung über Picasso ... Kultur, das geht schon ...

«Alles klar? Ihr kennt euch ja bereits ...» Der Unteroffizier spricht leutselig, wie ein Moderator, ein Unterhalter. «Gibt es Anfragen an die Kandidaten? Andere Vorschläge? Na, nicht ängstlich sein ... wir können diskutieren ... jawoll ... dahinten, bitte, Jugendfreund, steh mal auf, daß wir dich besser sehen ...»

Bauer steht auf.

«Nur als Anfrage, als meine Meinung ... Emmrich als Agitator, Soldat Emmrich, meine ich, also, das sehe ich nicht ganz ein. Der kann doch gar nicht reden. Ich stelle mir das so vor: Ein Agitator muß reden können. Zum Beispiel Soldat Fuchs, der kann reden ... meinetwegen auch Soldat Dominiak ... aber Emmrich ...»

«Bitte, das sind Einwände und neue Vorschläge ... Wobei zu sagen wäre», der Unteroffizier sieht wieder auf den Zettel, «Jugendfreund Dominiak ist schon als Stellvertreter vorgesehen ... und, wer war noch? Ach ja, Jugendfreund Fuchs ...»

«Auch schon», wird gerufen.

«Auch schon, jawoll, für Kultur. Ihre Vorschläge wurden also schon berücksichtigt, Jugendfreund ...»

Bauer erhebt sich noch einmal, bleibt gekrümmt stehen, will sich wohl gleich wieder setzen:

«Ja, schon ... ich meine bloß. Emmrich, Jugendfreund Emmrich als Agitator, muß denn das sein? Das war meine Meinung. Aber eigentlich ist es auch egal.»

«Egal», sagt der Unteroffizier sofort und scharf, dabei immer noch lächelnd, «egal ist bei uns gar nichts, Genosse Soldat! Wie war doch gleich Ihr Name?»

Bauer steht auf, macht eine Art Grundstellung und verkündet mit etwas zu lauter Stimme:

«Soldat Bauer, Genosse Unteroffizier.»

Emmrich meldet sich, steht auf:

«Also ich», sagt er, sehr rot im Gesicht, die Hände zu Fäusten geballt, «fühle mich dieser ... ehrenvollen Aufgabe ... voll und ganz ...»

Jemand ruft:

«Gewachsen ...»

«Jawoll, gewachsen. Das möchte ich sagen. Das ist meine feste politische Überzeugung! Ich stehe zu unserem Arbeiter- und Bauernstaat, der uns den Frieden garantiert!»

Emmrich hat aufgeregt und stockend begonnen, die letzten Begriffe gehen ihm aber flott von den Lippen, Phrasen dreschen kann er. Er setzt sich. Einige lachen. Oberleutnant Patsch nickt. Ein neben ihm sitzender Offizier notiert sich etwas in eine blaue, große Mappe.

«So», der Unteroffizier ist neben die Fahnen getreten. «Noch Fragen, andere Vorschläge? Gibt es Kandidaten, die mit ihrer Nominierung nicht einverstanden sind? Alles klar? Gut! Dann frage ich: Wer ist mit der Wahl dieser Kandidaten für die FDJ-Leitung einverstanden? Den bitte ich um das Handzeichen.»

Die Arme heben sich.

«Danke. Die Gegenprobe: Wer ist dagegen?»

Keiner meldet sich.

«Enthaltungen gibt es nicht, dann beglückwünsche ich die neugewählte FDJ-Leitung zu ihrer einstimmigen Wahl. Ich wünsche ihr Erfolg bei der Arbeit! Im Anschluß müßte der Termin für die erste Versammlung vereinbart werden. Genosse Kranz, bitte übernimm du diese Aufgabe. Der Genosse Kompaniechef wird einen Terminvorschlag machen, er kennt den Ablauf am besten.»

Patsch nickt. Kranz springt auf:

«Zu Befehl, Genosse Unteroffizier! Ich übernehme diese Aufgabe! Ich danke euch allen für das Vertrauen! Ich werde versuchen, wir als FDJ-Leitung werden versuchen, alle anstehenden Aufgaben plangemäß und erfolgreich zu lösen ...»

Er stockt, sieht den Unteroffizier an und fährt fort: «Ich werde als Genosse und Arbeiter all meine Kraft zur Verteidigung und Stärkung unserer Republik einsetzen. In diesem Sinne ...»

Patsch und die beiden anderen Offiziere beginnen zu klatschen.

Bauer klatscht mit und fragt halblaut:

«Was denn? ‹In diesem Sinne› ... Was denn?»

Der Unteroffizier beendet die Versammlung und ruft:

«Freundschaft!»

Einige rufen ebenfalls «Freundschaft», Stühle scharren, wir gehen zurück auf die Stuben. «Gratuliere», sagt Bauer lächelnd und drückt mir die Hand. «Wofür?» frage ich. «Du bist gewählt, dafür», sagt Bauer und fügt flüsternd hinzu: «Emmrich ist ein Arschloch, darum habe ich das gesagt.»

Als wir wenig später auf der Lagerstraße stehen, um zum Essen zu marschieren, verläßt der FDJ-Unteroffizier zusammen mit Patsch und den beiden Offizieren das Kompaniegebäude. Sie unterhalten sich, sehen nicht zu uns herüber.

«Da ist doch der Jugendfreund», sagt Jugel.

Ein Soldat, der nicht zu unserer Kompanie gehört, kommt jetzt aus der Tür. Er schleppt drei umwickelte Stangen, die eine gelblich-schwarz, die andere rot, die dritte blau. Es sind die zusammengerollten Fahnen, die vorhin im Fernsehraum standen. Er folgt den Offizieren.

Am frühen Nachmittag verläßt unser Zug das Lager und marschiert unter Führung von Oberleutnant Patsch ins Tal unterhalb des Lagers. Hier haben wir schon die «Fortbewegungsarten im Gelände» geübt. Den Bach geht es entlang «ohne Tritt» bis zu einem kleinen Sägewerk. Vor einem Teich machen wir halt, das Wasser des Baches wird gestaut, das Wehr ist geschlossen. Patsch befiehlt, einen an der Straße liegenden Baumstamm über den Bach zu legen, der an dieser Stelle schon ziemlich breit und tief ist.

Er besteigt als erster die unsichere Brücke, balanciert, breitet die Arme aus, macht einige Schritte, rutscht ab, versucht sich festzuhalten und fällt ins Wasser. Nur Kopf und Stahlhelm tauchen nicht unter. Spuckend und triefend steigt er ans Ufer.

Wir lachen laut und schadenfroh, brüllen, Weidauer hat sich auf die Straße gelegt und strampelt mit den Beinen. Patsch ist ins Wasser gefallen, der Oberleutnant, der Kompaniechef, der einen Geländemarsch eröffnen wollte mit einem riskanten Gang über einen Baumstamm!

Wir können uns gar nicht beruhigen. Das Wort «patschnaß» macht die Runde. Einer hat es gefunden, um das Geschehen zu kommentieren ... «tolle Nummer ohne Eintritt» ... «lange nicht so gelacht» ... «was unsere Offiziere alles leisten» ... Etwas macht sich Luft und kostet aus, daß da drei goldene Sterne unverhofft in das Wasser eines Gebirgsbaches gefallen sind an einem Novembertag.

Patsch schüttelt sich, grinst, leert die Stiefel und gibt Befehl, den Stamm an einer anderen Stelle überzulegen, weiter oben, wo der Bach noch nicht so tief ist.

Ohne neue Stürze überwinden wir das Hindernis.

Patsch ist naß, er friert, wird sich eine Krankheit holen ... Ob er zurückgeht? Nein, er bleibt. Er weist die Unteroffiziere an, ihre Gruppen getrennt durch den Wald zu führen an einen bestimmten Ort, und übernimmt selbst die erste Gruppe.

Wir wundern uns und ziehen mit Weidauer los.

Nach etwa einer Viertelstunde, kurz vor einer kleinen Lichtung, bleibt Weidauer plötzlich stehen, holt einige Patronen aus der Brusttasche, füllt sie rasch ins Magazin, macht uns Zeichen, still zu sein, lädt seine MPi durch, legt an und schießt zweimal.

«Ein Reh ...» sagt er.

Wir stehen fassungslos und horchen dem Echo nach, das durch den Wald scheppert. Er hat mit scharfer Munition geschossen ... Hat einfach durchgeladen und abgedrückt ...

«Hierbleiben!» befiehlt er und rennt los. Kurz darauf kommt er zurück. «Nicht getroffen ... weiter!»

Hat er wirklich ein Reh gesehen? Oder wollte er uns erschrecken? Man kann doch nicht einfach auf ein Reh schießen ... Weidauer ist kein Jäger. Und hier ist kein Schießplatz. Dafür aber militärisches Übungslände ... Wir gehen im Halbdunkel des Tannenwaldes hinter Weidauer her ... Er legte an und drückte ab, leicht und hemmungslos ...

«Der kommt eben von der Grenze», sagt Bauer zu mir, «da nehmen sie es nicht so genau. Jeder hat dort 'ne kleine Reserve in der Hosentasche. Hat mir mein Bruder erzählt.»

Einem Pfad folgen wir, der sich durch den Wald windet. Es ist fast dunkel geworden. Weidauer scheint den Weg zu kennen. Es geht durch eine Schonung, in der noch grobkörnige Schneereste liegen. Die Luft ist mild, fünf, sechs Grad plus.

Wir erreichen eine Mulde, eine kleine Schlucht. Zwischen zwei Tannen hängt ein Kletterseil.

«Warten!» befiehlt Weidauer.

Wir setzen uns auf Wurzeln und Moospolster. Bauer fragt, ob er rauchen darf. Weidauer schüttelt den Kopf.

Nach und nach treffen die anderen Gruppen ein. Als Patsch in seiner nassen Uniform kommt, übernimmt er gleich das Kommando. Wir müssen das Sturmgepäck ablegen und mit Waffen über das Seil hangeln. Biellau schafft es nicht. In der Mitte kann er nicht mehr weiter, krallt sich fest. Weidauer hilft ihm beim Abspringen.

Dominiak reißt sich die Hände auf. Er wollte besonders schnell von einem Baum zum anderen kommen und ließ das geflochtene Seil durch die Finger rutschen. Ich schaffe es leicht.

Dann arbeiten wir uns durch Unterholz und Gestrüpp, die Zweige knacken, Indianer würden es anders machen. Patsch leuchtet ab und zu mit seiner Taschenlampe.

Ich denke dabei an unsere Spiele im Bürgerholz, am «Russenfriedhof», dem sowjetischen Ehrenmal für die Opfer des Zweiten Weltkriegs. «Räuber und Schanzer» spielten wir dort, das war auch so ein Wald, Schonungen, Gestrüpp, ein «Trigonometrischer Punkt», sehr hoch, auf den man steigen konnte mit einigem Mut, um nachzusehen, wo Feinde lauern.

Wir kommen auf eine Straße. Ich weiß nicht, wo wir uns befinden. Auf einem Schild steht: «Staatsgrenze. Betreten verboten.»

«Die Häuser da drüben», sagt Weidauer, «sind schon Tschechei.»

Wir sehen hinüber, können nicht viel erkennen.

«Tschechei», hat er gesagt. Das klingt nach Hitlers «Resttschechei». Es heißt «ČSSR», haben wir in der Schule gelernt. Mein Lehrer Hawel beharrte auf «Tschechoslowakei». «Das mit der ‹sozialistischen Republik› wollen wir erst einmal erleben», war seine Meinung, die er aussprach, wenn wir bei ihm zu Hause saßen und er zum Plattenspieler ging und Brechts «Lied von der Moldau» auflegte: «Am Grunde der Moldau wandern die Steine / Es liegen drei Kaiser begraben in Prag. / Das Große bleibt groß nicht und klein nicht das Kleine. / Die Nacht hat zwölf Stunden, dann kommt schon der Tag.» Dieses Lied hörten wir oft, gesungen von Hilmar Thate. Nach dem August 68 drehte Hawels Frau immer den

Apparat leiser: «Die Nachbarn beschweren sich noch wegen der Lautstärke ...»

«Tschechei» hat Weidauer gesagt. Er ist jetzt «Vize», also im vorletzten Diensthalbjahr. 1968 war er schon dabei. Ob er mit eingefahren ist auf einem Lkw? Er wird die Westgrenze gesichert haben, wird «erhöhte Alarmstufe» gehabt haben. Und Urlaubssperre. Und Angst vor einem Krieg. Vielleicht hat er auch gesagt, wie ich es vom Langen Karl gehört habe: «Sollen die Tschechen doch endlich Ruhe geben. Sonst werden wir in den Schlamassel noch mit reingezogen ...»

«Und die vielen Lichter da drüben? Was ist das?» fragt Bauer.

«Alte Festung. Soll ein Frauengefängnis sein.»

«Ein Frauengefängnis, aha», wiederholt Bauer.

Wir marschieren jetzt in Dreierreihen, haben wieder «Schritt aufgenommen» und sehen von erzgebirgisch-deutschem DDR-Gebiet ins Dunkel, über eine unsichtbare Grenze, auf die nur Schilder hinweisen, auf eine alte Festung, ein tschechoslowakisch-sozialistisches Frauengefängnis, wenn stimmt, was Weidauer gesagt hat. Ich starre auf die vielen Lichter. Es sind wahrscheinlich solche Lampen wie bei uns im Lager, große, hohe Bogenlampen. Damit die Wachmannschaft eine gute Sicht hat. An Filme muß ich denken, an den «König des Böhmerwaldes», den ich als Junge sah: Grenzposten bewachen ein Moor, es gibt heimliche Wege, Schmuggler, Flüchtlinge, Spione und einen sympathischen, heldenhaften Genossen Kompaniechef mit Hund, der verwundet wird, zuletzt aber doch siegt. In anderen Filmen wurde gezeigt, wie verfolgte deutsche Antifaschisten Tannenwälder durchquerten und in einsame Försterhäuser rannten, wo ein zuverlässiger Genosse wartete, der Blinkzeichen gegeben hatte. Da gab es noch keinen «antifaschistischen Schutzwall» …

Und was blinkt da drüben? Eine Festung? Ein Gefängnis? Die Verbindung «Gefängnis» und «Frauen» berührt mich seltsam. Etwas Brutales, Mittelalterliches, Mörderisches mischt sich mit dem, was bei dem Wort «Frauen» anklingt. Ich denke auch daran: Wer über diese Grenze geht, über diesen Bach da unten springt, bleibt im selben Bereich, im selben «Lager». Diese Staatsgrenze ist keine richtige Grenze, hinter der man in Sicherheit ist, wenn die Flucht gelingt.

Wir biegen ab, marschieren zurück. Kommen am Übungsgelände vorbei, nehmen dann eine Abkürzung.

Gegen 19 Uhr sind wir im Kompaniegebäude, müssen sofort die Waffen reinigen und abgeben. Dann rennen wir zum Speisesaal.

«Beeilung, wir haben Verspätung!» ruft Weidauer.

Zurückgekehrt in die Kompanie, es gab Kartoffelsalat und Bockwurst, schreibe ich einen Brief an Eva. Von unseren letzten Spaziergängen schreibe ich, vom Musikhören in ihrem Zimmer, den roten Vorhängen, dem Kerzenlicht …

Beim Rückmarsch vom Essen habe ich gesponnen. Zu Bauer habe ich gesagt, daß ich «ein bißchen Schlagzeug spielen kann». «In a white room with black curtains …», den Anfang dieses Liedes habe ich vorgesungen in der Antreteordnung. Und «When I was young», einen anderen Schlager, den ich gern hörte. Bauer hat gestaunt, ich bin gestiegen in seinem Ansehen. So ist es schon, ich erzähle Geschichten, die nicht stimmen. Rede von Träumen, als wären sie wahr …

Aber das schreibe ich Eva nicht. Es macht mich verrückt, daß ich nichts über dieses Lager schreiben darf, über die Staatsgrenze, über das Frauengefängnis und das

Schießen in Plauen. Nur Andeutungen, die keiner versteht, der nicht «dabei» war. Sie geht auf Schultanzabende und bereitet sich auf die nächste Physikarbeit vor, kämmt sich ihre Haare, steht vor dem Spiegel. Ob sie auf Post wartet? Ob andere Besucher kommen? Vielleicht Schreiber oder Lutz Kümmel, der nicht eingezogen wurde.

Ich muß ins Zimmer der Unteroffiziere, den Fußboden kehren. Und Feuerung holen ... Von Weidauer erfahre ich, der wieder mit Stiefeln auf dem Bett liegt und raucht, daß am Freitag früh ein Sonderzug vom Bahnhof abfährt nach Saalfeld, zur «Vereidigung». Abends zurück. Mit Ausgangsuniform, Mantel, Stahlhelm und Waffe. Ich soll es in der Gruppe sagen.

«Und morgen?» frage ich.

«Marschübungen, Ex-Ausbildung», sagt er lächelnd, «Paradeschritt üben ... Stiefelspitzen in Koppelhöhe ...»

Zum erstenmal weiß ich, was die folgenden Tage bringen werden. Weidauer hat mich mit etwas Zukunft versorgt, rauchend, nebenbei, auf dem Bett liegend.

Als ich in unser Zimmer zurückgehe, höre ich Fickel schreien. Ist das bei Jugel und Bauer? Ich horche, bleibe in der Tür stehen.

Jetzt kommt Jugel an mit einem Eimer.

«Was ist los?» frage ich ihn.

«Fickel», sagt er leise, «durchgedreht. Brüllt wie am Spieß. Ich soll ihn angeblich nicht vorschriftsmäßig gegrüßt haben. Wahrscheinlich besoffen. Soll den ganzen Ölsockel im Flur schrubben.»

Er geht zum Waschraum, holt Wasser.

Ich nehme aus unserem Besenspind einen Lappen, stelle mich neben Jugel und helfe ihm. Er sieht mich an, sagt nichts. Bauer kommt hinzu, er hantiert mit einem

Scheuerhader. Leise fluchend vollführt er mit beiden Händen große kreisförmige Bewegungen. Glöckner kommt, fragt, was los ist, holt frisches Wasser. Zu viert bearbeiten wir kurz vor der Nachtruhe den grauen, gleichgültig glänzenden Ölsockel des Flurs.

Weidauer, der in den Waschraum geht, sieht uns fragend an.

«Stuben- und Revierreinigen», sage ich.

Eine Tür schlägt. Unteroffizier Fickel und Kompanieschreiber Fröhlich kommen an. Wir arbeiten verbissen weiter, riskieren keinen Seitenblick.

Fickel stutzt.

«Was soll denn das, Jugel?»

Jugel unterbricht seine Strafarbeit nicht.

«Was das soll?» brüllt Fickel.

«Die Genossen helfen mir», sagt Jugel.

«Sie sollen das machen, Sie, Jugel!»

«Wir helfen freiwillig, Genosse Unterfeldwebel ...» erwidert Bauer.

«Wie? Mit Ihnen hat keiner gesprochen! Das ist die Höhe! Das ist Meuterei! Ich werde ...»

Kompanieschreiber Fröhlich zupft ihn am Ärmel.

«Komm, laß ...» sagt er leise.

Fickel steht wutschnaubend und unentschlossen da. Sein Gesicht ist fleckig. Weidauer kommt aus dem Waschraum. Fickel dreht sich plötzlich weg und geht leicht schwankend zur Treppe. Kompanieschreiber Fröhlich folgt ihm und zeigt uns einen Vogel. Weidauer grinst.

«Geht lieber rein», rät Jugel.

Wir arbeiten weiter. Andere Türen öffnen sich.

«Kopf zu!» ruft Bauer. «Kümmert euch nicht um andere!»

Nach zehn Minuten sind wir fertig. Weidauer hat sich nicht eingemischt, ist in sein Zimmer gegangen. Ob Fikkel Meldung macht? War das wirklich verboten, was wir gemacht haben? Meuterei? Jetzt erst merke ich den Schreck, der mir in die Glieder gefahren ist. Jugel sagt «danke». Wir verschwinden in unsere Stuben. Nicht wie Helden, mit eingezogenen Köpfen, auf den nächsten Pfiff wartend, den nächsten Anpfiff.

XIII

«Gewehr ab! Präsentiert das … Gewehr! Augen folgen dem Vorbeimarschierenden … dem General oder Major, der die Front abschreitet … hersehen, zu mir, ich bin das jetzt …»

Wir stehen auf einer Asphaltstraße unterhalb des Lagers, also in Richtung Stadt, und üben den Paradeschritt, das Hochwerfen der Beine nach dem Wort «Achtung», den «Stechschritt», den «die Deutschen immer schon ganz gut konnten», wie Weidauer weiß. Er stolziert an unserer Gruppe vorbei, und wir sollen ihm mit den Augen folgen, dabei das Gewehr «präsentieren» und stillstehen.

Jetzt steht Weidauer am Straßenrand und ist die Tribüne, die ganze Generalität. Wir üben den Vorbeimarsch. Die Reihe, die ihm am nächsten kommt, muß stur geradeaus sehen, also ihn keines Blickes würdigen. Die anderen müssen ihn anblicken. Wenn sie auf seiner Höhe sind, dürfen sie sich nicht umdrehen, nicht den Kopf verrenken, nicht lange Abschied nehmen, sondern sie müssen sofort wieder nach vorn starren. «Du hast ja ein Ziel vor den Augen, damit du in der Welt dich nicht irrst.» Die Marschrichtung halten, geradeaus, nicht kreuz und quer, nicht links und rechts, «nicht irgendwohin glotzen».

«In Saalfeld», ruft Weidauer, «da wollen wir kein Sauhaufen sein. Da kommen noch andere Bataillone. Auch Zivilisten. Das ist mitten in der Stadt, auf dem Marktplatz. Denkt daran! Da soll Zack dahinter sein ...»

Er ist ganz eifrig geworden, unser Gruppenführer; der morgige Ausflug in eine andere Stadt scheint ihn zu beleben. Nicht wie neulich hinter dem Stabsgebäude, auf dem kleinen Sportplatz, wo zwei Handballtore stehen. Da hatte er schlechte Laune. Nach dem Essen sollten wir noch Runden drehen, irgend etwas hatte nicht geklappt, ich weiß nicht mehr, was. Runden drehen und das Marschieren üben. Und geschrien haben wir, auf diesem Sportplatz, es war weithin zu hören. Das war nicht der Schrei nach einem Tor, nicht der Jubel nach einem gewonnenen Spiel. Wir haben geschrien und sind marschiert; hin und her, an einem Novemberabend, der kalt war und naß, kälter als dieser Tag heute. Erst wurde der Vorbeimarsch geübt, ein Handballtor war die Tribüne, im Kasten stand Weidauer. Frierend, schlecht gelaunt, mit der Auflage, uns «sinnvoll zu beschäftigen». «Keine Faxen machen», sagte er, «das geht alles von Ihrer Freizeit ab.» So stand er da, eine ziemlich müde Aufsicht. Ohne Orden, mit Zettel und Bleistift: «Beine höher in der dritten Reihe, Augen zu mir und nicht in der Weltgeschichte rumglotzen. Das können Sie im Urlaub machen.» So stand er im Tor. Notizen machte er sich nicht. Lächerlich allein stand er da, mit gespreizten Beinen und großen Stiefeln. Wenn man hindurchsah, waren dort Wolken und Wind und sonst gar nichts. «Hurra» haben wir gerufen, dreimal «Hurra». Und dann immer wieder «Hurra, hurra, hurra ...» Und ich auch, ich habe auch geschrien. Es wäre nicht aufgefallen, wenn wenigstens ein paar still gewesen wären, ganz still. Aber das haben wir ja nicht getan.

Jetzt schreien wir wieder «Hurra», weil es morgen gebraucht wird, zugleich, aus voller Kehle. Und laut, «daß die Fensterscheiben klirren im feinen Städtchen». Immer fallen Weidauer solche Sätze ein. Wie beim Stubendurchgang: «Die Deutsche Wehrmacht hatte viele schlechte Seiten, die wir heute verurteilen. Aber ihr Schrankbau war vorbildlich.» Da muß er gar nicht nachdenken, das ist einfach da. Flörchinger stand dabei, der Spieß, und hat genickt. Ein bißchen gelächelt hat er und dann genickt. Er hätte auch Sätze aus dem Buch von Bek verwenden können, das ist es nicht. Weidauer ist kein Schleifer, kein dienstgeiler Ordnungsheini. Er hat Kröhnke rangenommen und dann in Ruhe gelassen. Er hat gegrinst, als wir gestern abend Jugel halfen und Fikkel herumtobte. Aber jetzt will er es wissen und eine «anständige Ex-Ausbildung machen».

«Wir werden immerhin gesehen», sagt er.

Auch auf dieser Asphaltstraße werden wir gesehen. Ab und zu kommt ein Auto vorbei. Ein «P 1000», ein «Skoda», zuletzt ein «F 9». Die Fahrer bremsen sofort ab und warten geduldig, bis wir soweit sind mit unseren Drehungen und Schwenkungen, unserem preußischen Firlefanz mit der sowjetischen Maschinenpistole vor der

Brust. Kein Hupen, kein Zurufe. Militär marschiert, da haben die Zivilisten zu warten. Und sie tun es.

Die Straße liegt am Hang, an der einen Seite begrenzt von Siedlungshäusern und Gärten, auf der anderen stehen, in gleichem Abstand, Straßenbäume. Im Tal einzelne Gehöfte und eine neuerbaute, helleuchtende Fabrikhalle.

Aus der Tür des kleinen Häuschens, vor dem wir stehen, kommt eine alte Frau. Sie humpelt zum Briefkasten, nickt uns zu, sieht nach, ob etwas gekommen ist. Es ist nichts gekommen. Sie humpelt zurück, schließt die Tür. An den Außenwänden des Hauses, vom Überdach geschützt, ist Holz aufgestapelt. Jetzt bewegt sich die Gardine. Große Blumenstöcke stehen innen auf dem Fensterbrett und verdecken die Sicht. Kakteen, einige blühen rot. Die alte Frau wird vielleicht das Radio angeschaltet haben oder aufwaschen. Alltägliche Dinge wird sie tun. Ab und zu wird sie nach uns sehen. Vor ihrem Fenster stehen Soldaten. Das ist nichts Neues. Die kommen oben aus den Kasernen, aus dem Lager. Was früher der Wismut gehörte. Junge Kerle sind es, einige haben noch richtige Kindergesichter unter ihren großen Stahlhelmen. «Wie mein Sohn damals», könnte die Frau denken, «bevor er an die Front kam.» Hieß er Max oder Heinz? Hans? Oder Rudi?

Weidauer übt mit uns die Gewehrgriffe. Wenn er ruft «Präsentiert das Gewehr!», müssen wir gleichzeitig an den Handschutz der MPi fassen, «es muß krachen ...»

Dieses Gleichzeitige, dieses Prompte nach dem erteilten Befehl, das harte, geschlossene Zuschlagen aller versammelten linken Innenhände an die hölzerne Verkleidung des Laufes der Kalaschnikow, das üben wir jetzt. Das ist besonders wichtig nach Weidauers Meinung. Und es klappt. Wir schlagen zu, daß es kracht. Alle auf einmal. Das ergibt ein lautes Geräusch. Das denkt man gar nicht, wenn man den Griff allein ausführt. Aber zusammen ... Aber zusammen, nicht wahr, sind wir stark. Das ist es doch. Ja, das ist es. Es ist auch ein Reiz dabei, ein angenehmes Gefühl. Nicht bloß Drill und Schliff. Es ist wie ein gemeinsam ausgeführter Schlag, der trifft. Beim Marschieren ist es das Auftreten, das Zertrampeln, das In-den-Boden-Stampfen ... Aber wer wird geschlagen und wer zertrampelt?

Am Nachmittag rennen wir in Trainingsanzügen zur Sturmbahn. «MKE» ist angesetzt, «Militärische Körperertüchtigung». Bei «Körperertüchtigung» muß ich an «Haarformer» denken, an «Ordnung», «Schneid» und «Sauberkeit». An dirigierende Angeberworte, die sich gut vorkommen. Und doch übernehme ich die Abkürzung. «Was ist jetzt? Ach, MKE ...» sage ich. Die Aversion bleibt, das dumme Gefühl. Aber ich benutze den Begriff, weil ihn alle benutzen. Weil er Realität ist. Ironie und Anführungsstrich nützen da wenig.

Über betonierte Gräben geht es, durch Röhren und niedrige Drahtverhaue. Schnell, schnell, jeder will es hinter sich haben, damit man nicht daran denken muß, wie das wäre ... verwundet in Minenfeld und Drahtverhau zu liegen, festgeklemmt, hilflos ... schnell durch. Es ist ja bloß Übung, «MKE». Gar nicht an ernste Sachen denken.

Jetzt eine Bretterwand hoch, die mit Balken verstärkt ist und die Wand eines Hauses darstellen soll. Wenn man durch das erste Fenster klettert, kann man in keine Stube eintreten. Es gibt weder Fußboden noch schützende Wände, nur ein Balken führt zu verschieden hohen Betonpflöcken. Von einem zum anderen, niedrigeren, springen wir und erreichen so die Erde, die schwarze

Schlacke, die da liegt. Drei, vier Meter hoch ist das erste Fenster. Es gibt auch ein zweites in sechs, sieben Meter Höhe. Biellau zögert, will nicht springen. Aber dann tut er es doch. Mit kurzen, zappligen Sprüngen landet er auf den Betonpflöcken.

Eine Mischung aus Kulisse, Sportplatz und montierter, ausgetüftelter Ruinenlandschaft, die uns auf den «Häuserkampf» vorbereiten soll.

Unteroffizier Riedel, der «EK», will elegant über ein langes Brett rennen, eine Schaukel. Da rutscht er aus, fällt, bleibt liegen, steht mühsam auf, versucht zu laufen, humpelt, krümmt sich, wird von Pohl zum Stabsgebäude geführt, in den «Med.-Punkt», zu den Ärzten und Feldschern, die ich am ersten Abend kennenlernte. Hat er sich wirklich weh getan? Das frage ich mich. Riedel könnte eine langwierige Verstauchung sicher gut gebrauchen als «Heimgänger». Möglichst mit Gehgips, daß er in die Kantine kann ab zehn. Oder als Patient in ein «ziviles» Krankenhaus mit vielen Schwestern, transportablem Fernsehapparat und einem Fläschchen im Nachttisch ...

Nach der «Eskaladierwand», an der Weidauer das Anspringen vorführt, das Einhängen mit einem Arm und das Schwingen der Beine, um das Hindernis zu überwinden, rennen wir noch bis zum Waldrand, kehren um und keuchen zurück ans Lagertor. Ein langer Zug, die letzten sind drei-, vierhundert Meter zurückgeblieben. Ich gehöre zur Spitzengruppe. Emmrich und Bauer werden immer schneller ... ich lasse mich nicht abhängen ...

Schwitzend, mit hochroten Gesichtern, lehnen wir am Lagerzaun. Warum sind wir so gerannt?

Weidauer kommt mit Handtuch und nacktem Oberkörper in den Waschraum.

«Anruf vom OvD. Agitation und Kultur ins Stabsgebäude, Schulungsraum zwei, Oberleutnant Mischke, erster Schock. Emmrich und Fuchs ... alles klar?» Er beginnt sich einzuseifen.

Wir nicken.

«Wann?» frage ich.

«In zehn Minuten, also Beeilung.»

Auf der Stube ziehen wir die Dienstuniform an. Haare kämmen, Käppi auf ... Emmrich ist schon fertig und geht los. Ist mir auch recht, soll er losgehen. Komischer Vogel. Schlimmer als Karausche. Was will der von uns? Mischke ...

Im Stabsgebäude werde ich an der Innentür von einem Unteroffizier angehalten: «Wohin?» Ich sage es ihm. Er nickt: «Gang entlang, Treppe hoch, rechts.» Ein breiter, hoher Flur mit polierten, quadratischen Steinfliesen. Offene Zimmertüren. Ich sehe Soldaten mit grünen Streifen, Pfeffies ... Sie sitzen an Tischen und lesen, schreiben etwas. Es ist still, kaum einer spricht. Manche sehen mit kurzen Blicken auf den, der draußen vorbeigeht ... Was ist los? Alle Türen offen? Dürfen die nicht zugemacht werden? ... Die Stuben wirken sehr sauber. Der Fußboden glänzt wie gerade gebohnert. Auf dem Gang patrouilliert ein Leutnant, der mich beäugt und nur leicht das Kinn bewegt, als ich ihn grüße. Eine Last liegt auf diesem Flur. Die hier sind total ausgeliefert. Da nützen ihnen ihre grünen Streifen auch nichts ...

Der Schulungsraum im ersten Stock ist schon voller Soldaten. Emmrich sitzt in der zweiten Reihe. Er hat keinen Stuhl freigehalten. Ich stelle mich ans Fenster, werde dann in die letzte Reihe gewinkt.

Die Tür geht, mit schnellen Schritten kommt der hagere Politoffizier herein, der dem kleinen Soldaten die Schulterstücke abgerissen hat. Ich erkenne ihn sofort.

Wir springen auf, er winkt ab, wir sollen uns setzen. Er lächelt, mustert uns.

«Genossen Soldaten», beginnt er leise, «ich habe euch zusammenrufen lassen, um mit den neugewählten FDJ-Leitungen in persönlichen Kontakt zu kommen. Ich bin Politstellvertreter Oberleutnant Mischke. Die Sekretäre und ihre Stellvertreter habe ich schon einzeln gesprochen. Auf das Vertrauen kommt es an», sagt er und sieht wieder in die Reihen mit seinen tiefliegenden, nagenden Augen. Dreißig, dreiunddreißig wird er sein. Wie ein Hungerkünstler sieht er aus, wie ein Raubvogel. Die dünnen Schultern zieht er hoch zum Hals, die Arme hält er vor der Brust verschränkt, das Kinn wird von zwei Fingern der linken Hand gehalten. Jetzt nimmt er die Schirmmütze ab. Dunkles, welliges Haar hat er.

«Auf euch, Genossen und Jugendfreunde, kommt es besonders an. Ihr seid Auge und Ohr unserer Kampfgemeinschaft. Ihr seid ganz dicht an den Gedanken, Gefühlen und Sorgen der Truppe ... Ihr wißt, wenn ein Genosse niedergeschlagen ist, erfahrt auch die Gründe. Vielleicht kam kein Brief von der Freundin. Das kann ein Grund sein, das wißt ihr. Unsere Frauen und Mädchen verstehen noch nicht immer, wie wichtig ihr Beitrag ist, ihr ganz persönlicher Beitrag. Dann kann es zu Verstimmungen kommen, die sich auf die Kampfmoral, auf die Gefechtsbereitschaft, auf den Ausbildungsstand auswirken. Der Genosse Soldat hat Heimweh. Sprechen wir offen, Genossen: Wir alle sind Menschen! Was ich gesagt habe, kann vorkommen. Und ich möchte das an dieser Stelle ganz deutlich erwähnen: Es hat schon Selbstmorde gegeben. Die Trennung von zu Hause, die schwere Aufgabe, die körperlichen Leistungen, die abverlangt werden, all das wird von einzelnen nur schwer verkraftet ...»

Ich denke an eine Äußerung von Weidauer am zweiten Tag, im Vorbeigehen, beim Reinigen oder Räumen: «Damit wir uns gleich richtig verstehen: Wer hier durchdreht und Faxen machen will, der muß sich schon was Besonderes einfallen lassen. Hier gab's schon alles: Aufhängen, Fenstersturz, Tabletten, Auf-Wache-Abknallen. Alles schon dagewesen.» Er sagte es ohne besonderen Anlaß, einfach so, unvermittelt, im Vorbeigehen.

«Eine große Verantwortung liegt auf den Leitungen der Kampfkollektive!» ruft der Politoberleutnant laut und beschwörend. «Mit jedem einzelnen müssen wir arbeiten! Müssen sein Vertrauen erwerben! Müssen fühlen, ja, ich sage das ganz bewußt, müssen spüren, wie es ihm geht. Auch ein Rat, ein Hinweis, eine Kritik kann mitunter notwendig sein. Manch einer hat Schwierigkeiten mit der Ordnung. Da hat die Mutti zu Hause alles gemacht ...» Einige lachen. «... na, ihr kennt das ja alle. Ich muß nicht weitererzählen. Worauf kommt es an?» Er ist wieder ganz ernst, glühend:

«Auf die Arbeit mit dem Menschen! Die Partei der Arbeiterklasse, auch der sozialistische Jugendverband, erfüllen in der militärischen Ausbildung, in diesem neuen, harten Alltag ihre ehrenvolle Aufgabe! Zu vermitteln sind die Beschlüsse der Partei, das, was unsere Genossen im Politbüro beschlossen haben. Alles wurde auf breiter Grundlage diskutiert und vorbereitet. Unsere Aufgabe ist es, diese Beschlüsse und gesellschaftlichen Gesetzmäßigkeiten schöpferisch und konsequent, ohne Wenn und Aber, in der Praxis durchzusetzen!»

Wieder macht er eine Pause und läßt seine Augen wandern. Er spricht frei, glaubt an das, was er sagt.

«Worauf kommt es an?» Er wartet. «Melden Sie sich, wenn Sie etwas nicht verstehen! Genossen Soldaten, Agitatoren und Kulturfunktionäre! Fragt mich! Wir wollen ein ehrliches, vertrauensvolles Gespräch führen! Gab es Übergriffe in Ihren Zügen und Kompanien? Unteroffiziere, die nicht nach Dienstvorschrift handelten? Die einzelne Soldaten schikanierten? Ich sage das so offen. Mir liegt an der Wahrheit. Ihr könnt es mir sagen ...»

Eine leichte Unruhe ist im Raum, ein verwundertes Tuscheln und Kopfdrehen. Meldet sich jemand? Ich denke an Bauer, an mein abendliches Gespräch im Zimmer von Patsch. Der gleiche Ton. Ein rotblonder Soldat meldet sich:

«Ich kann da etwas berichten, Genosse Oberleutnant. Einer von unserem Zug mußte fünfzig Liegestütze machen im Schnee, ohne Handschuhe, ja ... Als er nicht mehr konnte, durfte er nicht aufstehen. Mußte ganz flach liegenbleiben. Mit dem Gesicht im Schnee ... zuletzt, ja ... also zuletzt hat er gerufen, oder besser geschrien. Ihm war kalt ...»

«Gut, Genosse Soldat, gut daß Sie mir das sagen. Ich werde der Sache sofort nachgehen. Wann, wer, wo, das frage ich immer bei solchen Sachen ...»

Der Soldat nennt Namen, auch seinen eigenen, und den Tag des Vorfalls. «Beim Frühsport war es», ergänzt er, «an der Sturmbahn. 2. Kompanie, 3. Gruppe.»

Der Oberleutnant macht sich Notizen auf einen Stenoblock. Dann steckt er den Kugelschreiber sorgsam zurück in eine kleine, lederne Hülle.

«So habe ich es mir gewünscht: eine vertrauensvolle, ehrliche Atmosphäre. Fakten, keine Phrasen. Ich werde einzelne noch zu persönlichen Gesprächen einladen. Dann können wir manches vertiefen. Es gibt ja auch andere Vorfälle. Meckereien und Äußerungen, vielleicht sogar Pläne, die uns gar nicht helfen. Die uns schweren Schaden zufügen, wenn wir sie nicht gemeinsam aufdekken. Auch darüber werden wir sprechen ... Gibt es noch andere Meldungen? Dahinten? Sie, Genosse?»

Ein korpulenter Soldat mit Mittelscheitel steht auf, dreht sich um, ist verlegen, gibt sich dann einen Ruck und sagt mit überraschend heller Stimme:

«Bei uns gab es folgendes Vorkommnis: In der Stunde über Massenvernichtungswaffen wußte Leutnant Oswald, den wir da hatten, nicht mal den Unterschied zwischen Atombomben und Wasserstoffbomben. Er sagt, die Atombombe ist gefährlicher, weil Wasser harmloser klingt als Atom. Dabei ist es aber doch gerade umgekehrt ...»

«Aha ...» Mischke sieht den Soldaten scharf an. Der dreht sich wieder um, nickt dann, will noch etwas sagen, setzt sich aber schnell wieder hin.

«Nun gut.» Der Politoffizier will offenbar dieses Thema beenden.

Es ist wieder still im Raum. Wird sich der rothaarige Soldat schon Vorwürfe machen? Wird er schon Angst haben, zu weit gegangen zu sein? Ich muß immer an Bauer denken, an den freundlichen Leutnant, der mich aushorchte. Und an den Pfeffie, der durchs Tor geschleift wurde mit Maske und in den Neuschnee fiel. Der Oberleutnant redet jetzt von «Spenden», von der «brüderlichen Solidarität mit dem vietnamesischen Volk». Er hebt den Zeigefinger.

«Auch ihr, Genossen Soldaten, müßt euch überlegen, welche Summe ihr beitragen könnt. Am Ende des Monats werdet ihr Wehrsold erhalten. Das ist nicht viel, ich weiß. Aber immerhin. ‹Kaufe ich mir zwei oder drei Stangen Zigaretten›, das wäre dann eine Frage für die Raucher. Wenn ihr euch einschränkt und das Geld spendet, ist das eine beachtliche Summe. Ich sage das ganz offen, auch zu Hause, wenn meine Frau fragt, wo die

Hälfte des Monatsgehalts geblieben ist: Ich erwarte Opfer! Opfer! Es ist Krieg, jawohl, Genossen geben ihr Leben für die Sache des Sozialismus! Da gibt es für mich kein Zögern, kein falsches Sparen! Da erwarte ich einen Beitrag, der weh tut, jawohl, so deutlich sage ich das!»

Blaß und bebend steht er vor uns. «Heilig», könnte er noch sagen, «das ist unser heiliger Auftrag ...»

Ich denke an die Spendenaktion in der Schule, oft zweimal monatlich. «Schon wieder», stöhnten wir und gaben eine Mark, schrieben Namen und Betrag auf die Liste. Manche redeten von Medikamenten, andere von Fahrrädern. Direktor Übel verkündete mit hellem, zupackendem Blick, ganz so wie dieser Politstellvertreter auch: «Vor allem ist das Geld für Waffen, das sage ich ganz klar! Der Imperialismus muß besiegt werden! Das geht nicht mit Pfeil und Bogen!» Daran denke ich. Und an die grauenvollen Bilder im Fernsehen, die rennenden, napalmverbrannten Kinder ... die Flakgeschütze, die den Himmel absuchen ... die vielen Maschinen auf den amerikanischen Flugzeugträgern ... die Pressekonferenzen der Präsidenten und weisen Vorsitzenden ... das Klicken der Kameras ... das Verlesen der Verlautbarungen ...

Ein Blatt wird mir gereicht. Ich soll meinen Namen eintragen, dazu Gruppe, Zug und Kompanie. Die Anwesenheitsliste.

Als wir früh gegen fünf auf den Lkws sitzen und zum Bahnhof fahren, denke ich an Güterwagen, in die wir steigen werden, an Mannschaftstransporter mit Holzpritschen und leichtem Viehgeruch. Aber es stehen sehr bequeme, gutgepolsterte Personenwagen 2. Klasse bereit. In Ausgangsuniform, mit Mantel, Lederkoppel und

Stahlhelm, die Maschinenpistolen mit eingelegtem leeren Magazin in der Hand, steigen wir in den Sonderzug, der sofort losfährt. Jede Gruppe belegt ein Abteil. Wir können aufstehen, rauchen, die Fenster öffnen. Die Unteroffiziere haben sich in einen anderen Wagen verzogen. Oberleutnant Patsch fährt nicht mit, er soll sich krank gemeldet haben. Das Bad neulich ist ihm wohl doch nicht ganz bekommen. Mit nassen Klamotten durch den Wald stiefeln als vorbildlicher, von Baumstämmen stürzender Offizier ... Weidauer befehligt unseren Zug.

Es wird hell, der Zug nähert sich Gera. Nirgends haben wir bisher gehalten. Dieser Zug mit seinem militärischen Inhalt wird bevorzugt behandelt.

Was werden die Eisenbahner auf den Stellwerken sagen? «Ein Sonderzug», eine Nummer wird an die Tafel geschrieben, dann und dann fährt er durch. Der telefonische Rundruf, die Bestätigung, das Stellen der Weichen und Signale. «Da kommt er, hat ziemlichen Dunst drauf, aha, Armee ... Brennt das Schlußlicht? Ja, alles in Ordnung. Auch die Schranke ist geschlossen ...» Das werden sie denken auf den Stellwerken. Ich weiß es als Eisenbahnlehrling, vier Jahre Ausbildung, je eine Woche im Monat, dann drei Wochen Schule, Abitur. Meistens war ich auf Stellwerk 1 in Herlasgrün, einem Bahnhof zwischen Reichenbach und Plauen. Ungern, lieber hätte ich Dostojewski gelesen ... Die Signallampen putzen und nachfüllen, Kohlen holen. Anruf von der Mitropa, der Kaffee ist fertig. Ich hole ihn. Mütze aufsetzen, Seidel ist heute Fahrdienstleiter, der regt sich sonst auf ... Ein Sonderzug ... «Ist irgendwas los?» fragt der Kollege vielleicht am Telefon einen anderen. «Manöver?» «Nein, nicht daß ich wüßte.» Der Kollege überlegt noch, ob er etwas in den Nachrichten gehört hat ... «ach wo, Unsinn, was soll schon sein ... eine Truppenverschiebung, das kommt öfters vor ...» Das werden die Eisenbahner auf den Stellwerken denken, wenn sie allein im Dienst sind, auf die Ablösung warten oder den Anruf, daß der Kaffee fertig ist.

Nach Saalfeld fahren wir, zur «Vereidigung». Werdau, Seelingstädt, bald kommt Gera. Es geht nach Thüringen. Nicht zu den Großeltern, nicht zur Schwester. Auf einen Marktplatz geht es, ein Schwur soll geleistet werden.

In einem Buch, das gestern verteilt wurde, «Vom Sinn des Soldatseins», sollten wir den «Fahneneid» nachlesen und auswendig lernen. «Damit es morgen klappt. Er wird vorgesprochen, ihr müßt ihn nachsprechen, laut und deutlich ...» sagt Pohl. Das Buch hat das Format des Bobrowski-Gedichtbandes, der im Spind steht. Auch eine durchsichtige Folie als Umschlag. Herausgegeben von der «Redaktion Wissen und Kämpfen des Deutschen Militärverlages». Untereinandergedruckt mit Absätzen und Doppelpunkten: «Ich schwöre ... der DDR allzeit treu zu dienen ... an der Seite der Sowjetarmee gegen alle Feinde zu kämpfen ... mein Leben für den Sieg einzusetzen ... Geheimnisse streng zu wahren, Vorschriften zu erfüllen, Kenntnisse zu erwerben ... und wer den feierlichen Eid verletzt, den trifft die harte Strafe der Gesetze ... und die Verachtung des Volkes ...» Der Eid. Zuletzt die Drohung. «Das kann die Todesstrafe sein», sagte Emmrich in der Stube, auf dem Bett sitzend, kurz vor der Nachtruhe. Seine Augen leuchteten angstvoll und willig: Er will tun, was da von ihm gefordert wird. Es steht schließlich in einem Buch, gedruckt, Vorgesetzte haben es verfaßt. Und morgen muß man es schwören, öffentlich, in Uniform ...

Über eine Brücke geht es. Unten am Bahndamm die schwarzen Signaldrähte. Oben die Telefonleitungen, die «Telegrafendrähte», von denen Brecht in einem frühen

Gedicht spricht, Hawel las es uns vor: «Sie sangen von den Toten, die auf dem Schlachtfeld geblieben / Siehe, da war es still bei Freunden und Feinden. / Nur die Mütter weinten / Hüben und drüben.» Ein Steinbruch, in den Hang gerissen, offen, wie eine Wunde. Von Bäumen umgeben, die abstürzen werden bei Regen. Ein Kipper kommt gefahren. Ein Mann steigt aus. Er sieht nicht herüber. Immer fahren Züge vorbei. Er hat anderes zu tun.

Bauer schläft, den Mantel über das Gesicht gezogen. Jugel blinzelt, reibt sich die Augen.

«Wo sind wir?» fragt er.

«Wünschendorf ...» sage ich. Unter uns ein Fluß, eine Bootsanlegestelle mit aufgebockten Holzkähnen, ein Stellwerk, unter den Fenstern ein rotes Plakat, ich kann nur «Vorwärts ...» lesen, wir fahren schnell, biegen nach links ab. Ich gehe auf den Gang und kann die Lokomotive sehen. Ach so, über Weida, eine Abkürzung. Dann kommen wir gar nicht nach Gera.

«Über Weida, Pößneck fahren wir», sage ich zu Jugel. Der nickt. Es interessiert ihn nicht. Ich bin diese Strecke schon oft gefahren, «früher», «vorher». Nach Unterwellenborn, dann aussteigen, zur Bushaltestelle. Oder laufen, eine halbe Stunde nach Kleinkamsdorf, über die Brücken, am Stahlwerk vorbei, an der Maxhütte. Zur Familie meiner Schwester. Dort war ich gern. Ich habe ihnen nicht geschrieben. Ich hätte schreiben können, vielleicht wären sie nach Saalfeld gekommen. Aber wozu? Um mich marschieren zu sehen? Schwören? «Das geloben wir»? Ich habe nicht geschrieben. So soll mich keiner sehen. Auch Eva nicht. Sie hat Schule ... Am ersten Tag, noch in Zivil, war es auch so ein Zug. Die Streife kam durch. Jetzt tragen wir selbst Uniform, haben Waffen dabei. Ich gehöre schon dazu ...

In Saalfeld angekommen, marschieren wir vom Güterbahnhof in die Innenstadt. Polizisten und Armeeposten regeln den Verkehr. Unsere lange Kolonne hat Vortritt. Fußgänger bleiben stehen, vor allem Kinder. Interessiert sehen sie auf die Maschinenpistolen. Einige winken.

Der Marktplatz ist voller Soldaten in Reih und Glied. Zwei Bataillone, das eine kommt aus Rudolstadt, das andere aus Sonneberg, von der «Schleiferhütte», wie Bauer weiß. An der Tribüne geht es im Exerzierschritt vorbei. Nur zwei Offiziere sind auf ihr zu sehen, die Generalität hat sich wohl verspätet ... Weidauer ruft dauernd etwas in die Reihen, er ist unzufrieden, befiehlt «Schrittwechsel» und «Beine höher, verdammtnochmal!»

Auf den Fußwegen rings um den Platz, knapp vor den guterhaltenen alten Häusern, stehen Zuschauer, Einwohner, Eltern, Geschwister und Frauen ... Ab und zu wird ein Name gerufen, einige Stahlhelme drehen sich suchend um, einer nickt verlegen, ein kurzes Winken. Dann richten sich die Köpfe wieder aus und halten still.

Aus einem dunkelgrünen Armeebus steigt eine uniformierte Blaskapelle. Sie nimmt neben der Tribüne, die sich mit blinkenden Schulterstücken gefüllt hat, Aufstellung.

Jetzt halte ich doch Ausschau, ob unter den «Zivilisten» ein bekanntes Gesicht ist. Vielleicht haben sie davon gehört oder sind zufällig gekommen ... Aber ich kann niemanden erkennen.

Ein Marsch wird gespielt, laute Meldungen werden durch ein Mikrofon gerufen. Ich stehe in der Mitte des Marktplatzes, bin einer von vielen. Es ist nicht so wichtig, wie ich meine Knie halte und ob die Hacken der Stiefel sich berühren. Ich bin geschützt, umgeben von anderen. Die Hände könnte ich in die Hosentaschen stecken. Wir tragen Fingerhandschuhe, dunkelgrüne, einheitliche selbstverständlich. Jetzt wird eine Rede gehalten. Ich höre nicht zu. Bauer verteilt Bonbons. Immer wiederholen sie sich. Errungenschaften, Sozialismus, Sieg, Aufbau, Menschengemeinschaft, Verteidigung, Schutz, Imperialismus, Feind, Volk. Dingworte, Machtworte. Dienen, bereit sein, einsetzen, leisten, wahren, erwerben, erfüllen ... Hawel hätte im Aufsatz «Noch 4» gegeben und bei der Rückgabe in seiner ironischen Art gesagt: «Beim nächstenmal bitte zwei, drei Phrasen weniger. Das wäre dann schon ein Gewinn. Vielleicht fällt Ihnen ja auch was Eigenes ein zum gestellten Thema ...»

Die Veranstaltung nähert sich ihrem Höhepunkt.

Satz für Satz wird der «Fahneneid» über Mikrofon verlesen und von den angetretenen Soldaten wiederholt. Das gibt ein raunendes Sprechen und Murmeln, ein Auf und Ab der Lautstärke, eine Massenstimme, die auch von den wenigen geflüsterten Brocken lebt, die ich beitrage, Bauers Bonbon im Mund.

Bei den letzten Sätzen, als es um die «Ehre unserer Republik» geht und um die «Verachtung», die den treffen wird, der den «feierlichen Fahneneid verletzt», beginnen Glocken zu läuten. Helle und dunkle Töne mischen sich, sie werden lauter.

Als die Kapelle nach unserem kriegerischen Schwur die Nationalhymne spielt, dröhnt es schon so empört über die Dächer, daß wir uns umsehen, daß wir Ausschau halten trotz Hymne und «Stillgestanden», woher diese Stimme kommt. Von zwei Kirchtürmen kommt sie, hundert Meter vom Platz entfernt. Ihre Spitzen sind zu sehen und die große Uhr: Es ist sechs Minuten vor elf. Keine volle Stunde also ... eine Hochzeit? Wir fühlen, daß dieses laute, anklagende Geläut mit uns zu tun hat.

Mit unserer Anwesenheit auf diesem Platz, mit unserem Schwur, unseren Stiefeln, Koppeln, Stahlhelmen und Maschinenpistolen. Und mit dieser Kapelle, die jetzt kaum noch zu vernehmen ist, die aus dem Takt kommt und die Nationalhymne abbricht ...

Nur noch die Glocken sind zu hören, dröhnend, hoch oben, von keinem Kommando zu erreichen.

Auf der Tribüne werden Befehle erteilt, Unteroffiziere rennen an den Häusern entlang in Richtung Kirche.

Aber das Läuten wird schon leiser. Nur noch klagend ist es jetzt, erinnernd. Es läßt uns allein. Wir sehen uns an ... Bauer, Jugel, Glöckner ...

«Da siehst du», sagt Jugel, «so ist es dann ...»

Ernst sagt er es, erschrocken.

Die Kapelle beginnt wieder zu spielen. Laute Kommandos werden gebrüllt. Noch einmal marschieren wir an der Tribüne vorbei und werfen die Stiefel hoch, dann geht es durch die Stadt zum Güterbahnhof zurück. Dort werden Verpflegungsbeutel verteilt. Einige Soldaten stehen bei ihren Familien, reden noch etwas. Die Offiziere dulden es. Eine Diesellok wird an die Wagen gehängt. Kurz nach 14 Uhr verlassen wir Saalfeld. Bis Pößneck stehe ich am Fenster. Bauer, Schwabe und Glöckner spielen Karten. Skat.

Samstag. Stuben- und Revierreinigen. Ich wische das Zimmer der Unteroffiziere, säubere vorher den Ofen, entleere auch das Rohr. Weidauer hat es befohlen.

Jugel und Bauer bearbeiten den Fußboden des Fernsehraums. Sie haben dazu das Radio angemacht und Zigaretten angezündet. «Hallo», rufen sie, als ich hereinsehe.

«Weißt du schon», sagt Bauer, «daß ich 'ne Panzerbüchse habe?»

Ich weiß es nicht.

«Siehst du, bist nicht auf dem laufenden ... Ich die Panzerbüchse, Glöckner Munitionsträger. Jugel das LMG ... Montag Übung, Härtetest.»

«Übung?» frage ich.

«Abends Alarm, dann Nachtwanderung, den ganzen nächsten Tag im Gelände. Nachts zurück. Zwischendurch Eilmärsche. Hoffentlich schneit's nicht ...»

«Woher weißt du das?» frage ich.

«Hat mir Weidauer erzählt, im Vertrauen.» Bauer schmunzelt, schnalzt mit der Zunge. «Tja, Beziehungen muß der Mensch haben. Die müssen gestern abend, als wir zurückkamen, noch voll gepichelt haben. Bei Fickel. Auf dem Klo war Weidauer ganz gesprächig. Da hat er es erzählt. ‹Vorsicht, Bauer, Vorsicht›, hat er gesagt ... Ganz schön angeturnt, der Junge ... Wollte sich nichts anmerken lassen ... Sprechen ging noch ...»

Bauer und Jugel schmieren gelbes Bohnerwachs auf den dunkelbraunen Fußbodenbelag. Sie haben gute Laune. Es stört sie nicht, daß ihnen der größte Raum als «Revier» zugeteilt wurde. Sie stellen die Stühle hoch, rücken die Sessel in eine Ecke. Zwei bleiben in greifbarer Nähe zum Ausruhen. Dann wird das Radio angeworfen. Wenn jemand was dagegen hat, soll er es sagen, dann machen sie es eben aus. Ist der Meckerfritze weg, wird es wieder eingeschaltet, nur etwas leiser. Ansonsten nichts überstürzen, keine Eile. Eine Zigarette zwischendurch, dafür muß Zeit sein, ein kleines Schwätzchen ... So sind sie. Emmrich und Dominiak, vielleicht auch Biellau, würden mit roten Köpfen auf den Knien liegen und die Scheuerleisten polieren. Sie nicht. «Mit uns nicht», würde Bauer sagen, «wir müssen unsere Kräfte schonen, sonst können wir die erhöhte Gefechtsbereitschaft nicht garantieren im sozialistischen Wettbewerb ...»

Ich gehe in den Keller, Kohlen und Holz holen. Die

Heizung ist verschlossen, Kannengießer ist nicht da. Oder er liegt auf seiner Koje hinter dem Vorhang ...

Gegen elf werden die Reviere «abgenommen», die Stuben besichtigt. Ich räume noch meinen Schrank auf, wasche zwei Kragenbinden, putze die Stiefel, vor allem die Sohlen ... Emmrich steht an der Tür, horcht, ich muß in Strümpfen gehen, um den Glanz der Dielen nicht zu beeinträchtigen.

Kompanieschreiber Fröhlich mit seinem hübschen Jungengesicht und der gutsitzenden Uniform kommt den Gang entlang, hat Zeitungen und Post unterm Arm.

Ein dicker Brief von Eva! Zwei beidseitig beschriebene Blätter, ein Foto ... sie auf der Klassenfahrt zur Wartburg, lachend, im vorigen Jahr, vor einem Bretterzaun mit drei Eseln ... Und ein Zeitungsausschnitt, ein Foto: Helene Weigel als «Mutter Courage», eine alte Frau, ernst, faltig, ein grobes Tuch um den Kopf.

Evas Foto stelle ich ins «persönliche Fach», die Weigel hefte ich an die Innentür des Spindes, unter die «Wettbewerbsverpflichtung». Im Besenspind liegen Reißzwekken.

Flörchinger und Unteroffizier Krause betreten das Zimmer. Emmrich ruft:

«Achtung!»

Flörchinger steigt als erstes auf einen Hocker und fährt mit dem Zeigefinger über die Milchglasglocke der Dekkenlampe, besieht sich das Ergebnis ... sauber. Er öffnet die Schränke. Bei mir zieht er die Klappe des Essenfachs auf, äugt hinunter zum «persönlichen Fach», auf Evas Foto und den schmalen Lyrikband ... dann bemerkt er die angeheftete «Mutter Courage».

«Was ist denn das?» fragt er pikiert.

«Helene Weigel.»

«Wer? Kenne ich nicht ... Was soll denn die Alte da?»

«Das ist ... Helene Weigel», sage ich.

«Ihre Großmutter?»

Flörchinger ist ungehalten, will aber überlegen wirken, witzig, amüsiert.

«Das ist eine bekannte Schauspielerin», sage ich.

«Schauspielerin?» Flörchinger lacht. «Da kenne ich aber andere.» Er sieht sich um. «Die haben wenigstens was zu bieten, die ich kenne ... Was soll denn das?»

Ich antworte nicht. Was soll ich sagen? Ich habe das gerade angeheftet ohne viel Überlegung.

«Machen Sie das ab! Auch noch unter der Verpflichtung, soll das eine Provokation sein?»

«Nein», sage ich schnell. «Aber das ist Helene Weigel vom Berliner Ensemble, die Frau von Bertolt Brecht ...»

Flörchinger stutzt, sieht von der Seite auf das «Courage»-Bild. Brecht ... diesen Namen hat er wohl schon mal gehört. Er geht zur Tür, sagt nichts mehr. Der Stubendurchgang ist beendet.

Schwabe besieht sich das umstrittene Bild, schüttelt den Kopf, «so was». Glöckner klopft mir unsicher auf den Rücken. Schwabe fragt:

«Machst du es ab?»

Ich zucke mit den Schultern.

«Laß es hängen», sagt Glöckner.

Emmrich legt wütend sein Schloß vor den Schrank. Flörchinger und Krause haben ihn nicht kontrolliert.

Weidauer kommt und zeigt auf Schwabe:

«Sachen packen! Versetzung in den Stab ... Tja, Schwabe, unsere Wege trennen sich.»

Schwabe ist überrascht.

«Jetzt? Was soll ich da machen?»

«Weiß ich auch nicht genau», sagt Weidauer. «Was sind Sie? Koch?» Schwabe nickt. «Dann haben

Sie Gaststättenerfahrung. Ordonnanz, bedienen, so was ...»

«Aha, auch nicht schlecht ...» Schwabe öffnet den Schrank, lächelt, schießt im Zimmer herum, scheint sich zu freuen. «Wie mache ich das bloß ... einzeln tragen ... aber wohin ...»

Weidauer schüttelt den Kopf.

«Zeltbahn ausrollen, auf den Fußboden legen, alles rein. Einer hilft. Oben beim OvD melden.» Im Weggehen sagt er: «Da muß ich mir bald 'ne neue Gruppe suchen. Vom Regiment kamen auch Anforderungen, Nachrichten und Kraftfahrer. Dürfte ich eigentlich gar nicht drüber sprechen ...»

Schwabe räumt seinen Schrank aus, nimmt auch das Bettzeug mit. Er ist aufgekratzt: «Im Beruf arbeiten, warum nicht ... von mir aus ... jetzt brauchen sie mich wohl ... na ja, erst mal abwarten ... hoffentlich quatschen sie mir nicht bei den Soßen rein ... Und was wird mit der Waffe? Soll ich die mitnehmen? Muß doch Weidauer wissen ...»

Ein großer Sack ist es geworden, Glöckner hilft beim Tragen, ich öffne die Tür.

«Also dann», sagt Schwabe, «ich komm mal vorbei. Haltet die Ohren steif, Jungs! Macht's gut!»

Er hat es eilig. Auf seinem Bett liegen drei Matratzen, der Spind ist leer. Wieder ein Wechsel, wieder ist jemand weg. Karausche sehe ich nur noch beim Marschieren ... Ob ein Neuer ins Zimmer kommt? Hoffentlich nicht Kranz, der FDJ-Sekretär. Schwabe hat Briefe geschrieben und täglich Post erhalten. Etwas komisch war er, rasieren, eincremen, kämmen, das waren rituelle Handlungen. Wir anderen machten es hastig, ohne Spiegel, mit kaltem Wasser. Schwabe baute seine Utensilien auf, den kleinen Spiegel, das Lederetui mit Reißverschluß, hellbraun, die chinesischen Frottiertücher. Er organisierte sich warmes Wasser, ging ohne Scheu zu den Unteroffizieren in den Fernsehraum. «Die kenne ich», sagte er, «die sollen ruhig sein.» Er kannte sie gar nicht persönlich, er meinte etwas anderes. Woher kam diese Sicherheit? Dabei war er nicht aufsässig, nicht wie Bauer. Im Wachlokal zuckte er mit den Schultern, als ich erzählte, was am Tor passiert war. «Kommt vor» war seine Meinung. Aber wehe, er schnitt sich beim Rasieren. Das gab einen Tanz! Schwabe ist besorgt um sich. Jetzt gehört er zum Stab. So schnell geht es. Minutensache. Weidauer sagte etwas von einem «Regiment». Vielleicht werde ich auch versetzt. Wo befindet sich dieses «Regiment»? In Zwickau, Plauen oder Saalfeld? Oder direkt an der Grenze? Vielleicht weiß es Bauer ... Hoffentlich nicht an die Grenze ... Jetzt lese ich Evas Brief, den habe ich vorhin nur überflogen. Ein schönes Foto von ihr. Und Helene Weigel ... Ob ich sie abmache? Flörchinger beruhigte sich dann wieder. Andere haben auch Bilder angeheftet, Schlagersängerinnen meistens, DDR und «sozialistisches Ausland». Westliche sind verboten. An Beatgruppen gar nicht zu denken, die Beatles, da rasten sie aus. Emmrich hat Vera Schneidenbach aus der «Armeerundschau» geschnitten, schmachtender Blick, ein Mikrofon in der Hand, Stöckelschuhe. Daneben das Foto einer Dampflokomotive seiner Modelleisenbahn, von vorn aufgenommen, sie kommt aus einem Tunnel und biegt um eine Kurve, fährt auf den Betrachter zu, schwarz, glänzend, gefährlich ...

Sonntag vormittag werde ich ans Tor gerufen. Ich renne los, es hat wieder geschneit. Jetzt ist keine Wolke zu sehen, dafür die Sonne, ein blendendes, blauweißes Glitzern auch auf den Militärfahrzeugen, die neben dem

Stabsgebäude stehen ... Ein Unteroffizier, den ich nicht kenne, sieht aus dem kleinen Fenster des Wachraums. Ich will ihn gerade fragen, warum ich gerufen wurde, da sehe ich meinen Vater am Tor stehen. Klein, korpulent, mit Hut und seinen runden Beinen. Er winkt. Der Unteroffizier sagt:

«Fünf Minuten, es ist keine Besuchszeit ...»

Ich gehe am Posten vorbei, der mir zulächelt. Mein Vater ist gekommen ...

«Wollte nur mal nachsehen», sagt er und gibt mir die Hand.

«Hast du hier zu tun?»

«Nein», sagt er, «bin mit dem Bus gekommen, über Rodewisch, wollte nur mal sehen, wie es ist ...»

«Es geht», sage ich.

«Der Anfang ist schwer. Und das Essen?»

«Gut.»

Er sieht mich an. Halb ernst, halb im Spaß sagt er:

«Die Uniform steht dir. Sauberer Haarschnitt, einwandfrei.»

Ich winke ab.

«Könnte mir was Besseres denken.»

«Na ja, die Zeit vergeht ...»

Ich drehe mich kurz um. Der Posten hat sich einige Meter entfernt, er hört nicht, was wir sagen. Der diensthabende Unteroffizier steht auf der Treppe und beobachtet uns.

«Und sonst?» fragt mein Vater.

«Sonst ist alles Scheiße», sage ich.

«Schlimm?» Das fragt er ernst, besorgt, wie ein erfahrener Soldat, wie ein «Frontschwein», dem man nichts über Krieg und Kommiß erzählen muß. Ich bin der Oberschüler, der gerade für die vorderen Linien ausgebildet wird und doch schon den ersten Beschuß erlebt.

Und der den Feldwebel vor sich hat, den Unterstufenlehrer mit der quäkenden Stimme und den elenden Phrasen, der ihm «das Laufen» beibringt im Hinterland, das es gar nicht mehr gibt. «Schlimm?» fragt mich mein Vater, und das heißt: «Ich weiß schon Bescheid, du mußt mir nichts erzählen ...» So fragt er mich, das höre ich heraus. Und es ist nicht Kumpanei und nicht Besserwissen. Es ist Mitleid. Und Sorge. Und auch Verbundenheit, Verzweiflung, daß es immer so weitergeht. Mit diesem wunderbaren Haarschnitt, den er liebt. Und mit der grauen Uniform, die er kennt, die seiner nicht unähnlich ist, immerhin gibt es Traditionen ... Immer so weiter, wie es aussieht ... und dann zerschossen. Und dann gestorben ... Das kann ja auch sein ... Er weiß es, hat es erlebt, diese beiden Seiten, wunderbar und tödlich, marschieren und hinfallen, herumkriechen im Schlamm, «Jawoll, zu Befehl» und «Hilfe ... Mutti ... lieber Gott, hilf mir, lieber Gott ...» Das weiß er, das hat er mir erzählt. «Nie wieder Krieg», das hat er gesagt ... So fragt er, so steht er da, sonntags am Tor, im glitzernden Schnee, unter blauem Himmel. Und weil wir am Tor eines Lagers stehen, einer Kaserne, weil ich Uniform trage und ein Unteroffizier zusieht, kann ich jetzt nicht losflennen. Auch nicht schimpfen auf Zwodreivier oder Münchow, den es erwischt hat. Auch von Bauer und Jugel kann ich nicht erzählen, von Biellau und Dominiak. Das sind «militärische Geheimnisse», nicht wahr ... Wir stehen da, die fünf Minuten sind um.

«Ich muß wieder rein», sage ich, «er hat mir nur fünf Minuten gegeben.»

«Schon gehört», sagt mein Vater und greift in die Manteltasche. «Bleib mal so stehen», sagt er, «dreh dich nicht um, erst wegstecken.»

Er gibt mir eine Schachtel «Boonecamp», drei Fläschchen Kräuterbitter, «Medizin». Alkohol in der Kaserne ist verboten! Wo er sonst so genau ist, die Hosen bügelte und sich einen Sohn wünschte mit «Fassonschnitt»! Jetzt steckt er mir heimlich Schnaps zu, entpuppt sich als Schmuggler, als einer, der mich auffordert, es nicht so genau zu nehmen mit der Dienstvorschrift. Es ist ein Risiko dabei …

Ich stecke die Flaschen weg, umarme ihn, gehe zurück. Der Unteroffizier sieht mich an und verschwindet in der Wachstube. Ich habe ihn nicht gegrüßt. Mein Vater steht noch am Tor und winkt. Daß er gekommen ist … Jetzt geht er los, dreht sich um, winkt … Mit dem Bus fährt er zurück. Ich bleibe. Ich bin der Sohn, der Nachgeborene. Ich bleibe, ich erhalte in diesem Lager die «militärische Grundausbildung», absolviere den «Ehrendienst», hier, hinter diesem Zaun. Wir treten wieder an auf einen Pfiff hin, Wolfgang Borchert. Der finsteren Zeit, in deren Flut andere untergegangen sind, bin ich nicht entronnen, wie es aussieht.

Als ich die Kompanie betrete, höre ich einen Pfiff. Unterfeldwebel Fickel bläst in eine Trillerpfeife. Mittagessen? Kann sein, kurz nach halb zwölf ist es. Ich renne ins Zimmer und verstecke die verbotenen Flaschen in meinem glattgezogenen Bett. Im Flur wird es schon still, ich muß mich beeilen.